D1735168

RALF MEUTGENS

(Herausgeber)

DOPING IM RADSPORT

Delius Klasing Verlag

Bibliografische Information der Deutschen Nationalbibliothek
Die Deutsche Nationalbibliothek verzeichnet diese Publikation in der
Deutschen Nationalbibliografie; detaillierte bibliografische
Daten sind im Internet über http://dnb.d-nb.de abrufbar.

2. Auflage
ISBN 978-3-7688-5245-6
© Moby Dick Verlag, Postfach 3369, D-24032 Kiel

Umschlaggestaltung: Buchholz/Hinsch/Hensinger, Hamburg
Layout: Satz+Layout Werkstatt Kluth GmbH, Erftstadt
Druck: GGP Media GmbH, Pößneck
Printed in Germany 2007

Vertrieb: Delius Klasing Verlag, Siekerwall 21, D-33602 Bielefeld
Tel.: 0521/559-0, Fax: 0521/559-115
E-Mail: info@delius-klasing.de
www.delius-klasing.de

Inhalt

Namentlich nicht gesondert gekennzeichnete Beiträge und Interviews: Ralf Meutgens

Einführung

»Gestern liebt ich, heute leid ich.«
(Gotthold Ephraim Lessing, 1729 bis 1781)

Wer den Radsport liebt, muss leiden. – Damit meine ich nicht die Teilnehmer der Frankreich-Rundfahrt, die sich jedes Jahr über Tausende von Kilometern Landstraße, über Alpen- und Pyrenäenpässe quälen müssen und die den Begriff von der »Tour der Leiden« geprägt haben.

Ich meine Menschen wie Ralf Meutgens, der lange schon leidet an der Krankheit, die den Radsport befallen hat. Der die Symptome früh erkannt hat, der vergeblich gewarnt hat und nun den Patienten in einem Zustand der Agonie vorfindet, der Angst macht.

Bei Meutgens dreht sich alles um den Radsport, er ist der private und berufliche Mittelpunkt seines Lebens. Er wurde in Düsseldorf in eine Familie hineingeboren, in der es auch radsportliche Wurzeln gab. Was danach kam, erscheint nur folgerichtig: Amateur-Radrennfahrer, Vorsitzender eines Radsportvereins, Honorartrainer im Radsportverband Nordrhein-Westfalen, Inhaber der Trainer-A-Lizenz, Referent innerhalb der Trainerausbildung im Bund Deutscher Radfahrer. In Düsseldorf und Köln studierte er Germanistik und Sportwissenschaft.

Später fiel er als kritischer Autor im Verbandsorgan der Deutschen Sportjournalisten (VDS) auf, einem Blättchen, dessen Beiträge ansonsten nicht eben durch journalistische Distanz und differenzierte Darstellung zu glänzen pflegten. Vielmehr verfolgte man dort einen publizistischen Schmusekurs gegenüber den Mächtigen des Sports, vollzog den Schulterschluss mit den Verbandsfürsten und akzeptierte so ziemlich alle Mittel, die der Sporterfolg heiligte.

Bei diesem Autor war das anders. »Sportjournalisten sollten keine Promoter und Verkäufer sein, sie sitzen nicht mit den Objekten ihrer Berichterstattung in einem Boot«, heißt es beim »sportnetzwerk«, einer Gruppe von kritischen Sport-Presseleuten, der sich Meutgens schon bei ihrer Gründung Anfang 2006 angeschlossen hat. Und der Mann beherrscht sein Fach. Er kennt sich aus auf den schwierigen Feldern, die er beackert, allen voran das Dopingproblem mit seinen medizinischen und biochemischen Kompliziertheiten. Meutgens ist ein Querdenker, auch wenn er es wahrscheinlich bestreiten würde. Was ganz bestimmt richtig ist: Als Journalist ist er ein Quereinsteiger. Dass er gleichwohl mehrfach Preise bei verschiedenen Journalisten-Wettbewerben gewonnen hat, spricht für sich.

Der publizistische Durchbruch, übrigens auch als freier Mitarbeiter beim Deutschlandfunk in Köln, kam mit der Doping-Skandal-Tour im Jahre 1998. Spätestens da war in der zuvor fast nur glorifizierenden Radsport-Berichterstattung ein wirklicher Experte gefragt. Einer, der sich auskannte im Radsport-Dschungel der großen Gefährdungen, bei Fahrern, die ihr Heil im Griff nach der »schnellen Pulle« suchten, bei Pflegern, die sich als Drogenkuriere verdingten, und bei pflichtvergessenen Medizinern, die den Eid des Hippokrates zum Meineid herabwürdigten.

Einen sachkundigeren Radsport-Journalisten als Ralf Meutgens gibt es in der Bundesrepublik Deutschland nicht. Er kennt die Abläufe dieses Sports, zugleich aber weiß er auch um die medizinischen und juristischen Implikationen. Er hat enge Kontakte, zu den Aktiven von heute und von einst, zu den Trainern, den Betreuern, den Funktionären. Aber auch zu den Sportwissenschaftlern, den Medizinern und Biochemikern. Zu den Doping-Analyse-Laboratorien zwischen Köln und Los Angeles. Und zu den Staatsanwaltschaften, die im Kampf gegen Drogenhandel und Doping einen schweren Stand haben. Viele von ihnen kommen hier zu Wort, viele Gespräche mit ihnen sind der Konzeption dieses Buchs vorausgegangen.

Meutgens ist kein Prediger des Untergangs, wenn er die Gefährdungen dieses schönen Sports drastisch beschreibt. Im Gegenteil: Die Faszination des Radsports, die ihn erfasst hat, will er erhalten, für sich und für andere – und deshalb schreibt er gegen Doping und andere Verwerfungen an, die längst schon dabei sind, den Sport zum Panoptikum zu degradieren. Katastrophenszenarien müssen dabei gar nicht erfunden werden, die Realität hat die Fiktion längst eingeholt. Mehrfach preisgekrönt ist der Meutgens-Report »Tödliches Risiko Radsport«, die Geschichte von dreizehn ungeklärten Todesfällen junger Radsportler innerhalb eines kurzen Zeitraums.

Die Chemie, das ist die immer wiederkehrende Botschaft dieses Buchs, gepaart mit der Sucht nach Ruhm und Reichtum, bringt die Pedaleure um. Das war so in den Nachkriegsjahren, als der Schluck aus der schnellen Pulle noch ziemlich gedankenlos genommen wurde – von Athleten, die später, im besten Mannesalter, ihr Dasein häufig in Kliniken und psychiatrischen Abteilungen fristeten. Und das ist auch heute so, da der Fall des spanischen Mediziners Fuentes einen Blick auf ebenso professionell wie kriminell und international agierende Netzwerke preisgibt. Große Namen haben sich darin hoffnungslos verstrickt, wie immer auch die Affäre ausgehen mag.

Meutgens ist im Übrigen keiner, der glaubt, vor allem durch harte Strafen könne man dem Übel beikommen. Er setzt auf Prävention, und das praktiziert er auch. Häufig ist er unterwegs in der Republik, hält Vorträge in Schulen, vor Trainern und bei Radsport-Vereinen. Das ist sein Beitrag zur Aufklärung über Folgeschäden, die kaum wieder gutzumachen sind. Die Botschaft lautet: »Die Rechnung für den Raubbau am eigenen Körper kommt immer erst, wenn es zu spät ist.« Es ist eine verdienstvolle Arbeit, die Meutgens leistet und die vielfach geschätzt wird. Nur bei der Führungsspitze im Bund Deutscher Radfahrer ist das offensichtlich noch nicht ganz verstanden worden.

Wer den Radsport liebt, muss leiden. Aus einer tiefen Zuneigung und der daraus resultierenden Leidensfähigkeit heraus ist dieses Buch entstanden. Wer hier nach billigen Sensationen und platten Enthüllungen sucht, der wird enttäuscht werden. Hier ist, so tragisch auch die Inhalte in Teilen sein mögen, ein aufbauendes, konstruktives Werk entstanden. Verantwortet, initiiert und geprägt von Ralf Meutgens, der einer der wichtigen Sportjournalisten in Deutschland ist.

Mit seiner Auffassung einer Verantwortung für sauberen, ehrlichen und fairen Sport steht er nicht allein. Die *FAZ*-Kollegin Evi Simeoni hat es unlängst so formuliert:»Ein Journalist darf nicht müde werden, den Finger in die Wunde zu legen. Und er darf niemals damit aufhören, gegen Doping zu sein.«

Herbert Fischer-Solms

Herbert Fischer-Solms, Jahrgang 1946, ist Sportredakteur beim Deutschlandfunk in Köln.

Vorwort zur 2. Auflage

Die große Resonanz auf dieses Buch bestätigt die Richtigkeit seines Konzepts: die entpersonalisierte und umfassende Darstellung der Strukturen, die das Doping im Radsport nicht nur ermöglichen, sondern geradezu zwangsläufig werden lassen und die einer grundlegenden Veränderung massiv im Wege stehen. Darin verwoben sind neben den aktiven Sportlern und kriminellen Drogenlieferanten auch die Zuschauer, die Medien und Umfeldakteure aller Art bis hinein in die Verbandsspitze und die Sportpolitik.

Die mittlerweile reihenweise erfolgten Doping-Eingeständnisse früherer Radprofis des Teams Telekom dürfen nicht vom Blick auf diese Strukturen ablenken. Die»Geständniswelle« kam zwar in dieser Ausprägung überraschend, reiht sich in ihrer Beschränkung auf die 1990er-Jahre und einzelne Medikamente jedoch nahtlos ein in die inszenierte Parallelwelt des professionellen Radsports, in der Lügen, Betrügen, Heucheln, Negieren oder Verharmlosen zum Tagesgeschäft gehören. Noch ist das ganze Ausmaß der Dopingproblematik im Radsport nicht öffentlich geworden. Zum einen hat sie sich weiter nach»unten« ausgebreitet, vom Profisport aus hin zu den Amateuren und Nachwuchsfahrern – auf dieser Ebene muss auch die bisher einzig Erfolg versprechende Therapie, die Prävention, ansetzen. Zum anderen wuchert sie noch in den erst langsam sichtbar werdenden Bereichen von Medizinern und Trainern und in weiteren Ebenen des Umfelds.

»Doping ist keine zufällige Entgleisung, sondern in der Eigenlogik des modernen Spitzensports und dessen Beziehungen zu Publikum, Massenmedien, Wirtschaft und Politik strukturell angelegt.« (Bette/Schimank 2006)

Ralf Meutgens, im Juni 2007

*Ich danke meinen Eltern
für die Grundlagen meiner Lebenseinstellung –
und meiner Frau, dass sie trotz der Dopingthematik
noch mit mir verheiratet ist.*

Prolog

Radsport und Doping. Zwei Begriffe, die – so scheint es – fast untrennbar miteinander verbunden sind, und das nicht erst seit dem Todesfall des britischen Radsportlers Arthur Lynton im Jahre 1886 beim Rennen Bordeaux–Paris, vermutlich gestorben an einer Vergiftung durch chemisch reinen Alkohol, von dem er sich eine Leistungssteigerung erhoffte. Er gilt als erster Dopingtoter im Sport der Neuzeit. Strychnin und Arsen wurden seit Anfang des 20. Jahrhunderts als Aufputschmittel missbraucht. Ehemalige Sechs-Tage-Profis erzählten mit stolzem Unterton, dass sie eine Dosis dieser Gifte vertragen hätten, die jeden Untrainierten umgebracht hätte. Kurz danach wurden die ersten Amphetamine hergestellt. Sie fanden sich schnell im Radsport wieder. Doch noch 1983 wurde beim deutschen Radklassiker »Rund um den Henninger Turm« einem holländischen Profi Doping mit Strychnin nachgewiesen.

Fast zeitgleich fielen 1960 während des Olympischen Vierer-Mannschaftsrennens in Rom nach Amphetamin-Missbrauch zwei dänische Radsportler vom Rad. Knut Jensen starb im Krankenhaus, der andere Fahrer der Mannschaft überlebte. Und sieben Jahre später beklagte auch die Tour de France ihren ersten Todesfall durch Doping. Wieder war es ein Brite, Tom Simpson, der mit seinem öffentlichen Sterben vor laufender Kamera auch dafür sorgte, dass nun verstärkt Dopingkontrollen bei der Tour eingeführt wurden.

Doch das Sterben sollte weitergehen. Zwischen Ende der 1980er- und Mitte der 1990er-Jahre gab es eine Serie von über 20 Todesfällen junger und aktiver Radprofis. 1988 war das Nierenmedikament Erythropoietin, kurz EPO, auf den Markt gekommen. Nierenpatienten können dieses körpereigene Hormon selbst nicht mehr ausreichend bilden. Was sich als Segen für die Patienten erwies, sollte sich als Fluch für den Ausdauersport entpuppen. Der Internist und Nephrologe Dr. Martin Glover beschreibt diese Entwicklung in diesem Buch sehr anschaulich. EPO steigert die Ausdauer-Leistungsfähigkeit erheblich und fand sehr schnell den Weg in die entsprechenden Sportarten, wo es missbräuchlich eingesetzt wurde. Der Radsport war eine der ersten Sportarten, die sich dieses Mittels bedienten. Nebenwirkungen sind unter anderem ein erhöhter Blutdruck und eine Zunahme der Blutviskosität. Kommen dazu hohe körperliche Belastungen und ein verstärkter Flüssigkeitsverlust, steigt die Gefahr von tödlichen Thrombosen rapide. Höchstwahrscheinlich war dies der Grund für diese tödliche Serie. Das Herz der Betroffenen blieb einfach stehen, weil das Blut nicht mehr gepumpt werden konnte. Diese Gefahr war besonders in Ruhephasen sehr hoch. Es fehlten die Erfahrungen, auch aus der medizinischen Praxis. Eine Vorsichtsmaßnahme zu dieser Zeit war der Einsatz von Herzfrequenzmessgeräten, mit denen die Radprofis schlafen gingen. Sank die Frequenz unter einen bestimmten Wert, wurden sie durch einen Warnton geweckt, standen auf, tranken viel und fuhren auf dem Fahrrad-Ergometer. Adolf Müller, ein Zeitzeuge, der in diesem Buch zu Wort kommt, hat auch dies miterlebt.

EPO wurde zwar verboten, aber es dauerte über zehn Jahre, bis die Doping-Analytik nachweisen konnte, ob jemand gegen dieses Verbot verstoßen hatte. Dadurch, dass EPO ein gentechnisch erzeugtes Medikament ist, unterscheidet es sich fast nicht vom körpereigenen EPO. Auffällig ist, dass die Todesfälle hauptsächlich die Benelux-Staaten betrafen. In Italien war zu dieser Zeit Professor Francesco Conconi mit seiner dubiosen EPO-Forschung offenbar so weit, dass die Handhabung dort besser gelang.

Der italienische Doping-Aufklärer Alessandro Donati nimmt auch zu Conconi aktuell Stellung. Der führende EPO-Analytiker Dr. Andreas Breidbach schildert unter anderem die Hilflosigkeit des Weltradsport-Verbandes (UCI), des EPO-Dopings Herr zu werden.

Doch die EPO-Problematik ist noch lange nicht ausgestanden. Radprofis dosieren mittlerweile so fein, dass sie unter der Nachweisgrenze bleiben. Der Schriftwechsel zwischen Radprofis belegt dies eindrucksvoll, wie einige anonymisierte E-Mails dokumentieren. Professor Horst Pagel von der Universität zu Lübeck beschreibt darüber hinaus, welche Probleme sich mit dem auslaufenden Patentschutz für EPO ergeben.

Bis heute gab es zahlreiche überraschende Todesfälle von ehemaligen Radprofis, die im Alter von etwa 50 bis 60 Jahren starben. Zu ihrer aktiven Zeit war der Einsatz von anabolen Steroiden, als Nachfolge-Dopingmittel des Amphetamins, weit verbreitet. Die Todesursachen deckten sich erschreckend häufig mit den beschriebenen Nebenwirkungen der anabolen Steroide. Kausale Zusammenhänge sind nicht zu beweisen, werden aber von zahlreichen Sportmedizinern diskutiert. Der langjährige betreuende Arzt des Radsport-Verbandes Nordrhein-Westfalen, Dr. Gustav Raken, berichtet hier ausführlich über seine Erfahrungen in den 1970er-Jahren.

Es wird eine dramatische Analogie zwischen den Todesfällen im Radsport und dem Missbrauch der jeweilig vorherrschenden Dopingmittel deutlich. So deutlich, dass nach persönlicher Aussage des Sportmediziners Professor Dirk Clasing aus Münster dies Grundlage für ein Forschungsprojekt hätte sein sollen. Doch der frühe Tod des Kölner Dopinganalytikers Professor Manfred Donike, der selbst Radprofi gewesen war, verhinderte dies. Schon vor rund zehn Jahren warnten Mediziner vor einer ähnlichen Serie von tödlichen Spätfolgen auch durch die Einnahme der sogenannten Peptidhormone wie EPO, Wachstumshormon (hGH), IGF 1 und anderer. Besonders die Entstehung von Tumoren, das unkontrollierte Wachstum innerer Organe und strukturelle Veränderungen am Herzen sind befürchtete Langzeitschäden. Im Jahre 2003 begann tatsächlich eine neuerliche Todesserie junger und aktiver Radprofis, die bis heute medizinisch nicht eindeutig erklärt werden kann. In drei Jahren ereilte dreizehn Radprofis im Durchschnittsalter von weniger als 30 Jahren der plötzliche Herztod. Anfang 2007 gab es in Australien nach einem Jahr Pause offenbar den vierzehnten Fall. Besonders dramatisch ist für die Sportmediziner der Umstand, dass diese Todesfälle fast ausnahmslos in Ruhephasen oder im Schlaf eintraten. Der Kardiologe Professor Hans-Willi Breuer aus Görlitz äußert sich dazu, nachdem er auf dem Kardiologen-Kongress in Barcelona 2006 ausführlich mit internationalen Kapazitäten darüber diskutieren konnte.

Der Freiburger Dr. Wolfgang Stockhausen, lange als betreuender Verbandsarzt im Radsport tätig, hinterfragt die Rolle der Sportmediziner, die seiner Meinung nach ethisches Handeln als Ärzte lernen müssen. Er beschreibt auch die dramatischen Auswirkungen des Dopings im Radsport.

Die Dunkelziffer der Todesfälle, die auf Doping zurückgehen, ist vermutlich erheblich größer, und die irreversiblen körperlichen Schäden bei Radprofis kann niemand abschätzen. Viele haben nach ihrer Karriere erhebliche Suchtprobleme. »Wer einmal etwas genommen hat, muss dabei bleiben oder wird zum Alkoholiker«, lautet die Lebensweisheit eines Zeitzeugen.

Neben diesen medizinischen Aspekten wird das Ausmaß des Dopings im Radsport durch nunmehr rund 30 Dopingbeichten ehemaliger Radprofis eindrucksvoll belegt. Der erste war der Kölner Jörg Paffrath, der in diesem Buch zu Wort kommt. Zahlreiche Prozesse im europäischen Ausland nach Dopingfunden bei Razzien untermauern diese Doping-Biographien. Monika Mischke hat eine beispiellose Anzahl von positiv getesteten Radsportlern recherchiert und fasst die wichtigsten Prozesse zusammen.

Hat der Radsport ein besonderes Dopingproblem? Der ehemalige Kölner Radprofi Rolf Wolfshohl meint, »wenn sich andere Sportarten in der gleichen Art entwickelt hätten wie der Radsport, hätte sich vermutlich auch die Dopingproblematik ähnlich entwickelt.« Der Radsport war eine der Sportarten, die als erste professionell betrieben wurden. Er sicherte den Broterwerb für seine Protagonisten und deren Familien. Durch die extremen Bedingungen, unter denen der Radsport in den Anfängen betrieben wurde, war es vermutlich notwendig, zu Medikamenten und Präparaten zu greifen, um eine Rennveranstaltung überhaupt beenden zu können. Sechs-Tage-Rennen fanden durchgehend sechs Tage und sechs Nächte statt, während derer einer der in Zweierteams fahrenden Radprofis immer auf der Bahn sein musste. Die Tour de France war damals noch über 1000 Kilometer länger als heute, und einzelne Etappen von über 400 Kilometern waren möglich. Zudem waren die Straßen und das Material ungleich schlechter. Heute scheint es dagegen notwendig geworden zu sein zu dopen, um bei Rennveranstaltungen überhaupt eine Chance zu haben. Zumindest geht offenbar die überwiegende Mehrheit der Radprofis davon aus. Dies muss aber nicht zwangsläufig so sein, wie Dr. Jean-Pierre de Mondenard und Paul Köchli veranschaulichen.

Doch die Realität sieht anders aus: Irgendwann muss sich jeder Radprofi entscheiden, ob er sein Geld weiter im Radsport verdienen will und Doping akzeptiert oder ob er mit dem Radsport aufhört. Auch im Amateurbereich, unter Nachwuchsfahrern, bei Senioren-Rennen und sogar im freizeitorientierten

Radsport ist Doping gegenwärtig. Das geschieht oftmals mit Kenntnis von Trainern (auch auf Verbandsebene), Sportlichen Leitern, Teamchefs, betreuenden Ärzten und Journalisten.

Doping ist ein existenzielles Problem. Doping ist systemimmanent und erfolgskonform. Das geschlossene System Radsport mit seiner familienähnlichen Eigendynamik, wie es sie in dieser Form in keiner anderen Sportart gibt, leistet der Dopingproblematik erheblichen Vorschub. Im Radsport wirken offenbar viel weniger Kräfte gegen die Entstehung einer Doping-Philosophie als in anderen Sportarten. Der Sportwissenschaftler Dr. Sascha Severin, ein ehemaliges Mitglied der deutschen Nationalmannschaft, hat über Doping promoviert. Er beschreibt, wie sich eine derartige Mentalität heranbildet.

Aber das scheint nicht einmal das größte Problem zu sein. Wie alle Beteiligten damit umgehen oder, besser gesagt, nicht damit umgehen können, ist vermutlich viel problematischer. Dopingkontrollen wurden bei der Tour de France erst eingeführt, nachdem die Tatsache des Dopings durch das öffentliche Sterben eines ihrer Protagonisten überdeutlich wurde. Systematisches Leugnen und Verharmlosen angesichts der vielen Ereignisse, Fakten und Dopingbeichten können zu keiner Lösung führen. Noch heute gilt für viele die Aussage: Wer nicht positiv getestet wird, ist sauber. Hier ist natürlich der Wunsch der Vater des Gedankens. Wenn sich Radprofis in dieser Form äußern, ist das nachvollziehbar. Wenn es hochrangige Sportfunktionäre tun, ist das nicht zu tolerieren. Doch alle repressiven Maßnahmen haben bislang nicht zu einer wirklichen Abschreckung geführt. Zu selten sind mögliche Sperren auch wirklich ausgesprochen worden. Zu gering sind bislang die finanziellen Konsequenzen. Anfang der 1990er-Jahre sah der BDR für einen Dopingverstoß lediglich eine Sperre von drei Monaten, im Wiederholungsfall von nur sechs Monaten vor. Der Fall Danilo Hondo verdeutlicht weitere Probleme: Nachträglich wurde seine zweijährige Sperre nach langwierigen Rechtsverfahren bestätigt. Doch in der Zeit der Verfahren war er rund ein Jahr nicht gesperrt und konnte seinem Beruf nachgehen. Wird die Sperre jetzt um diese Zeit verlängert? Muss er die Einnahmen zurückzahlen, die er während dieser Zeit durch den Radsport hatte? Die Dopingproblematik wirft ständig neue Fragen auf, die nur schwer zu beantworten sind. Jens Fiedler wurde Anfang 2005 bei einem Einladungsrennen ohne sportliche Bedeutung in Manchester positiv auf ein Amphetamin getestet. Zuständig ist der Britische Radsport-Verband. Doch aus unerfindlichen Gründen hat der nie ein Verfahren eröffnet. Reagiert haben weder der Bund Deutscher Radfahrer (BDR) noch der Weltradsport-Verband (UCI).

Wenn Repression nicht funktioniert, sollte die Prävention in den Vordergrund rücken. Ein erfolgreiches Doping-Präventionskonzept aus dem Radsportverband Schleswig-Holstein wollte der BDR nicht unterstützen, als man ihn vor Jahren um eine Druckkostenbeteiligung für einen Flyer bat. Das Konzept des Radsport-Teams Lübeck selbst blieb über sechs Jahre unberücksichtigt. Gert Hillringhaus, für dieses Konzept verantwortlich, schreibt über seine Erfahrungen.

Bezüglich der Dopingproblematik wird fast ausschließlich reagiert und nicht agiert. Entscheidungen sind immer wieder politisch motiviert, indem man nur dann reagiert, wenn gar keine Reaktion noch unangenehmere Folgen nach sich ziehen würde.

Oft bleibt es bei blindem Aktionismus. Der BDR erarbeitete gemeinsam mit Sponsoren, Teamchefs und Veranstaltern nach mehreren ›Runden Tischen‹ ein Neun-Punkte-Konzept, das ausschließlich repressive Maßnahmen aufführte (*procycling* 9/2006). Die Prävention wurde mit keinem Wort erwähnt. Als man dann jedoch am 19. September im *Radsport*, dem amtlichen Organ des BDR, die Seite 30 aufschlug, stand die Prävention an erster Stelle. Dieser Text bezog sich ebenfalls auf die beschriebenen Konferenzen. Es ist kaum vorstellbar, dass Journalisten derart gravierende Fehler machen. Aber die fehlende Prävention war zwischenzeitlich in einigen Medien kritisch hinterfragt worden. Nun plötzlich sollte auch das Lübecker Konzept Eingang in die Trainerausbildung finden. Doch wer das in welcher Form machen soll, ist offenbar noch nicht überlegt worden.

Bislang hat das Thema Doping oder Dopingprävention in der Trainerausbildung keine Rolle gespielt. Es wird auch nicht helfen, wenn zukünftig ehemalige Radprofis angehenden Trainern etwas aus Broschüren vorlesen. Eine neue Philosophie muss vorgelebt werden. Doch das dürfte mit denjenigen, die über Jahre ein ganz spezielles Wertesystem verinnerlicht haben, nicht möglich sein. Sonst kann es ablaufen wie auf einer A-Trainer-Fortbildung im November 2005 in Leipzig. Aus dem Mund eines altgedienten Referenten hieß es, »von Doping mit EPO, Wachstumshormon und dem Wachstumsfaktor IGF 1 ist abzuraten, weil es nachweisbar ist«. Erst hielt ich, der einer von rund 40 anwesenden Trainern war, das für einen rhetorischen Eröffnungsgag. Ich musste mich aber eines Besseren belehren lassen: Der Mann fühlte sich unter seinesgleichen. In diesem Wertesystem ist das Doping vorhanden, nicht aber die Doping-Prävention.

Doch dazu stehen will niemand. Immer noch scheinen Aktive, Umfeldakteure, Zuschauer und Medienvertreter den Ernst der Lage nicht erkennen zu wollen. Immer noch werden personalisierte Skandale als Einzelfälle herausgepickt. Dabei geht es längst um das große Ganze. Es geht darum, die Strukturen zu ändern, durch die der Radsport zu dem geworden ist, was er wirklich ist: eine Parallelwelt des organisierten und flächendeckenden Dopings mit lebensbedrohenden und lebensverkürzenden Folgen.

Rolf Järmann, zu seiner aktiven Zeit der erfolgreichste Schweizer Radprofi, beschreibt, wie er als Doping-Gegner nicht dem Missbrauch von EPO widerstehen konnte und wie er sich Lösungsansätze der Dopingproblematik vorstellt.

Doch viele waren gar nicht bereit, sich für dieses Buch zum Thema Doping zu äußern. Oder durften sich nach Rücksprache mit Verantwortlichen nicht äußern. Darunter auch bekannte Radsportler und Medienvertreter. Auf eine Namensnennung wird hier bewusst verzichtet, wie im gesamten Buch. Es geht um Strukturen, nicht um Personen.

Die Akteure, die den Radsport bislang prägen, haben trotz aller Beteuerungen keine Erneuerung herbeiführen können. Der Radsport kann sich ebenso wenig von innen erneuern, wie sich jemand selbst aus dem Sumpf ziehen kann. Der Radsport braucht Hilfe von außen. Er verdient sie auch. Aber diese Hilfe muss auch gewollt sein. Das ist bisher in durchgreifender Konsequenz nicht der Fall.

Doch wie kann es mit dem Radsport weitergehen? Er ist unbestritten eine faszinierende Sportart, die ein Leben lang zur Erhaltung der Gesundheit betrieben werden kann. Doch sobald er existenziell wird, scheint es kein Entkommen aus der »Dopingfalle« (Bette/Schimank, 2006) mehr zu geben. Diplom-Sportwissenschaftler Andreas Singler und Professor Gerhard Treutlein machen in ihrem Beitrag deutlich, wie schwierig es wäre, wenn man es wollte. In seinem Ausblick verdeutlicht Treutlein, wie vielschichtig eine Dopingprävention sein müsste, sollte sie erfolgreich sein.

Es bestehen berechtigte Zweifel, dass dies ohne Hilfe von außen umgesetzt werden kann. Den wichtigsten Hebel könnten vermutlich die Fernsehanstalten ansetzen. Durch einen Verzicht auf Übertragungen würden sie dem Sponsoring-System die Grundlagen nehmen. Das Verschwinden der Profi-Teams wäre möglicherweise die Konsequenz. Aber auch die Medien sind existenziell mit dem Sport verbunden. Professor Karl-Heinrich Bette verdeutlicht die Zusammenhänge mit schonungsloser Offenheit. Die für die Tour de France und die Deutschlandtour zuständige Programmchefin des Saarländischen Rundfunks, Gabriele Bohr, war zu einem Interview bereit. Sie erwartet vom Radsport, dass er die Grundlagen für weitere Übertragungen liefert. Den Worten müssen ihrer Meinung nach jetzt Taten folgen.

Was muss noch passieren, bis grundlegende Veränderungen stattfinden?

Abbildungsauswahl und -verteilung:
Die in diesem Buch abgebildeten Dokumente und Unterlagen stammen, soweit nicht anders angegeben, aus dem Archiv des Autors. Für die Wiedergabe wurden sie anonymisiert, Querverweise wurden entfernt. Sie stehen nicht im engeren Zusammenhang mit den jeweiligen Texten, sondern wurden im Sinne allgemeiner, das Thema vertiefender Illustrationen relativ frei verteilt.

Es handelt sich dabei um einen Ausschnitt dessen, was für dieses Buchprojekt recherchiert wurde. Das gesamte recherchierte Material wiederum kann notwendigerweise nur ein Bruchteil dessen sein, was an relevanten Unterlagen schriftlich oder bildlich fixiert im Radsport vorhanden ist. Im Hinblick auf das Ausmaß des Dopingproblems können die hier wiedergegebenen Dokumente nur der berühmte Finger sein, der auf den Mond zeigt …

Sozialisation zum Doping

Dr. Sascha Severin studierte die Fächer Pädagogik, Philosophie und Sportwissenschaft. Er promovierte im Bereich Pädagogik/ Soziologie über die Dopingproblematik bei Kindern und Jugendlichen. Als aktive Sportarten hat er Triathlon und Radsport betrieben. Als Radsportler war er Mitglied der deutschen Nationalmannschaft. Severin besitzt die C-Trainer-Lizenz für Radsport. Sein Beitrag ist eine Innenansicht des Systems Radsport. Die handelnden Radsportler Klaus S. und Michael R. stehen als reale Personen stellvertretend für viele andere.

Doping ist kein spontaner Fehltritt eines erwachsenen Sportlers. Der Einsatz von leistungssteigernden Substanzen beginnt in vielen Sportarten bereits im Kindes- und Jugendalter, als Bestandteil der sportartspezifischen Sozialisation. Der Wille zu dopen, also die Absicht, sich durch Zuhilfenahme von leistungssteigernden Substanzen einen Vorteil zu verschaffen, entwickelt sich bei jungen Radsportlern oft aus dem Bedürfnis, sich den Regeln eines neuen sozialen Umfeldes anzupassen – positiv wie negativ.

Erwann Mentheour, ein ehemaliger französischer Radprofi, der zur traurigen Berühmtheit wurde, weil er der erste Radprofi war, der wegen eines zu hohen Hämatokritwertes 1998 beim Radsportklassiker Paris–Nizza aus dem Rennen genommen wurde, beschreibt in seinem Buch »Secret défoncé – Ma vérité sur le dopage« Doping als ein Ritual, das ein junger Radsportler über sich ergehen lassen muss, um Anerkennung von den etablierten Radsportlern zu erhalten. Es ist demnach eine Art Ritterschlag, die höchste Weihe, um als vollwertiges Mitglied in der Radsport-Szene Anerkennung zu finden.

Der Radsport ist generell ein stark ritualisierter Sport; Rituale bestimmen das Training, die Vorbereitung zum Wettkampf und den Wettkampf selbst. Man denke hierbei zum Beispiel an das akribische Überprüfen des Materials vor jeder Ausfahrt, das genaue Abwägen über die angemessene Menge an Energieriegeln zur Sicherstellung einer ausreichenden kalorischen Versorgung, das Rasieren der Beine zur Verhütung von entzündeten Wunden nach Stürzen, die Reinigung und Pflege der Rennmaschine, die Montage der teuren Felgen vor wichtigen Wettkämpfen oder das Einölen der Beine kurz vor dem Start.

Viele kleine Rituale ergeben ein »großes Ganzes«, dieses ist dann der erhoffte Garant für den Erfolg. Hieran versuchen sich alle zu halten, und ein Hinterfragen findet – vielleicht auch wegen der Vielzahl der Rituale – selten statt. Sie sind das

»Radsport-ABC«. Sie zu vollziehen, sich daran gewissenhaft und diszipliniert zu halten prägt den jungen Radsportler sehr nachhaltig.

Der Weg zum Dopingdelinquenten ist fast nie ein vorsätzlicher Prozess. Es ist eher ein unbewusstes Hineintreiben, das in der Regel durch den wiederholten Einsatz vermeintlich harmloser Substanzen initiiert und irgendwann zu einem verbindlichen Ritual wird.

So machte Klaus S. seine ersten Erfahrungen als dreizehnjähriger Schülerfahrer mit einem bekannten Schmerzmittel, zu dessen Einnahme ihm sein damaliger Trainer stets riet, »damit das Blut gut fließt und die Schmerzen beim Übersäuern nicht so stark sind«. Und weil es tatsächlich half, nicht nur im Sinne eines Placebos, verspürte er einen Drang nach mehr, erkundigt sich wieder bei seinem Trainer und bei der Konkurrenz und wurde darüber belehrt, dass es noch viele andere hilfreiche Mittel gebe, die das »große Ganze« komplettieren würden. Fortan verbesserte sich seine Sauerstoffaufnahme durch Asthma- und Nasensprays, durch Abführmittel konnte er sein Gewicht zeitnah vor schwierigen Bergrennen reduzieren, um »Körner für den Endspurt zu sparen«, und das Beruhigungsmittel, das er manchmal abends vor einem Rennen gegen die Nervosität einnahm, garantierte ihm die für seine Leistungsfähigkeit notwendige Nachtruhe.

Zum Aufputschen vor und während des Rennens nahm er häufiger ephedrinhaltige Grippemittel oder Koffeintabletten, und wenn es ihm ob der nervlichen Anspannung vor einem Rennen schlecht wurde, sorgte ein Präparat gegen Magenschleimhautreizung für Besserung. Seine Eltern wussten nicht, wofür die Präparate eingesetzt wurden. Sie dachten, S. nutze sie im Sinne ihrer ursprünglichen Bestimmung.

Die Beschaffung der Präparate war für ihn nie ein Problem. Viele leistungssteigernde Substanzen sind rezeptfrei in jeder Apotheke erhältlich. Hin und wieder wurde er von den Apothekern gefragt, für wen die Präparate seien und ob er mit der Einnahme vertraut sei. Diese Situationen bildeten aber eher die Ausnahme und waren keine ernst zu nehmenden Hürden hinsichtlich des Erwerbs.

Seit dem Durchbruch des Internets als Informations-, Handels- und Vertriebsmedium ist die Beschaffung von Medikamenten für Kinder- und Jugendliche sogar noch einfacher geworden. Internetapotheken überschlagen sich geradezu mit Sonderangeboten für Medikamente. Die Anonymität des Internets senkt die Hemmschwelle zum Kauf. Durch die Eingabe von entsprechenden Schlagworten in die Suchmaschinen lassen sich zudem sehr komfortabel Bedienungsanleitungen zur effizienten Anwendung von leistungssteigernden Substanzen finden. Wer nichtsdestotrotz Fragen hat, stellt diese einfach in den Foren der einschlägigen Seiten und bekommt unmittelbar hilfreiche Antworten.

Die Hemmung zur Einnahme von Medikamenten ist nur sehr gering. »Man macht es halt so, es gehört dazu«, rechtfertigt Klaus S. sein damaliges Verhalten. Und die großen Idole nehmen noch ganz andere Sachen, »weshalb es nicht so schlimm sein kann«.

Unterstützt wird diese Haltung durch das positive Image von Medikamenten unter Kindern und Jugendlichen. Eine Studie der Eidgenössischen Sportschule in Magglingen aus dem Jahre 1994 macht deutlich, dass pharmazeutische Substanzen ausschließlich positive Assoziationen bei Kindern- und Jugendlichen hervorrufen. Außerdem wird in der Sportszene durch eine entsprechende Wortwahl die Gefahr entschärft. So spricht man in Konsumentenkreisen häufig nicht von Doping, sondern von »Sportpharmaka«. Vorbehalte gegenüber Medikamenten werden hierdurch untergraben, was im Übrigen auch ein Verdienst der Pharmawerbung in den Medien ist. Medikamente werden hier immer sehr unkritisch als »kleine Helferlein« dargestellt, die einen hohen Nutzen zur Schaffung von Lebensqualität und Leistungsfähigkeit haben. Dass sie auch schaden können, wissen die wenigsten Kinder und Jugendlichen.

Vor diesem Hintergrund ist der Schritt zum regelwidrigen Doping – nicht nur bei jungen Radsportlern – dann zumeist nur noch kurz, weil ohnehin schnell der Eindruck entsteht, dass Sportler ihr Ziel, nämlich die weitere Verbesserung der Leistungsfähigkeit, ausschließlich über die Einnahme von Doping erreichen. Dies gilt im Übrigen auch für Werbung, die suggeriert, dass nach Einnahme bestimmter Substanzen (Nahrungsergänzungsmittel) exorbitante Leistungen möglich sind, so wie zum Beispiel in Werbespots, in denen synthetisch gemischte Getränke (Energy-Drinks, Elektrolytgetränke) oder Nahrungsergänzungsmittel angepriesen werden, die die Leistungsfähigkeit angeblich steigern. Für sich selbst genommen vielleicht einigermaßen harmlose Medikamente oder Nahrungsergänzungsmittel werden so zu »Türöffnern« für den Gebrauch verbotener Mittel. Der Einsatz von Dopingpräparaten lässt sich dann im Übergang von den Junioren zum Amateurbereich beobachten.

Michael R., der von 1973 bis 1988 Radrennen gefahren ist und als Juniorenfahrer fast den Sprung in die Nationalmannschaft geschafft hätte, erinnert sich an leere Spritzen auf den Toiletten bei Rundfahrten. Ihm selbst wurde in den 1980er-Jahren von einem bekannten Trainer angeraten, vor der Deutschen Meisterschaft Blutdoping zu praktizieren. Andere Vereine seien für den Einsatz von unerlaubten Medikamenten bekannt gewesen, auch wenn niemand offen darüber sprach. Michael R. widerspricht der Vermutung, dass Doping im Amateurbereich eine untergeordnete Rolle spiele. Trainer oder Offizielle, die im Sinne einer Dopingprävention agierten, hat er im Laufe seiner Karriere nicht getroffen.

Medikamente werden im Radsport nicht nur zur Leistungsverbesserung, sondern zwangsläufig auch zur Leistungswiederherstellung eingesetzt. Krankheiten gehen bei Radsportlern automatisch mit dem harten Training einher, bekannt ist der Zusammenhang zwischen Leistungssport und reduzierter Immunabwehr. Forciert wird Letzteres noch durch die teilweise sehr unwirtlichen Trainings- und Rennbedingungen, wie zum Beispiel stundenlange Trainingseinheiten auf dem Rad bei 5° Celsius im Dauerregen, im schlimmsten Fall mehrere Tage hintereinander.

Wer krank ist, stellt das Training nicht ein, sondern reduziert allenfalls die Kilometerumfänge. Diese aber sind sehr wichtig, Radsportler definieren sich darüber, gerade im Winter und im Frühjahr, der rennfreien Vorbereitungszeit. Ungeachtet der Schwere der Erkrankung wird daher oftmals weitertrainiert, natürlich mittels einer flankierenden medikamentösen Unterstützung, zum Beispiel bei der Behandlung von bakteriellen Atemwegserkrankungen wie Bronchitis, Mandelentzündung oder Nasennebenhöhlenentzündung. Von Trainingslagern im Ausland ist bekannt, dass bei derartigen Erkrankungen der Einsatz von Antibiotika offenbar an der Tagesordnung ist. Ohne den eigentlich erforderlichen bakteriologischen Abstrich werden diese unspezifisch, daher oftmals wirkungslos, als Breitbandantibiotika durch die mitreisenden Betreuer verabreicht. Dies vor dem Hintergrund, dass die erkrankten Sportler ohne sich zu schonen weiterfahren (müssen), auch um die Fortsetzung der zumeist sehr teuren Maßnahmen nicht zu gefährden. Die möglichen gesundheitlichen Risiken wie die Chronifizierung der Beschwerden, Resistenzen gegen Antibiotika, Herzmuskelentzündung oder im schlimmsten Fall das Herzversagen werden ausgeblendet. Im Rahmen eines Trainingslagers wurde Klaus S. mit einer eitrigen Mandelentzündung vor die Wahl gestellt, entweder mit Antibiotika weiter Rad zu fahren oder die Heimreise anzutreten und damit bei den folgenden Trainingsmaßnahmen nicht berücksichtigt zu werden. Um den geschwächten Organismus zu stabilisieren und zu schonen, forderte ihn der behandelnde Betreuer auf, »Kaffee zu trinken und bei der Führungsarbeit etwas kürzer zu treten«.

Bei Behandlungen von Krankheiten mit Medikamenten werden mitunter auch quasi per Zufall Erfahrungen mit leistungssteigernden Substanzen gemacht. Michael R. erinnert sich an seinen elften Platz bei ›Rund um Köln‹ als mögliche Folge eines unbeabsichtigten Dopings: »Ich hatte in der Woche zuvor eine dicke Erkältung und habe Hustensaft genommen.« Beim Rennen habe er sich dann gut gefühlt und diesen Hustensaft einige Zeit später auch bei der Landesmeisterschaft genommen, bei der er Vierter wurde. Obwohl er zu dieser Zeit keine Erkältung mehr hatte.

Die tieferen Motive für die Einnahme leistungssteigernder Substanzen im Radsport lassen sich nicht nur mit Ritualen und/oder der Behandlung von Krankheiten erklären. Dies mag zwar in ganz jungen Jahren im Vordergrund stehen, wird aber im Laufe der Zeit zu einem Zwang, weil das Radsporttraining ab dem Übergang von den Junioren zu den Amateuren mittlerweile bei vielen Athleten zur tagesfüllenden Tätigkeit wird.

Denn Jahreskilometerumfänge von 15 000 bis zu 25 000 km sind hierbei die Regel, was unter Umständen dazu führt, dass die Schul- und Berufsausbildung für den Sport vernachlässigt oder sogar ganz aufgegeben wird. Was bleibt, ist der Radsport als einziger erlernter Beruf. Das heißt, der Lebensunterhalt muss ausschließlich über den Leistungssport bestritten werden, eine Alternative ist ohne Schul- oder Berufsausbildung verbaut. Da liegt es nahe, dass junge Radsportler dann in bestimmten Situationen, wie bei Krankheiten oder vor lukrativen Rennen, zu leistungssteigernden Substanzen greifen (müssen), um wenigstens den Sport als einzig verbleibende Verdienstmöglichkeit zu sichern. Während dies eine vornehmlich eigenmotivierte Vorgehensweise ist, gibt es darüber hinaus auch Motivationen, die von außen, durch das soziale Umfeld, an den Sportler herangetragen werden.

Ein ambitionierter junger Radsportler muss sich zwangsläufig in die Radsportszene integrieren. Hierdurch ändert sich sein soziales Umfeld und damit auch die wichtige (moralische) Prägung, da Zeit für Freunde und Aktivitäten außerhalb des Sports kaum noch bleibt. Als Folge werden die sozialen Kontakte des Athleten stark auf den Kreis der engsten Förderer (Trainer), Unterstützer (Eltern) und Gleichgesinnten (Radsportkollegen) reduziert.

Trainer

Ein Trainer wird am Erfolg oder Misserfolg seines Schützlings gemessen. Das heißt, er steht wie der Sportler unter einem gewissen Leistungsdruck. Diese Tatsache dürfte für hauptamtliche Trainer noch schwerer wiegen, da deren Einkommen und Verträge teilweise erfolgsabhängig zustande kommen. Angesichts dessen könnte es sein, dass die Interessen des Trainers weniger auf die Gesundheit des Sportlers gerichtet sind, sondern Leistung ohne Rücksicht auf Nebenwirkungen, zur Not mit unerlaubten Mitteln erbracht werden muss, da für den Trainer der Erfolg des Athleten die Erfolgskontrolle seiner eigenen Leistung darstellt.

Radsporteltern

Radsporteltern unterstützen ihre Kinder in vielfacher Hinsicht. Zum einen haben sie hohe finanzielle Einbußen für die Finanzierung des Radsports, die bis in den fünfstelligen Bereich gehen können: die Startgelder für die zahlreichen Wettkämpfe, Material, Trainer, Vereinsbeiträge, Fahrtkosten zu weiter entfernten Wettkämpfen, spezielle medizinische Behandlungen wie Massagen und andere Ausgaben. Außerdem müssen sie viel von ihrer Freizeit für die Anreise zu den bundesweit stattfindenden Radrennen opfern. Nicht zu vergessen ist die mitunter recht diffizile Zeitplanung, die vonnöten ist, um das Familienleben an die sportliche Aktivität anzupassen, also zum Beispiel die Abstimmung der Essenszeiten mit dem Training oder die Einbeziehung der am Wochenende stattfindenden Wettkämpfe des jungen Radsportlers in die Gestaltung der Familienfreizeit. Eltern geben viel, Eltern erhoffen sich aber auch viel. Hierdurch kann auf die Kinder, bewusst oder unbewusst, ein immenser Erwartungsdruck hinsichtlich der sportlichen Leistung ausgeübt werden, da sich die Investition von Zeit und Geld über den Erfolg amortisieren soll. Als mögliche Folge wird der junge Sportler noch mehr Druck verspüren und deshalb vor unerlaubten Mitteln nicht zurückschrecken, um die Erwartungen der Eltern nicht zu enttäuschen.

Radsporttrainingsgruppe

Der junge Radsportler umgibt sich angesichts der enormen zeitlichen Bean-spruchung durch das Training vornehmlich mit seiner Trainingsgruppe. Diese übt einen dominierenden Einfluss auf ihn aus. Als Beispiel seien Sportler in-nerhalb der Trainingsgruppe genannt, die bereits mehrere Erfolge verbuchen können. Es spielt dabei keine Rolle, ob diese Erfolge kraft eigener körperlicher Voraussetzungen oder mittels leistungssteigernder Substanzen errungen wurden. Leistungsträger einer Trainingsgruppe dienen als Vorbilder, mit denen sich die anderen Mitglieder der Gruppe identifizieren und deren Verhaltensweisen sie unter Umständen nachahmen. Verstärkend wirkt hierbei ein Gruppenzwang. Insbesondere dann, wenn andere Vorbilder fehlen

Ausblick und Empfehlung

Der deutsche Innen- und Sportminister, Dr. Wolfgang Schäuble, brachte den Ernst der Lage unlängst auf den Punkt:»Doping gefährdet den Sport in seiner Existenz.« Eine Warnung, die sich die Verantwortlichen im Radsport sehr zu Herzen nehmen sollten. Der Radsport befindet sich im freien Fall, Publikum und Sponsoren wenden sich entsetzt ab, und auch die Medien gehen auf Distanz zu den einstigen Helden der Landstraße.

Eine Rehabilitierung des Radsports gelingt nur durch eine entschlossene Vorgehensweise aller Akteure, die eine nachhaltige Richtungsänderung zur Folge haben muss. Ob hierbei ausschließlich Dopingverbotslisten und Sanktions-maßnahmen die Mittel der Wahl sein können, ist sehr fraglich. So zeigt doch die Erfahrung, dass eine derartige Vorgehensweise immer Verantwortung an Institutionen delegiert, deren Wirkungsgrad, nicht zuletzt angesichts ihrer ange-spannten Finanzlagen, dem berühmten Kampf gegen die Windmühlen gleicht. Besser wäre es, das Übel direkt an der Wurzel zu packen und dem Radsportler, von frühester Jugend an, die Verantwortung selbst zu überlassen. Was so einfach und verantwortungslos klingt, fordert sehr viel Aufwand und ein starkes gesamt-gesellschaftliches Engagement. Durch eine gewissenhafte Aufklärung, Schulung sowie Sensibilisierung kann ein subjektives Wertesystem im jungen Radsportler geschaffen werden – eine Art ehrenhafte Selbstbeherrschung, die ihn davon abhält, leistungssteigernde Substanzen einzusetzen.

Hierbei muss nicht wie bisher die Dopingliste, sondern vor allem der Einstieg zum Doping, also das Erkennen der Grenzen zwischen körpereigener und künstlich herbeigeführter Leistung, zum Gegenstand der Prävention werden. Junge Sportler sollten mit der Einstellung aufwachsen, dass Dopingsubstanzen respektive deren Einsatz keineswegs eine Bagatelle sind. Hinsichtlich der biographischen Risiken bei jungen professionell agierenden Radsportlern sollten seitens der Vereine und Verbände Maßnahmen entwickelt und installiert werden, die erfolglose Athleten psychologisch und finanziell auffangen. Denkbar sind Laufbahnberater, die dem Athleten auch eine Existenz ohne Sport sichern helfen. Junge Athleten müssen be-reits vor dem Karrierestart über die gesundheitlichen Risiken und Nebenwirkungen im Radsport aufgeklärt und als Folge dazu angehalten werden, sich durch einen vernünftig geplanten Werdegang auch andere berufliche Alternativen offen zu halten. (Vgl. K.-H. Bette, U. Schimank, D. Wahlig, U. Weber 2002)

Das Thema Doping muss zwingender Bestandteil jeder Radsport-Trainerausbildung sein. Trainer müssten sich angesichts der Tatsache, dass sie nicht selten größeren Einfluss auf die Erziehung von Kindern haben als deren Eltern oder Lehrer, ihre Rolle und die immanente Vorbildfunktion stets vor Augen halten.

Das soziale Umfeld der Athleten sollte so gestaltet sein, dass der Wunsch nach Dopingmitteln erst gar nicht aufkommt. Vereine und der Verband müssen deshalb dafür Sorge tragen, dass nur Trainer und Funktionäre mit einwandfreiem Wertekanon hinsichtlich eines dopingfreien Sports eingestellt werden. Verantwortungsvolle Eltern sollten genau prüfen, ob der ausgewählte Radsport-Verein einen »sauberen Sport« bietet.

Alle Beteiligten sollten versuchen, das Problem Doping nicht nur isoliert für den Radsport zu erfassen. Die Beweggründe für die Einnahme von leistungssteigernden Substanzen sind in allen gesellschaftlichen Bereichen die gleichen. Hierfür gilt es einen pädagogisch-ethischen Grundstock zu schaffen, der vermittelt, dass jede Leistung nur mit den körpereigenen Fähigkeiten zu bewerkstelligen ist. Schließlich ist ein ehrlicher Erfolg für die persönliche Entwicklung viel wertvoller als eine »Karriere«, die auf einem Mix leistungssteigernder Substanzen beruht. (Vgl. H. Blasius, K. Feiden 2002 und G. Treutlein 1991).

Sicherlich wäre es auch ratsam, im Rahmen des Unterrichts an Schulen tätig zu werden. Beispielhaft sei an dieser Stelle das österreichische Anti-Doping-Schulmodell Ende der 1980er-Jahre erwähnt. Während sich hierbei vor Projektbeginn nur etwa 8,3 % aller beteiligten Schüler zum Thema Doping äußern konnten, waren es nach Beendigung des Projekts etwa 90 % der Schüler, die das Thema richtig darstellen konnten. Für die Durchführung eines solchen Projekts empfehlen sich unter anderem die nachfolgenden Themen:
– Bewertung von Leistung und Erfolg in der Gesellschaft
– Gefahren von leistungssteigernden Substanzen
– körpereigene Möglichkeiten, um leistungsfähig zu bleiben/zu werden
– Lebenssituationen, die den Einsatz von leistungssteigernden Substanzen provozieren könnten (Vgl. T. Schill 2002)

Der Radamateur Michael R. konnte übrigens, bis auf die einmalige bewusste Einnahme von leistungssteigernden Substanzen, ohne Doping seine Karriere erfolgreich bestreiten. Zum einen sieht er die Gründe dafür in seiner Erziehung, zum anderen darin, dass er nicht so naiv war, wie viele um ihn herum. Er hat Dinge immer hinterfragt und ist seiner Meinung stets treu geblieben. »Das war auch vielleicht ein Grund, warum mir so selten geraten wurde, zu Dopingmitteln zu greifen. Vermutlich hieß es, den R. brauchst du gar nicht erst zu fragen.« Seine Gesundheit sei ihm immer wichtiger gewesen, als irgendwo zu siegen.

Obwohl er das Gefühl kannte und auch genoss. Wie beim 200 Kilometer langen Straßenrennen »Großer Preis von Bellheim«, »den ich gewinnen konnte und bei dem Marcel Wüst im selben Rennen Vierter wurde«, erinnert sich Michael R.

Dr. Sascha Severin

stunden spaeter:

check out:

http://store.yahoo.com/medicinecabinet/newproducts.html

Hier bekomme ich es. Wieviel braeuchte ich um alle 3 Rennen mit Bravur zu bestehen?Muss ich parallel sonst noch was besorgen? Wie waere das parallel mit dem anderen Plan??

Eilt!

Hier geht es um das EPO-Nachfolgepräparat Aranesp und die Frage nach der Anwendung.

Das »Hamburger Modell«

Im Hamburger Radsport offenbarten sich im Herbst 2006 Lücken im System der Doping-Kontrollen, die offensichtlich schon länger, nicht nur dort und in größerem Umfang kalkuliert ausgenutzt werden.

Die Geschichte begann am Samstag, dem 7. Oktober 2006 – für die Öffentlichkeit. Zu diesem Zeitpunkt berichtete die *Süddeutsche Zeitung* im Sportteil von einem gut begründeten Verdacht gegen den niedergelassenen Hamburger Mediziner Tilman Steinmeier. Der habe mindestens drei Radprofis des Hamburger Cross-Teams ›Stevens-Racing‹ verschiedene Medikamente verordnet, die auf der Doping-Liste stehen. Im Einzelnen handele es sich um Eprex, Andriol und Synacthen, Medikamente, die zum klassischen Dopingrepertoire gehören. Als Beleg wurden zwei vom Computerbildschirm abfotografierte Patientenakten gezeigt, die die Namen von Steinmeier, zweier Patienten und die verordneten Medikamente enthielten. Aufgenommen habe sie ein junger Arzt, der in dieser Praxis zeitweise beschäftigt war. Zu dieser Zeit sei er von seinem Chef, der auch als Teamarzt der Radcross-Mannschaft fungiert, aufgefordert worden, ihn als Rennarzt zu vertreten und in dieser Funktion gegebenenfalls bei einem der Fahrer die Dopingkontrolle durchzuführen und sie zu manipulieren. Dazu sollte er eigenen Urin anstelle des Athleten abgeben. Der Name des Informanten wurde durch ein Pseudonym ersetzt.

Am Montag darauf reagierte auch das *Hamburger Abendblatt*. Auf der Titelseite, in einem Kommentar auf Seite 2 und im Sportteil mit fast einer Seite wurde Bezug auf Steinmeier genommen, der auch zwei Trainingsgruppen der Tageszeitung betreut. Alle Beschuldigten wiesen jeden Zusammenhang mit Doping zurück. Zum Teil seien Medikamente nach Unfällen verschrieben worden, hieß es. Der des Dopings bezichtigte Teamchef habe zudem nicht hinterfragt, welche Medikamente er von dem beschuldigten Arzt erhalten habe. Die Manipulation einer Dopingkontrolle sei zudem unmöglich, weil immer zwei Personen neben dem Athleten anwesend sein müssten. Nach Reglement sind dies der beauftragte Arzt und der Antidoping-Inspektor des Verbandes. Allerdings bot der Teamchef seinen Rücktritt an, sollten sich die Vorwürfe gegen den Fahrer, der noch Teammitglied war, bewahrheiten. Dieser wurde zwischenzeitlich von seinem Team suspendiert.

Die Doping-Vorwürfe erschwerend wurde inzwischen berichtet, dass der Betreffende angeblich Trainingskontrollen durch die Nationale Anti-Doping-

Agentur (NADA) vorsätzlich verpasst hätte. Es handelt sich bei diesem Fahrer um den amtierenden deutschen Meister im Radcross Johannes Sickmüller. Die Meisterschaft fand in Hamburg statt und wurde erst durch das finanzielle Engagement des Hauptsponsors und Eigners des Teams, des Hamburger Radsport-Unternehmers Werner von Hacht, möglich. Von Hacht ist in seiner Jugend selbst Cross-Rennen gefahren und gilt als der wichtigste Sponsor des Hamburger Radsports. Seit 25 Jahren betreibt er einen großen Radsporthandel. Er ist auch mit einer fünfstelligen Summe Sponsor des Bundes Deutscher Radfahrer.

Inzwischen waren Anzeigen des Heidelberger Doping-Fachmanns Werner Franke und des BDR bei der Hamburger Staatsanwaltschaft eingegangen. Deren Sprecher, Rüdiger Bagger, war verwundert, dass dieser Vorgang schon in den Medien veröffentlicht worden war, bevor seine Behörde überhaupt davon erfahren hatte. Derweil machte der Pressesprecher des Stevens-Teams den bislang nicht genannten Namen des jungen Arztes auf der Website des Teams öffentlich. Von Hacht glaubte laut *Hamburger Abendblatt* an einen Rachefeldzug dieses Arztes aus persönlichen Motiven und hielt die angeblichen Patientendaten für gefälscht. Der Teamchef distanzierte sich derweil von seinem Rückzug, er habe überreagiert. Seine Funktion als Leistungssport-Referent des Radsport-Verbands Hamburg, in die er für zwei Jahre gewählt worden war, stand nie zur Diskussion. Allerdings hatte man seinen Namen auf der Website des Verbandes aus der Vorstandsliste gelöscht, um »keine weiteren Fragen nach konstruierten Verbindungen« aufkommen zu lassen.

Die involvierten gesetzlichen Krankenkassen kamen nach einer internen Prüfung zu dem Ergebnis, dass die jeweiligen Medikamente nicht über sie abgerechnet worden waren. Privatrezepte, die in der Apotheke bar bezahlt werden, können nicht zurückverfolgt werden, weil sie nicht archiviert werden. Warum aber sollten die Athleten teure Medikamente selbst bezahlen, wenn sie medizinisch indiziert sind?

Die Suspendierung des Fahrers wurde aufgehoben, denn die verpassten Trainingskontrollen seien durch fehlerhafte Telefonnummern verursacht worden. Der BDR räumte im Nachhinein diesen Fehler ein. Allerdings erklärte der Fahrer einen Startverzicht bei Rennen, bis sich die nach eigenen Angaben falschen Dopingvorwürfe gegen ihn aufgeklärt hätten. Weitere Anzeigen der NADA und des jungen Arztes gingen in der Zwischenzeit ein. Am 11. Oktober wurde die Hamburger Staatsanwaltschaft tätig. Sie durchsuchte die Praxisräume, die Privatwohnung und das Auto des beschuldigten Arztes und hat nach eigenen Aussagen keine Zweifel an der Echtheit der fotografierten PC-Akten.

Am 13. Oktober bekam der Fall überraschend eine neue Wendung. Der Deutschlandfunk meldete nach eigenen Recherchen, dass die Urinprobe des Gewinners der deutschen Cross-Meisterschaft in Hamburg manipuliert worden sei. Die NADA bestätigte auf Nachfrage das stark abweichende Steroidprofil dieser Probe. Dieses Profil beschreibt die individuelle hormonelle Situation eines Menschen. Sickmüller soll ein sehr auffälliges Profil haben, das nicht dem

| NOM: MTB |
| Semaine: 33 |

JOUR	LUNDI	MARDI	MECREDI	JEUDI	VENDREDI	SAMEDI	DIMANCHE
KB							
G1							
G2							
EB							
SB							
K1							
K3 >Tf							
K3 <Tf							
K4							
Wettkampf	80	80	80	80	80	80	
Total km	80	80	80	80	80	80	0
Gym.							
Autres							

NOTES	2.Etappe	3.Etappe	4.Etappe	5.Etappe	6.Etappe	7.Etappe	
	VTT	TDF	MTB	France!			

| JOUR | LUNDI | MARDI | MERCREDI | JEUDI | VENDRDI | SAMEDI | DIMANCHE |

Notes pour le Directeur Sportif:

Applikationen	MO	DI	MI	DO	FR	SA	SO
Oxyperm oral		3x	1 Kapsel	v.d.		TE	
Gingseng oral		1x		morgens			
Toxepasi 400			1x abends		·		1x abends
EPO i.v./s.c.	1500 I.E. s.c.		1500 I.E. s.c.		1500 I.E. s.c.		1500 I.E. s.c.
Fereitdt i.v.			1x abends				
Maltofer i.m.							1x morgens
Epargriseovit i.m.							1xmorgens
Becozyme i.m.		1x abends			1x abends		
Magnesium-Liquid	v.d.		Rennen		einnehment		
Neotone i.v.	v.d.		Rennen				
Essfosfina i.v.	v.d.		Rennen				
Atepoldin i.v.		v.d. Rennen		v.d. Rennen		v.d. Rennen	
Geium oral	100 Tropfen		1h	v.d.		Rennen	
Dynergum oral	1x		v.d.		Rennen		
Tlicotil i.m.	nach	Bedarf	an schweren	Etappen	v.d.	Rennen!	
Lofton i.v.		1x abends			1x abends		
O-Due i.v.	1x	v.d.		Rennen			
Tationil i.v.	1x			v.d. Rennen			
Allopurinol oral	1x		morgens		einnehmen		
Samyr i.v.			1x abends		1x abends		
HMG oral	4x			abends			
CLA oral	2x		zur		Hauptmahlzeit		
BCAA oral	6x		n.d.		Rennen		
L-Glutamin oral	3x		n.d.		Rennen		
Creatinabol	10g		n.d.		Rennen		
Maltodextrin*	n.d.		Rennen		einnehmen		

Zwei Wochen Vorbereitung auf eine Europa-Meisterschaft im MTB-Bereich. Genaue Abstimmung der pharmazeutischen Mittel (inkl. EPO) auf die Belastungen. EPO wird fünf Tage vor dem Wettkampf abgesetzt (auch Folgeseite).

JOUR	LUNDI	MARDI	MERCREDI	JEUDI	VENDREDI	SAMEDI	DIMANCHE
KB	40	20		20		10	10
G1		28,8	80	28,8		20	10
G2						5	1
EB		8		8		2	1
SB		1,2		1,2		0,3	0,3
K1							
K3 >Tf							
K3 <Tf		12		12			
K4							
Wettkampf							70
Total-km	40	70	80	70	0	37,3	92,3
Gym.	0,5	0,5	0,5	0,5	0,5	0,5	0,5
Autres			0,67				
NOTES	UV 39x17/16, Tf 90-100U/min. Flache Strecke.	Morgens MTB: 20 G1 dann 4x 300m SB, 2km EB, 3km K3 mit je 10min aktiver Pause zw. den Programmen. 30min ausrollen! Nachmittag, Straße: 20 km KB, Tf 90-100 U/min, ÜV 39x19/17.	Lockeres G1. Morgens Gelände-lauf.	Morgens MTB: 20 G1 dann 4x 300m SB, 2km EB, 3km K3 mit je 10min aktiver Pause zw. den Programmen. 30min ausrollen! Nachmittag, Straße: 20 km KB, Tf 90-100 U/min, ÜV 39x19/17.	Ruhetag/Massage	Vorbelastung MTB-Programm	EM MTB
JOUR	LUNDI	MARDI	MERCREDI	JEUDI	VENDRDI	SAMEDI	DIMANCHE

Notes pour le Directeur Sportif:

Applikationen	MO	DI	MI	DO	FR	SA	SO
Oxyperm oral		3x	1 Kapsel	v.d.		TE	
Gingseng oral		1x		morgens			
Toxopasl 400					1x abends		
EPO i.v./s.c.		1500 I.E. s.c.					
Fereitxt i.v.						1x morgens	
Becozyme i.m.							
Magnesium-Liquid			v.d. TE	1x abends			
Neotone i.v.							v.d. Rennen
Esefosfina i.v.							v.d. Rennen
Atepoidin i.v.							v.d. Rennen
Gelum oral							100Tr. 1h v.d. R.
Dynergum oral							1x v.d. Rennen
Allopurinol oral	1x			morgens	einnehmen		
Samyr i.v.						1x abends	
HMB oral		4x		abends			
CLA oral		2x	zur			Hauptmahlzeit	
BCAA oral		4x		n.d. TE			
L-Glutamin oral		2x		n.d. TE			
Creatinabol		10g	n.d.	TE		einnehmen	
Maltodextrin*		n.d.		TE		einnehmen	

der Hamburger Urinprobe entsprach. Weiter meldete der Deutschlandfunk, dass bei dieser Dopingkontrolle der Teamarzt als Dopingkontrollarzt aufgetreten sei. Dem widersprach zunächst der Radsport-Verband Hamburg (RVH). Doch nach und nach wurde dieses »filmreife Gaunerstück« (*Süddeutsche Zeitung* vom 18.10.2006) in seinem ganzen Ausmaß deutlich.

Dem beauftragten Arzt für die Dopingkontrolle war gesagt worden, er brauche am Sonntag, dem Tag, an dem Sickmüller Deutscher Meister wurde, nicht zu kommen, denn man habe einen anderen Arzt für die Dopingkontrolle bestellt. In den offiziellen Protokollen des RVH heißt es, dieser Arzt, nämlich Steinmeier, sei vom Sponsor mitgebracht worden. Weiter ist in den Unterlagen vermerkt, dass Sickmüller einen Begleiter bei dieser Kontrolle hatte. Zu diesem Zeitpunkt wusste man noch nicht, um wen es sich handelte. Der vom BDR eingesetzte Antidoping-Inspektor bestätigte die gängige Praxis, dass er und seine Kollegen nie mit zur Urinabgabe gingen. Dies ist ein klarer Verstoß gegen das Anti-Doping-Reglement des BDR.

Am 23. Oktober erklärte von Hacht die kurzfristige Auflösung seines Stevens-Racing-Teams. Diese Auflösung stufte der BDR als »Knaller« ein (*Süddeutsche Zeitung* vom 24.10.2006). Von Hacht habe offenbar aus dem Bauch heraus die Konsequenzen gezogen. Er stehe auch selbst stärker unter Verdacht, denn er habe offenbar Organisatoren bei der Cross-Meisterschaft eingeschüchtert und so den Austausch des Kontrollarztes bewirkt. Die Wellen nach der Auflösung des Teams schlugen hoch in Hamburg. Es wurde befürchtet, dass auch andere Sponsoren abspringen könnten und geplante Projekte wie ein Neubau an der Radrennbahn Stellingen oder ein Schulsport-Projekt im nächsten Jahr bedroht seien.

Am 27. Oktober erklärte der RVH in einem lapidaren Zehnzeiler, dass er die Verantwortung für die Auswechslung des Arztes übernehme. Sie sei »eine Verkettung unglücklicher Umstände« gewesen. Wer diesen Wechsel vorgenommen hat und warum er überhaupt stattfand, wurde nicht erklärt. Die ominöse dritte Person bei der Dopingkontrolle wurde nun aber bekannt. Es war der stellvertretende Sportliche Leiter des Radteams, der seinen eigenen Schützling bei der Urinabgabe begleitet hatte! Von Hacht rückte von seinem Entschluss, das Radsport-Team kurzfristig aufzulösen, wieder ab. Aus arbeitsrechtlichen Gründen werde es zunächst bis zum Ende des Jahres bestehen bleiben. Die Kritik aus den eigenen Reihen im RVH wurde größer. Andere Mitgliedsvereine meldeten sich zu Wort und kritisierten die eigentümlichen Personalkonstellationen. RVH-Präsident Manfred Schwarz, der erst nach der Cross-Meisterschaft dieses Amt übernommen hatte, gestand kommunikative, aber keine inhaltlichen Fehler in der Aufarbeitung dieses Falls ein.

Anfang November leitete der BDR ein Sportrechtsverfahren gegen Johannes Sickmüller ein. Andere sportrechtliche Ermittlungen wurden nicht aufgenommen, hier will man erst die Ermittlungen der Staatsanwaltschaft abwarten. Mittlerweile versuchte man seitens des RVH, den ›schwarzen Peter‹ dem Antidoping-Inspektor des BDR zuzuschieben. Er habe den Wechsel der Kontrollärzte zugelassen, obwohl er wusste, dass Steinmeier der Teamarzt war. Dem widersprach der betreffende Antidoping-Inspektor aus Cottbus vehement. Er kenne die Hamburger Szene und die Ärzte überhaupt nicht und lasse sich höchstens eine Visitenkarte zeigen. Zu mehr Recherchen bleibe auch keine Zeit, war dem *Hamburger Abendblatt* zu entnehmen. Hätte er dem Wechsel nicht zugestimmt, wäre die Veranstaltung abgebrochen worden, und der Veranstalter hätte eine Strafe von 6000,– Euro bezahlen müssen.

Am 23. November wird eine gemeinsame Stellungnahme der Präsidenten des Bundes Deutscher Radfahrer (BDR), Rudolf Scharping, und des Radsportverbandes Hamburg (RVH), Dr. Manfred Schwarz, zur »Hamburger Doping-Affäre« erarbeitet:

1. Der Bund Deutscher Radfahrer (BDR) und der Radsportverband Hamburg (RVH) wirken eng zusammen in der Aufklärung der Vorwürfe; gemeinsam unterstützen sie die weiteren Ermittlungen des BDR-Sportgerichts (gegen alle des Dopings verdächtigten Fahrer) sowie der Staatsanwaltschaft Hamburg.
2. Damit folgt der RVH seiner mehrfach unter Beweis gestellten Linie, die Antidoping-Bestimmungen streng zu beachten. Das hat beispielsweise 2003 in einem anderen Fall dazu geführt, dass im Rahmen eines Hamburger Rennens Verletzungen dieser Bestimmungen dem BDR gemeldet wurden, die dann auch zur kompromisslosen Ahndung dieser Regelverstöße führten.
3. Es ist unstrittig, dass während der Deutschen Cross-Meisterschaften 2006 in Hamburg-Harburg ein Dopingkontrollarzt ohne nachvollziehbaren Grund – offenbar auf Betreiben des Hauptsponsors – ausgewechselt wurde. Die ehrenamtliche Mitarbeiterin der medizinischen Koordinierungsstelle des RVH (die nicht Mitglied im Vorstand des RVH ist) hat sich allem Anschein nach dem regelwidrigen Verlangen nach Auswechslung des Arztes nicht widersetzt, weil sie sich unter Druck gesetzt fühlte. Allerdings gab es zu diesem Zeitpunkt kein Indiz dafür, dass dieser Wechsel mit Sportbetrug verbunden sein könnte. Die wahre Bedeutung dieses Vorgangs konnte erst Monate danach durch die Anzeige eines anderen Arztes aufgedeckt werden.
4. Der RVH übernimmt die Verantwortung für diese regelwidrige Auswechslung des Antidoping-Arztes. Dem RVH ist – als Ausrichter der Cross-Meisterschaften – hinsichtlich der mutmaßlichen Dopingaffäre ansonsten keinerlei Fehlverhalten vorzuwerfen.

Man geht also von einer regelwidrigen Dopingkontrolle aus. Aber dies hat bis heute keine Folgen gehabt. Normalerweise hätte der Sieger disqualifiziert, wenn nicht sogar die Meisterschaft annulliert werden müssen.

Laut BDR ist in Zukunft daran gedacht, einen Pool von unabhängigen und lizenzierten Ärzten einzurichten, die für die Dopingkontrollen zuständig sind. Gravierende Fehler bei der Dopingkontrolle könne man dem RVH nicht vorwerfen. Trotzdem trat der stellvertretende Vorsitzende zurück. Im *Hamburger*

Abendblatt wird er mit den Worten zitiert: »Ich war in meinem Leben so viele Stunden für den Radsport im Einsatz. Da muss ich mich mit 69 Jahren nicht als Betrüger und Lügner hinstellen lassen.« Ausschlaggebend war wohl die deutliche interne Kritik von anderen Mitgliedsvereinen. Gut möglich, dass man auch ein Bauernopfer finden musste. Im Moment ist völlig unklar, zu welchen Ergebnissen die Hamburger Staatsanwaltschaft kommen wird und welche Konsequenzen sie haben werden. Auch über den Ausgang des sportrechtlichen Verfahrens auf Grundlage des abweichenden Steroidprofils kann nur spekuliert werden, da es sich um einen Präzedenzfall handelt. Eindeutige DNA-Zuordnungen sind nicht mehr möglich, da es vom Januar 2006 keine Urinproben mehr gibt. Die Probe war seinerzeit negativ und wurde später, wie in solchen Fällen üblich, vernichtet. Niemand war auf die Idee gekommen, dass damit irgendetwas nicht gestimmt hätte. Doch die Erfahrung lehrt: Was einmal funktioniert hat, hat ziemlich sicher auch schon mehrmals funktioniert.

Für Johannes Sickmüller scheint alles wieder so zu funktionieren, als wäre nichts geschehen: Am 8. Dezember ließ er auf seiner Website wissen, dass er ab sofort seinen freiwilligen Startverzicht widerrufe und an Rennveranstaltungen teilnehmen werde. Insbesondere, weil er unschuldig des Dopings verdächtigt werde. Anfang 2007 nahm er an der Deutschen Cross-Meisterschaft teil. Er konnte erst im Endspurt von einem Teamkollegen auf den zweiten Platz verdrängt werden und ließ sich als Deutscher Vizemeister feiern.

Das sportrechtliche Verfahren wegen Manipulation einer Dopingkontrolle wurde im Februar wegen Verfahrensfehlern eingestellt. Kurz danach jedoch nahm die Hamburger Staatsanwaltschaft nach einer Anzeige ein Ermittlungsverfahren gegen Werner von Hacht, Dr. Tilmann Steinmeier, Enrico Nicolai und Sickmüller wegen Betrugs auf. Über den Ausgang darf spekuliert werden. Einen Passus, der Doping ausdrücklich verbietet, beinhaltete der Vertrag von Sickmüller mit seinem Sponsor nicht. Allerdings hat er eine derartige Erklärung gegenüber dem Hamburger Sportbund abgegeben, von dem er bis Oktober 2006 Fördermittel erhalten hatte.

Lutz Kastendieck ist als Redakteur des *Hamburger Abendblattes* seit Jahren auch mit dem Hamburger Radsport befasst. Er hat Zweifel, dass der Fall um das Stevens-Racing-Team ein nötiges Umdenken in der Dopingproblematik auslöst:

»Dass die straf- wie sportrechtliche Aufarbeitung des komplexen und länderübergreifenden Dopingskandals um den spanischen Mediziner Eufemiano Fuentes dermaßen zäh und schleppend vor sich gehen würde, durfte eigentlich niemanden überraschen. Zu unterschiedlich ist in den Staaten der europäischen Gemeinschaft das juristische Instrumentarium, um solcherart Sportbetrug wirksam und effektiv zu ahnden.

Dieses Kernproblem ist selbst in Deutschland, dem selbsternannten Vorreiter im Antidoping-Kampf, längst noch nicht ansatzweise gelöst. Den besten Beweis dafür lieferte 2006 die Affäre um das Hamburger Stevens-Racing-Team. Sie ist geradezu ein Lehrbeispiel für die Unfähigkeit der hiesigen Verbände und Institutionen, der Geißel Doping wirklich Herr zu werden.

Wie anders soll man bewerten, dass die Nationale Antidoping-Agentur (NADA) sowie die örtliche Ärztekammer deutliche Hinweise auf Manipulation durch leistungssteigernde Medikamente monatelang schlicht ignorierte? Doch selbst als die Medien den Fall dann öffentlich machten, ließen die involvierten Verbände und Institutionen eine klare Linie bei der Aufklärung und Ahndung vermissen. Weil das gesamte Kontroll- und Rechtssystem offensichtlich lückenhaft und letztlich untauglich ist.

Das beginnt bei den Zuständigkeiten und Kompetenzen bei der Abwicklung von Wettkämpfen. Gängige Praxis war bislang, dass die örtlichen Ausrichter – bei den deutschen Crossmeisterschaften Anfang 2006 auf der Harburger Jahnhöhe der Radsport-Verband Hamburg (HRV) – dem Veranstalter, hier der Bund Deutscher Radfahrer (BDR), Rennärzte und Dopingkontrolleure benennen dürfen, ohne dass sie vom zuständigen Antidoping-Kommissär geprüft werden. So konnte es im konkreten Fall passieren, dass der eigentlich nominierte Kontrollarzt auf Verlangen des Hauptsponsors gegen einen Sportmediziner ausgetauscht wurde, der jahrelang die Fahrer des Stevens-Teams betreute.

Fast schon peinlich wirkte der Streit zwischen HRV und BDR um die Frage, wer denn nun eigentlich für die Auswechslung verantwortlich war. Die Dissonanzen illustrierten zudem sehr augenfällig die allgemeine Problematik, dass es bei allem guten Willen der Beteiligten fast zwangsläufig zu Konflikten kommen muss, wenn Freiwillige und Ehrenamtler professionelle Jobs mit solcher Tragweite verrichten müssen. In diesen Zusammenhang passen auch die öffentlichen Aussagen verschiedener BDR- und NADA-Funktionäre zum Fortgang der Ermittlungen. Es mag ja dem Ego der betreffenden Herren schmeicheln, wenn sie gegenüber den Medien von »einer erdrückenden Beweislage« und »schwer belastenden Fakten« schwadronieren. Die ohnehin schwierige Aufgabe der Verbandsjuristen erleichtert hat es jedenfalls nicht. Mal ganz abgesehen von dem rechtsstaatlichen Grundsatz, dass bis zum Beweis einer Untat die Unschuldsvermutung zu gelten hat. So aber kam es teilweise zu einer Vorverurteilung der Beschuldigten, was einer seriösen Aufarbeitung der Affäre abträglich war.

Eine abschließende rechtliche Beurteilung stand Ende des Jahres 2006 noch immer aus. Doch schon jetzt sorgt der Fall für verheerende Signale. Der lokale wie der überregionale Radverband sehen sich mit einer äußerst negativen Außendarstellung konfrontiert, die von Inkompetenz über Ignoranz bis hin zur Arroganz bestimmt wird. Eine wahrlich schlechte Mixtur, wenn es darum geht, das größte Krebsgeschwür des modernen Sports auszumerzen. Überdies gibt es genügend verbürgte Zitate von konservativen Vertretern im Hamburger Radverband, die die Stevens-Affäre an sich leugnen oder aber unzulässig verharmlosen. Mit solchen Kräften wird ein generelles und notwendiges Umdenken in Dopingfragen nur schwer zu meistern sein.«

Operation Bergpass –
der Radsport am Abgrund?

Das Interview-Magazin Galore *präsentierte seinen Leserinnen und Lesern in der Ausgabe Juli/August 2006 ein großes Interview mit Jan Ullrich. Es war im Mai geführt worden. Von der Titelseite schaut uns Ullrich groß an. Statt eines Lächelns fällt sein fragender Blick auf.* »Wie übersteht man die Tour de France? Jan Ullrich über Grenzerfahrungen und Schmerz« *ist darunter zu lesen. Im Interview wird auch die Frage nach verbotenen Substanzen gestellt.*

Ullrichs Antwort war knapp und unmissverständlich: »Die Versuchung gibt es nicht. Ich will alles mit fairen Mitteln und nach den Regeln unseres Sports erreichen. Wie die meisten von uns.« Eine Nachfrage gab es nicht, zumindest wurde keine abgedruckt. Rückblickend auf seine Karriere mit Höhen und Tiefen fragte *Galore* auch »Jahrhunderttalent oder tragischer Held?« und benannte Ivan Basso als seinen wohl härtesten Konkurrenten für die Tour de France 2006. Eine Leserzuschrift äußerte später die Meinung, dieses Interview besteche durch »Naivität«.

Ähnlich hatte man offenbar auch bei der Herausgabe des *Kicker*-Specials Tour de France gedacht. Dort war extra ein Wendeposter von Ullrich und Basso angefertigt worden. Und die Wende sollte schneller kommen, als allen lieb war.

Doch noch bis kurz vor seiner Suspendierung durch das T-Mobile-Team war sich Jan Ullrich sehr sicher. Zumindest machte es den Anschein. In der ARD-Dokumentation »Die rollende Apotheke« war er sommersprossig nett lächelnd wie immer aufgetreten. Nein, er habe nichts zu befürchten. Wer nichts verbrochen habe, habe auch nichts zu befürchten. Er habe auch niemanden betrogen. Im Gegenteil habe er ja gezeigt, dass man die Tour de France auch ohne Doping gewinnen könne.

Ob man ihm je das Gegenteil wird beweisen können, darf angezweifelt werden. Zu verworren sind juristische und sportrechtliche Möglichkeiten in Bezug auf die Dopingproblematik.

Weniger verworren sind offenbar die Unterlagen der ›Guardia Civil‹, die insgesamt 58 Fahrer belastet, darunter Ullrich und Basso. In einer eilig anberaumten Sitzung verständigten sich die teilnehmenden Teams gemeinsam mit der Tour-Leitung darauf, die Fahrer, die in diesen Unterlagen auftauchten, zu suspendieren. Es wurden darüber hinaus keine Ersatzfahrer zugelassen. Der Ansbacher Jörg Jaksche war dem Ganzen durch eine Krankmeldung zuvorgekommen.

Wochenlang hatten spanische Ermittler verdächtigte Ärzte beschattet, Wohnungen, Praxen und Hotels observiert, Telefone abgehört und SMS abgefangen. Diese Aktion trug den Namen ›Operación Puerto‹. Am 23. Mai wurden zwei Mediziner und der Manager des Teams Liberty Seguros, Manolo Saiz, in Madrid verhaftet. Es werden rund 200 Blutbeutel sichergestellt. Das Versicherungsunternehmen Liberty Seguros kündigt die Einstellung des Sponsorings an. Jan Ullrich wird in spanischen Medien mit den Verhafteten in Verbindung gebracht, er dementiert jedoch am 26. Mai jeglichen Kontakt zum spanischen Arzt Eufemiano Fuentes. Am 30. Mai verlangt das T-Mobile-Team von allen Fahrern eine schriftliche Erklärung, dass sie nie mit Fuentes zusammengearbeitet haben. Die ersten Teams ziehen ihre Fahrer vom Start der Tour de France zurück oder werden komplett ausgeschlossen. Am 25. Juni boykottieren die Radprofis die Spanische Meisterschaft aus Protest gegen die Veröffentlichung der Dopingermittlungen. Am 30. Juni werden Jan Ullrich und Oscar Sevilla von T-Mobile suspendiert, nachdem Teile der spanischen Ermittlungsunterlagen gesichtet worden waren. Das ist der zeitweilige Höhepunkt eines Dopingskandals, der offenbar erst nach Jahren aufgedeckt werden konnte.

Dabei hatte sich der Anstieg zum Bergpass, was die deutsche Übersetzung von ›Puerto‹ ist, bereits seit langem angedeutet. Jesús Manzano war als Mitglied des spanischen Kelme-Teams nach verschiedenen Dopingpraktiken 2003 nach eigenen Angaben fast gestorben. Er war danach von seinem Team erst suspendiert und dann entlassen worden, weil er während der Spanienrundfahrt beim Sex im Teamhotel erwischt worden war. Wie angekündigt, offenbarte er die Dopingpraktiken im Team Kelme im März 2004 in spanischen Medien. Er zählte rund 30 Medikamente auf, die er bekommen habe. Darunter viele, die auf der Dopingliste stehen. Auch Blutdoping, mit eigenem Blut oder dem eines Spenders, habe es regelmäßig gegeben. Selbst Oxyglobin, ein synthetisches Hämoglobin aus der Veterinärmedizin, habe man ihm verabreicht. Zahllose Cortison-Injektionen hätten zudem sein Kniegelenk zerstört. Manzano machte unmissverständlich klar, dass alle Fahrer des Teams es so gemacht hätten und alle anderen im näheren Umfeld davon wüssten. Und er beschrieb den Druck, der auf jedem Fahrer lastet und ihn zwingt mitzumachen. »Du trittst mit allen Träumen der Welt in den Radsport ein. Du glaubst daran, dir eine Zukunft aufbauen zu können, und dass du, je mehr gute Resultate du einfährst, umso mehr verdienen wirst. Der Arzt kommt zu dir und sagt: Wir geben dir das. Wenn du nein sagst, kannst du das nächste Jahr vergessen.« Manzano schildert auch die euphorisierende Wirkung von Prozak, einem Anti-Depressivum, nach dem man süchtig wird. »Das sind Drogen, die dich wirklich fangen.« Nicht nachvollziehbar ist, dass ein wirkungsgleiches Antidepressivum wie Amineptin wieder von der Liste der verbotenen Medikamente gestrichen worden ist.

, le 30 juin 1997

Résultats d'analyses biologiques

Nom : N/réf :
Prénom :

Votre traitement :

U3+	GELULES U3+ : gélules à préparer à base de 295 mg d'allopurinol et de 95 mg de désuric, qui élimineront l'acide urique tout en apportant de l'acide folique à raison de 4 mg ; à prendre lors d'un repas.	1 gél/jour	30	gélules
AFA	AMINOCHEL FER ATEGIS : 90 comprimés de fer chélaté.	3x1 comp/jour	1	bte(s)
DDG10	DEDROGYL : 10 gouttes d'un flacon de 10 ml de vitamine D activée.	10 gttes/jour	1	fl.
AZN	AMINOCHEL ZINC ATEGIS : 90 comprimés de zinc chélaté, un oligo-élément fonctionnant comme co-enzyme dans de très nombreuses réactions métaboliques.	3x1 comp/jour	1	bte(s)
ELT	L-THYROXINE : 100 comprimés d'hormones thyroïdiennes dosées à 50 µg.	50 µg/jour	1	bte(s)
GCL	GINSENG COREEN LEPPIN : 30 capsules de 600 mg de ginseng coréen.	1 caps/jour	1	bte(s)
DHEA	Gélules à préparer par votre pharmacien à base de 60 mg de DHEA et 140 mg d'alucol	1 comp/jour	30	bte(s)
44569	Contrôle sanguin et des urines de 24 heures à la fin du traitement d'un mois prescrit ci-dessus. +(TSH-T4 libre-Zn-DHEA S)			

Commentaires :

On constate toujours la nécessité de poursuivre notre traitement de terrain, qui comporte encore les quatre volets classiques :

- *Volet « nettoyant » : les gélules anti-uriques restent indispensables, mais il faudrait aussi boire davantage pour toujours assurer une diurèse de deux litres.*
- *Volet reminéralisant : encore de la vit.D activée (DEDROGYL), car nous ne pouvons nous satisfaire de la fuite urinaire en calcium et magnésium, qui s'exerce toujours aux dépens des tissus (Mg sérique et Ca ionisé faibles).*
- *Volet anti-anémique : outre les IV adaptées au calendrier de compétition, nous préconisons la prise de fer par voie orale (trois comprimés quotidiens chélatés), pour davantage favoriser le taux de fer sérique, tandis que les injections bénéficient plus à la ferritine ; en sus, incorporation d'un peu d'acide folique dans les gélules anti-uriques.*
- *Volet tonifiant : une cure de ginseng, la reprise des gélules de DHEA et beaucoup de zinc chélaté constituent une puissante triade active pour stimuler la synthèse de testostérone ; nous maintenons la même posologie en hormones thyroïdiennes.*

Dans un mois, un contrôle sanguin et urinaire assez complet fera le point sur toute notre action. Après le prochain Tour, nous effectuerons un minime contrôle sanguin (S : 66-Hb-Ht-GR-urée-Mg-testo # 1Rge - 1 Mve) pour actualiser notre suivi au jour le jour, en fonction des courses.

Es handelt sich um ärztliche Verordnungen nach biologischen Analysen. Verordnet werden unter anderem ein Diuretikum (Désuric), ein Schilddrüsenhormon (L-Thyroxine) und das Pro-Hormon DHEA, das als »Hormon der Jugend« im Anti-Aging-Bereich beworben wird. Diese drei Substanzen stehen auf der Dopingliste und sind für Sportler verboten. Im Einzelfall kann eine medizinische Indikation vorliegen, die aber in diesem Fall nicht vorliegt. Eine identische »Verordnung« gibt es für zahlreiche andere Radprofis.

Das alles beschrieb Jesús Manzano zu Beginn des Jahres 2004. Daraufhin gab der spanische Radsportverband an, ihn verklagen zu wollen. Man wolle die Ehre des Radsports retten, und Dopingvorwürfe eines Einzelnen dürften nicht verallgemeinert werden. Diese Taktik ist bislang in vergleichbaren Fällen immer wieder angewandt worden. Manzanos ehemaliger Teamchef wies die Dopingvorwürfe als vollständig erlogen zurück. Manzano verallgemeinere das, was er vielleicht gemacht habe, auf den gesamten Peloton. Im Fortgang der Geschichte kamen Gerüchte auf, Manzano habe mit Drogen gehandelt. Auch Jörg Paffrath war 1997 in der lokalen Presse als Dealer bezeichnet worden. Der damalige Direktor der Tour de France, Jean-Marie Leblanc, befand die Äußerungen von Manzano als zweifelhaft, nahm sie mit Vorsicht zur Kenntnis und war der Meinung, dass sie geprüft werden müssten.

Bereits seit Ende der 1980er-Jahre wird Eufemiano Fuentes im Umfeld des Dopings vermutet. Damals wurde die Leichtathletin Christina Pérez, Fuentes‹ spätere Frau, positiv getestet. Der Fall wurde nicht weiter verfolgt und gegen die Sportlerin keine Sperre verhängt. Danach konzentrierte sich Fuentes auf den Radsport (*Süddeutsche Zeitung* vom 5.8.2006).

Von Manzano wurde Eufemiano Fuentes als Arzt im Umfeld der spanischen Teams Once und Kelme beschuldigt, Medikamente zum Zwecke des Dopings verteilt zu haben und an Dopingmethoden beteiligt gewesen zu sein. Konsequenzen indes blieben aus. Anfang 2005 versprach Fuentes, sich in Zukunft aus dem Radsport herauszuhalten und zum Wohle der Menschheit nur noch ernste Erkrankungen erforschen zu wollen.

Was er und andere wirklich gemacht haben, belegen die Ermittlungen der spanischen Behörden, die, wie bislang bekannt wurde, auf rund 500 Seiten festgehalten sind.

Das ›Worst-Case-Szenario‹ des internationalen Radsports nahm seinen Lauf. Nicht nur im Sportteil aller Zeitungen, auch auf den Titelseiten, in Medien- und Wirtschaftsressorts war Ullrichs Suspendierung das Thema schlechthin. Plötzlich war der gesamte Radsport in Deutschland mit seinem wichtigsten Protagonisten betroffen. Die aus Spanien übermittelten Fakten wogen schwerer als alle Unschuldsbeteuerungen von Ullrich. Durch die Suspendierung zahlreicher weiterer Fahrer, darunter auch der als potenzieller Tour-Sieger gehandelte Italiener Ivan Basso, stand plötzlich der gesamte Profi-Radsport zur Diskussion. Erinnerungen an den Skandal bei der Tour de France 1998 wurden ebenso wach wie zahlreiche Dopingfälle aus der Historie der Frankreich-Rundfahrt wieder ins Bewusstsein rückten. Als mutiges Signal wurde die Suspendierung der Stars gesehen, wenn auch die Mehrzahl der Kommentare eine vernichtende Wirkung dieses Skandals für den Radsport beschrieb. Mancher Artikel brachte berechtigte Zweifel an den bisherigen Erfolgen der Radprofis an. Der Ruf nach geänderten Gesetzen wurde laut, auch wenn der Präsident des Bundes Deutscher Radfahrer, Rudolf Scharping, in den Medien die Meinung vertrat, dass man nicht eine ganze Herde schlachten müsse, nur weil es schwarze Schafe gebe. Hier ist offenbar der Wunsch Vater des Gedankens, denn nicht nur Insider sind sich mittlerweile sicher, dass bislang trotz allem nur die Spitze eines Doping-Eisbergs an die Öffentlichkeit gekommen ist. »Was für Ullrich und verdächtigte Kollegen eine persönliche Tragödie ist, stellt für den Radsport nur die Spitze eines flächendeckenden Systems dar«, kommentierte Heike Dierks am 1. Juli 2006 in der *Neuen Osnabrücker Zeitung.*

»Löst den Profi-Zirkus auf!« titelte Michael Berger am selben Tag in den *Lübecker Nachrichten* seinen Kommentar. »Man hätte es besser wissen können. Fahrer, die rund 3500 Kilometer, aufgeteilt in 20 Etappen, trotz aller Alpen- und Pyrenäenpässe mit einer Durchschnittsgeschwindigkeit von über 40 km/h bewältigen – wie Lance Armstrong 2003 –, können nicht sauber sein«, war in seinem Beitrag zu lesen und dass er »die Gladiatoren-Schau meiden werde«, obwohl er sich im Vorfeld auf die Tour de France gefreut habe.

Nur wenige Umfeldakteure des Radsports fanden derart klare Worte, die von den Medien zitiert wurden. Für Arthur Tabat, Veranstalter des Radklassikers ›Rund um Köln‹, bedeutete dies das Karriereende von Ullrich. »Das Problem an der jetzigen Situation ist: Dopst du nicht bei der Tour, hast du keine Chance«, zitiert ihn die *Berliner Zeitung* vom 1.7.2006. Dort kommt auch Eusebio Unzue, der Sportdirektor des Profiteams Illes Balears zu Wort: »Die Affäre hat dem Radsport eine tödliche Wunde beigebracht. Wir sind alle schuldig und mehr oder weniger für die Lage mitverantwortlich. Wir müssen jetzt wieder bei Null anfangen.«

Bemerkenswert bei allen Kommentaren zu diesem Thema ist der Beitrag des Leiters des Sportressorts dieser Zeitung, Jens Weinreich. Er bezeichnet auf Seite 4 am selben Tag unter der Überschrift ›Lebenslüge des Sports‹ den Fall Ullrich als eine gute Nachricht. Der Autor wundert sich über Meldungen wie ›Der deutsche Sport trägt Trauer‹ oder ›Schock für den deutschen Sport‹. Das sei alles Unsinn, befindet Weinreich, der Sport habe sich zu freuen, dass eine Lüge mehr aufgeflogen sei. Allerdings werfe dieser Fall einen langen Schatten auf die Antidoping-Politik in Deutschland. Denn in Fragen der Dopingbekämpfung sei dieses Land längst auf das Niveau eines Entwicklungslandes zurückgefallen. Man verfahre hier weiter nach dem Prinzip: nichts Böses hören, nichts Böses sehen, nichts Böses sagen. Athleten und alle Umfeldakteure fielen in Deutschland dadurch auf, dass sie das Problem verharmlosten. Weinreich schließt explizit die Medien mit ein. Der sogenannte Antidoping-Kampf sei in Deutschland eine groß angelegte Heuchelei. Die Lüge habe zwar durch den aktuellen Fall einen Rückschlag erlitten, aber so schnell sei sie nicht zu besiegen, die Lebenslüge des Sports.

Eine Lüge, die den Radsport begleitet, seit es ihn gibt. Das wurde vielen deutlich, als die Medien eine Chronologie der Dopingfälle seit den 1950er-Jahren veröffentlichten. Doch dann ging die Tour de France auf eine geschichtsträchtige Reise. Der neue Tour-Direktor Christian Prudhomme hatte sich seinen Einstieg sicher anders vorgestellt. Im Verlauf der Tour kamen dann im Sog der ›Operación Puerto‹ weitere pikante Details ans Tageslicht. So mussten einige

Fahrer des T-Mobile-Teams die Zusammenarbeit mit den umstrittenen italienischen Ärzten Michele Ferrari und Luigi Cecchini eingestehen. Diese Kontakte wurden den Fahrern mit sofortiger Wirkung von der Teamleitung verboten. Es werde »alles« hinterfragt, wurde der PR-Chef des Sponsors T-Mobile zitiert. Und dass neue Strukturen gebraucht würden und der alte Muff verschwinden müsse. Erste Stimmen wurden laut, dass dazu wohl auch die derzeitigen Sportlichen Leiter Olaf Ludwig und Mario Kummer gehören könnten. Diesen Muff beschrieb Rainer Seele sehr treffend in der *Frankfurter Allgemeinen Zeitung* vom 4.7.2006. Sein Artikel war mit ›Räderwerk des Schweigens‹ tituliert und stellte den Radsport als einen geschlossenen Zirkel dar, in dem derjenige, der die Wahrheit sagt, ausgegrenzt werde. Rennfahrer würden nach ihrer Karriere zu Teammanagern, was der Grund für dieses verschwiegene System sei. Viele von ihnen seien in ihrer eigenen Karriere mehr als einmal nachweislich mit Doping in Berührung gekommen. Wer dann öffentlich zu seiner Dopingvergangenheit stehe, müsse damit rechnen, geächtet oder verfolgt zu werden.

Bei dieser Gemengelage ging es fast unter, dass zeitgleich in Bordeaux ehemalige Radprofis wegen Dopinghandels zu Gefängnisstrafen verurteilt wurden. 22 Personen waren angeklagt worden. Die längste Freiheitsstrafe betrug vier Jahre ohne Bewährung. 180 000,– Euro mussten drei Verurteilte an Zollgebühren zahlen. Wie so oft bei ähnlichen Verfahren waren sie beim Grenzübertritt mit Medikamenten gefasst worden.

Eine Strafanzeige wegen Betrugs und Verstoßes gegen das Arzneimittelgesetz (AMG) gegen Ullrich, Oscar Sevilla und Rudy Pevenage ging bei der Staatsanwaltschaft Bonn, dem Sitz des Sponsors T-Mobile, ein. Ein Verfahren gegen alle drei wurde daraufhin eröffnet. Zwischenzeitlich hatte das deutsche Unternehmen Würth, das als Co-Sponsor beim Team Astana-Würth tätig war, sein Engagement beendet. Doch auch T-Mobile sollte noch nicht aus den Schlagzeilen kommen. Es folgte der ›Fall Jörg Ludewig‹, den Unterlagen aus dem Jahr 1998 belasteten. Der Umgang damit und auch die weiteren Entwicklungen zeigten, dass man weniger tolerant als in den Jahren zuvor mit der Dopingproblematik umging.

Immer öfter äußerten sich Fachleute mit dem Hinweis, dass der Radsport sich vom alten System lossagen müsse, wenn er überhaupt eine Überlebenschance haben wolle. Ähnlich äußerte sich auch der neue Direktor der Tour de France, Christian Prudhomme, für den seine erste Tour gleich zur Bewährungsprobe wurde.

Immer neue Dokumente, die Jan Ullrich belasteten und eine mehrjährige Dopingkarriere vermuten ließen, wurden in den Medien öffentlich. T-Mobile stoppte in der Zwischenzeit die Gehaltszahlungen an ihn und entließ Rudy Pevenage. Während diesem Thema sehr viel Platz eingeräumt wurde, fand sich die aktuelle Berichterstattung über die laufende Tour de France teilweise in Einspaltern wieder. Auch mit den betreuenden Ärzten des T-Mobile-Teams beschäftigten sich die Medien und stellten in Abrede, dass diese wirklich ahnungs-

07 / 1 / 38.

Nom :   Prénom

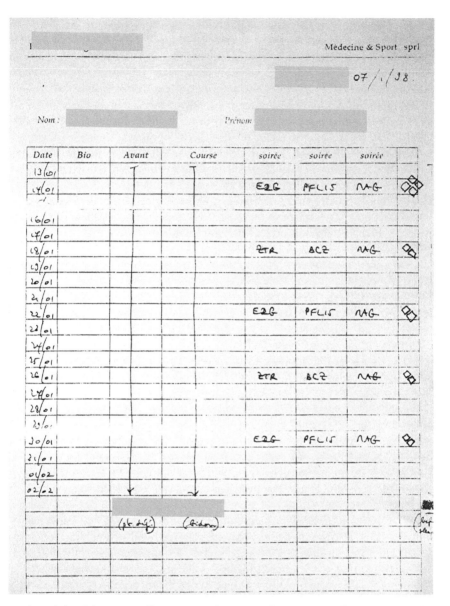

Date	Bio	Avant	Course	soirée	soirée	soirée	
13/01							
14/01				E2G	PFLIS	NAG	◇◇◇
16/01							
17/01							
18/01				2TR	ACZ	NAG	◇◇
19/01							
20/01							
21/01							
22/01				E2G	PFLIS	NAG	◇◇
23/01							
24/01							
25/01							
26/01				2TR	ACZ	NAG	◇◇
27/01							
28/01							
29/01							
30/01				E2G	PFLIS	NAG	◇◇
31/01							
01/02							
02/02							
		(pt défi)	(βidon)				

Es handelt sich um codierte Verordnungen für eine Erythropoietin-Gabe (EPO). Eine Raute steht für 1000 I.E. EPO. Diese Codierung wurde von verschiedenen Quellen bestätigt.

los gewesen sein konnten. Beweise indes, dass es nicht so war, ließen sich nicht finden. Es war Juli, und Gerhard Walter, der Präsident der für Ullrich zuständigen Schweizer Disziplinarkommission, ging damals noch von einem zügigen Schuldspruch auf Grundlage der klaren Fakten aus. Ein Trugschluss, wie sich noch herausstellen sollte. Nicht nur, was die zeitliche Dimension betraf.

Als dann bei der Tour de France wieder ein Amerikaner in Gelb fuhr, entdeckten die Medien neue Prioritäten. Der unter einer Hüftkopfnekrose leidende Floyd Landis war wie geschaffen für eine Medienpräsenz. Unvergesslich sollte werden, wie er auf der 16. Etappe einen totalen Einbruch erlitt, um einen Tag später wie Phönix aus der Asche wieder in Gelb aufzusteigen. Ullrich musste zur selben Zeit fürchten, weitere Federn zu lassen und seine endgültige Entlassung zu erhalten. T-Mobile stellte derweil erstmals mehr als die bisherigen 50 000,– Euro jährlich an Unterstützung der nationalen Anti-Doping-Agentur (NADA) in Aussicht. Parallel dazu begann die Diskussion um eine verschärfte Gesetzgebung in Deutschland.

Und dann verdichteten sich die Gerüchte, dass auch der amerikanische Überflieger positiv getestet worden war. Ausgerechnet am Tag seiner grandiosen Aufholjagd war sein Testosteronspiegel weit überhöht. Nach Landis' Meinung war dafür wahlweise Alkohol oder seine Schilddrüsenerkrankung verantwortlich. Und wegen seiner Hüfterkrankung dürfe er auch Kortison nehmen. Manipuliert habe er in jedem Fall nicht. Überdenkenswert ist auch die Rückschau auf manche Meinung zu Landis' Sieg. Nicht für alle war er die persönliche Nummer eins, »die Ikone aller Hüftkranken. Floyd Landis triumphiert. Trotz maroder Hüfte eine fantastische Leistung. Salut.« (*Neue OZ*, 24.7.2006). Das Rennrad-Magazin *TOUR* titelte mit einem Fragezeichen, in dem Landis zu sehen war, und der Artikelüberschrift »Tour der Zweifel«. Bei Redaktionsschluss war von den Dopinggerüchten um Landis noch nichts bekannt gewesen. Doch der Fall Landis schlug noch mehr Kapriolen. So soll die Arbeit des französischen Labors fehlerhaft gewesen sein. Dazu wurden auch E-Mails als Beleg herangezogen, die aus dem Labor versandt worden waren. Diese jedoch waren nach Presseberichten von einem Computerhacker erstellt worden, der sich Zugang zum Rechner des Labors verschafft hatte und der dem Umfeld von Landis zugeordnet wurde. Später kam heraus, dass sich bei der Beschriftung der Proben offenbar ein Zahlendreher eingeschlichen hatte, der aber keinerlei Auswirkungen auf die ordnungsgemäße Zuordnung und Analyse der Proben gehabt hatte.

Auch Ullrichs Proben wurden erneut in der Presse diskutiert. Teilweise sollen sie überhaupt kein EPO enthalten haben. Es kam der Verdacht auf, dass sie mit Protease, einem Enzym aus der Waschmittelindustrie, manipuliert worden seien. Manzano hatte von einem Reiskorn gesprochen, das sich die Radprofis vor der Dopingkontrolle in die Harnröhrenöffnung stecken sollten. Es gibt ein Proteasegranulat, das Größe, Form und Farbe eines Reiskorns hat. Es wird den Waschmitteln zur besseren Auflösung von schwierigen Flecken zugesetzt. Und es würde auch jeder Dopingprobe ordentlich zusetzen, indem es sämtliches

EPO zerstören würde. Im Kölner Antidoping-Labor wurde im Herbst 2006 ein Nachweisverfahren für Protease entwickelt, das noch durch die Welt-Antidoping-Agentur (WADA) zugelassen werden muss. Die Spekulationen werden also vorerst noch weitergehen.

»Schluss mit Doping« hatte sich inzwischen der Bund Deutscher Radfahrer (BDR) auf seine Fahnen geschrieben. Mehrere Gipfeltreffen mit den deutschen Teamchefs, den Sponsoren und Veranstaltern von Radrennen unter der Leitung des BDR-Präsidenten Rudolf Scharping fanden statt. Im Wesentlichen betraf der damals verabschiedete Neun-Punkte-Plan ausschließlich repressive Punkte zu einer verschärften Gesetzgebung, zu verbesserten Kontrollen, erhöhten Sanktionen und veränderten Lizenzierungsverfahren. Scharping wurde mit den Worten zitiert, das Ziel nach Umsetzung aller Maßnahmen sei ein »dopingfreier und Doping aktiv bekämpfender, sauberer, glaubwürdiger Radsport«. Nicht nur Fachleute vermissten schon zu dieser Zeit den Bereich der Dopingprävention in den Überlegungen des BDR.

Deutschland rückte indes als Teil des Fuentes-Netzwerks immer weiter in den Fokus der Öffentlichkeit. Erste Hinweise gab das Medikament Synacthen, das die körpereigene Kortisonproduktion stimuliert und offenbar von Deutschland aus nach Spanien geschickt worden war. In Spanien ist Synacthen nicht zugelassen. Bei einer Razzia in einer nordthüringischen Klinik und im Wohnhaus eines Chefarztes in Niedersachsen durch das Bundeskriminalamt wurden im August 2006 zahlreiche Unterlagen beschlagnahmt. Auch Hamburg und Frankfurt wurden als mögliche Städte genannt, in denen Fuentes und sein Netzwerk in Deutschland aktiv seien.

Manzano erzählte dem Magazin *Stern* Anfang September, dass er diesen Arzt, gegen den die Göttinger Staatsanwaltschaft ermittelt, mehrfach in Spanien, auch im Beisein von Fuentes, getroffen habe. In diesem Artikel wird beschrieben, dass Fuentes zwei High-Tech-Blutaufbereitungsgeräte eines amerikanischen Herstellers im Einsatz habe. Deren Geräusche hätten nachts die anderen Mieter eines Hauses in Madrid gestört, berichtet der Hausmeister. Und er berichtet weiter, dass diese Maschinen nun wieder liefen.

»Business as usal« war man an dieser Stelle zu denken geneigt. Dazu passte, dass die italienische Radsportlegende Francesco Moser, als Präsident der Vereinigung der Radprofis in italienischen Medien unter bestimmten Umständen die Freigabe von Doping für Profis forderte.

Völlig unerwartet dürfte hingegen für Ullrich das gewesen sein, was die Bonner Staatsanwaltschaft Mitte September in die Wege leitete: Zehn Häuser und Geschäftsräume im In- und Ausland wurden durchsucht. Darunter auch Ullrichs Villa in der Schweiz, Pevenages Haus in Belgien sowie Büro und Wohnhaus von Ullrichs Manager Wolfgang Strohband in Hamburg. Sogar in der T-Mobile-Zentrale in Bonn wurden Akten und Unterlagen eingesehen.

Spekulationen gab es, ob die Fahnder genetisches Material aus Ullrichs Villa mitnahmen, obwohl der gar nicht zugegen war. Ullrich weilte in den

Flitterwochen, kam aber im Anschluss an diese Durchsuchungen vorzeitig zurück.

Mit seiner Klage gegen den Heidelberger Dopingexperten Werner Franke dürfte sich Ullrich einen Bärendienst erwiesen haben. Franke hatte mit Blick auf die Ermittlungsakten der Guardia Civil behauptet, Ullrich habe in einem Jahr 35 000 Euro an Fuentes für die Beschaffung illegaler Substanzen gezahlt. Gegen diese Äußerung hatte Ullrich eine Unterlassungsklage angestrebt und Recht bekommen. Unter anderem hatte er eine eidesstattliche Versicherung abgegeben, in der er dies bestreitet. Franke seinerseits hat nun Klage gegen Ullrich wegen Abgabe einer falschen eidesstattlichen Versicherung bei der Hamburger Staatsanwaltschaft eingereicht. Die Luft für Ullrich wurde dünner, wie zahlreiche Medien befanden.

Daran sollte auch sein Austritt aus dem Schweizer Radsportverband nichts ändern. Zwischenzeitlich war der Vorsitzende der Schweizer Disziplinarkammer für Dopingfälle, Prof. Dr. Gerhard Walter, wegen Befangenheit im Fall Ullrich abberufen worden. Seine öffentlichen Ausführungen waren als Vorverurteilung gewertet worden. Doch in der Schweiz ist man sich einig, dass beides nichts an einem möglichen Verfahren gegen Ullrich ändern werde, für das die Schweiz zuständig sei. Neu sei nur, dass dieser Fall zum ersten Mal auf Indizien und nicht auf einer positiven Probe beruhe.

In Spanien, Italien, Kolumbien und Österreich wurden die sportrechtlichen Verfahren gegen die im Fuentes-Skandal verdächtigten Radprofis eingestellt oder ausgesetzt. Man müsse erst die Ergebnisse der staatlichen Behörden abwarten. Österreich dementierte inzwischen, dass Ullrich derzeit eine Profilizenz bekommen würde. Vieles ist derzeit noch spekulativ und verworren. So ließ der Weltradsport-Verband (UCI) bei der Rad-Weltmeisterschaft in Salzburg den Spanier Alejandro Valverde starten. Der wurde Dritter, obwohl auch er durch die Unterlagen der spanischen Behörden belastet wird. Ob das der Anfang der Normalität war, bleibt abzuwarten.

Bei der Tour de France soll es Vergleichbares nicht geben. Zumindest kann man das aus den Äußerungen von Tour-Chef Prudhomme schließen. Im November sagte er im Interview mit dem Rennrad-Magazin *TOUR* unter anderem, »man muss den Willen haben aufzuräumen«. An diesen Worten wird er sich bei der nächsten Tour de France messen lassen müssen. Dann wird sich zeigen, ob er sich diesen Willen auch leisten kann.

Auch die Politik macht unverdrossen Druck. Die Sportministerkonferenz in Deutschland verabschiedete einen acht Punkte umfassenden Katalog gegen Doping. Unter anderem fordert sie die Einführung von Blutprofilen, um dem offenbar weit verbreiteten Blutdoping Einhalt gebieten zu können. Nur zur Erinnerung: Blutdoping verstößt in Deutschland derzeit nicht gegen geltende Gesetze. Das eigentlich dafür zuständige Arzneimittelgesetz (AMG) ist ein reines Stoffgesetz und berücksichtigt keine Methoden. Diese Lücke wurde im Herbst 2006 durch die Bundesregierung erkannt und soll geschlossen werden. Eigenblutdoping ist darüber hinaus durch die Analytik nicht nachweisbar. Also können nur Blutwerte wie Hämatokrit, Hämoglobin, Erythrozyten und Retikulozyten regelmäßig gemessen werden. Diese beschreiben die Sauerstofftransportkapazität des Blutes und können Anzeichen für Manipulationen sein. Zumindest, wenn unerklärliche Abweichungen zu sehen sind, die sich deutlich vom langfristigen Verlauf unterscheiden. Nur fragt man sich, was haben denn die betreuenden Mediziner der professionellen Radteams bisher gemacht? Diese Werte sind Standardwerte eines kleinen Blutbildes, das regelmäßig erstellt wird.

Auch die Äußerungen des neuen T-Mobile-Managers Bob Stapleton in der Presse geben diesbezüglich zu Fragen Anlass. Die Blutstudien sollen nun erstellt werden. Für die Trainingsplanung wolle man ab sofort mit der Deutschen Sporthochschule Köln zusammenarbeiten. Und ein Psychologe solle das Team verstärken. Die Maßnahmen greifen jetzt, wo der Betrag des Sponsors geringer wird. Stapleton staune, wie wenig strukturiert viele Radprofis trainieren. »Sie haben nicht einmal einen Computer und haben nie unter professioneller Anleitung trainiert – das ist verrückt.« (*Süddeutsche Zeitung*, 27.9.2006) Was haben Leute wie die italienischen Ärzte Cecchini und Ferrari, die von den Fahrern als Trainingsgurus bezeichnet werden, gemacht? Und was hat der Ärztestab gemacht, der das Team Telekom und später das T-Mobile-Team umschwirrte? Und was tun die zahllosen Ärzte im Radsport überhaupt?

Viele derartige Fragen werden auch diesmal, beim neuesten und wohl bisher größten Skandal, der den Radsport heimsuchte, unbeantwortet bleiben. Ullrich nahm sich unter anderem den früheren Politiker Peter-Michael Diestel aus Potsdam als Rechtsbeistand. Der war selbst mehrfach Gegenstand von dubiosen Vorfällen. Im Rahmen der Affäre um den Autohersteller VW leitete die Braunschweiger Staatsanwaltschaft Ende November 2006 ein Ermittlungsverfahren gegen Diestel ein. Die Vorwürfe: Verdacht der versuchten Nötigung und der versuchten Strafvereitelung. Etwa zu dieser Zeit erklärte er im Interview mit dem *Tagesspiegel* zu Ullrich unter anderem: »Es gibt keine Dopingbezichtigungen gegen ihn. Es sind irgendwelche Sachen gefunden worden, die sich alle erklären lassen.« Man darf auf diese Erklärungen gespannt sein, ebenso wie auf die Ergebnisse der Bonner und Hamburger Staatsanwaltschaften.

Ullrich wurde in der Zwischenzeit mit dem zweitklassigen Team eines russischen Millionärs in Verbindung gebracht, das offenbar auf die Pro-Tour-Lizenz von Manuel Saiz spekuliert. Der ehemalige Sportliche Leiter des Teams Liberty Seguros gehört zu den Hauptbeschuldigten im spanischen Blutdoping-Skandal. Die UCI sah sich anfangs nicht imstande, Saiz diese Lizenz für 2007 zu verweigern. Das wurde erst Ende 2006 anders, weil wohl niemand mit so viel Widerstand aus den eigenen Reihen gerechnet hatte. Doch die Antidopingfront wird löchriger. Die Solidarität der Teamchefs der Pro-Tour-Rennställe beginnt zu schwinden, denn das Team Discovery Channel verpflichtete den belasteten Ivan Basso. Er hatte kurzerhand das Kapitel Fuentes für sich persönlich für be-

Rezept für:

Herrn

Josef Lehrgerer

Facharzt für Allgemeinmedizin
Psychotherapie – Sportmedizin

Rp.

1 Pckg. 6 × 4000 IU Eprex

1 Pckg Spitzen

Der Name des Patienten ist ein Fantasiename. Das Rezept wurde von einem Radprofi ausgefüllt. Zum Vorteil des Arztes nehmen wir an, dass ihm dieses Rezept blanko entwendet worden ist.

endet erklärt. Immerhin sei er durch den italienischen Radsport-Verband freigesprochen worden. Die übrigen Teamchefs erklärten daraufhin, dass sie das Team Discovery Channel aus der Vereinigung der Pro-Tour-Teams (IPCT) ausschließen wollten. Dies zeigte Wirkung, und Johan Bruyneel, Teamchef von Discovery Channel, suchte daraufhin ein klärendes Gespräch auf der nächsten Sitzung der IPCT im Januar 2007, auf der man dann nichts Besseres zu tun hatte, als den angekündigten Ausschluss zu widerrufen.

Die freiwillige Abgabe von DNA-Tests, für die sich die Fahrer ausgesprochen hatten, steht plötzlich wieder zur Diskussion. »Was kommt als nächstes? Sollen wir vor dem Rennen die Hosen runterlassen?« fragt etwa Valverde. Weltmeister Paolo Bettini erklärt, er wolle lieber mit dem Radsport aufhören, als eine DNA-Probe abzugeben.

Aber die spanischen Ermittler sind offenbar noch nicht am Ende ihrer Möglichkeiten angelangt. In neun der sichergestellten Blutbeutel wurde EPO gefunden, was die Argumentation der spanischen Ermittler hinsichtlich einer Gesundheitsgefährdung stärken könnte. Eine wird durch den Codenamen ›Sevillian‹ dem ehemaligen T-Mobile-Profi Oscar Sevilla zugeordnet. Jesús

Manzano sorgte erneut für Zündstoff, indem er aussagte, dass Saiz ihm über seinen Anwalt bis zu 180 000,– Euro Schweigegeld geboten habe. Schweigen sollen die in den Skandal verwickelten Radprofis indes nicht. Richter Antonio Serrano will alle als Zeugen vor Gericht unter Eid aussagen lassen. Im Wege internationaler Rechtshilfe sollen die außerhalb Spaniens wohnenden Radprofis an ihrem jeweiligen Wohnort befragt werden. Bei Falschaussagen drohten juristische Konsequenzen. Die Medien hatten gemeldet, dass die Erkenntnisse der spanischen Ermittlungsbehörden per se nicht für sportrechtliche Verfahren herangezogen werden dürften. Das waren offenbar voreilig gezogene Schlüsse, und sie standen mit der Urlaubsvertretung von Serrano in Zusammenhang. Serrano stellte, kaum dass er aus dem Urlaub zurückgekommen war, klar, dass nur die Erkenntnisse aus besonderen Ermittlungsmaßnahmen wie Videoüberwachungen oder Lauschangriffen vorerst nicht genutzt werden dürften. Der Weg zu möglichen Sperren schien zunächst geebnet.

Die Veranstalter der Deutschlandtour und der Dänemark-Rundfahrt erklärten Ende Dezember alle in den Fuentes-Skandal verwickelten Radprofis zu unerwünschten Personen. Doch man sollte sich nicht dem Trugschluss hingeben, dass alle Radprofis, die nicht in diesen Skandal verwickelt sind, deshalb nichts mit Doping zu tun haben. Und man sollte abwarten, ob diese Haltung nicht letztlich an monetären Dingen scheitert.

Ullrich äußert sich zeitgleich in der französischen Sportzeitung *L'Équipe*. Seine Anwälte hätten ihm geraten, sich zu den Vorwürfen nicht zu äußern. Dabei habe er Lust zu schreien, dass alles, was man über ihn erzählt habe, nichts als Lügen seien. Lance Armstrong werde in den USA als Held angesehen, und ihn stemple man in Deutschland als Verbrecher ab. In den spanischen Medien tauchen inzwischen Belege über mutmaßliche Zahlungen von Ullrich an Fuentes über 70 000,– Euro allein im Jahre 2006 auf. Der Schweizer Radsportverband empfiehlt derweil, mangels Unterstützung durch die spanischen Behörden die Akte Jan Ullrich zu schließen. Unterstützung erhalten die in den Skandal verwickelten Fahrer durch den Präsidenten des Internationalen Olympischen Komitees Jacques Rogge. Er erklärt in belgischen Medien, dass die Unschuldsvermutung gelte und die belasteten Fahrer bis zur Klärung der Frage, ob sie schuldig oder unschuldig seien, als Radprofis tätig sein dürften.

Anfang 2007 deutet vieles darauf hin, dass der Radsport noch immer nach den Regeln funktioniert, die auch 1998 dafür gesorgt haben, dass der bis dahin größte Skandal nahezu »schadlos« überstanden werden konnte. Das ist schade für den Radsport.

Letztlich zählen nur Erfolg und Geld

Der Sportmediziner Gustav Raken hat, genau wie andere, in seiner Zeit als betreuender Arzt im Radsport viel erlebt.
Im Gegensatz zu anderen spricht er aber darüber. Er ist ein Zeitzeuge für den Anabolika-Missbrauch in den 1970er-Jahren. Aktive aus der Zeit, die nicht namentlich genannt werden wollen, belegen die unkontrollierte Einnahme: »Wir haben Anabolika mit der Schubkarre reingefahren«, »Wenn ich sah, dass der drei Pillen nahm, nahm ich eben vier« sind nur einige authentische Äußerungen. Das Anabolika-Problem wurde in Deutschland zu dieser Zeit systematisch verharmlost. Daran hatten Sportpolitiker ebenso Anteil wie bekannte Sportmediziner. Fast 80-jährige Verbandsärzte leugnen noch heute jede Form von Doping, obwohl es klare Aussagen der ehemaligen Nationalfahrer gibt.
Aus verständlichen Gründen ist niemand bereit, dazu offen zu stehen. Medaillen ganzer Radsport-Generationen würden ihren Wert verlieren.

Gustav Raken hat viel erlebt. Geboren 1936, wurde er nach dem Studium der Humanmedizin Facharzt für Orthopädie und Sportmediziner. Eine Zeitlang arbeitete er in Algerien, wo in der Pathologie auch Obduktionen an der Tagesordnung waren. An den Pädagogischen Hochschulen von Aachen und Neuss hatte er einen Lehrauftrag für die Bereiche Sportschäden und Trainingslehre. Nach vielen Jahren als niedergelassener Orthopäde widmete er sich ausschließlich gutachterlichen Tätigkeiten. Er selbst fährt seit jeher Rennrad, eine seiner Töchter schaffte es als Schwimmerin in den Nationalkader. Dem Radsport ist er als betreuender Arzt in Nordrhein-Westfalen seit 1974 eng verbunden. An den verdienten Ruhestand denkt er noch lange nicht, denn er arbeitet seit 2002 ehrenamtlich als Manager im Leistungszentrum des Radsport-Verbandes. Auf der Büttgener Radrennbahn begannen auch seine Erfahrungen mit dem Radsport.

»Die dachten, wenn der Doktor mit dem Rennrad in die Praxis fährt, dann ist der genau der Richtige als Rennarzt«, erinnert sich Raken. Ob die Radsportler allerdings immer die richtigen Patienten für ihn waren, muss man dahingestellt lassen. Die seien schon erheblich an leistungssteigernden Medikamenten interessiert gewesen. Erheblich aggressiver als Athleten aus anderen Sportarten.

Amphetamine wie Pervitin, Kortison oder Anabolika standen ganz oben auf der Wunschliste. Auch Synacthen, das erst durch den Skandal um den spanischen Arzt Fuentes einer breiten Öffentlichkeit bekannt wurde, habe er in seiner Zeit als Dopingmittel gesehen. Er habe derartiges Verlangen stets mit dem Verweis auf die Nebenwirkungen und seine Berufsauffassung radikal verneint, aber »dann gingen die halt zu Kollegen, die nicht so zimperlich waren«. Dort hätten die Radfahrer dann Montags in einer Reihe in der Praxis gestanden, um sich auf der Trainingsfahrt mal eben die Spritze mit Decadurabolin verabreichen zu lassen. »Zum Teil wurde dieses Anabolikum kistenweise aus der sportmedizinischen Region Freiburg zugesandt.«

Raken erinnert sich an die 1970er-Jahre, in denen Anabolika auf sportmedizinischen Kongressen und in Veröffentlichungen jegliches Gefährdungspotenzial abgesprochen wurde. In einer Arbeit von namhaften Medizinern der Universitätsklinik Freiburg heißt es 1976 in der Zusammenfassung wörtlich: … ›sodass die generelle Behauptung einer Schädigung durch anabole Hormone nicht gerechtfertigt ist‹ … Zu dieser Zeit wurden Rennfahrern auch regelmäßig Anabolika verabreicht, wenn sie Brüche nach Sturzverletzungen erlitten hatten. Für eine derartige Verharmlosung und Behandlungsstrategie fehlt Raken jegliches Verständnis. Zwar gebe es keine Belege dafür, dass die Todesfälle zahlreicher Radsportler auch in Nordrhein-Westfalen in relativ frühen Lebensjahren zwischen Mitte 50 und 60 mit dem teilweise exzessiven Anabolikamissbrauch zusammenhingen, aber »wundern muss man sich schon darüber«. Und die beschriebenen Nebenwirkungen der Anabolika von Bluthochdruck über Entgleisungen des Fettstoffwechsels bis hin zur Entstehung von Tumoren und Veränderungen am Herzmuskel passten auffällig zu den oft überraschenden Todesfällen. Das Thema ›Vermännlichung‹ von weiblichen Sportlern, die Anabolika nehmen, sei vollständig ausgeklammert worden.

Allein am Institut für Rechtsmedizin der Universität München seien zwischen 1996 und 2001 zehn Todesfälle dokumentiert worden, die im Zusammenhang mit Anabolikamissbrauch standen, weiß Raken zu berichten. Es habe sich um Bodybuilder im Alter zwischen 28 und 45 Jahren gehandelt. Im Rahmen einer Dissertation habe der Mediziner Luitpold Kistler diese Fälle genauestens untersucht. Die Ergebnisse seien schockierend gewesen und sollten breit gestreut werden. Bei allen zehn Sportlern habe das Herzgewicht weit über dem Durchschnitt und physiologisch Unbedenklichen gelegen. Ferner konnten fünf frische und vier alte Herzinfarkte nachgewiesen werden. Alle zehn wiesen Veränderungen hinsichtlich der Herzdurchblutung auf. In neun Fällen konnten darüber hinaus in den Herzarterien Arteriosklerose und in zwei Fällen thrombotische Verschlüsse nachgewiesen werden. Ebenso lag in neun Fällen eine deutliche Vergrößerung der Leber vor.

Ein weiteres wichtiges Ergebnis war die Erkenntnis, dass Personen, die Anabolika missbrauchen, dazu neigen, auch weitere Substanzen zu konsumieren oder nach der Beendigung des Anabolikamissbrauchs auf diese umzusteigen. So fanden sich bei den Obduktionen Opiate, Cannabinoide und Psychopharmaka. Dies lässt den Schluss zu, dass sich gerade bei Jugendlichen, die Anabolika als Einstiegsdroge missbrauchen, das Risiko für einen weiteren Drogenkonsum signifikant erhöht.

1996 habe eine Forschergruppe um Georgios Tagarakis in Tierversuchen eindrucksvoll bewiesen, dass unter dem Einfluss von Anabolika die Herzgröße zunehme, aber die gleichzeitige Kapillarisierung ausbleibe. Dadurch werde die Blutversorgung des Herzens erheblich gestört. Ähnliches sei bei der sogenannten hypertrophen Kardiomyopathie der Fall. Diese genetisch bedingte Erkrankung habe eine dauernde irreversible Leistungsminderung zur Folge und könne lebensverkürzend sein.

Auch aktuelle Veröffentlichungen des Robert-Koch-Instituts warnen eindringlich vor den Gefahren des Dopings, besonders vor dem Missbrauch von Anabolika. Verschiedene Studien belegen zahlreiche, zum Teil irreversible und lebensbedrohende Nebenwirkungen. Besonders problematisch sei die gleichzeitige Einnahme von Anabolika und anderen Dopingsubstanzen wie Entwässerungsmedikamenten, Asthmamitteln und Insulin. Hierbei können Störungen im Elektrolythaushalt hervorgerufen werden, die Herzrhythmusstörungen bis zum plötzlichen Herztod auslösen können. Speziell im Radsport sei diese gleichzeitige Einnahme von unterschiedlichen Dopingsubstanzen offensichtlich fast schon Standard.

Raken hat zu seiner Zeit unglaubliche Geschichten erlebt, wie Trainer und Ärzte mit Medikamenten verfuhren, die auf der Dopingliste standen. »Sportler, die bei mir in Behandlung waren, kamen aus Freiburg zurück und hatten die sonderbarsten Rezepte bekommen. Oder die Medikamente wurden gleich zu mir in die Praxis geschickt.« Die Abrechnung erfolgte zum Teil über die jeweilige Krankenkasse oder wurde offenbar aus einem Freiburger Forschungsetat beglichen. Scheinbar habe sich daran wenig geändert, »denn der Kölner Trainer und ehemalige Radprofi Rolf Wolfshohl wurde 1999 im *Spiegel* wie folgt zitiert: ›Athleten von mir, die zum Nationalkader gehörten, sind vom Bund Deutscher Radfahrer zu ärztlichen Routineuntersuchungen zur Universitätsklinik nach Freiburg geschickt worden. Als sie wiederkamen, brachten sie einen Karton voller Medikamente mit. Grüne, rote und weiße Pillen, für morgens, mittags und abends.‹« Selbst wenn es sich ausschließlich um erlaubte Medikamente handelte, leiste eine derartige Praxis nach Rakens Ansicht einer Dopingmentalität erheblichen Vorschub.

Zu seiner Zeit sei es vorgekommen, dass Radsportler bis zu 20 verschiedene Medikamente pro Tag genommen hätten. Die seien natürlich nicht alle verboten gewesen. Aber grundsätzlich sei eine derartige Polypragmasie, die gleichzeitige Einnahme von vielen unterschiedlichen Medikamenten, äußerst gefährlich. Raken erinnert in diesem Zusammenhang an die deutsche Siebenkämpferin Birgit Dressel, die 1987 nach einer Schockreaktion der inneren Organe verstarb. Auch bei ihr hatte man zahlreiche Medikamente sichergestellt.

RADSPORT BDR-Arzt Huber: Doping spielt «kaum eine Rolle» =

Berlin (dpa) - Die Todesfälle der jüngsten Vergangenheit im Radsport wegen Herzversagen setzt BDR-Arzt Erwin Huber nicht mit möglichem Doping in Zusammenhang. «Doping durch **EPO** oder Anabolika kann kaum eine Rolle spielen. Für Hunderttausende von nierenkranken oder krebskranken Menschen sind EPO und Anabolika lebensrettend. Es ist nicht erforscht, ob EPO oder Anabolika Spätfolgen hinterlassen», sagte der Chefarzt der deutschen Olympia-Mannschaft 2002 und Verbands-Mediziner des Bundes Deutscher Radfahrer (BDR) in einem «Welt»-Interview (Dienstag-Ausgabe).

In diesem Jahr waren unter zum Teil ungeklärten Umständen die Rad-
Profis Denis Zanette (32 Jahre/Italien), Fabrice Salanson (23/Frankreich) und José Maria Jiménez (32/Spanien) an Herzversagen gestorben. Im Fall Salanson, der am Vorabend der Deutschland-Tour in seinem Hotelzimmer in Dresden starb, läuft zur Zeit in Frankreich eine Nachuntersuchung der Todesursache.

Huber von der Universitätsklinik Freiburg, die sich auch um die Fahrer des deutschen T-Mobile-Teams kümmert, plädierte für intensivere Betreuung. «Ich dränge unseren Verband, intensiv medizinisch zu betreuen. Die Gefahr gesundheitlicher Schäden könnten wir dadurch auf ein Minimum reduzieren. Die Untersuchung unserer U23-
Radler scheitert in diesem Jahr zum Beispiel an 2000 Euro Reisekosten. Damit steigt das gesundheitliche Risiko», erklärte Huber.
dpa az yybb be
161139 Dez 03

Ob diese Todesfälle im Radsport mit Doping in Verbindung stehen, lässt sich derzeit nicht eindeutig sagen. Insofern kann man der Formulierung von Dr. Huber zustimmen. Die anschließende Erklärung zu EPO und Anabolika ist skandalös, reiht sich aber nahtlos in die Äußerungen derer ein, die seit Jahren die Dopingproblematik leugnen und verharmlosen. Allein die Dissertation des Münchner Mediziners Luitpold Kistler über zehn frühzeitig verstorbene Bodybuilder hat im vergangenen Jahr eindeutig den Zusammenhang zwischen Anabolika-Missbrauch und Todesursache gezeigt. Nicht leicht nachvollziehbar ist, dass eine notwendige Untersuchung des U-23-Kaders an 2000,– Euro gescheitert sein soll.

»Bestimmte Ärzte haben eine bestimmte Aura«, hat Raken festgestellt. Sie seien für manche Athleten zu einer Art »päpstliche Anlaufstelle« mutiert. Die Hörigkeit der Athleten gehe so weit, dass sie gar nicht mehr wissen wollten, welches Medikament in welcher Form wirke. Und Nebenwirkungen würden schon gar nicht diskutiert. Nach dem Motto ›Mach mich fit‹ oder ›Mach mich besser, egal wie‹ komme es zu einem unverantwortlichen Medikamentenmissbrauch.

49

Und der sei mit der Entwicklung neuer Medikamente offenbar immer schlimmer und gefährlicher geworden. Die kriminelle Energie sei bei allen vorhanden, auch bei Ärzten. Und wenn die immer weniger verdienten, sei die Gefahr sehr groß, dass sie den Leistungssport als zusätzliche Einnahmequelle entdeckten. Letztlich drehe sich auch im Sport alles ums Geld.

Nach Rakens Meinung müsse sich zuallererst die Mentalität ändern. Von Kindesbeinen an seien Sportler von Mittelchen und Pülverchen abhängig. Für alles und jedes werde ein entsprechendes Produkt beworben. Die seien zwar nicht verboten, aber daraus entstehe eben eine Mentalität, früh und auch im Breitensport, die man heute im Leistungssport mit seinen negativen Ausprägungen vorfinde. Eine abschreckende Aufklärung, wie bei Alkohol und Nikotin, sei ein probates Mittel. Man müsse allen Beteiligten schonungslos vor Augen führen, dass Doping als Medikamentenmissbrauch lebensbedrohend und lebensverkürzend sein könne. Die Geschichten von Bodybuildern, die zum Teil den Ärzten unter der Hand auf dem Operationstisch gestorben seien, hätten viel breiter gestreut werden müssen. Insbesondere die dort beobachtete Schädigung der inneren Organe durch den exzessiven Missbrauch von Wachstumshormonen und Anabolika eigne sich hervorragend als abschreckendes Aufklärungsmaterial für Trainer, Eltern und seriöse Mediziner. Da spricht dann der Pathologe.

Der »ganz normale« Wunsch nach Leistungssteigerung

Hermann Sonderhüsken, Jahrgang 1937, ist freier Journalist in Bild und Text. Er begann 1976 als Trainer und später erfolgreicher Seniorenfahrer mit dem Radsport. Der IBM-Manager war zuletzt im Bereich Presse, Öffentlichkeitsarbeit und Sponsoring tätig. Von 1990 bis 1992 war er deutscher Pressesprecher des niederländischen PDM-Radsport-Profiteams. Sonderhüsken denkt kritisch und analytisch und lebt sehr gesundheitsbewusst. Doch auch er kam mit Doping in Berührung, worüber er in seinem Beitrag schreibt. Er ist seit Anfang 1994 – bedingt durch einen Unfall als Radsport-Trainer – im Rollstuhl aktiv und führt trotzdem mit frei gewähltem Single-Dasein ein selbstbestimmtes, aktives und erfolgreiches Leben.

Jetzt brauche ich erst mal eine Tasse Kaffee.« So oder ähnlich hören wir es immer wieder, von uns selbst oder von anderen. Wenn ein aktiver Mensch an die Grenzen seiner Kraft oder seines Leistungsvermögens kommt, wird er spontan versuchen, die Leistungsgrenzen zu erweitern. Das ist normal. Der eine versucht es mit Kaffee, der andere braucht und nimmt Stärkeres. Wenn bei extremen Anstrengungen auch noch Belohnungen verschiedenster Art winken – wie beim Sport –, liegt es daher nur allzu nahe, Leistungsförderndes zu ersinnen. Dies einerseits natürlich durch sinnvolles Training, gesunden Lebenswandel und richtige Ernährung. Andererseits aber auch durch leistungsfördernde Präparate.

In der Entwicklung des modernen Sports wurde schließlich aber erkannt, dass nicht alles Mögliche erlaubt sein darf. Die Basis für die daraus folgenden Verbote war die Erkenntnis, dass bestimmte Substanzen zwar einerseits die körperliche – und teilweise auch geistige – Leistungsfähigkeit des Sportlers erhöhen können, dass andererseits aber verschiedene Präparate der Gesundheit schaden. Für die gesundheitliche Schädigung konnten diverse Beispiele angeführt werden, von körperlichen Schäden über langwierige Krankheiten bis hin zu Todesfällen.

Nachdem ich 1972 ein gebrauchtes Rennrad gekauft hatte und damit gelegentlich etwas unterwegs war, habe ich mir 1978 mein erstes professionelles Rennrad gekauft. Damit habe ich dann eifrig trainiert, zunächst nur aus Spaß am Fahren. Aus dem Spaß wurde dann aber insofern Ernst, als ich 1979 in den Radsport-

Verein VfR Büttgen eingetreten bin. In der Folgezeit war ich dann bei Senioren- und teilweise auch bei Amateurrennen am Start. Das war zunächst insofern problematisch, als ich gegen die erfahrenen Radsportler keine Chance hatte. Bei kleinen Rundstrecken-Rennen wurde ich in den ersten Monaten üblicherweise überrundet. Damals war es mein sehnlichster Wunsch, vorn mitfahren zu können. Und es war mein Traum, einmal ein Rennen zu gewinnen. Wenn ich eine Möglichkeit gehabt hätte, leistungsfördernde Mittel zu bekommen, hätte ich sie mit Freude und ohne irgendwelche Bedenken genutzt.

Bei einer Reihe von Wochenendlehrgängen, in denen ich 1976 im Radsport-Leistungszentrum Büttgen meine Lizenz als Radsport-Trainer gemacht habe, war ebenso wenig von Doping die Rede, wie in einigen Nachschulungen am selben Ort. Immerhin stand aber in der beim Lizenz-Lehrgang verteilten und vom »Bund Deutscher Radfahrer e.V.« herausgegebenen »Sportordnung«-Broschüre auf sechs Seiten einiges zur Verfahrenstechnik zu diesem Thema. Eine Aufzählung der verbotenen Substanzen fehlte. Das Kapitel fünf, in dem die »zu den Dopingmitteln gehörenden Substanzen« verzeichnet sein sollten, fehlte in der praktischen kleinen Abheft-Broschüre. Vielleicht deshalb, weil keine Doping-Anleitungen gegeben werden sollten. Eine sicher verständliche Maßnahme.

Ebenfalls 1978 habe ich auch damit begonnen, in einer regionalen Tages-zeitung regelmäßig mit Text und Bild über Radsport zu berichten. Dadurch kam ich mit erfolgreichen Radsportlern zusammen, was fast zwangsläufig auch zu Gesprächen über leistungsfördernde »Pillen« führte. Dazu habe ich zwei Meinungen kennen gelernt, beispielhaft von zwei Radsportlern:

Die Meinung eines inzwischen hochrangigen Managers war, dass er solche Pillen aus gesundheitlichen Überlegungen ablehnte. Das hatte dazu geführt, dass er – erfolgreicher Radsport-Amateur – in den 1960er-Jahren aus dem Bahn-Nationalkader geworfen wurde. Hintergrund war, dass er es abgelehnt hatte, nach einem vorgeschriebenen Plan eine auf einer Liste aufgeführte Zusammenstellung von »Aufbau-Präparaten« einzunehmen. Er traute den Mitteln nicht und sah gesundheitliche Probleme auf sich zukommen.

Die zweite Meinung war das genaue Gegenteil. Da behauptete ein extrem erfolgreicher Bahn-Radsportler, dass man fünf von ihm genannte Pillen eben deshalb gebrauche, um seinen Körper nicht zu schädigen. In diesen Pillen wäre nämlich genau das, was der Organismus und der Kopf bei einem Rennen benötigen würden. Ohne diese Pillen würde die Leistung aus der Substanz geholt, wodurch Körper und Geist nachhaltig geschädigt würden. Diese Meinung vertrat er nachdrücklich, er glaubte fest daran und hatte nicht das Gefühl, irgendetwas Verbotenes zu tun.

Von diesem von mir seinerzeit hochgeschätzten und auch bewunderten Radsport-Star habe ich vor einem für mich wichtigen Rennen mal eine kleine weiße Pille bekommen und die auch geschluckt. Der Effekt war allerdings anders als erwünscht: Beim Antritt nach der zweiten Kurve in diesem Rennen habe ich das rechte Pedal abgetreten. Mit einem Pedal bin ich dann die glücklicherweise

Votre traitement :

U3+	GELULES U3+ : gélules à préparer à base de 295 mg d'allopurinol et de 95 mg de désuric, qui élimineront l'acide urique tout en apportant de l'acide folique à raison de 5 mg ; à prendre lors d'un repas.	1 gél/jour	30	gélules
1&L	1 ALPHA LEO : 30 capsules à 0,25 µg de vitamine D activée.	1 caps/jour	1	bte(s)
OXB	OXYBIANE : 90 gélules à action anti-oxydante, à prendre le matin; à commander chez PILEJE.	3x1 gél/jour	1	bte(s)
ELT	L-THYROXINE : 100 comprimés d'hormones thyroïdiennes dosées à 150 µg.	150 µg/jour	1	bte(s)
DHEA	Gélules à préparer par votre pharmacie, DHEA 60 mg et alucol 140 mg .	1 gél/jour	30	gélules
AFA	AMINOCHEL FER ATEGIS : 90 comprimés de fer chélaté.	3x1 comp/jour	1	bte(s)
DDX	DODEX (1000 γ) : 5 ampoules injectables de vitamine B12 (1ml, pratiquement indolores) ; produit turc.	1 IM/sem	1	bte(s)
44569	Contrôle sanguin et des urines de 24 heures à la fin du traitement d'un mois prescrit ci-dessus. +(LH-DHEA S-androstanediol-TSH-T4 libre-Cu-cérulo-Zn-éosinophilie absolue)			

Auch diesem Athleten werden Désuric, L-Thyroxine und DHEA verordnet.

nur wenigen Kilometer nach Hause gefahren, habe das Rad gewechselt und bin in euphorischer Stimmung und guter Form recht flott etwa 140 Kilometer geradelt. Dies deshalb, weil mir der edle und einmalige Spender der seiner Aussage nach »sehr teuren« Pille geraten hatte, dass ich die nun »rausfahren« müsse.

Vorher hatte ich schon versucht, leistungssteigernde Präparate von einem befreundeten Apotheker zu bekommen. Der sagte mir aber, dass die entsprechenden Medikamente alle im Giftschrank lägen. Daraus könne er mir nichts geben, weil er darüber Buch führen müsse. Er schenkte mir aber ein Ephedrin-haltiges Erkältungsmittel, worüber ich mich deshalb freute, weil ich gehört hatte, dass Ephedrin auf der Dopingliste stünde. Das musste also gut sein. Ich habe dann vor dem nächsten Rennen eine Pille geschluckt und beim Rennen noch eine – weil ich immer wieder beobachtet hatte, dass Kameraden während des Rennens in die Rückentasche griffen und sich dann etwas in den Mund steckten. Ob mir die Erkältungspillen geholfen haben, weiß ich nicht mehr. Sehr gut erinnere ich mich aber daran, was ich auf dem später gelesenen Beipackzettel entdeckt habe. Da stand einerseits und für mich positiv, dass durch Ephedrin die Venen erweitert würden, mit dem Effekt von mehr Blutdurchfluss und entsprechend besserer Versorgung der Muskulatur. Andererseits könnten die Venen bei längerem Gebrauch von Ephedrin aber spröde werden und eventuell sogar brechen. Ich bekam einen Riesenschreck und warf den Rest der Packung ins WC.

Bei einem weiteren Versuch brachte mir ein naher Verwandter Pillen aus Mallorca mit. Er hatte dort Urlaub gemacht, und ich hatte ihn um die Besorgung von »Leistungspillen« gebeten, weil ich erfahren hatte, dass man auf der schönen spanischen Insel solche Pillen in den Apotheken kaufen könne. Den Beipack-Zettel mit spanischem Text konnte ich nicht lesen, schluckte aber versuchsweise eine Pille vor einem Training. Die Folge war eine totale Übelkeit mit der Konsequenz einer schlechten Ausfahrt und der anschließenden Vernichtung der Restpillen, praktischerweise wieder mittels WC-Spülung. Danach war das Thema Doping für mich aus gesundheitlichen Gründen erledigt. Radsport-Kameraden gegenüber benachteiligt habe ich mich deswegen nicht gefühlt. Zumal ich nicht wusste, was die so schluckten – vielleicht nichts, man sprach darüber nicht. Zumindest nicht mit mir.

Den Gedanken, meine Sportkameraden als Betrüger anzusehen, hatte ich nie. Ich hätte mir ja auch Mittelchen besorgen können. Das habe ich dann später auch, allerdings legale. Denn ich bin durch Zufall darauf gekommen, dass in Krankenhäusern übliche Präparate für Alte, Kranke und Sieche auch für Sportler sehr leistungsfördernd sein können. Sie waren recht teuer, brachten mich aber spürbar weiter. So beispielsweise zu einem Sieg beim »Teitge-Preis« 1979 über 76 Kilometer, aufgeteilt in zehn Runden mit Start und Ziel in Euskirchen-Ollheim. Bei diesem Rennen war ich schon beim Start vorn, bin die gesamte Distanz mit immer größerem Abstand vor meinen Konkurrenten gefahren und hatte im Ziel etwa sechs Minuten Vorsprung. Den sonst meist siegreichen Fritz Effen habe ich dann als Spurtschnellsten des Feldes fotografiert, was große Erheiterung auf dem Zielwagen auslöste. Von meinen Kameraden kam damals unter anderem auch die Bemerkung, dass ich da wohl auch nicht nur »auf Zuckerwasser« gefahren wäre – eine immer noch gebräuchliche Redewendung bei Leistungen, bei denen man Doping vermutet. Hoffentlich oft ebenso zu Unrecht wie seinerzeit bei mir.

Anfang der 1990er-Jahre habe ich drei große Anti-Doping-Diskussionen als Moderator geleitet, zwei bei Leichtathleten und eine bei Schwimmern. Dabei wurde deutlich, dass Doping durchaus nicht auf den Spitzensport beschränkt ist. Manche Ehrgeizlinge dopen sich schon für Vereinsmeisterschaften, und es gibt Eltern, die ihren Kindern »leistungsfördernde« Präparate verabreichen. Und das nicht nur für den Sport, sondern auch, um schulische Leistungen des Nachwuchses zu verbessern. Als Radsporttrainer habe ich die bei mir trainierenden Schüler immer wieder aufgefordert, mich zu informieren, wenn ihnen irgendwelche Pillen angeboten würden. Auch, wenn das Angebot von den Eltern käme. Eine Reaktion habe ich nie bekommen.

Interessant ist sicher auch, was ein Sportlicher Leiter eines damals in der absoluten Weltspitze erfolgreichen Profi-Radsport-Teams noch Ende der 1980er-Jahre »halböffentlich« von sich gab: Er vertrat die Ansicht, dass ein Athlet die Tour der France nur dann durchfahren könne, wenn er im Winter davor mit Anabolika arbeiten würde. Dies zeigt, dass es auch zu dieser Zeit noch keine Berührungsängste mit diesem Thema gab, von Schuldgefühlen ganz zu schweigen.

Als deutscher Pressesprecher des niederländischen PDM-Radsport-Teams konnte ich 1990 den plötzlichen Herztod des sympathischen und immer freundlichen Team-Mitglieds Johannes Draaiyer nicht erklären, es war ein großer Schock. Später mutmaßte der *Spiegel,* dass EPO im Spiel war. Einen zweiten großen Schock mit diesem Team – den ich auch in der Rückschau immer noch spüre – war das Desaster bei der Tour de France 1991: Dem gesamten Team wurde es während der Etappe am 15. Juli so übel, dass sich alle nur mühsam ins Ziel quälten. Am 16. Juli musste das Team wegen »hohem Fieber« aller Fahrer die Tour beenden. Als Grund wurden verdorbene Regenerations-Präparate angegeben. Die hätten immer kühl gelagert werden müssen, was der verantwortliche Team-Arzt – der Niederländer Henk Arts – verschlampt hätte. Er wurde anschließend vom Team suspendiert.

Ich kann nicht beurteilen, ob beispielsweise Floyd Landis oder Jan Ullrich schuldig sind. Es ist mir aber sehr wichtig, darauf hinzuweisen, dass man mit Schuldzuweisungen vorsichtig sein muss. Sensationsmache ist manchen Journalisten oft wichtiger als sachliche Aufklärung. Manchen fehlt es aber auch an Hintergrund-Kenntnissen und Einsichten.

Nach meiner Beobachtung wurde in den deutschen Medien bis etwa Mitte der 1990er-Jahre zum Thema Doping fast nur der gesundheitliche Aspekt angesprochen. Dann rückte mehr und mehr der Betrugsaspekt in den Vordergrund. Wobei Betrug im Sport viele Varianten hat. Man denke nur an die »Schwalbe«, an versteckte oder sogar »strategische« Fouls im Spitzenfußball mit der Konsequenz, dass man eine Verletzung des Gegners in Kauf nimmt – was beim Doping nicht passiert. Ich erinnere auch an Spiel-Manipulationen von Schiedsrichtern und Spielern. Wo es um viel Geld geht – dazu noch um »Ruhm und Ehre«, teilweise auch nur darum –, sind Menschen nun mal sehr erfinderisch. Und die Grenze zwischen Erlaubtem und Verbotenem ist oft einerseits nicht klar definiert und wird andererseits auch immer wieder auszuloten versucht.

Klar definiert sind allerdings die Substanzen, die auf den Doping-Listen stehen. Die sind verboten, und es ist im Interesse der Gesundheit des Sportlers und der Fairness gegenüber dem sportlichen Gegner unumgänglich erforderlich, dass die dadurch gesetzten Grenzen beachtet werden und die Einhaltung lückenlos und ohne Kompromisse überprüft wird.

Hermann Sonderhüsken

Wenn der Kopf stimmt,
ist vieles anders

*Das Beispiel von Adolf Müller – einer Legende unter den Sechs-
Tage-Mechanikern – zeigt, dass Charakterstärke und alte Tugen-
den vor der Dopingmentalität schützen können.
Allerdings wird auch deutlich, dass der professionelle Radsport
nicht die Wahl zwischen Dopen und Nichtdopen zulässt, sondern
nur die Alternative Doping oder Ausstieg bietet.*

Adolf Müller, den alle nur »Ado« nennen, wurde 1941 in Düsseldorf geboren. Schon der Großvater war Bergmann, also war es fast unausweich-
lich, dass Ado sein erstes Geld unter Tage verdiente. Gleichzeitig war
er Radsportler, und dazu kein schlechter. Zwölf Jahre fuhr er in der höchsten
Amateurklasse, gehörte auf der Bahn zu den Besten und wurde unter anderem
Landesmeister. »Ich war kein begnadetes Talent, sondern musste mir den Erfolg
hart erarbeiten«, zieht Ado heute ein Resümee.

Sein Gewicht aus der aktiven Zeit hat er halten können und er fährt immer
noch mit dem Rad zur Arbeit. Die ist mittlerweile eine andere geworden, wie
auch die Strecken andere geworden sind. Anfang der Siebzigerjahre sattelte Ado
zum Zweiradmechaniker um. Das sollte der Beginn einer nahezu einmaligen
Karriere in diesem Bereich werden. Ado zählte die Prominenz der jeweiligen
Radsportgeneration zu seinen Kunden, ob beim Sechstage-Rennen, bei internationalen Profi-Rennställen, bei Damenteams oder den Radsportlern des
Behinderten-Sportverbandes. Alle waren sich einig, so einen wie Ado hatten
sie noch nicht erlebt. Er behielt stets die Ruhe, konnte Räder zerlegen, ohne
sich die Finger schmutzig zu machen, und modifizierte Neuerscheinungen von
Radsportkomponenten, bevor die Hersteller ähnliche Änderungen durch ihre
Techniker entwickelt hatten.

Ado hatte immer ein offenes Ohr für die Probleme der Sportler. Er war ja
praktisch einer von ihnen. Zu der Zeit, als seine Arbeitsstätte in Köln lag, fuhr
Ado im Sommer morgens um halb vier in Düsseldorf los, um Köln nach sei-
ner Trainingsrunde von 160 Kilometern durch das Bergische Land nach rund
fünf Stunden zu erreichen. Dann stand ein ganz normaler Arbeitstag auf dem
Programm, und danach ging es auf der kleinen Runde 80 Kilometer nach Hause.
Training und Arbeit fanden immer parallel statt. Dazu gehörten eine enorme
Selbstdisziplin und ein gesunder Lebenswandel, die Ado heute im Radsport

vermisst. »Horch' in deinen Körper und nimm nicht für jedes Zipperlein eine Tablette«, waren typische Sprüche von ihm. Daneben achtete er auf ausreichenden Schlaf, genügend Regeneration, auch für den Kopf, und bevorzugte gute Hausmannskost. Er war fleißig und strebsam. Auch das hat er oft bei anderen vermisst. »Rennfahrer sind von Natur aus eher faul und nehmen keine Ratschläge an.« Wenn der betreuende Arzt ins Trainingslager nachgereist kam, habe sich erst einmal eine ganze Reihe krankschreiben lassen, um einen Ruhetag zu haben. Lange Trainingseinheiten seien heute oft aus der Mode gekommen. Sobald das Training weniger wurde, habe die Anzahl der Medikamente zugenommen, oder umgekehrt.

Ado kam in den 1970er-Jahren ungewollt mit Anabolika in Berührung. Nach einer schweren Trümmerfraktur im Unterschenkel sollte er täglich eine Pille zur besseren Rehabilitation nehmen. Vorsichtig wie er war, nahm er aber nur eine halbe Tablette, und die nur jeden zweiten Tag. Dem verletzten Bein ging es schnell spürbar besser, und die zurückgebildete Muskulatur erneuerte sich. Aber der behandelnde Arzt hatte vergessen ihm zu sagen, dass man das gesunde Bein in dieser Zeit besser nicht belastet. Denn das nahm ungewohnte muskuläre Ausmaße an, was für Ados sauberen ›runden Tritt‹ auf dem Rad kontraproduktiv war.

Ado ist sich sicher, dass er zu seiner Zeit noch besser hätte sein können, wenn er sein heutiges Wissen hätte zugrunde legen können. Doping kam ihm dabei niemals in den Sinn. Aber er hat viel gesehen und erlebt, auch wenn nicht offen darüber gesprochen wurde. Amateure seien, speziell, wenn sie vorher nicht in einem Nationalkader gefahren waren, relativ unbedarft zu den Profis gewechselt. Dort kamen sie dann mit Pflegern, den sogenannten ›Soigneurs‹, in Kontakt. In dieser Berufsgattung sieht Ado auch den Hauptgrund für die weit verbreitete Dopingmentalität im Radsport. Seit es den Radsport gibt, gibt es diese ›Soigneurs‹. Sie sind eine Mischung aus Masseur, Pfleger, medizinischem Berater und Mädchen für alles, die in der Regel für nichts davon eine spezielle Ausbildung haben. Einige haben sich den zweifelhaften Ruf erarbeitet, die besten Fahrer zu haben. Wie die Leistung zustande kommt, ist dann letztlich allen Beteiligten egal. Leistung um jeden Preis, für jeden Preis. Damit könnten alle gut leben, Sponsoren, Funktionäre, Zuschauer und Medien. Doping sei systemimmanent und erfolgskonform. Eine Änderung sei zwar möglich, aber sehr unwahrscheinlich. Dafür hätten sich die Strukturen im Radsport zu lange in eine Richtung entwickelt.

Ado hat viele Karrieren begleitet. Einige hat er, obwohl älter, überlebt. Er hat auch die Karrieren der unterschiedlichen Medikamente miterleben müssen. Von Arsen und Strychnin über Amphetamin zum Nierenmedikament Erythropoietin, kurz EPO. »Damals gingen die Rennfahrer mit der Pulsuhr schlafen und wurden durch den eingestellten Alarm geweckt, wenn die Herzfrequenz unter einen bestimmten Wert gesunken war.« Es habe nur wenige Radprofis gegeben, die den nötigen Charakter hatten und sich dem widersetzten. Sie hätten ganz mit dem Radsport aufgehört.

Machs gut und alles Gute!
Es wäre echt ideal wenn du mit Doc   (der Mann für
meine Rezepte und der Teamarzt   sehr PRO
eingestellt!) ein Team wärst bzw mit   Hast Du die
schonmal angeschrieben, das wäre wahrscheinlich das i
Tüpfelchen für die meisten....
Gruß
hey was mir noch eingefallen ist,wenn einer
          was aus US braucht könnte ich das ja
eigentlich besorgen, BCAA sind viel billiger hier

just an idea, monsieur
a bientot

Dieser Sportler gibt Hinweise auf einen Teamarzt, der sehr »pro« (bezogen auf Doping) eingestellt ist und offensichtlich Rezepte liefert. BCAA sind erlaubte Aminosäuren-Produkte.

Für diejenigen, die damals etwas genommen haben, gibt es seiner Meinung nach nur zwei Möglichkeiten: »Sie müssen es weiter nehmen oder werden Alkoholiker.« Ado kennt viele frühere Radprofis, denen es so ergangen ist. Wichtige Punkte für eine wirkungsvolle Dopingprävention sind für ihn Aufklärung und Charakterstärke. Der gesunde und natürliche Lebenswandel müsse wieder in den Vordergrund rücken. Ado sieht seine eigene Karriere als eine Art Dopingprävention. Er habe hart gearbeitet und hart trainiert. Dazu habe er immer seinen eigenen Kopf gehabt. Der habe ihm zwar nicht nur Freunde beschert, aber vor vielen Problemen bewahrt. Probleme, die andere nicht mehr lösen konnten.

Radsport kann so schön sein

Walter Rottiers ist das, was man ›radsportverrückt‹ nennt, aber im positiven Sinne. Der 66-jährige Belgier war selbst erfolgreich aktiv, hat in vielen Positionen des Radsports gearbeitet, war für viele Medien als Journalist tätig, malt heute seine Impressionen auf Leinwand oder in Form von Cartoons, zeichnet für die Veranstaltung zahlreicher internationaler Radsport-Ereignisse verantwortlich und ist dennoch immer als kritischer Radsport-Journalist bekannt gewesen. Damit stand er oft allein.

Viele Journalisten und Medienleute agierten als verlängerte Arme des Systems Radsport. Scherte einer aus, wurde er als Nestbeschmutzer gebrandmarkt. Man sieht es nicht gerne in diesem Milieu, wenn jemand, der jahrelang seine Existenz durch den Radsport sichert, sich dann nicht mehr an die Spielregeln hält. So wurde zu Rottiers Zeiten einem bekannten Fachjournalist, der sich nicht mehr an diese Spielregeln gehalten hatte, von obskuren Radsportfiguren drohend nahe gelegt, dass er sich künftig doch besser mit anderen Sportarten wie Tennis oder Golf beschäftigen möge.

Trotz allem ist der Radsport für Rottiers »eine der schönsten Sportarten der Welt. Radsport weckt Emotionen, schafft Idole, fasziniert durch Mut, Härte und Schnelligkeit. Radsport ist dynamisch und unabhängig von Wind und Wetter. Er löst Assoziationen wie jung, aktiv, unternehmenslustig aus und passt ins aktuelle Umwelt- und Fitnessbewusstsein.«

Doch Rottiers hat seine Augen nie vor der Schattenseite dieser Sportart verschlossen. Genau das wirft er vielen vor. »Der Radsport erweckt den Eindruck, dass hier Leute das Sagen haben, die unentwegt den Kopf in den Sand stecken und nebenbei hoffen, dass sich diese Probleme von alleine lösen.« Probleme, die seiner Meinung nach »in Sportarten, wo es um viel Geld, medialen Ruhm, Leistungsdruck und Sponsoreninteressen geht, keine Ausnahme sind«. Und darum geht es im Radsport – seit über 100 Jahren. Da ist der Radsport ebenso wenig eine Ausnahme wie offenbar Doping im Radsport eine Ausnahme ist. Rottiers erinnert sich an seine Anfänge. »Früher galt Dopingmissbrauch für viele Rennsportler oft als harmloser Streich oder Kavaliersdelikt.« Es sei nur darum gegangen, die Konkurrenz auszutricksen. »Kam ein neues und noch wirksameres Mittel auf den Markt, gab es für zahlreiche Radprofis nichts Wichtigeres, als es möglichst schnell auszuprobieren. Sie wurden angetrieben von profitgierigen Mittelsmännern, die diese Mittel im Peloton wie Butter an den Mann brachten,

Besonders interessant ist die Frage nach dem Nachweiszeitraum von Andriol, einem Anabolikum, und der spezielle Einnahmemodus: 1/3 flüssigen Inhalt der Kapsel trinken, ohne die Kapsel selbst zu schlucken. Andriol hat eine geringe Halbwertzeit und wird sehr schnell vom Körper abgebaut. Mit der hier beschriebenen Einnahme wird der Nachweiszeitraum vermutlich erheblich verringert.

bevor ahnungslose Kontrolleure überhaupt davon erfuhren.« Und das konnte manchmal Monate dauern. So entstanden ab Mitte der 1950er-Jahre im internationalen Radsport Zustände, wie man sie höchstens in dunklen Gängen bei Boxveranstaltungen erwartet hätte.

Ein paar leichtsinnige Rennfahrer, darunter einige Namen mit Klang und Leuchtkraft, hätten damals offenbar die nie nachlassende Detektivarbeit der Testlabors unterschätzt und seien reihenweise förmlich auf dem linken Fuß erwischt worden. Die anschließenden Strafen waren nach der heutigen Rechtsprechung allerdings geradezu lächerlich. Darunter befanden sich auch Fahrer, die später als namhafte Fahrradkonstrukteure, als Leiter von National- und Profiteams oder PR-Beauftragte bis heute noch auf der Radsportbühne tätig sind und jahrelang als Vorbild für die Jugend galten. Nach Rottiers' Meinung sollte man allerdings »auch als ehemaliger Dopingsünder eine zweite Chance erhalten«.

Nicht nur für Rottiers ist die Gattung des Soigneurs, einer Mischung aus Pfleger, Masseur und Mädchen für alles, der zentrale Angelpunkt der Dopingproblematik im Radsport.

Für diese Tätigkeit habe es bis vor wenigen Jahren weder eine Ausbildung noch einen Tätigkeitsnachweis gegeben. Hauptsache man wusste, wie sich im Radsport die Räder drehten, und schon bekam man einen verantwortungsvollen Job in einem der Profiteams. Darunter waren immer wieder ehemalige Rennfahrer, die es in der Sportkarriere zu äußerst bescheidenem Ruhm gebracht hatten und die ihren kargen Sold damit aufbesserten, dass sie die neuesten Pillen und Spritzen bis in die untersten Rennklassen, ja sogar an Senioren- und Hobbyradsportler verkauften. Und zwar ohne Skrupel, obwohl diese ›Wunderwaffen‹ gesundheitsschädigend waren und sogar zum Tod führen konnten. Darunter waren auch pure Suchtmittel wie Kokain und Heroin. Hauptsache, die schwarze Kasse stimmte.

Rottiers hat viele radsportliche Karrieren begleitet. Er erinnert sich an einen Spitzenfahrer, der es kurz vor der Pensionierung sogar zum Nationaltrainer brachte. »Die Gerüchte und Berichte in den Medien, die damals um ihn unentwegt die Runde machten, waren nicht von schlechten Eltern. Durch seine Pillensucht war der ehemalige Vorzeigeathlet bald zu einem unkontrollierbaren Risiko seiner Umgebung geworden. Und er war nicht der Einzige.« Insbesondere ein Suchtverhalten nach Beendigung der Radsportkarriere hat Rottiers oft feststellen müssen. Die Hauptursache sieht er in der Leichtigkeit, mit der sich die Radsportler über Jahre mit Aufputschmitteln versorgen konnten. »Jeder mehr oder weniger talentierte Radsportler in Belgien wollte damit im Eiltempo so erfolgreich und reich werden wie Van Steenbergen, Van Looy oder Merckx. Koste es, was es wolle.« Viele hat es die Gesundheit oder sogar das Leben gekostet.

Im Umgang mit der Dopingproblematik hat Rottiers trotz allem stets eine ungeheure Sorglosigkeit und Selbstverständlichkeit festgestellt. Einer der Großen des Radsports aus den 1970er-Jahren offenbarte ihm am Ende eines Interviews beinahe triumphierend, dass er bei den zahlreichen Kontrollen in all den Jahren nie erwischt worden sei. Was nicht bedeutete, dass er nie Dopingmittel genommen hatte. Zu jener Zeit habe man hinter vorgehaltener Hand gefragt: »Wer kontrolliert die Kontrolleure?« Die Grenzen zwischen Mitwissern, Verdächtigen und Kontrolleuren seien damals sehr fließend verlaufen. Gerüchte über beträchtliche Bestechungssummen und Geschenke aller Art kursierten ununterbrochen im Radsport.

Bemerkenswert sei eine Podiumsdiskussion in Stuttgart verlaufen, als der Gaststar von einem ebenso prominenten Moderator gefragt wurde, welchen Beruf er wohl gewählt hätte, wenn er nicht Radprofi geworden wäre: Ohne sich Zeit zum Nachdenken zu nehmen, antwortete dieser wie aus der Pistole geschossen: ›Apotheker‹. Ein anderer ehemaliger Superstar aus Deutschland vertraute ihm einst offen und ehrlich an, dass er mit dem heutigen Wissen die Tour de France garantiert gewonnen hätte.

---

gruesse aus Florida. mache net viel hier nur etwas testo...und die Schilddruesenhormon:Thybon 20 (henning) soll anscheinend gut fuer Gewicht machen sein.
Hab auch jetzt eine gute Quelle von nem Tierarzt, was koennen wir dennda so besorgen.. ist oxygl. gut, erkennbar? usw??

Liebe Gruesse

»oxygl.« ist Oxyglobin, ein synthetisches Hämoglobin aus der Veterinärmedizin, durch das der spanische Radprofi Jesus Manzano nach eigenen Angaben fast gestorben wäre. »Gut erkennbar« bedeutet nachweisbar.

Am Rande eines Etappenrennens, ebenfalls unweit von Stuttgart, zu Beginn der 1990er-Jahre, habe sich ein intimer Kreis von Teambetreuern, Mechanikern und Rennmanagern über die neuesten Erlebnisse an der Dopingfront amüsiert. Einer berichtete, dass er vor einer unangekündigten Hausdurchsuchung dank eines kollegialen Tippgebers seine Dopingmittel rechtzeitig tief unter der Erde im Gemüsegarten verstecken konnte. Ein anderer erzählte, er habe im letzten Sommer seinen schnellsten Sprinter bei einem Kriteriumsrennen in Paris besonders scharf präpariert. Doch dann sei ein fürchterliches Unwetter gekommen und die Veranstaltung habe kurzfristig abgesagt werden müssen. Zwei volle Stunden habe er seinen Fahrer anschließend in strömendem Regen auf dem Kopfsteinpflaster der Champs-Elysées hoch und runter fahren lassen, bis er den Stoff endlich aus seinem Körper herausgekurbelt hätte.

Rottiers war Zeuge zahlloser Episoden rund um das Thema Doping. »Ein Nationalcoach mit deutschem Pass eines bedeutenden nationalen Radsport-Verbandes erzählte beim Abendessen, dass seine Fahrer durch einen massiven EPO-Missbrauch derzeit weit über den zugelassenen Blutwerten lägen.« Und am Vorabend der Flandern-Rundfahrt seien einem bekannten Fahrer aus Down Under von seinem gestressten Teamchef förmlich die Leviten gelesen worden: Er möge doch endlich seine Cortison-Dosis einnehmen. Diese verbale Aufforderung war so laut, dass am Nebentisch sitzende Journalisten und Fotografen heiße Ohren bekamen. Für Rottiers setzt sich diese laxe Haltung auch in den zahlreichen Ausnahmeregelungen fort, mit denen Radprofis heute ausgestattet sind. Dabei könnte Radsport seiner Meinung nach auch ohne Doping betrieben werden. Für Zuschauer und Medien würde er von seiner Dramatik und Faszination nichts einbüßen, wenn die Geschwindigkeit einige Stundenkilometer geringer ausfallen würde. »Insbesondere die Gesundheit der Radprofis würde dann nicht mehr leichtfertig aufs Spiel gesetzt.« Aber Rottiers ist wenig zuversichtlich, dass sich grundlegend etwas an der Dopingproblematik im Radsport ändern wird, auch deshalb, weil die Radsportfans ungebrochen der Rennszene treu bleiben. So erlebte zum Beispiel die Begeisterung während der Cross-WM 2007 in West-Flandern einen nie da gewesenen Höhepunkt. Mehr als 40 000 Zuschauer entlang der 1,5-km-Strecke feuerten die Akteure an – trotz der Negativschlagzeilen über Johan Museeuw, das Quick Step-Innergetic-Team oder ihren schillernden Mannschaftsdirektor Patrick Lefevere, durch die der belgische Radsport in den Tagen zuvor schwer belastet wurde.

Doping im DDR-Radsport

Sport ist brutal. Eine der brutalsten Facetten des Leistungssports zeigte sich im ehemaligen Ostblock. Im Sportsystem der DDR wurde nicht davor zurückgeschreckt, Kinder und Jugendliche mit leistungsfördernden Medikamenten zu behandeln, um potenzielle Medaillengewinner bei Weltmeisterschaften und Olympischen Spielen heranzuziehen. Im Schwimmen, Turnen und der Leichtathletik kamen zahlreiche Fälle vor Gericht, und die Medien stürzten sich nach der Wende auf Opfer und Täter der menschenverachtenden DDR-Sportpolitik. Aber immer noch ist dieses Kapitel des deutschen Sports nicht ausreichend aufgearbeitet.

B is heute erhalten Sportler und Sportlerinnen vor Gericht immer wieder Recht und ein kleines Stück Wiedergutmachung für das skrupellose Verhalten ihrer Trainer und Betreuer. Doch ihre Gesundheit kann kein Gericht dieser Welt wieder herstellen.

In einer Reihe von Sportarten wurde das staatlich verordnete Doping detailliert untersucht. Nur der Radsport blieb davon weitestgehend verschont. Merkwürdig ist das schon, gehört er doch seit seinen Kindertagen im frühen 20. Jahrhundert zu den Sportarten mit einer hohen Dopingaffinität.

Ausgerechnet in dieser medaillenträchtigen Sportart gab es weder spektakuläre Prozesse noch öffentliche Bezichtigungen von Trainern. War der Radsport in der DDR tatsächlich eine Art dopingfreie Zone, wie er auch heute von vielen Sportlern noch gerne dargestellt wird? Während nach der Wende viele Verbände versuchten, die Schattenseiten der vom Medaillenglanz strahlenden DDR-Vergangenheit aufzuarbeiten, radelten die vereinten deutschen Radstars bei Weltmeisterschaften und Olympischen Spielen auf Straße und Bahn von Erfolg zu Erfolg. Und 1997 gewann Jan Ullrich sogar die Tour de France.

Mit der Wende kam auch die Erfolgswende für den deutschen Radsport, denn ein Großteil der wiedervereinten deutschen Profis in den Neunzigern entstammte den Kaderschmieden der DDR. Sollte diese positive Entwicklung etwa auch in Zusammenhang mit dem Zaubertrankkessel der DDR-Druiden, in den die jugendlichen DDR-Sportler nahezu ausnahmslos gefallen sind, stehen? Oder war tatsächlich das Sichtungs- und Trainingssystem der DDR für diese herausragenden Leistungen verantwortlich? Diese Frage hat man sich im Bund Deutscher Radfahrer (BDR) vielleicht auch gestellt. Doch wer sägt schon gerne an seinem eigenen Stuhl? Mit einem Toursieger und vielen Goldmedaillen durfte man ge-

```
Hallo! Heute war die eerste s.c. session und hat auch super gekl
schisser) das i.m. hat ein Kollege gemacht(Arzt, ehem. schwimmer
gesagt, ich hätte Mangel....)
Also:
Ich habe die Stelle per spray desinfiziert, trocknen gelassen, c
sterilen Kompressen, dann mit langer 2mm(war zu kurz) Nadel aufg
gewechselt, dann reindamit, hat net wehgetan, hihi...Hatte ne ku
Insulinnadel...
Ich dachte 4000ml , also die Hälfte ergibt 2000ml in der Spritze
falsch, habe definitiv nun 1,25 reingedrückt, hoffe das macht ni
Also,1.0 sind 4000ml????Das heißt in der Spritze müssen 0,5ml se
sind 2000Einheiten???)
Fuck, irgendwas stimmt net, auf jeden Fall habe ich die Hälfe de
genommen(etwa, denke eher 3/4)habe die ganzen Blasen rausgeklopf
zum erstenTropfen gedrückt, dann rein..Da waren aber immernoch e
winzige Bläsle...
Soll ich das Gefäß E beim Aufziehen verkehrtrum halten, denn das
doof, x mal hinund her bis des da in der Spritze war....
Stell mich an wie der erste Mensch, sorry, aber das is net ganz
ersten mal....
Hoffe ich nerv Dich net!
Der Gummiverschluß wir ja steril sein, ich habe den roten Deckel
gemacht und verstaut...
Uff, das wars
Gute Nacht
```

Hier beschreibt ein Sportler seine erste subkutane EPO-Applikation.

wissermaßen über Nacht im internationalen Radsport ein gewichtiges Wörtchen mitreden – auch auf Funktionärsebene.

Also hat man sich gefreut, gefreut und immer weiter gefreut. Kritische Fragen gab es nur selten, und wer die Realität im Profiradsport andeutete, wie der westdeutsche Exprofi Jörg Paffrath, wurde kurzerhand als frustrierter und lügender Nestbeschmutzer hingestellt.

Das Rad drehte sich weiter, und die Verbandsoberen des BDR verspielten nach der Wende eine wichtige Chance, im eigenen Hause aufzuräumen. Bis heute ruht dieser Teil der deutsch-deutschen Radsportgeschichte.

Heute ist aber offensichtlich: Auch die DDR-Medaillen wurden nicht nur aufgrund des besseren Trainings gewonnen, und viele Sportler, Trainer und Funktionäre trainierten, manipulierten und vertuschten auch im vereinten Deutschland nach alter Tradition. Tun sie dies auch heute noch? Das wissen nur diejenigen Trainer und Funktionäre, die noch oder wieder in ähnlichen Positionen tätig sind, und natürlich die Sportler.

Rico Schneider – ein Talent von vielen

Mittlerweile sind schon fast 20 Jahre vergangen, doch die sportpolitischen Verbrechen an den Athletinnen und Athleten sind noch lange nicht verjährt. Eine Allianz des Schweigens und ein reaktionärer Ehrenkodex im Radsport haben eine Säuberung von innen heraus verhindert. Aus diesem Grund gibt es auch kaum dokumentierte Aussagen von ehemaligen Radsportlern zum Dopingsystem der DDR, ganz im Gegensatz zu anderen Sportarten.

Erinnerungen an die Jugend

Rico Schneider, dessen Name aus Rücksicht auf Familie und Beruf geändert wurde, hat es satt. Sein Geburtsdatum, personenbezogene Quervermerke und die Daten seiner größten Erfolge tun ebenfalls nichts zur Sache, doch sein Fall ist authentisch. Rico hat die typische Radsportausbildung in der DDR durchlebt und fasst seine Erinnerungen in Worte.

»Es war eine tolle Zeit: Wir haben alle hart trainiert, hatten Spaß und waren erfolgreich. Natürlich war es sehr entbehrungsreich, aber der Zusammenhalt und die Erlebnisse haben mich dafür entschädigt. Die für uns damals unbedeutenden, jetzt aber erschütternden negativen Facetten, wie das Doping ohne unser Wissen, geschweige denn unsere Zustimmung, liegen wie ein dunkler Schatten über meiner Radsportzeit. Natürlich war uns irgendwie klar, dass es sich bei den Tabletten um Medikamente handelt, doch wir dachten an Dinge wie Vitaminpräparate. Wenn ich meine Geschichte erzähle, und das kommt selten vor, können die Zuhörer meist nicht fassen, dass auch im Jugendradsport damals so rücksichtslos manipuliert und experimentiert wurde wie beispielsweise im Schwimmsport.

Ich kann das ganze heuchlerische Gerede im Profiradsport nicht mehr hören. Es ist offensichtlich, dass dort flächendeckend gedopt wird, und niemand schenkt den Fahrern Gehör, die nach ihrer Karriere auspacken. Leider hatte in Deutschland bisher nur ein Fahrer den Mut dazu. Aber solange keine Deutschen betroffen sind, sieht der BDR keinen Handlungsbedarf.«

Nachfolgend sind Ricos Erlebnisse als Zusammenstellung von mehreren in seiner Erinnerung noch sehr lebendigen Szenen dargestellt. Den roten Faden spinnt seine sportliche Karriere. Auf eine lange Geschichte und seine sportlichen Erfolge wurde hier bewusst verzichtet.

Trinkerkarriere

»Herr Schneider, Sie haben ein ernstes Problem mit Ihrer Leber. Sie sollten dringend mit dem Trinken aufhören, denn Ihre Leber ist bereits stark vergrößert.« Die Worte des Arztes klingen dem Endvierziger Rico Schneider noch heute in den Ohren. Er habe eine vergrößerte und verhärtete Leber wie nach einer Trinkerkarriere. Das Einzige, was er dem Arzt anzubieten hatte, war jedoch eine abgebrochene Radsportkarriere. Rico ist heute fast 50 Jahre alt, verheiratet, Vater und fährt nur noch selten Rennrad. Leider, denn die berufliche Belastung ist sehr hoch. Der Bauchansatz zeigt, dass ihm Bewegung gut tun würde.

Leberveränderungen durch Steroide

Werden Anabolika über längere Zeit verabreicht, können irreversible Leberschädigungen entstehen. Die Einnahme von männlichen Geschlechtshormonen soll das Auftreten von Leberzellkarzinomen begünstigen. Doch das ist nicht alles, denn Schädigungen des Herz-Kreislauf-Systems, von Arteriosklerose bis hin zum Herzinfarkt, die Vermännlichung von Frauen oder Mädchen und psychische Veränderungen sind nur einige Nebenwirkungen aus einer erschreckenden Vielzahl von medizinischen Risiken.

Spartakus auf dem Rad

Rico kommt aus einem Mittelgebirge. Was liegt da sportlich näher, als mit dem Skilanglauf zu beginnen? Doch bei Sichtungswettbewerben wird Ricos Talent für den Radport entdeckt. Er gewinnt als Dreizehnjähriger die Jugendspartakiade mit einer auch für Amateure passablen Zeit über 1000 m und wird in eine BSG (Betriebssport-Gemeinschaft) aufgenommen. *»Mit dem Radfahren hatte ich vorher überhaupt nichts zu tun, aber wie alle Jungen in der DDR war ich natürlich von der Friedensfahrt begeistert und versuchte, den großen Stars nachzueifern, so war Motivation zum Training für mich überhaupt kein Thema.«*

Kinder- und Jugendspartakiade

Die Spartakiaden wurden in der DDR seit Mitte der 1960er-Jahre auf Kreis-, Bezirks- und Staatsebene jährlich für Kinder und Jugendliche durchgeführt. Die Spartakiaden dienten der Motivation von Kindern und Jugendlichen zum Sporttreiben und wurden zur Nachwuchssichtung genutzt. Letztlich ging es bei diesen Massenwettkämpfen um das Aussieben der sportlichen Talente. Durch dieses nahezu lückenlose Sichtungssystem konnten die unterschiedlichen sportlichen Begabungen von Kindern detailliert erhoben werden. Ein Großteil der DDR-Medaillengewinner ist durch dieses Sichtungssystem entdeckt worden.

Zu Höherem berufen

»Zum Training musste ich immer 25 km hin und 25 km zurück radeln. Hinzu kamen 50 km oder mehr beim BSG-Training, und so fuhr ich als Dreizehnjähriger fast immer über 100 km. Durch dieses Extratraining wurde ich sehr leistungsfähig, und schon ein halbes Jahr später delegierte man mich nach Leipzig, das heißt, ich durfte an die KJS nach Leipzig wechseln. Viele große Radsportler durchliefen diese Schule, und ich war richtig stolz. Trotzdem fiel mir die Entscheidung, von zu Hause wegzugehen, sehr schwer. Bis dahin hatte ich mit Doping überhaupt nichts zu tun gehabt, denn in der BSG gab es weder geheimnisvolle Pulver noch Tabletten.«

Kinder- und Jugendsportschulen (KJS)

Die KJS waren Spezialschulen für sportlich talentierte Kinder und Jugendliche, in denen Unterricht und Training optimal miteinander kombiniert wurden. Viele der Schüler lebten in Internaten und kamen oft wochenlang nicht nach Hause. Die KJS arbeiteten mit den für die Trainingsinhalte verantwortlichen Sportclubs zusammen. In den 1980er-Jahren gab es 25 Kinder- und Jugendsportschulen mit etwa

Hier wird deutlich, wie locker der Umgang mit Asthmasprays funktioniert.

10 000 Schülern in den meisten olympischen Sommer- und Wintersportarten. In
Leipzig, Berlin (2 x), Cottbus, Erfurt, Frankfurt/Oder, Gera und Karl-Marx-Stadt
(Chemnitz) waren die KJS mit Radsportklassen angesiedelt.

Trainingsalltag

*»Anfangs war das eine sehr harte Zeit. Ich kam nur alle sechs bis acht Wochen
nach Hause, und das Training machte mich richtig kaputt. Wer nicht funktionierte,
flog raus. Doch meine Form entwickelte sich prächtig. In meiner Trainingsgruppe
AK 13 waren wir zehn Radsportler aus zwei Jahrgängen. Insgesamt trainierten an
meiner KJS etwa 150 Radsportler. Unsere Trainer ermahnten uns oft, dass wir mit
niemandem – und das schloss auch unsere Eltern ein – über die medizinischen
Untersuchungen reden dürften. Die Trainer waren richtig harte Knochen und gingen über Leichen. Während die Trainer in der BSG eher harmlos daher kamen,
waren die KJS-Trainer und -Erzieher mehr als linientreu. Zudem herrschte zwischen den Trainingsgruppen und auch den KJS eine richtige Rivalität. Jeder Trainer
wollte natürlich die besten Talente haben und Medaillengewinner hervorbringen.
Wir trainierten einmal oder zweimal am Tag, meist auf dem Rad, dazu noch das
Krafttraining und die allgemeine Athletik. Während des Trainings und danach gab
es nahezu täglich ›Athletovit‹ und ›Dynvital‹ Wir wussten nicht, was das für ein
Zeug war, angeblich ein Vitamin-Mineral-Gemisch zur Regeneration. Oft war es
auch in den Tee eingerührt, was wir am Geschmack erkannten.*

*Später, mit etwa 16 in der 10. Klasse, habe ich dann den sogenannten Leistungs-
auftrag unterschrieben. In ihm waren meine sportlichen Ziele genauestens formuliert.«*

Tabletten in Briefumschlägen

*»Einmal pro Woche durften wir in die physiotherapeutische Abteilung, dort
gab es Massagen, spezielles Rumpftraining und im Winter Höhensonne. Unser
Trainer wartete immer vor der Tür, und wenn wir herauskamen, verteilte er
Vitamintabletten inklusive eines mündlichen Einnahmeplans. Die Tabletten gab*

es entweder für jeden abgepackt in einem Briefumschlag oder in einer kleinen Plastiktüte. Ich war damals gerade 15 Jahre alt und trainierte etwa 13 000 km im Jahre.

Staatsdoping

Etwa 1500 Trainer, Ärzte und Betreuer waren in der ehemaligen DDR für das staatlich verordnete Doping an etwa 10 000 Leistungssportlern (1974–1989) verantwortlich. Unter dem Kürzel »UM« (für »unterstützende Maßnahmen«) wurde ein wissenschaftlich koordiniertes Dopingsystem aufgebaut, das seine Früchte in Form von ungezählten Medaillen trug.

Ein Großteil der verabreichten anabolen Steroide wurde von der Pharmafirma Jenapharm hergestellt. Über 150 ehemalige DDR-Sportler haben gegen Jenapharm und den Deutschen Olympischen Sportbund (DOSB) Klage eingereicht. Der VEB Jenapharm stellte als volkseigener Betrieb unter anderem die in der DDR verwendeten Anabolika her, und der DOSB gilt als Rechtsnachfolger des Nationalen Olympischen Komitees der DDR.

Bereits Anfang 2004 sind 185 DDR-Dopingopfer mit insgesamt 1,7 Millionen Euro entschädigt worden.

Die Mutter ahnt etwas

»Einmal habe ich meiner Mutter bei einem Heimatbesuch die Tabletten gezeigt. Es waren nicht immer die gleichen Tabletten, die wir bekamen. Diese hatte ich von meinem Trainer tags zuvor bekommen, und sie wurden mir ausnahmsweise in der normalen Verpackung übergeben. Alle übrigen Medikamente bekamen wir ohne jeglichen Hinweis auf den Medikamentennamen, geschweige denn den Wirkstoff. Ich sollte die Extratabletten nehmen, da mein Trainingspensum extrem hoch war und ich zusätzlich im Kraftraum mit sehr hohen Gewichten arbeitete. Ich weiß noch, dass meine Mutter sich sehr wunderte, was ich da einnehmen müsse, denn es handelte sich um Tabletten, die auch bei Schlaganfallpatienten verabreicht wurden. Meine Mutter war Krankenschwester.

Doch nicht nur meine Mutter ahnte, dass da etwas nicht mit rechten Dingen zuging. Auch uns Sportlern wurde das eigentlich immer deutlicher. Da wir jedoch keine Ahnung hatten, was wir bekamen, zogen wir die ganze Sache eher ins Lächerliche und flachsten darüber. Die machen irgendwas Geheimnisvolles mit uns ... dachten wir. Merkwürdig erschienen uns auch die internen Kontrollen vor Auslandsstarts. Diese sollten im Vorfeld klären, ob jemand bei einer Wettkampfkontrolle positiv sein könnte. Manche Kameraden fuhren dann überraschend nicht zu internationalen Rennen.«

Medikamentencocktail

Neben anabolen Wirkstoffen wurden Rico auch blutverdünnende Medikamente verabreicht, um mögliche Nebenwirkungen des Dopings mit Anabolika und z. B. auch Diuretika (wie etwa eine erhöhte Thrombosegefahr und somit ein erhöhtes

Risiko für Herzinfarkt, Schlaganfall und Lungenembolie) zu vermeiden bzw. zu minimieren.

Drei Spritzen

»Einmal habe ich drei Spitzen nacheinander bekommen. Es sollten Grippeimpfungen und Globuline gewesen sein. Ich kann mich nur an ein einziges Mal sicher erinnern, vielleicht war es auch öfter. Was das wirklich für Spritzen waren, werde ich nie erfahren. Vielleicht waren sie tatsächlich harmlos.«

Schnelle Beine

»Ein Freund von mir hatte einmal eine Lungenentzündung. Er wurde zu dieser Zeit mit Medikamenten vollgestopft, nahm jedoch nicht alle ein und hortete ein paar seiner verordneten Tabletten. So wagten wir bei einem Rennen ein Experiment: Jeder sollte vor dem Start zwei von diesen sehr kleinen Tabletten einnehmen. Im Rennen hatten wir eine Wahnsinnsform und spürten die Beine nicht mehr. Die jugendliche Neugier wurde jedoch mit einer schlaflosen Nacht und rasendem Herzen bestraft.«

Macht der Gewohnheit

Wer als Jugendlicher wie Rico in der KJS mit einer »Tablettenmentalität« erzogen wurde, überschreitet die Hemmschwelle, selbst Medikamente im Sport auszuprobieren, sehr viel leichter. Die Sportler an den KJS waren es gewohnt, täglich mehrere Tabletten zu sich zu nehmen und verinnerlichten dieses Handeln als eine zum Sport dazugehörende Notwendigkeit. Nur wenige konnten sich dem als Jugendliche entziehen – und wenn, dann meist auf Drängen ihres Elternhauses. Da die sportlichen Erfolge dann aber ausblieben, gab es für diese Sportler in der DDR auch keine Perspektive.

Frühes Karriereende

Rico war gerade 19 Jahre alt, als er mit dem Radsport aufhörte beziehungsweise aufhören musste. Seine Leistungen entsprachen weder seinen eigenen Erwartungen noch den von seinem Trainer feierlich festgelegten Zwischenzielen seiner Radsportkarriere. In den nächsten Jahren trainierte Rico ab. Mit sechs Stunden Radsport, zwei Stunden Laufen und zwei Stunden allgemeiner Athletik in der Woche sollte er seinen auf Hochleistungen eingestellten Körper langsam an ein Leben ohne Sport gewöhnen.

Späte Genugtuung

»Sehr geehrter Herr Schneider,
wir können Ihnen mitteilen, dass Sie nunmehr als Dopingopfer der DDR anerkannt sind. Die Entschädigung wird Ihnen in Kürze zugehen ...«
Noch hat Rico Schneider ein solches Schreiben nicht empfangen, aber er geht davon aus, dass auch er noch als Dopingopfer anerkannt werden wird. *»Es ist*

keine wirkliche Genugtuung für mich, aber ein Eingeständnis, dass wir damals in menschenunwürdiger Weise für politische Interessen missbraucht worden sind. Niemand kann mir meine Gesundheit zurückgeben.«

Personalrecycling

»Ich könnte einige Namen von Trainern und Ärzten nennen, die heute noch in Deutschland und in anderen Ländern im Radsport arbeiten. Alle waren sie an der DDR-Dopingmaschinerie zum Teil in sehr verantwortlicher Position beteiligt. Von denen ist keiner belangt worden, das macht mich wütend. Die ganze Heuchelei im Radsport macht mich wütend, denn ich weiß, was dort abläuft.«

Rico Schneider hat noch lange nicht mit seiner Jugend abgeschlossen, zu oft kommen die Gedanken an Leipzig zurück.

Dr. Achim Schmidt

Dr. Achim Schmidt ist als Sportwissenschaftler am Institut für Natursport und Ökologie, Abteilung Radsport, an der Deutschen Sporthochschule Köln tätig. Seit 1985 ist er im Rad- und Mountainbikesport aktiv und seit 1989 A-Amateur. Er startet vorwiegend auf der Straße und konnte hier eine Reihe von Rennen gewinnen. Zudem begleitet er als Trainer viele Sportler in unterschiedlichen Sportarten und engagiert sich in der Dopingbekämpfung. Einen Namen machte er sich auch durch seine zahlreichen Publikationen zum Ausdauersport.

Schmidt ist Mitbegründer der Antidopinginitiative Clean Race: Hier werden die Sportler selbst aktiv und nehmen sich der offensichtlichen Defizite bei der bisherigen Dopingbekämpfung und -prävention an. Die Initiative ist ein Zusammenschluss von überzeugten Dopinggegnern aus verschiedenen Sportarten. Auf der Homepage »www.cleanrace.de« können sich Sportler durch Unterzeichnung eines Antidopingeids ihren Zielen anschließen.

Der Donati-Report – politisch nicht erwünscht?

Der italienische Sportwissenschaftler und Trainer Alessandro Donati ist der weltweit erfolgreichste Dopingaufklärer. Bereits 1981 traf er auf Professor Francesco Conconi und Blutdopingpraktiken in dessen Umfeld. Donatis Warnungen wurden ignoriert, und er wurde politisch bekämpft. 1989 schrieb er ein Buch, das sich auch mit der Rolle Conconis im Sport befasste. Es wurde nie ausgeliefert, weil der Verlag bestochen worden war. 1992 trat er seine Stelle als Leiter der Wissenschaftskommission im Nationalen Olympischen Komitee Italiens an. Später wurden ihm seine Mitarbeiter entzogen, das Budget drastisch gekürzt, und zeitweise wurde seine Kommunikation mit der Außenwelt durch das Abschalten von Telefonleitungen verhindert.
In den letzten Jahren hat sich Donati intensiv mit dem Doping im Freizeitsport befasst und konnte nachweisen, dass der illegale Handel mit Dopingmitteln in den Händen der Mafia liegt. Nach dem politischen Wechsel in Italien ist Donati heute, als Ergebnis seines langjährigen Engagements, mit der Modifizierung des Anti-Doping-Gesetzes befasst.

Für sein 1994 erstelltes Dossier über Doping im Radsport sprach der italienische Sportwissenschaftler und Trainer Alessandro Donati, Leiter der Wissenschafts-Kommission des Nationalen Olympischen Komitees Italiens (CONI), mit zahlreichen Insidern. In vertraulichen Interviews mit Ärzten, Trainern, ehemaligen Radprofis und einem Journalisten erhielt er umfangreiche Informationen zum Missbrauch von Medikamenten und wie sie in den Radsport gelangen. Speziell mit dem Nierenmedikament Erythropoietin (EPO) würden sich nach Angaben der Insider rund 70 Prozent der Radprofis dopen. In den meisten Fällen würde es von Ärzten verabreicht. In einigen Fällen interessierten sich auch die Sportdirektoren von Teams persönlich für die Behandlung ihrer Fahrer mit EPO.

Donati erfuhr von Fällen, bei denen die Pulsfrequenz der Fahrer trotz Belastung auf Werte von 25 Schlägen pro Minute absackte. EPO verdickt das Blut, was zu lebensbedrohenden Zuständen führen kann. Teilweise gingen

Fahrer zur Selbstmedikation über, um Kosten zu sparen. Im Umfeld der Fahrer wird die Zahl von 22 Radprofis aus Holland und Belgien genannt, die an den Folgen des EPO-Missbrauchs gestorben seien. Aber auch unter Amateuren sei Doping ein Thema.

Donati vergleicht den Missbrauch von EPO mit dem Drogenhandel. Auch EPO sei sehr teuer und nur sehr bedingt über Apotheken zu erhalten. Nach vielen übereinstimmenden Zeugenaussagen sei die Universität von Ferrara ohne jeden Zweifel der Ausgangspunkt dieser Dopingpraxis. Und ebenso ohne Zweifel sei Professor Francesco Conconi das Zentrum dieser Dopingpraxis. Einer seiner Mitarbeiter, Dr. Michele Ferrari, hätte sich besonders geschäftstüchtig gezeigt und sei so zum Anziehungspunkt für viele Fahrer geworden. Auch seien Krankenhäuser in die Dopingthematik verstrickt, ebenso wie Trainer und Funktionäre. Donati empfiehlt, da zur Zeit seiner Untersuchung noch kein Nachweisverfahren für EPO vorhanden ist, die enge Zusammenarbeit von Sportverbänden und Polizeibehörden. Doch Voraussetzung für einen Erfolg sei der Wille, auch wirklich etwas zu ändern. Dafür müsse man eine Untersuchungskommission einsetzen, die über kompetente Mitglieder verfüge. Dazu gehörten auch ein Sportmediziner, der sich im Bereich der Dopingpraktiken auskenne, und ein erfahrener Trainer, der die Sprache seiner Zunft und die der Athleten verstehen und interpretieren könne.

Auf Nachfrage anlässlich der Recherche zu diesem Buch schreibt Donati im Oktober 2006 zu den Folgen seines Dossiers:

Ich habe das Dossier im Januar 1994 verfasst und sandte es an den Präsidenten des Nationalen Olympischen Komitees Italiens (CONI) Mario Pescante und an den Generalsekretär des CONI Raffaele Pagnozzi. Ich forderte sie dazu auf, es weiterzuleiten und die Verbrechen anzuklagen, die in den von mir gesammelten Zeugenaussagen zu erkennen waren. Keiner der beiden hat etwas unternommen.

Das Dossier wurde Ende 1996 in vielen Zeitschriften der ganzen Welt veröffentlicht. Wenige Tage später wurde im Anti-Doping-Labor in Rom eine Athletin, die ich trainiert habe, Anna Maria Di Terlizzi, positiv auf Koffein getestet. Der Direktor ließ die Analyse viermal wiederholen, und versuchte jedes Mal, den Gutachter aus dem Raum zu locken, ohne Erfolg, weshalb er nicht erneut Koffein nachweisen konnte. Beim Abschluss der Analyse kam heraus, dass Di Terlizzi kein Koffein im Urin hatte.

Zwei Jahre später wurde der Skandal über das Anti-Doping-Labor in Rom, das nicht nach Anabolika im Urin der professionellen Fußballspieler suchte, bekannt (bereits am 18. August 1998 habe ich diese schlimme Irregularität dem Staatsanwalt von Turin Raffaele Guariniello angezeigt).

Im August 1998 wurden sowohl Rosati als auch Pescante wegen des Fußballskandals entlassen. Pescante wurde im Jahre 2000 zum Sportminister in der Regierung Berlusconi ernannt und ist bis heute Mitglied im Internationalen Olympischen Komitee, IOC. Pagnozzi ist heute noch Generalsekretär des CONI.

SCAUNIG EMMA		CORSA		24/06/95	9,5	4,58	13,2	39,6	66
ALBARELLO MARCO		SCIFONDO	M	28/06/95	6,3	4,7	14,5	44	91
BONOMI BEN		CANOA	M	28/06/95	6	4,96	14,4	43,1	87
DAL SASSO GUIDINA		SCIFONDO	F	28/06/95	5,9	4,05	12,4	36,4	90
DE ZOLT ROBERTO		SCIFONDO	M	28/06/95	5,8	4,9	16	46	93
DELLA BIANCA		CICLISMO	M	28/06/95	9,9	5,81	16,9	53	91
DI CENTA GIORGIO		SCIFONDO	M	28/06/95	5,7	5,39	15,7	47,1	87
FAUNER SILVIO	SISSIO	SCIFONDO	M	28/06/95	5,6	4,83	15,2	43	92
FONDRIEST MAURIZIO		CICLISMO	M	28/06/95					
GIACOMEL FABIO		SCIFONDO	M	28/06/95	5,3	4,82	14,4	43,5	88
GODIOZ GAUDENZIO		SCIFONDO	M	28/06/95	4,4	5,03	14,8	45	87
MAJ FABIO		SCIFONDO	M	28/06/95		5,72	15,6	47,7	83
PILLER COTTER PIETRO		SCIFONDO	M	28/06/95	5,8	5,44	15,7	47,5	85
POZZI		SCIFONDO	M	28/06/95	6,6	5,43	16,3	47,5	
ROSSATO MIRKO		CICLISMO	M	28/06/95	8,1	4,99	14,4	44	89
VALBUSA FULVIO		SCIFONDO	M	28/06/95	4,5	4,74	14,4	43	88
ZORZI CRISTIAN		SCIFONDO	M	28/06/95	4,8	5,5	15,6	46	83
CERIOLI IVAN		CICLISMO	M	30/06/95	4,4	4,53	13,2	40,6	89
PAVANELLO LUCA		CICLISMO	M	06/07/95	5,8	5,47	16	48,8	89
ZANATTA STEFANO		CICLISMO	M	06/07/95	8,9	5,01	14,7	45,2	90
BERZIN EVGENIJ		CICLISMO	M	10/07/95	7,7	5,75	17,2	53,9	94
BONTEMPI GUIDO		CICLISMO	M	10/07/95		5,84	18,3	57,9	100
BOTTARO		CICLISMO	M	10/07/95	6,9	5,84	17,4	54	93
CENGHIALTA		CICLISMO	M	10/07/95	6	5,55	15,9	49,7	90
COLOMBO		CICLISMO	M	10/07/95	5,4	5,1	15,9	49,2	91
FRATTINI		CICLISMO	M	10/07/95	6,7	6,17	19,6	58,9	96
GOTTI		CICLISMO	M	10/07/95	6,9	5,3	15,8	48,1	91
MINALI		CICLISMO	M	10/07/95	7,4	5,17	16,1	48	93
RIJS		CICLISMO	M	10/07/95	5,7	5,95	18	56,3	95
VOLPI		CICLISMO	M	10/07/95	5,3	5,66	17,1	52,5	93
FONDRIEST MAURIZIO		CICLISMO	M	12/07/95					
BONTEMPI		CICLISMO	M	09/08/95	5,1	6,19	20,12	62	99
BOTTARO		CICLISMO	M	09/08/95	7,7	6,03	18	46	87
FARESIN		CICLISMO	M	09/08/95	7,4	5,74	16,8	52	86
FONDRIEST		CICLISMO	M	09/08/95	5,6	5,65	16,9	52	91
FRATTINI		CICLISMO	M	09/08/95	8,4	6,02	19	55	92
GOTTI		CICLISMO	M	09/08/95	7,7	6	18,2	57	92
MINALI		CICLISMO	M	09/08/95	7,4	5,26	16,8	51	96
VOLPI		CICLISMO	M	09/08/95	5,8	5,87	17,7	54	91
ZANINI		CICLISMO	M	09/08/95	6,1	5,03	15,9	48,5	95

Ausriss aus den Unterlagen des italienischen Mediziners Francesco Conconi. Besonders aufschlussreich sind die Daten des 10. Juli und 9. August 1995 am Ende der Tabelle. Die eingekreisten Zahlen bezeichnen die Hämatokrit-Werte in Prozent. Am 4. Juli 1995 gewann das italienische Gewiss-Ballan-Team überlegen die dritte Etappe der Tour de France, ein Mannschaftszeitfahren. Die erreichte Durchschnittsgeschwindigkeit von 54,93 km/h konnte erst zehn Jahre später vom Team Discovery Channel des US-Amerikaners Lance Armstrong übertroffen werden. Im Jahre 1995 gab es weder ein Nachweisverfahren für das Medikament EPO noch eine Kontrolle der Hämatokritwerte, für die ab 1997 ein Grenzwert von 50 Prozent eingeführt wurde. Fast das gesamte Gewiss-Ballan-Team weist nach dieser Tabelle einen Hämatokrit-Wert von teilweise weit über 50 Prozent auf. Den italienischen Behörden liegen darüber hinaus Aufzeichnungen dieser Fahrer von Hämatokrit-Werten aus Dezember 1994 vor. Die Werte sind fast ausnahmslos um zweistellige Prozentpunkte geringer, teilweise beträgt die Differenz bis über 17 Prozentpunkte. Diese Sprünge sind medizinisch nicht zu begründen und deuten auf einen massiven Missbrauch von EPO hin. Der Team-Arzt war Michéle Ferrari, gegen den neun Jahre ermittelt wurde und der schließlich wegen Verjährung nicht belangt wurde.

Folgende Personen, die in meinem Dossier genannt und beschuldigt wurden, haben die Anschuldigungen zurückgewiesen und mir mit Gerichtsklagen gedroht, was sie dann aber doch nicht getan haben:

- *Prof. Francesco Conconi und seine Assistenten, die vom Gericht von Ferrara freigesprochen wurden, aber nur wegen der Verjährung des Verbrechens (durch Prozessverzögerung war die Verjährungsfrist von fünf Jahren verstrichen).*
- *Dr. Michele Ferrari, der nach 9 Jahren vom Gericht in Bologna freigesprochen wurde, ebenfalls nur wegen Verjährung.*
- *Renato Di Rocco, der jetzt Präsident des italienischen Radsportverbandes ist.*
- *Francesco Moser, der jetzt in den Akten derjenigen Athleten auftaucht, die von Prof. Conconi mit EPO behandelt wurden. Heute ist er der Vertreter der professionellen Radfahrer im Weltradsport-Verband (UCI).*
- *Moreno Argentin, er ist der einzige, der gegen mich geklagt hat. Er hat die Klage aber zurückgezogen.*
- *Claudio Chiappucci, der in den Akten von Conconi auftaucht und gesperrt wurde wegen eines überhöhten Hämatokritwertes.*
- *Maurizio Fondriest, der in den Akten von Conconi auftaucht, wo er wegen einer dubiosen Geschichte beschuldigt wird, die die Weltmeisterschaft in Leeds 1993 betrifft.*
- *Dr. Santuccione, der später wegen Doping disqualifiziert wurde.*
- *Guido Bontempi und Gian Carlo Perini, die später in den Akten von Conconi auftauchten.*
- *Gian Carlo Ferretti, gegen den der Staatsanwalt von Trani ermittelte, weil man bei ihm Anabolika und andere Doping-Substanzen gefunden hatte.*
- *Dr. Luigi Cecchini, der jüngst vom Rennfahrer Manzano belastet wurde.*
- *Mario Cipollini, von dem sogar die anormalen Blutwerte von 55 % Hämatokrit publiziert wurden.*
- *Der belgische Arzt Van Mol, der bereits wegen Doping von Rennpferden verurteilt worden war.*
- *Andrea Valentini, der bereits wegen positiver Anabolika-Werte überführt wurde.*

Nach der Publikation des Dossiers und nach dem Versuch des Anti-Doping-Labors in Rom, die Urinprobe meiner Athletin Anna Maria Di Terlizzi zu manipulieren, wurden meine Arbeitsbedingungen im CONI kontinuierlich schlechter; das Budget meines Forschungs- und Studiensektors wurde von 2 Millionen Euro auf etwa 50 000 Euro gesenkt. Ich hatte vorher 42 Wissenschaftler unter meiner Leitung, von denen nur zwei geblieben sind, die von allen anderen hauptamtlichen Mitarbeitern im CONI geschnitten werden.

Obwohl die Untersuchungen der Fälle Conconi, Ferrari und Santiuccione genau das bestätigt haben, was ich im Dossier 1994 geschrieben hatte, hat sich niemand bei mir entschuldigt, und es haben sich auch meine Arbeitsbedingungen im CONI nicht verbessert.

Im September 2000 forderte der damalige Präsident der UCI, Hein Verbruggen, das CONI auf einer Presskonferenz auf, mir meinen Arbeitsauftrag zu entziehen, weil ich davon abgeraten hatte, Marco Pantani für das olympische Team in

Sydney vorzusehen (er hatte katastrophale Blutwerte, die eher für einen einmonatigen Aufenthalt im Krankenhaus als ein Training für die Olympischen Spiele sprachen).

Zwischen August 1998 und Oktober 2000 haben mich die ehemaligen Vertreter des Anti-Doping-Labors in Rom und die Leiter des CONI elfmal vor Gericht bringen wollen, aber sie haben die Klagen jeweils fallengelassen.

Ich bin sicher, dass die Situation im Radsport jetzt immer noch die Gleiche ist, vor allem, weil sich die Mentalität der Sportdirektoren und des ganzen internen Kreises der Radfahrer nicht geändert hat. Unter den Journalisten gibt es zwei Lager: einerseits diejenigen (wenige), die um Aufklärung bemüht sind; andererseits diejenigen (die Mehrheit), die Komplizen im Doping-Geschäft sind oder sich entschlossen haben, nicht so genau hinzusehen. Die korrupte Einstellung sehr vieler Radsport-Journalisten (und Sportjournalisten allgemein) weckt keine Hoffnung darauf, dass die Medien zu einer Neubelebung der Sportethik beitragen werden.

Zusammenfassend bin ich der Meinung, dass sich die Sportmedien auf niedrigstem Niveau befinden. Sie interessieren sich nur für die berühmtesten Athleten und feiern sie kritiklos. Sie sind Gefangene ihrer professionellen Unfähigkeit.

Alessandro Donati

Übersetzung: Prof. Dr. Albrecht Classen

Wer nicht präpariert ...

Der Kölner Jörg Paffrath war der erste Radprofi, der 1997 die neuzeitliche Dopingsystematik im Radsport offenbarte. Der Umgang mit seinem Doping-Geständnis belegt die Unfähigkeit des organisierten Radsports und seiner Umfeldakteure, auf die Dopingproblematik auch nur annähernd angemessen reagieren zu können oder zu wollen.

Jörg Paffraths Radsportkarriere begann wie bei vielen anderen schon sehr früh. Und der Vater wusste wie viele andere Väter auch: Das wird einmal ein Guter! Im Falle Paffrath sollte das auch stimmen – in vielerlei Hinsicht, wie sich im Laufe seiner Karriere noch herausstellen sollte.

Etliche Vereine aus Köln und dem näheren Umland durchlief Paffrath in jungen Jahren. Neben dem Straßenradsport versuchte er sich auch auf der Bahn und im Cross-Bereich, wozu ihn sein Vater aus konditionellen Überlegungen ermunterte. Die Radrennbahn war Paffrath zu eintönig, im Winter auf vereisten Abfahrten durch den Wald zu heizen kam seiner Mentalität jedoch entgegen. So wurde er Landesmeister im Cross.

Bei einem Straßenrennen der Junioren in Holland wurde der Velo Club Neuwied auf Paffrath aufmerksam. Dort begann er seine Amateurlaufbahn in der C-Klasse, in der alle Radsportler nach dem Juniorenalter anfangen. Bereits im Mai fuhr Paffrath in der A-Klasse, der höchsten Amateurklasse. Zu dieser Zeit war er auch Mitglied des Cross-Kaders und erhielt Sporthilfe. Seine größten Erfolge feierte er 1991 mit dem Sieg beim Grand Prix Faber in Luxemburg und mit dem Gewinn der Internationalen Bayern-Rundfahrt 1992. Diese Leistungen hat Paffrath nach eigenem Bekunden ohne verbotene Mittel erbracht. Zu dieser Zeit hatte er auch einen Vorvertrag mit dem Team Kelme. Doch es sollte alles anders kommen.

So richtig wollte sich der langfristige sportliche Erfolg nicht einstellen. Zwar wurden die Teams, bei denen Paffrath fuhr, immer professioneller, doch genau das sollte ihm zum Verhängnis werden. Paffrath erhielt nun wie ein Angestellter monatliche Zahlungen. Die waren an eindeutige Abmachungen geknüpft, die eingehalten werden mussten. Andernfalls hätte der Arbeitgeber das Honorar einbehalten. Die bekannte Parole »Wer nicht pariert ist draußen« hat Paffrath im Radsport in anderer Erinnerung: »Wer nicht präpariert, ist draußen.« Da war es nur logisch, dass von den monatlichen Gehaltszahlungen an die Fahrer von der Teamleitung gleich ein Teil für Medikamente einbehalten wurde. Die fanden sich dann in einer Selbstbedienungsbox bei den Rennen wieder, wo sich jeder Fahrer streng nach Fahrplan bedienen musste. Darunter auch spätere namhafte Fahrer, die in Fernseh-Interviews zum Thema Doping davon nichts berichtet haben.

Der Fahrplan für die Medikamenteneinnahme wurde von einem Team-Pfleger aufgestellt, der als gelernter Apotheker in seinem Heimatland Berufsverbot hatte. Paffraths Doping-Karriere dauerte vier Jahre. Vier Jahre, in denen er neben der Team-Präparierung auch auf eigene Faust viele andere Sachen ausprobierte. Was Jörg Paffrath macht, macht er richtig. Auch, wenn es falsch ist. Er holte sich Tipps von älteren Berufskollegen, verschlang Fachliteratur und verfuhr ansonsten nach der Devise ›try and error‹. Doch trotz aller Medikamente wollte sich der Erfolg nicht einstellen. Paffrath fuhr gut, besser als manch anderer, der gleichfalls medikamentös nachhalf, doch der Durchbruch ließ sich nicht erzwingen. Mittlerweile hatte er dafür einen ganz anderen Ruf: Einer aus der Riege der betreuenden Ärzte begrüßte ihn mit »Herr Kollege« und schickte ihn schon mal alleine vor, die Infusion anzulegen, er »käme gleich nach«. Und 1996 bei der Deutschen Straßenmeisterschaft in Metzingen wurde Paffrath zur Dopingkontrolle ausgelost. Dabei war er nach drei Runden bereits ausgestiegen. Diesmal wurde er mit folgenden Worten des Kontrolleurs verabschiedet: »Auf Wiedersehen, Herr Doktor Paffrath!«

Es sollte wirklich ein Abschied werden. Der Abschied vom professionellen Radsport. Denn Paffraths Urinprobe war positiv. Er nahm es als Zeichen, endlich mit dem »ganzen Irrsinn« aufzuhören. Er erinnerte sich an seinen Gesellenbrief als Glas- und Gebäudereiniger und an die Zeiten, in denen er neben dem Radsport auch im väterlichen Betrieb gearbeitet hatte. Das sollte ab sofort wieder sein Leben werden, was es auch bis heute ist. Für sein Geld muss Paffrath hart und lange arbeiten.

Ähnliche Gedanken beschäftigten auch seine Frau Anja. Sie war hochschwanger und hatte sich ihrer Frauenärztin anvertraut. Anja wusste schon, bevor sie mit ihrem Jörg zusammen war, was es heißt, Radsportler zu sein. Sie war schon früh mit dem Radsport in Verbindung gekommen und sah mehr als einmal und bei mehr als einem Radsportler, dass Medikamente offenbar zum Radsport gehören wie die Trinkflasche. Nun hatte sie zum ersten Mal nicht nur Angst um ihren Jörg, sondern auch, dass der ungeborenen Tochter vielleicht etwas zustoßen könne. Ihre Ärztin beruhigte sie, denn Schäden seien nur dann wahrscheinlich, wenn die Mütter vorher selbst zu Dopingmitteln gegriffen hätten. 1996 kam Vanessa gesund und putzmunter zur Welt. Familie Paffrath hatte einen neuen Mittelpunkt. Vorbei die Zeiten, als erst der Radsport und dann alles andere kam. Anja erinnert sich, dass sie manchmal »ganz schön baggern musste, weil Jörg nur seinen Radsport im Sinn hatte«.

Doch so ganz sollte der Radsport die junge Familie nicht loslassen. Schuld daran war auch der Autor dieser Zeilen. Damals recherchierte er noch für den *Spiegel* und initiierte die Geschichte über Paffrath, die im Sommer 1997 den Radsport zum ersten Mal in Aufruhr versetzte. Unter dem Titel ›Wie ein Hund also ich bin schon etwas am planen und wollte Dich dazu befragen: Klaro, sobald ich daheim bin komme ich rel easy and Medizin heran... hier drueben fuer die ersten 4 WK muss ich mit etwas kleineren Kanonen schiessen:

Humatrophe, NADH, glycerol, Cervoxan usw..usw...was es halt rel einfach gibt hier..

Ich bin fast sicher, dass mir mein Doc aus GER 1-2 Infusionen mitbringt um nach dem wieder schnell fit zu werden und dann laesst er noch eine da fuer die Vorbereitung auf   aber sonst muss fast alles oral oder internet zugaenglich bestellt werden..

Ich will nur fruehzeitig planen, damit ich rechtzeitig alles bestellen kann und dann je nach loslegen kann.

Gruss

Für die ersten vier Wettkämpfe (WK) muss »mit etwas kleineren Kanonen geschossen werden«.
NADH, auch Co-Enzym 1 genannt, ist verwandt mit Vitamin B_3 und stimuliert die Produktion körpereigener Neurotransmitter wie Dopamin oder Noradrenalin. Es ist teuer, aber nicht verboten. Glycerol ist Alkohol und wird bei langen Wettkämpfen und hohen Temperaturen dem Wasser in der Trinkflasche beigemengt, um die Wasserausscheidung zu verzögern. Es ist nicht verboten.
Cervoxan ist ein Medikament aus der Alzheimer-Therapie und soll die Gehirntätigkeit anregen. Ihm wird aufputschende Wirkung nachgesagt. Humatrope ist das gentechnisch hergestellte menschliche Wachstumshormon, damit eine der größtmöglichen »Kanonen« überhaupt. Die 1-2 Infusionen aus Deutschland können banal sein.

an der Kette‹ berichtete Paffrath im *Spiegel* detailgetreu über seine Doping-karriere. Er hatte einen Schlussstrich gezogen und wollte verhindern, dass noch andere in seine Lage gerieten, die auch anders hätte enden können. Es wurde aber auch deutlich, dass Paffrath kein Einzelfall und Doping im Radsport in Deutschland kein Sonderfall war und ist. Klar wurde im Nachgang auch, wie unprofessionell alle Beteiligten bis auf wenige Ausnahmen mit dieser Anklage umgingen.

Die Radsportszene war sich bis auf einen einzigen einig: So etwas macht man nicht, und damit hat man alle Sympathien für immer verspielt. Freundschaften gingen zu Bruch und zahlreiche Anrufe waren so deutlich, dass man die Äußerungen an dieser Stelle nicht wiedergeben kann. Andere befürchteten, dass sie nun noch schwerer an ihre Dopingprodukte gelangen könnten. Nur einer, so erinnert sich Paffrath, »hat mich in meiner Meinung bestärkt, dass es richtig und wichtig war, diese Geschichte zu erzählen«. Über eine Äußerung von Jan Ullrich, die er den Medien entnahm, hat er sich allerdings besonders geärgert. Im *Bonner General-Anzeiger* hieß es am 30. Juni 1997 als Zitat von Ullrich: »Die

Geschichte war für das ganze Team ein Schock. Ich finde es nicht gut, dass einer, der es zu nichts gebracht hat, den Radsport in Misskredit bringt.« Soweit O-Ton Ullrich zu dieser Zeit. Heute, nach vielen weiteren Geständnissen und zahllosen Skandalen im Radsport, ist bei Familie Paffrath Ruhe eingekehrt. Mit manchen der früher Erbosten fährt er ab und zu sogar wieder trainieren. Etliche haben sich in der Zwischenzeit, schon nach der Skandal-Tour-de-France 1998, bei ihm entschuldigt.

Der Bund Deutscher Radfahrer (BDR) als Fachverband hatte nichts Wichtigeres zu tun, als Paffrath durch sein Bundessportgericht unter dem Aktenzeichen S 8/96 mit Beschluss vom 6. Februar 1998 lebenslang zu sperren. Die Kosten wurden vollständig Paffrath angelastet. So hieß es in der Begründung unter anderem, dass es strafverschärfend zu berücksichtigen sei, dass Paffrath nicht nur dem Ansehen des BDR schweren Schaden zugefügt habe. Er habe auch beim radsportlichen Nachwuchs den Eindruck hinterlassen, dass nur mithilfe leistungssteigernder Medikamente ein Wettkampferfolg erzielt werden könne.

An dieser lebenslangen Sperre konnte auch der Neusser Rechtsanwalt Mario Meyen zunächst nichts ändern. Zum einen hätte seiner Meinung nach ein sogenannter Strafverbrauch vorgelegen, da Paffrath für ein Dopingvergehen bereits bestraft worden war. Und das Geständnis im *Spiegel* habe sich ausschließlich auf Dopingvergehen in der Vergangenheit bezogen. Zum anderen müsse der zuständige BDR erhebliches Interesse an den Informationen von Paffrath haben, die auf einen möglichen Arzneimittelmissbrauch im Radsport hinwiesen. Es sollte die vornehmste Aufgabe des Verbandes sein, nicht diejenigen, die unter Gefährdung der eigenen Person auf mögliche Straftatbestände hinweisen, zu bestrafen, sondern derjenigen habhaft zu werden, die diesen Missbrauch betreiben oder dazu anleiten.

Doch der BDR blieb hart. Erst nachdem die Zusammensetzung des Präsidiums gewechselt hatte und gleichzeitig die Geschichte des Dopings im Radsport in ungeahnter Form fortgeführt wurde, kam wieder Bewegung in den Fall Paffrath. Im Jahre 2001 hieß es, er könne ein Gnadengesuch stellen. Dies tat er, doch in dem nachfolgenden Telefongespräch mit dem BDR war er wohl zu offenherzig. Angesprochen auf das inzwischen doch engmaschige Kontrollnetz, durch das keiner mehr durchschlüpfen könne, entgegnete er, dass man dies »wohl zu blauäugig« sehe. Das war offenbar das Letzte, was man hören wollte, und damit war die Begnadigung fürs Erste vom Tisch.

Einen weiteren Versuch unternahm Paffrath im Frühjahr 2003, kurz nachdem das Radsportmagazin TOUR noch einmal in aller Ausführlichkeit über Paffrath berichtet hatte. Die Resonanz auf diesen Beitrag war erheblich, und es gab ausschließlich Leserbriefe, die Paffrath unterstützten. Viele Leser bezweifelten überdies, dass der BDR so, wie er bislang gegenüber Paffrath agiert hatte, das Doping-Problem in den Griff bekommen könne.

Mittlerweile war Paffraths damaliger Rechtsanwalt der Meinung, dass man den Fall unter Berücksichtung eines »Eingriffs in die Berufsfreiheit nach Artikel 12 des Grundgesetzes« neu aufrollen sollte. Mit ›Sports Union‹, der Vertretung für Berufssportler in der Dienstleistungsgewerkschaft ›ver.di‹, hatte sich überraschend ein Unterstützer gemeldet. Wenn Paffrath sich entschlossen hätte, Mitglied zu werden, hätte man gegen dieses offenbar einmalige Berufsverbot gegenüber einem Sportler einen Musterprozess geführt. Doch soweit musste es nicht kommen. Der BDR hatte wohl ein Einsehen und begnadigte Jörg Paffrath. Er gäbe ihm die Chance zur Rückkehr in den Radsport, und man sei sicher, dass er in Zukunft nicht nur sauber bleibe, sondern in diesem Sinne auch andere davon abhalte, auf einen derartigen Irrweg zu gelangen. Ein fader Beigeschmack bliebe jedoch, befand *TOUR*-Redakteur Thomas Musch in seinem Kommentar. Paffrath sei keine Gerechtigkeit, sondern Gnade widerfahren. Er sei seinerzeit lebenslang gesperrt worden, weil er die Wahrheit gesagt habe. Heute sei er begnadigt worden, weil er ein paar Grad von dieser Wahrheit abgerückt sei. Es täte ihm leid, ließe der BDR ihn sagen, dass durch seine Aussagen damals der Eindruck entstanden sei, Doping sei im Radsport gang und gäbe und werde toleriert. Der Kommentar aus dem Juni 2003 bezweifelt, dass sich daran etwas geändert habe.

An den Reaktionen der Medien lässt sich viel ablesen. Der *Spiegel* hatte die Brisanz der Geschichte sofort erkannt und musste nicht lange überredet werden. Zudem war sie äußerst preisgünstig. Paffrath hat kein Honorar bekommen, und dem Vermittler wurden gerade einmal seine Kosten erstattet. ›Spiegel TV‹ begann im Juni 1997 mit der Aufarbeitung des Falls Paffrath für das Fernsehen. Aufwendige mehrtägige Dreharbeiten fanden in Hessen statt, wo Paffrath zu einer Podiumsdiskussion in ein namhaftes Internat eingeladen worden war. Vorher hatte man bereits ein Interview mit dem italienischen Dopingaufklärer Alessandro Donati gedreht. Von Hessen aus fuhr das Team für weitere Aufnahmen zur Tour de France. Sehen konnte man diesen Beitrag indes nie. Ob es daran lag, dass zeitgleich Jan Ullrich bei der Tour de France in Gelb fuhr, konnte vom Redakteur, der freiberuflich arbeitete, nicht beantwortet werden. Der war, so hieß es, ins Ausland abgewandert.

Die allerersten medialen Resonanzen auf die Vorabmeldung des *Spiegel* waren in aller Regel neutral. Noch fehlte offenbar der Widerhall von amtlicher Seite und von Lobbyisten. Die deutsche Presseagentur (dpa) und der Sport-Informationsdienst (sid) meldeten fast wortgleich. Die ›sid‹-Meldung vom 14. Juni 1997 fiel durch die bemerkenswerte eigene Überschrift »Dopingvorwürfe bekräftig« auf. Einen Tag später änderte sich dann der Tenor bei ›dpa‹ erheblich. Jetzt tauchten tendenziöse Formulierungen auf wie »der angebliche Profi«, »unterklassiger Berufsfahrer« oder »die Karriere des Kölners, die von keinen nennenswerten Erfolgen gekrönt war«. Die verbalen Reaktionen der von ›dpa‹ zitierten Radsport-Experten entbehren nicht einer gewissen Situationskomik: »absoluter Schwachsinn« (Tilmann Falt, Pressesprecher Team Deutsche Telekom), »ein Witz« (Bernd Gröne, Sportlicher Leiter beim Radsport-Team Olympia Dortmund). Gröne weiter: »… sein (Paffraths, Anmerkung des Autors)

Ich habe mir den Stoff geholt. 180$ fuer 21 iu.

Das Proukt heisst Somaject 7mg, ist von Eurotech [somatropin (rDNA) for injection]

Eurotech Pharmaceuticals, Inc. Frankfurt GER

Ech vial contains 7mg somatropin (also gleich, deshalb habe ich es genommen), 25 mg glycine and 25mg mannitol...

Bin sicher, das es ok ist, da gleicher Wirkstoff, ist noch net erhaeltlich glaube ich. Billiger als Humatrope.Kannst ja nochmal auf den Plan gucken, dn ich sol ja am DO vor   aufhoeren, aette dann aber noch 7 iu uebrig, und ich habe ja noch   danach.. soll ich dan weitermachen??

Bei dem Stoff für 180 Dollar für »21iu« handelt es sich um Wachstumshormon.

Leistungsniveau reichte nicht im Mindesten für die erste Abteilung, sodass Leistungsmanipulationen in seinem Fall erst recht wenig logisch erscheinen«. Für wen sie logisch erscheinen, hat Gröne im Verlauf des Interviews nicht verraten. Von offizieller Trainerseite des BDR hieß es: »Wir werden permanent kontrolliert – das System ist so dicht, da gibt es kein Durchkommen.« Die Tatsache, dass etliche der von Paffrath genannten Medikamente nicht nachweisbar (übrigens zum Teil bis heute) sind, wurde den Rezipienten vorenthalten. Etliche dieser Zitate der vermeintlichen Experten tauchten im Nachgang in Tageszeitungen auf. Doch auch hier fehlten Hinweise, die auf Lücken im System deuten. Besonders hart traf es Paffrath in den Kölner Medien. Hier wurde versucht, ihn als »Bekloppten«, »absoluten Einzelfall«, »Dealer« oder aggressiven, verschlossenen, unberechenbaren und geltungssüchtigen Choleriker abzustempeln. Es wurde deutlich, wie groß die Abhängigkeit lokaler Medien vom lokalen Sport ist. Mit Paffrath wollte man kein Interview mehr führen, das hatte bereits der *Spiegel* getan, aber mit allen anderen wollte man in Zukunft auch noch gut zusammenarbeiten.

1995 schrieben die Sportsoziologen Karl-Heinrich Bette und Uwe Schimank in ihrem Buch ›Doping im Hochleistungssport‹: »Eine im Spitzensport häufig anzutreffende Neutralisierungstechnik … besteht darin, diejenigen anzugreifen und lächerlich zu machen, die Doping öffentlich entlarven. … Sie werden als Moralisten, Querulanten oder Nestbeschmutzer gebrandmarkt oder als Personen bezeichnet, die nachkarten oder ihre eigenen sportlichen Misserfolge auf Kosten der Erfolgreichen zu verbrämen beabsichtigen. Oder die Dopingenthüller werden als inkompetent abgestempelt, da sie nicht wüssten, wovon sie redeten.«

Genau dies wurde über die Medien verbreitet. Die Medien als Erfüllungsgehilfen des Systems Leistungssport. Natürlich gab und gibt es Ausnahmen. Doch leider sind die viel zu selten. Auch dafür hat Karl-Heinrich Bette ganz aktuell eine Begründung: »Die Medien haben bisweilen auch deshalb kein größeres

Aufdeckungsinteresse, weil sie sich in den letzten Jahren den Sportverbänden aus Eigeninteresse an den Hals geworfen haben und von diesen abhängig geworden sind. Wer berichtet schon gerne kritisch über ein Ereignis, das er selbst mitorganisiert oder gar mitfinanziert hat. In solchen Fällen kommt es dann zu einer freiwilligen Selbstzensur, um den schönen Schein zu wahren, an dem man selbst beteiligt ist und von dem man selbst profitiert. Wenn die Medien über Doping berichten, tun sie dies personen- und skandalorientiert. Man kann in diesem Zusammenhang von einem Pilatus-Syndrom sprechen: Die Medien waschen sich die Hände in Unschuld und verweisen auf die Schuld der anderen, obwohl sie selbst ein wichtiger und unverzichtbarer Teil der Verbreitungs- und Verwertungskette des Spitzensports sind. Denn eins ist klar: Ohne die Massenmedien gäbe es kein Interesse von Seiten wirtschaftlicher oder politischer Sponsoren am Spitzensport, und ohne die Massenmedien gäbe es kein weltweites Publikum. Die Massenmedien haben sich bis heute noch nicht als Mitverursacher des Dopingproblems entdeckt. Ihre eigene Verstrickung ist der große blinde Fleck, den sie vor sich selbst verheimlichen. Sie berichten nicht über den Kontext, in dem Doping entsteht, weil sie als übertragende und informationsverbreitende Medien selbst Teil des Kontextes sind.«

Und was sagt Jörg Paffrath heute? Das Ausmaß des Fuentes-Skandals kam selbst für ihn überraschend. Er habe sich nicht vorstellen können, dass »Radsportler sich zu einer derartigen Massenabfertigung hinreißen lassen«. Allein die Logistik, die dieser Fall offenbart, sei für ihn nicht vorstellbar gewesen. In der Szene sei man einheitlich der Meinung, dass dies der »Super-GAU für den Radsport sei«. Aber die Ansprüche an die Fahrer seien eben immer größer geworden. Nach zwei Wochen Tour de France wären »etliche zu Intensivpatienten geworden«. Und die Fahrer täten sich das eben nicht freiwillig an. Sie würden heute wie früher dazu gezwungen. Indirekt, weil es ohne Leistung keinen neuen Vertrag gebe. Oder auch direkt, weil es eben Anweisungen der Teams gäbe, die auch die Einnahme von Medikamenten beträfe. »Wer nicht präpariert ist draußen«. Insofern habe sich zu früher nichts geändert.

In der Presse kämen die Radprofis viel zu oft als Allein-Täter vor. Es fehle der Blick auf die Hintermänner, der Blick auf das System. Das System benutze die Rennfahrer, und wenn sie, aus welchen Gründen auch immer, nicht mehr richtig funktionierten, dann würden sie fallen gelassen. Es gäbe zudem viele, die viel durch Doping verdienten. Und genau auf dieses Umfeld müsse man sich konzentrieren, wie es die Behörden in Spanien vorgemacht hätten. Dann träten die Verbindungen zu Tage, die ein Radprofi allein gar nicht haben kann. Denn für die Beschaffung der Dopingpräparate seien heute in aller Regel nicht mehr die Fahrer verantwortlich. Paffrath vermutet, dass es ganz kurze Wege zu Apotheken-Großhändlern oder sogar pharmazeutischen Unternehmen geben müsse.

Seiner Meinung nach werde der Doping-Prävention zu wenig Beachtung beigemessen. Sein Wissen habe man bislang nur ein einziges Mal auf einer Veranstaltung eines Internats hören wollen.

Hier ist zurzeit Besserung in Sicht. Nach dem Doping-Super-GAU im Jahre 2006 haben sich nun die Medien auch an die Doping-Prävention gewagt. So berichteten sie auch über ein Projekt, das in Schleswig-Holstein seit sechs Jahren läuft. Federführend ist das Radsport-Team Lübeck, das sich nun auch anders verkaufen kann. Eine Einladung zum Trainerlehrgang im Dezember nach Malente liegt Paffrath vor. Er wird sie annehmen. Die Lübecker übernehmen alle Kosten, und anstelle eines Honorars erhält er eine aufwendige Leistungsdiagnostik mit allem Pipapo. Das fand er »originell«.

Paffrath appelliert auch an die Sponsoren, die den Fahrern eine Berufsausbildung und damit eine Alternative bieten müssten. Profiteams sollten parallel ein Amateurteam betreiben, in dem junge Talente fahren und gleichzeitig eine schulische oder berufliche Ausbildung zu Ende bringen könnten.

Er macht sich nach wie vor seine Gedanken um den Radsport. »Und die Sorgen sind nicht kleiner geworden«, stellt er fest. Einen besonderen Platz nimmt jetzt Jan Ullrich darin ein, der nach Paffraths Meinung »dringend aufpassen muss, nicht in eine tiefe persönliche Krise zu geraten«.

Profiradsport und die Zwangsläufigkeit des Dopings

Doping ist im Profiradsport offenbar noch verbreiteter als in den meisten anderen Sportarten. Nicht nur die Skandale der jüngeren Zeit berechtigen zu dieser Annahme. Vielmehr führt eine lange Liste an Enthüllungen, Bekenntnissen, Skandalen und insbesondere auch von Todesfällen zu einem öffentlichen Bild vom Radsport als einem Sumpf von Doping, von Medikamentenmissbrauch, von Lug und Trug. Die Heroisierung von radsportlichen Leistungen auf der anderen Seite bildet zu diesem negativen Image einen seltsamen Gegensatz. Der Radsportler, der – zwar mit einer gewissen technischen Unterstützung, im Grunde aber vor allem kraft seines Körpers und seines unbeugsamen Willens – die höchsten Berge erklimmt und die weitesten Rundfahrten durchsteht, ist ebenso Teil der öffentlichen Wahrnehmung.

Werden die Protagonisten selbst zum Doping befragt, so äußern sie sich in erstaunlicher Konsequenz und mit hoher scheinbarer Glaubwürdigkeit gegen den Missbrauch von leistungssteigernden Medikamenten in ihrem Sport. Ein Jan Ullrich hat sich im Sommer 2006 für viele zunächst absolut glaubhaft den auf ihn zukommenden Vorwürfen entgegengestellt, und unter den eingefleischten Radsportanhängern ebenso wie unter den nur mäßig Sportinteressierten mögen viele ihm geglaubt haben.

Sportler und die, die sie umgeben, tragen mit ihrem öffentlichen Auftreten gegen Doping maßgeblich dazu bei, dass das Publikum entgegen aller historischen Vorerfahrungen, aller Plausibilität und – angesichts zahlloser Enthüllungen des zurückliegenden Jahrzehnts – auch jeglicher Evidenz doch immer wieder aufs Neue an die Unschuld der Sportler, ja: an die Unschuld dieses Sports insgesamt zu glauben bereit ist.

Wie Fahrer, aber auch ihr Umfeld – die Trainer, die Ärzte, die Masseure, die Funktionäre, die Fachjournalisten oder die Sponsoren – einerseits ein kriminelles Netzwerk zu bilden und andererseits ein Bild vom Radsport als sauberem, ehrenwertem Höchstleistungssport zu entwerfen in der Lage sind, ist Gegenstand dieses Aufsatzes. Erörtert werden soll dabei, wie Sportler und ihre Umfeldakteure es schaffen, die Diskrepanz zwischen ihrem systematischen Doping einerseits und ihrem Eintreten gegen Doping andererseits zu überwinden, und zwar ohne sich dabei selbst als ausgesprochene Lügner zu empfinden.

Wer Doping wirksam bekämpfen will, muss sich zwingend auch mit dem Denken der Abweichler beschäftigen. Dabei geht es nicht darum, ihnen Entschuldigungen zuzubilligen oder Verständnis für ihre betrügerischen Handlungen zu entwickeln, sondern aus ihren Ausflüchten und Entschuldigungen Rückschlüsse zu ziehen für Präventionsmaßnahmen. Sofern es für den Radsport dafür nicht schon längst zu spät ist.

Profiradsport als überragende Subkultur

Profiradrennfahrer haben im Sport zweifellos eine Ausnahmestellung inne. Belastungen wie die Tour de France, die über mehrere Wochen andauern und die den Athleten das Äußerste an physischer und psychischer Energie abverlangen, gibt es sonst nicht, weder in der Welt des Sports noch im alltäglichen Leben. Dass der Radsport seine Geschichten gleichsam als Eroberung neuen Terrains und damit verbundenem Leid vor imposanten, überwältigenden Landschaften inszeniert, trägt zum Mythos dieser Sportart bei. Nicht nur für den Beobachter, auch für die Radsportler selbst.

Ausnahmesportler, deren Geschäft die Ausnahmesituation ist, denken anders als »Ottonormalverbraucher«. Sie leben in einer Welt, die Anforderungen an sie stellt, die Außenstehende kaum nachvollziehen können. Und außergewöhnliche Anforderungen muss mit außergewöhnlichen – auch »unterstützenden« – Maßnahmen begegnet werden, so jedenfalls denken offenbar viele in der Subkultur des Profiradsports.

Der Profiradsport stellt eine Subkultur mit besonderem Beanspruchungsprofil und einem anscheinend ebenso besonderen Verständnis von Regelverbindlichkeit dar. Dabei würden sich die meisten Mitglieder dieser Gruppe wahrscheinlich durchaus selbst als Gegner des Dopings bezeichnen. Sie behaupten dies nicht nur gegenüber der Öffentlichkeit, sie denken dies häufig wohl wirklich. Nur: Was genau unter Doping zu verstehen ist, darüber gehen die Meinungen auseinander. Oder, um es in den Worten des einstigen Trägers des Gelben Trikots bei der Tour de France, Rudi Altig, zu sagen: »Bin ich besoffen, weil ich eine Flasche Bier trinke? Gedopt ist für mich jemand, der vom Rad steigt und keinen klaren Satz sprechen kann, weil er vollgepumpt mit Tabletten ist.« (*Bild-Zeitung*, 15.3.1997).

So plump diese Aussage eines ehemals Gedopten daherkommt, der in der ARD auch schon ungescholten die Dopingfreigabe fordern durfte: Rudi Altig lässt hier keineswegs eine Außenseiterposition erkennen. Vielmehr scheint diese Haltung exakt dem Empfinden weiter Teile des Profiradsports zu entsprechen. Eine medikamentöse Unterstützung in »vernünftigen« Dosierungen, noch dazu ärztlich kontrolliert, sei kein Doping, dies glauben viele, vielleicht die meisten.

Die Einführung von Grenzwerten wird von Fahrern daher automatisch als Legitimierung, als »begrenzte« Freigabe eines Dopingmittels empfunden. »Solange mein Hämatokritwert unter 50 liegt, betrüge ich nicht«, so sah es der Franzose Richard Virenque (Baal 1999, 51 f.). Und die Einnahme von Dopingmitteln ist nach Ansicht vieler Fahrer dann erlaubt, wenn eine Sondergenehmigung vorliegt, gleichgültig ob diese berechtigt ausgestellt wurde oder einem Gefälligkeitsattest zu verdanken ist. So ist die Ausnahmegenehmigung zum Normalfall geworden, die Krankheit oder was als solche definiert wurde geradezu zum leistungsbestimmenden Faktor.

Mehr noch: Alles, was nicht zu einer Überführung und Sperre führt, wird ebenfalls nicht als verboten empfunden:»Solange jemand nicht positiv getestet wurde, hat er nicht gedopt« (Richard Virenque nach *Süddeutsche Zeitung*, 25.10.2000). Außerdem hat im Radsport eine alte Dopingdefinition, nach der unter Doping die aktuelle Aufputschung und nicht die in Trainingsphasen angebahnte länger andauernde Leistungsverbesserung z. B. durch anabole Steroide verstanden wurde, anscheinend länger überlebt als in irgendeinem anderen Sport.[*] Im westdeutschen Sport wurde diese Definition bis in die Mitte der 1970er-Jahre hinein systematisch aufrecht erhalten, um den Anabolikaeinsatz im Spitzensport so lange wie irgend möglich zu legitimieren.[**]

Der Radsport, so scheint es, hat eine Reihe subjektiver Wahrheiten herausgebildet, die Doping ebenso ermöglichen wie ein glaubwürdig wirkendes Auftreten vieler Akteure gegen das, was sie unter wirklichem Doping verstehen – nämlich »eigenmächtige«, »ungezügelte«, »unkontrollierte« Manipulation. Es sind aber eben nicht nur die Fahrer selbst, die dieses Bild von ihrem Sport zeichnen. Es sind ebenso gut die Trainer und Betreuer, und es sind anscheinend ganz besonders die ärztlichen Helfer, die an der Legende des erlaubten, wenn nicht sogar gebotenen Einsatzes von Dopingmitteln mitstricken.

Es sind vor allem die medizinischen Helfer des Dopings im Radsport, die – um den Einsatz von Dopingmitteln ethisch zu rechtfertigen – die These von der »Gesunderhaltung« des Athleten als Motivation der Verabreichung von bestimmten Dopingmitteln entworfen haben. Sie verfügt über eine lange Tradition, gerade auch im Westen Deutschlands, wo in den 1960er-Jahren als Antwort verschiedener schockierender Zusammenbrüche mit Todesfolge aufgrund von Amphetaminmissbrauch vielen Spitzensportärzten die muskelbildenden und regenerationsfördernden Anabolika als willkommene, »ungefährlichere« Alternative zum Missbrauch mit Aufputschmitteln erschienen. Der langjäh-

---

[*]   Vgl. *Neue Zürcher Zeitung* vom 6.1.2000 über den ehemaligen Rennstallleiter des PDM-Teams, Jan Gisbers: »Spitzensportler suchten nach extrem anstrengenden Leistungen eben nach Mitteln, die dem Körper regenerieren helfen ... Darum habe er persönlich Anabolika auch nie als verbotene Substanzen betrachtet. Er würde einen Fahrer nie entlassen, der der Einnahme eines derartigen Mittels überführt würde. Dies gelte allerdings nicht für Amphetamine, denn daran gingen die Sportler kaputt.«

[**] Zum Versuch der Verbandsärzte und der Führungsspitze des Deutschen Sportärztebundes, Anabolika im Herbst 1976 zu legalisieren, siehe auch Singler in *Neue Zürcher Zeitung*, 12.10.2006 (»Die ,praktische Toleranz im Spitzensport«) und im Deutschlandfunk, 12.11.2006 (»Die praktische Toleranz – Wie bundesdeutsche Sportärzte vor 30 Jahren eine Freigabe von Anabolika beschlossen«).

rige Olympiaarzt Joseph Keul sah 1977 vor dem Sportausschuss des Deutschen Bundestages sogar einen Substitutionsbedarf für Testosteron, sein Kollege Heinz Liesen ließ diese Haltung noch 1987 an gleicher Stelle durchblicken (vgl. hierzu ausführlich Singler/Treutlein 2006).

Was der Gesunderhaltung dient, könne – so glauben nicht wenige Extremmediziner – kaum Doping genannt werden. Der Therapiegedanke macht aus Doping eine ärztliche Behandlung, eine Maßnahme angeblich zum Schutz des Patienten.* Der Überforderung im Wettkampfsport und dem Training hierfür müsse durch eine Förderung der Konstitution des Athleten begegnet werden, heißt es. Durch Anabolika oder seit den 1990er-Jahren verstärkt durch Blutdopingmittel solle die Regeneration begünstigt werden – wiederum zum Zwecke der Gesunderhaltung. Die »unmenschliche« Beanspruchung im modernen Wettkampfsport müsse durch solche Maßnahmen abgefedert werden, heißt es.

Selbst die Hauptverantwortlichen des DDR-Dopings billigten sich ungeachtet der Vielzahl an Opfern eine gute Absicht beim Doping zu. So behauptete Manfred Höppner, dass »die kontrollierte Einnahme leistungssteigernder Mittel gesundheitliche Schäden eher abwendet als hervorruft« (nach Sportinformationsdienst vom 5.5.2000). Dass all dies einfach nur dazu dient, Trainingsumfänge immer weiter zu erhöhen und dass gerade hierdurch die »unmenschliche« Belastung überhaupt ermöglicht wird, dieser Umstand wird ausgeblendet.

Beim »Doping für die Gesundheit« oder wenigstens zur »Minimierung von Schäden« handelt es sich keineswegs um eine gestrige Ansicht. Sie ist aktuell und wirkt offenbar auch tief hinein in das deutsche Sportgeschehen der Gegenwart – und sicherlich ebenso der Zukunft. So erklärte der damalige ärztliche Betreuer des Teams Gerolsteiner, Ernst Jakob, bei einer Dopingtagung in Recklinghausen 2005, man müsse bei extremen Belastungen, wie die Tour de France sie darstelle, als Arzt auch Maßnahmen treffen dürfen, ohne dass sofort »Doping geschrieen« werde (vgl. Singler in Deutschlandfunk, 24.2.2006). Die Aussage kann kaum anders interpretiert werden, als eine neuerliche Fassung der schon so oft propagierten begrenzten Dopingfreigabe unter sogenannter ärztlicher Aufsicht. Sonst müsste schließlich nicht »Doping geschrieen« werden, wenn Ernst Jakob zur Behandlung besonders belasteter Sportler schreiten möchte! Und wer sein Bekenntnis hörte, dürfte sich über seine dubiose Rolle im Fall Sachenbacher bei den Olympischen Spielen in Turin 2006 nicht mehr gewundert haben.

Es gibt jedoch auch eine Kategorie von Ärzten, die ohne die trügerischen Scheinargumente vom therapeutischen Einsatz von Mitteln, die auf der Dopingliste stehen, derlei Mittel im Hochleistungssport einsetzen. Diese Ärzte haben für sich den Status von Gesundheitsmedizinern verlassen. Sie bewegen

---

* Zitat des mehrfach positiv getesteten belgischen Radprofis Eddy Merckx: »Neuerdings wird kein Unterschied mehr zwischen Behandlung und Doping gemacht. Für Profis ist dies nicht akzeptabel.« (de Mondenard 1987, 201)

sich im Bereich der Arbeits- und Leistungsmedizin. Ihre Aufgabe sehen sie in der Herstellung von Arbeits- und Leistungsfähigkeit – mit allen Mitteln.

Wie Doping gelernt wird

Der Radsport als älteste kontinuierlich praktizierte Populärsportart der Neuzeit verfügt über eine lange, kontinuierliche Manipulationstradition. Hier konnten sich Einstellungen festsetzen und immer weiter tradiert werden, die die Einnahme von Dopingmitteln – wie oben aufgezeigt – verteidigen. Mittels solcher »Techniken der Neutralisierung«[*] wird die Diskrepanz zwischen innerer Wahrheit und einem Ja zum Doping einerseits und äußerer Wahrheit mit einem Nein zum Doping andererseits überbrückt. Unrecht wird hierbei verneint, eine abweichende Absicht bestritten, und es wird darauf hingewiesen, dass die Hauptziele eines Sports – außergewöhnliche Leistungen nämlich – ohne »unterstützende Maßnahmen« schließlich nicht zu erreichen seien. Zum Repertoire der Verteidigung gegen Angriffe von außen gehört vor allem der Angriff auf die Angreifer selbst. Man denke hierbei nur an das Verhalten der führenden Fahrer des damaligen Teams Telekom bei der Tour de France 1998, als Bjarne Riis und Jan Ullrich sich gemeinsam mit dem restlichen Fahrerfeld zu einer Demonstration auf der Straße sitzend zusammenfanden[**]. Der Protest richtete sich selbstverständlich nicht gegen das Doping, sondern gegen die Ermittlungen der französischen Polizei.

Rationalisierungen bzw. der Einsatz von »Techniken der Neutralisierung« dienen nicht nur der Entschuldigung für zurückliegende Abweichungen – sie bereiten das Doping der Zukunft ebenso mit vor. So entstand im Profiradsport, in dem Doping früh heimisch wurde, ein Milieu mit sich selbst permanent verstärkender Tendenz zur Abweichung. Aus gedopten Fahrern wurden dopende Trainer, Funktionäre oder Ärzte, die die unverkrampfte Haltung zur medikamentösen Aufrüstung von einer Generation zur nächsten weiterreichten wie einen Staffelstab. Gegner dieser Manipulationen wurden aussortiert oder sie verabschiedeten sich selbst aus einer Szene, in der Doping somit immer wahrscheinlicher und Dopinggegnerschaft immer unwahrscheinlicher wurde.

Für die Dopingbekämpfung wichtig sind Kenntnisse darüber, wie Doping als Verhalten entsteht. Hierfür sind Ableitungen aus der Soziologie abweichenden Verhaltens hilfreich. Nach Sutherland (1968, 395 ff.) wird Devianz »in Interaktion mit anderen Personen in einem Kommunikationsprozess gelernt«. Das Erlernen von Techniken zur Ausführung werde dabei ebenso vermittelt wie Motive oder Rationalisierungen, wie sie in bezug auf das Doping oben beschrieben worden sind. Nach Glaser (1956, zit. nach Lamnek 1990, 210) verhält sich eine Person in dem Ausmaß abweichend, »wie sie sich mit ... Personen identifiziert, aus deren Sichtweise kriminelles Verhalten annehmbar erscheint«. Burgess und Akers zu-

---

[*]   Siehe hierzu Sykes/Matza 1968.

[**] Zur Tour de France und zum sog. »Festina-Skandal« vgl. Ausführlich Singler/Treutlein 2001, 123 ff.

folge wird abweichendes Verhalten »hauptsächlich in solchen Gruppen gelernt, die die Hauptquellen der Verstärkung für das Individuum abgeben« (zit. nach Lamnek 1990, 199).

Wie andere abweichende, kriminelle oder nichtkriminelle Verhaltensweisen sich entwickeln, so wird auch Doping in kleinen, eng zusammengehörigen Gruppen buchstäblich gelernt. Es sind Menschen, zu denen ein Sportler aufschaut, die ihm als Vorbild oder Respektsperson dienen, die positive Einstellungen zum Regelbruch vermitteln. Es ist in den meisten Fällen der Trainer, dem diese Rolle gebührt, mit fortschreitendem Leistungsniveau aber scheinen im Spitzensport und insbesondere im Profiradsport Ärzte die Trainerrolle mit zu übernehmen. Wie auch immer, niemand wird es Betrug bzw. Doping nennen. Trainer als Hauptagenten bei der Verbreitung des Dopings werden davon sprechen, dass es lediglich um »Leistungsförderung« gehe, um »Ernährungsveränderung« oder eben die viel zitierte »Förderung der Konstitution«. Und wird das Verbotene an diesen Maßnahmen dennoch erkannt und diskutiert, so wird darauf verwiesen, dass es schließlich alle tun würden, man sich also keinen Vorteil erschleiche, sondern lediglich einen Nachteil vermeide: Doping für die Fairness!

Ärzte werden es noch weniger Doping nennen. Sie werden einem Fahrer anhand von dessen Blutwerten Mangelerscheinungen attestieren, die es dann medikamentös zu therapieren gilt – ein direkter oder immerhin indirekter Schritt zum Doping (unter dem Siegel des Therapiegedankens)[*]. Selten wird ein junger Athlet abrupt mit dem Thema Doping konfrontiert. Er wird langsam aber sicher, gewissermaßen über eine »Treppe der Verführung«[**], schrittweise zum Regelbruch geführt.

Vermittelt werden beim Doping einerseits die zum Teil hochkomplizierten Techniken, derer es zur Ausführung verschiedener Methoden der Manipulation bedarf. Man denke nur an die Maßnahmen des Blutdopings bzw. an die Maßnahmen zur Verhinderung von schweren gesundheitlichen Beeinträchtigungen aufgrund des Blutdopings oder des Anabolikamissbrauchs (z. B. Dialyse). Zu jeder Handlung nämlich gehört ein Wissen und Können um ihre Durchführung, und die abweichende Handlung kann ohne eine abweichende Kompetenz nicht stattfinden. Andererseits werden zur moralischen Rechtfertigung eben auch Einstellungen vermittelt, ohne die Doping ebenfalls nicht stattfinden könnte. Für den Profiradsportler besteht diese Einstellung im Bewusstsein, einer Elite anzugehören, für die angesichts der außerordentlichen Belastung die Regeln, die an sich vernünftig sein mögen, aus – wie sie glauben – guten Gründen außer Kraft gesetzt sind.

---

[*]   Diesen Hinweis verdanken wir Alessandro Donati.
[**] Siehe hierzu Arndt/Singler/Treutlein 2004, 27.

Doping als Sucht- und Betrugsproblem

In der Dopingdiskussion gibt es zwei Ansatzpunkte, unter denen das Problem besprochen werden kann. Zum einen ist beim Doping von Betrug auszugehen, getäuscht werden ungedopte Sportler und die Öffentlichkeit. Zum anderen ist das Dopingproblem auch unter dem Suchtaspekt zu diskutieren. Normalerweise ist es empfehlenswert, diese beiden Bereiche auseinander zu halten. In vielen olympischen Sportarten werden Dopingmittel gewissermaßen als »Mittel zum Zweck« eingesetzt, zum Zweck der Leistungssteigerung, des Betruges also. Zwar kommt auch hier eine Suchtkomponente ins Spiel, der Betrugsaspekt steht aber zumeist klar im Vordergrund. Eine Schnittmenge zwischen Doping als Betrugsmanöver und Doping als Suchtverhalten gibt es immer, in kaum einer anderen Sportart aber ist diese Schnittmenge so groß wie im Profiradsport. Hier erscheinen beide Problemfelder fast deckungsgleich.

Im Radsport, so scheint es, wird so viel, so ausdauernd und so multimedikamentös gedopt, dass von einer Betrugsabsicht alleine offenbar längst nicht mehr ausgegangen werden kann. Hier liegt längst eine weit verbreitete Medikamenten- und sicherlich auch Drogensucht vor, die angesichts des jahre- bzw. jahrzehntelangen mehrstündigen Trainings pro Tag eng mit einer regelrechten Sportsucht verbunden zu sein scheint.

Entgegen den Verheißungen der Pharmaindustrie vermögen Medikamente, seien es erlaubte oder unerlaubte, nämlich keineswegs eine umfassende Regeneration nach sehr harten, lang andauernden Belastungen herzustellen. Mögen sie eine Trainingsfähigkeit rasch wiederherstellen helfen, mögen sie »übermenschliche« Umfänge und Intensitäten in einem »brutalisierten Training« (DDR-Jargon) ermöglichen – die psychische Regeneration wird durch Dopingmittel sicherlich nicht positiv beeinflusst. Sie kann nur durch Entspannung, durch Pausen und durch gelegentlichen längeren Abstand vom harten, täglichen Training sichergestellt werden.

Im modernen Wettkampfsport, längst nicht nur im Profiradsport, kommt diese Zeit für die psychische Regeneration eindeutig zu kurz. In einem medikamentenverseuchten Milieu ist in einer Phase des körperlichen und geistigen Übertrainings der Griff zur Pille – alleine schon zur Wiederherstellung der Trainingsfähigkeit – naheliegend. Dies könnte erklären, warum ein Jan Ullrich ausgerechnet in einer Phase persönlicher Krisen und des Leistungsrückstandes mit einem Aufputschmittel des Dopings überführt und gesperrt wurde. Vielleicht müsste dieser »Dopingfall« Ullrich viel eher unter dem Aspekt der Suchtproblematik bei Profiradsportlern diskutiert werden.

Auflistung aller Medikamente und Präparate. Anfang April fand ein Wettkampf statt, die EPO-Gaben davor sind mit 250 I.E. (synonym U.I.) so gering, dass kein Nachweis möglich ist. Elthyrone, ein Schilddrüsenhormon, ist nicht nachweisbar.

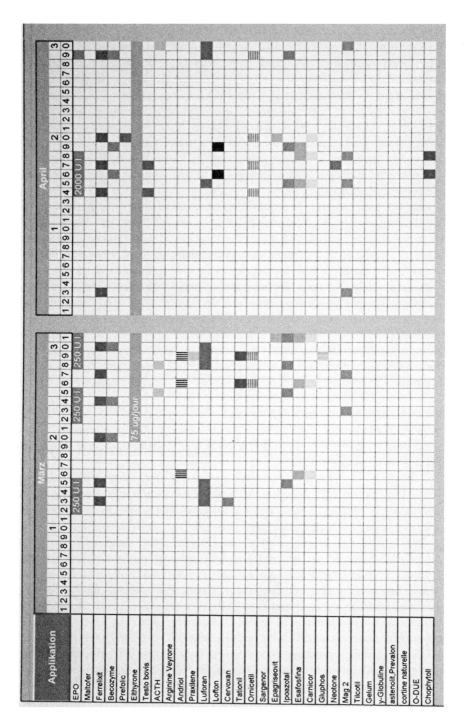

91

Betrachtet man den Profiradsport als pathologisches Phänomen, so macht eine aus normentheoretischer Sicht häufig kritisierte Maßnahme der Verbände schon wieder Sinn: die Einführung von Grenzwerten. Wird sie von Fahrern und ihren Helfern als Aufforderung zur »Einstellung« der Blutwerte direkt an die Höchstgrenzen heran aufgefasst und stellt sie damit lediglich eine Maßnahme zur Begrenzung des allgemeinen, systematischen Dopings bis an eine gewisse Schwelle heran dar, so ist sie als effektive Anti-Doping-Maßnahme wohl kaum zu begreifen. Als Eingrenzung eines pathologischen Geschehens ist sie plausibel – und mag zugleich als Eingeständnis einer Szene dienen, deren heroisches Äußeres einer zutiefst kranken Seele geschuldet ist: Grenzwerttherapie für eine grenzwertige Disziplin.

Hat ein gedopter Fahrer seine Karriere dennoch halbwegs gesund überstanden, so werden ihn nach Beendigung seiner Laufbahn die Doping- und Drogenprobleme jedoch mit hoher Wahrscheinlichkeit einholen. Nach der Karriere nämlich ist die Frage der Medikamenten- bzw. Drogensucht keineswegs abschließend beantwortet. Im Gegenteil: Jetzt kommt erschwerend hinzu, dass dem einstigen Extremsportler die Adrenalinstöße aus früheren Wettkampfsituationen fehlen. Depression, die wiederum mit Medikamenten und Drogen – weichen wie harten – bekämpft wird, ist ein ständiger Begleiter vieler ehemaliger Spitzensportler, keineswegs nur der Radsportler. Am deutlichsten gemacht hat diesen traurigen Umstand der Tod des »Piraten«, des einst gedopten und letztlich an seiner Kokainsucht gestorbenen Tour-de-France-Siegers Marco Pantani.

Ist der Radsport noch empfehlenswert?

Angesichts des gewaltigen Dopingproblems, das den Radsport belastet, angesichts des Drogenproblems, das damit in Zusammenhang steht, und angesichts der problematischen Perspektiven für die Zeit nach der Karriere stellt sich ernsthaft die Frage, ob der Radsport insgesamt und der Profiradsport im Speziellen aus pädagogischer Sicht noch empfehlenswert ist. Oder anders herum gefragt: Kann man es überhaupt noch mit seinem Gewissen vereinbaren, Kinder und Jugendliche in diesen Sport zu entsenden?

Das äußere Erscheinungsbild dieses Sports steht einer pädagogischen Empfehlung eigentlich schon entgegen. Überlegungen zur mutmaßlichen Zahl der tatsächlichen Dopingfälle im Profiradsport verstärken dieses »Nein« noch einmal beträchtlich. Die Zahl der tatsächlichen Dopingfälle übersteigt die Zahl der überführten gedopten Fahrer bei weitem. Verschiedene Befunde lassen ja den Schluss zu, dass in manchen Jahren etwa bei der Tour de France davon ausgegangen werden musste, dass fast das gesamte Fahrerfeld mit unerlaubten Substanzen auf dem Weg durch Frankreich und seine Anrainerstaaten war. Alleine schon die immense Zahl an sogenannten medizinischen »Ausnahme«-Genehmigungen (von Ausnahme kann längst keine Rede mehr sein!) legt ein verbreitetes, nicht zu ahndendes Doping durch dieses Schlupfloch nahe.

Beim pädagogischen Veto ist indessen eines zu bedenken: Der Radrennsport besteht nicht nur aus Profi- oder Spitzensport. Und er trägt, wie viele andere Sportarten auch, ein positives Potential in sich, das es zu nutzen gilt. Leistungssport, recht verstanden, vermag einen äußerst positiven Beitrag zur Persönlichkeitsentwicklung junger Menschen leisten, wenn in ihm bestimmte Voraussetzungen erfüllt sind und wenn den hinlänglich bekannten Fehlentwicklungen vorgebeugt wird. Fragen wir zunächst einmal nicht nach dem »Ob«, sondern nach dem »Wie«. Wie müsste ein Radsport aussehen, der pädagogisch empfehlenswert wäre? Er hätte zunächst einmal beträchtlich an seinem Menschenbild zu arbeiten. Ist der Mensch in diesem Sport Subjekt oder Objekt – ist er also das Ziel der Anstrengungen, die unternommen werden, oder ist er nur das Instrument zur puren, technokratischen Produktion von Höchstleistung?

Da, wo junge Sportlerinnen und Sportler Subjekt sind, wo – sei es im Freizeit- oder im Leistungssport – ihre Persönlichkeitsentwicklung im Vordergrund steht und eine leistungssportliche Ausrichtung positiven Werten wie Fairness und Regeleinhaltung nicht entgegensteht, und da, wo der Sport keinen Gegenbegriff zum komplexen Gesundheitsbegriff darstellt – da ist der Radrennsport sicherlich noch eine Empfehlung wert. Allerdings kann eine solche Empfehlung ohne »Auflagen« wohl kaum ausgesprochen werden. Auch der Jugend- oder Amateursport bewegt sich schließlich nicht im luftleeren Raum, auch er wird in hohem Maße beeinflusst von der bedrückenden Dopinggeschichte des Profirennsports. Legere Einstellungen zum Dopingproblem und Strategien der Rechtfertigung, wie sie oben zu skizzieren versucht wurden, wirken selbstverständlich auch in diesen Bereich hinein – wenngleich sicher nicht alle dort tätigen Personen Agenten des Dopings sind.

Aber Eltern, die ihre Kinder in einen dopingfreien Sport entsenden möchten, werden eben sehr genau hinschauen müssen, ob ein Verein der richtige für ihre Kinder ist, ob die Trainer für Sauberkeit und Regeleinhaltung stehen und ob auch den Funktionären das Wohl von jungen Menschen mehr am Herzen liegt als die bloße Produktion von Erfolgen. Ein Radrennsport, der guten Gewissens empfohlen werden möchte, hat von sich aus aktiv Glaubwürdigkeit zu vermitteln. Aus dem Profirennsport sind solche Signale entgegen aller kosmetischen Eingriffe zu keinem Zeitpunkt zu vernehmen gewesen, und man sollte sich nicht zu große Hoffnungen machen, dass dies in der Zukunft der Fall sein wird. Daher könnte ein Radsport, der glaubwürdig sein und zumindest als Amateur- und Jugendsport empfohlen werden möchte, eigentlich nur einer sein, der gleichzeitig vor sich selbst warnt!

Andreas Singler/Gerhard Treutlein

Andreas Singler (Jg. 1961) studierte Diplomsport in Mainz. Er hat als Trainer beim USC Mainz und als Lehrbeauftragter der PH Heidelberg innerhalb der Leichtathletik gearbeitet. Als freier Autor und Journalist bearbeitet er vielfältige Themengebiete. Analog zu seiner langjährigen Arbeit als Theaterkritiker versteht er sich auch als Kritiker des Hochleistungssports.

Prof. Dr. Gerhard Treutlein lehrt Sportpädagogik an der Pädagogischen Hochschule Heidelberg. Er hat viele Jahre als Trainer von Spitzenläufern im Mittel- und Langstreckenbereich sowie über 400 m Hürden gearbeitet. Seit 1973 ist er im Allgemeinen Deutschen Hochschulsportverband (ADH) für die Leichtathletik verantwortlich. Er hat zuletzt zusammen mit Kollegen das Materialpaket zur Dopingprävention für die Deutsche Sportjugend (dsj) und den Deutschen Olympischen Sportbund (DOSB) entwickelt.

Literatur:
ARNDT, N./SINGLER, A./TREUTLEIN, G.: Sport ohne Doping! Argumente und Entscheidungshilfen für junge Sportlerinnen und Sportler sowie Verantwortliche in deren Umfeld.

BAAL, D. (1999): Droit dans le mur. Le cyclisme mis en examen. Editions Glénat, Grenoble.

LAMNEK, S. (1990): Theorien abweichenden Verhaltens. München.

MONDENARD, J.P. de (1987): Drogues et Dopages. Série quel Corps. Chiron Paris.

SINGLER, A (2006): Wie denken Verführer? – Warum Dopingprävention ohne Wissen um die Psychologie des Täters nicht auskommt. In: Knörzer, W./Spitzer, G./Treutlein, G.: Dopingprävention in Europa. Bericht vom Ersten Internationalen Expertengespräch 2005 in Heidelberg. Aachen.

SINGLER, A./TREUTLEIN, G. (2006): Doping im Spitzensport – Sportwissenschaftliche Analysen zur nationalen und internationalen Leistungsentwicklung (Teil 1). 3. überarb. Auflage. Aachen.

SINGLER, A./TREUTLEIN, G. (2001): Doping – Von der Analyse zur Prävention. Vorbeugung gegen abweichendes Verhalten in soziologischem und pädagogischem Zugang (Teil 2).

SUTHERLAND, E.H. (1968): Die Theorie der differentiellen Kontakte. In: Sack, F./König, R. (Hrsg.): Kriminalsoziologie. Frankfurt, 395–399.

SYKES, G.M./MATZA, D. (1968): Techniken der Neutralisierung: Eine Theorie der Delinquenz. In: Sack, F./König, R. (Hrsg.): Kriminalsoziologie. Frankfurt, 360–371.

Ein Interview mit Christophe Basson

*Ein sonniger Wochentag im Juni 2002. Christophe Basson hat ein
Straßencafé auf dem Vorplatz des Hauptbahnhofs von Bordeaux
als Treffpunkt vorgeschlagen. Der Mann, der 1998, nach dem
Festina-Skandal, schlagartig berühmt wurde und sehr gefragt
war, weil er als einziger in der Mannschaft des französischen
Publikumslieblings Richard Virenque nie Dopingprodukte genommen hatte und diese Weigerung sich zu dopen, auch noch
offensiv und öffentlich vertrat. Dementsprechend nahm er als
Fahrer 1999 bei der ersten Tour de France nach dem Skandal, der
sogenannten »Tour der Erneuerung«, auch kein Blatt vor den
Mund, nannte die »Tour der Erneuerung« eine Heuchelei. Nach
zwei Wochen wurde er vom gesamten Peloton, einschließlich
seiner eigenen Mannschaft und besonders vom Träger des
Gelben Trikots, Lance Armstrong, aus dem Feld geekelt. Sechs
Jahre später veröffentlichte die Sportzeitung* L'Equipe *Informationen über positive EPO-Proben von Lance Armstrong, die von
der Tour 1999 stammten.*

A ls Christophe Basson über den viel befahrenen Bahnhofsvorplatz tän-
zelt, sieht er aus wie einer, der gerade vom Joggen zurückkommt, hält
das Handy in der Hand und hat sein warmes, einnehmendes Lächeln im
Gesicht. Die Lebensfreude, so denkt man, ist dem sympathischen Mann aus dem
Südwesten Frankreichs offensichtlich erhalten geblieben, trotz allem, was er in
seiner kurzen, so hoffnungsvoll begonnenen Radprofikarriere erlebt hat. Ein Jahr
zuvor, im Juli 2001, während die Tour de France ohne den ehemaligen Festina-
Profi durchs Land zog, war der lang aufgeschossene junge Mann mit gerade mal
26 Jahren bei einem bedeutungslosen Rennen in der französischen Provinz für
immer vom Rad gestiegen.

Mittlerweile hat Basson ein neues Leben begonnen, ist Sportlehrer geworden und arbeitet in der Regionalverwaltung des Jugend- und Sportministeriums
in Bordeaux, unter anderem mit Triathleten und bei Maßnahmen zur
Dopingvorbeugung. Um seine immensen physischen Fähigkeiten nicht verkommen zu lassen, nimmt er an Wochenenden gelegentlich an Cross-Läufen teil, hat
sich dabei schon mehrmals unter den ersten Zehn platziert. Im Frühjahr 2006

hat er sogar beim »Trail du Ventoux« den legendären Berg der Tour de France auch auf diese Art bezwungen.

H.W.
Am Ende Ihres Buchs, das im Jahre 2000 erschienen ist und den Titel » Positiv« trägt, schreiben Sie: »Ich bleibe trotz allem im Radsport, weil mir Radfahren nach wie vor Spaß macht.« Einige Monate später, im Juli 2001, haben Sie dann abrupt Ihre Karriere beendet. War der Spaß plötzlich weg?

C.B.
Ich hatte immer noch Spaß beim Training. Wenn ich aber wieder zum Team kam, da sprachen die meisten anderen nicht mehr mit mir, sagten nicht mal Guten Tag, und ich sah, dass ich im Peloton wirklich nicht beliebt war. Viele machten sich ein Vergnügen daraus, mich nicht wegfahren zu lassen, sodass ich bei Rennen wirklich keine Freude mehr hatte. Im Juli 2001 hatte ich auch eine wichtige Aufnahmeprüfung vor mir, ich hatte meine berufliche Umschulung schon seit 1 ½ Jahren vorbereitet. Als ich verstanden hatte, dass niemand wirklich willens war, die Dinge zu ändern, habe ich damals beschlossen, das Profimilieu für immer zu verlassen.

H.W.
Sie sind dann bei einem kleinen Rennen irgendwo im Departement Doubs in Ostfrankreich vom Rad gestiegen.

C.B.
Ja, mein letztes Rennen war am 8. Juli 2001. Meine Teilnahme an der Tour de France 1999 und meine Äußerungen während der Tour hatten damals ja ziemlich viel Lärm gemacht, die Medien haben auch viel darüber berichtet. Danach ging es für mich aber immer nur bergab, vor allem in der Mannschaft. 2001 war für mich eine sehr schwierige Periode, weil ich erneut, wie schon 1999, unter Depressionen zu leiden begann, und ich habe danach auch lange gebraucht, um wieder hochzukommen. Ich habe erst im Januar 2002 wieder ein Rennrad angefasst.

H.W.
Sie waren damals, 2001, im Team Jean Delatour, das für die Tour de France nominiert war, aber man hat Sie nicht zur Tour de France mitgenommen.

C.B.
In meinem Vertrag stand ausdrücklich, dass, wenn die Mannschaft an der Tour de France teilnehmen würde, ich sie fahren solle, und ich hatte 2001 auch das Niveau dazu. Doch schon vor Paris–Nizza im Frühjahr hatte mir der Sportliche Leiter gesagt, dass er mich nicht nominiert hätte – nicht weil meine Form nicht

ausreiche, sondern weil einige Fahrer gesagt hätten, sie wollten nicht, dass ich Paris–Nizza mit ihnen fahre. Da wusste ich, dass es auch bei der Tour de France nicht anders sein würde. Ich habe dann auch nicht mehr daran gedacht, die Tour zu fahren, weil ich im Grunde schon wusste, dass ich aufhören würde. Mich hat das damals wirklich frustriert. Ich wurde von den großen Rennen ausgeschlossen, einfach weil ich keine guten Beziehungen zu einigen Fahrern hatte und ich mich angeblich nicht in das Team einfügen konnte. Dies nur, weil ich ein paar Dinge gesagt hatte, über die einige andere lieber den Mantel des Schweigens ausgebreitet hätten.

H.W.
Am Anfang Ihrer Karriere war man voll des Lobes über Sie – es war sogar davon die Rede, Sie hätten die Kapazitäten eines Bernard Hinault.

C.B.
Es stimmt, meine zwei ersten Trainer haben das mehrmals gesagt. Aber Sie wissen ebenso gut wie ich, dass ein großer Radprofi nicht nur physische Fähigkeiten haben muss, er muss auch eine gute Moral haben und die entsprechende Mentalität mitbringen, und die hatte ich nicht. Ich bin sicher dazu geschaffen, Rad zu fahren, aber eben nicht im Profimilieu.

H.W.
Warum?

C.B.
Weil es ein Milieu ist, in dem die Heuchelei überwiegt. Wo jeder Fahrer und jeder Betreuer nur nach seinem persönlichen Interesse handelt und niemand sich um das Allgemeininteresse kümmert. Und da die Möglichkeit nicht besteht, offen und ehrlich zu sein und Dinge zu ändern, interessiert mich dieses Milieu nicht mehr. Ich habe den Sport wegen der Freude betrieben, die er mir bereitet hat, und nicht für das Geld. Ich habe jetzt seit Anfang des Jahres wieder begonnen, Rad zu fahren, und es macht wieder Spaß wie vor sieben oder acht Jahren. Dazwischen allerdings hatte ich den Spaß verloren durch die Stimmung, die im Milieu herrscht. Bei den Junioren, da war die Stimmung unter Freunden noch gut. Danach, bei den Profis, hieß es nur noch: Jeder für sich.

H.W.
Sie sind Anfang des Jahres wieder aufs Rad gestiegen. Wirklich nur zum Vergnügen oder auch, um wieder im Radsportmilieu zu arbeiten?

C.B.
Nein, nur zum Vergnügen. Ich arbeite als Sportlehrer für das Ministerium für Jugend und Sport in der Region Aquitanien und kümmere mich um die

Triathleten. Und da muss ich ein wenig in Form bleiben, wenn ich mit den Jungen trainieren will. Ich fahre hauptsächlich Mountainbike und betreibe ziemlich viel Langlauf, Laufen in der Natur. Wieder mit dem Radsport anzufangen hab ich keine Lust, auch wenn tatsächlich ein Team Kontakt mit mir aufgenommen hat und mir vorschlägt, am Ende des Jahres meine Karriere fortzusetzen. Das kommt aber ganz und gar nicht in Frage, ich habe keine Lust dazu. Ich bin jetzt Sportlehrer, nicht an der Schule, sondern direkt dem Ministerium unterstellt. Dafür musste ich eine Aufnahmeprüfung machen. Ich hatte Abitur und zwei Jahre Studium hinter mir, und als ehemaliger Spitzensportler hat man in Frankreich die Möglichkeit, an allen Aufnahmeprüfungen für den Staatsdienst teilzunehmen. Ich wollte diese Prüfung unbedingt schaffen und habe mich ein ganzes Jahr darauf vorbereitet. Ich habe jetzt einen Beruf, der mir sehr gut gefällt und bin glücklich. Ich garantiere Ihnen, wenn ich heute noch ab und an ein Radrennen im Fernsehen sehe, hab ich den Eindruck, als hätte ich meine Karriere schon seit drei oder vier Jahren beendet, und ich bedauere wirklich gar nichts. Ich kann Ihnen versichern, mein Leben ist heute wesentlich angenehmer und mit mehr Freude verbunden als zu der Zeit, als ich noch Radprofi war.

H.W.
Sie sind 1996 Profi geworden. Wie haben Sie damals konkret entdeckt, dass es Doping gibt?

C.B.
Als ich Amateur war, wusste ich ja schon, dass auch da ein wenig mit Dopingmitteln gearbeitet wird. Als ich dann bei Festina anfing, hat man mir ganz deutlich gesagt, dass es einen Arzt gäbe, der sich um Doping kümmert. Daraufhin habe ich ihnen ganz klar meine Position dargelegt und ihnen gesagt, dass es außer Frage stehe, dass ich mich dope. Bruno Roussel hat das auch akzeptiert, und ich habe einen Dreijahresvertrag unterschrieben. Als ich dann angefangen habe, hab ich sehr schnell bemerkt, dass es eine richtiggehende Organisation rund ums Doping gab, auch in anderen Teams. Ich habe dem widerstanden, weil ich eine gewisse Moralvorstellung hatte und zu meinem Vergnügen Rad fahren wollte und nicht mehr. Natürlich gab es Momente der Versuchung, vor allem als es 1998 um meine Vertragsverlängerung für die Jahre 1999, 2000 und 2001 ging. Ich hab mich aber weiter geweigert, Doping zu akzeptieren, andere haben es akzeptiert. Ich mache ihnen aber keinen Vorwurf, denn schließlich kenne ich das Milieu und weiß, wie man dazu gedrängt wird. Ich habe allerdings nicht ertragen, dass man mich daran hinderte, meine Meinung deutlich zu sagen. Es ging mir nicht darum zu sagen, dass ich der einzige wäre, der sich nicht dope, sondern darum, etwas zu bewegen in diesem Milieu.

H.W.
Hat man Druck auf Sie ausgeübt?

C.B.

Nein, nicht wirklich Druck, aber man hat mir verführerische Angebote gemacht. 1998, vor der Vertragsverlängerung, war es so: Ich verdiente bis dahin 14 000,– Francs im Monat und hatte es geschafft, für den neuen Vertrag das Doppelte auszuhandeln.

Anwesend waren Bruno Roussel und Doktor Ryckaert. Dann hat mir Roussel vorgeschlagen: Wenn ich mich entschließen könnte, im nächsten und übernächsten Jahr EPO zu nehmen, könnte mein Monatslohn 1999 auf 120 000,– Francs steigen und im Jahre 2000 sogar auf 300 000,–! Das heißt: das Zehnfache innerhalb von nur zwei Jahren! Das ist schon eine Versuchung. Ich hatte das Glück, eine Frau an meiner Seite zu haben, die ich sehr liebe. Ich war glücklich in meinem Privatleben, und ich glaube, dass mich das gerettet hat. Ich hab immer gedacht, Radfahren ist Radfahren, ein Sport, aber mehr nicht – und mein Privatleben hat Vorrang.

H.W.

Sind Sie innerhalb des Teams in Ihrer Haltung von niemandem bestärkt worden?

C.B.

Nur vereinzelt. Ich hatte meinen persönlichen Trainer, der auch der Teamtrainer war, der mich immer unterstützte, der aber seinerseits eben auch mit dem Milieu konfrontiert war. Letztlich aber war es meine Familie, die zu mir hielt. Und geholfen hat mir auch, dass ich einen Großvater hatte, der sein ganzes Leben lang gegen jede Art von Unrecht gekämpft hat. In diesem Klima bin ich groß geworden, mit einer gewissen Lust, sich nicht unbedingt aufzulehnen, aber doch zumindest seine persönliche Haltung zu verteidigen. Das hat mir das Ganze erleichtert.

H.W.

Sprach man im Team eigentlich häufig und offen über Doping, oder war das schon so alltäglich, dass man darüber gar nicht mehr viele Worte verlor?

C.B.

Vor 1998 war Doping richtiggehend eine Gewohnheit geworden. Man nahm die Dinge, als würde man ein Glas Orangensaft trinken. Alle machten es so, in allen Teams. 1999 und 2000 ist das Doping dann etwas diskreter geworden. Ich wusste sehr wohl, dass es nach wie vor existierte. Aber angesichts meiner Positionen hat sich vor mir im Team niemand mehr mit einem Produkt sehen lassen. Bei den Rennen war ich immer alleine, hatte ein Einzelzimmer. Warum? Weil ich störte. Ich hatte es mir zur Gewohnheit gemacht, laut und deutlich zu sagen, was ich sah, und das störte enorm, weil das Radsportmilieu eben ein sehr geschlossenes Milieu ist. Die meisten jungen Fahrer waren schon so erzogen, dass sie sich diesem geschlossenen Milieu anpassten. Ich denke, ich habe dieses geschlossene Milieu zumindest ein wenig geöffnet und anderen gezeigt, wie es in seinem Inneren zugeht.

H.W.

1998, als der Festina-Skandal ausbrach, waren Sie bei der Tour de France nicht dabei. Erinnern Sie sich noch, wie Sie damals reagiert haben, als der Skandal bekannt wurde?

C.B.

Ich gebe zu, zunächst war ich beunruhigt und habe mich gefragt: Was wird aus mir werden? Auf der anderen Seite habe ich mir gesagt: Super, nun wird sich wenigstens was ändern.

Dazu muss man wissen: Im Frühjahr 1998 hatte ich eigentlich schon aufhören wollen. Ich hatte drei Wochen lang kein Rad mehr angerührt. Meine Frau hat mich dann dazu gebracht, doch weiterzumachen. Nach der Festina-Affäre habe ich dann gehofft, dass der Kampf gegen Doping wirklich vorankommt und mir gesagt: Wenn das Milieu erst mal sauber ist, kannst du vielleicht deine Möglichkeiten ausspielen und Ergebnisse erzielen, die du verdienst.

Was mir noch wichtig ist: Es hat ja immer geheißen, ich hätte gesagt, ich sei der Einzige, der keine Dopingmittel nehme. Das stimmt nicht, auch wenn diese Einschätzung vor 1998 wahrscheinlich der Wahrheit entsprach. Es waren die anderen Festina-Fahrer, die vor den Richtern und gegenüber der Polizei ausgesagt haben, dass ich der einzige Fahrer in der Mannschaft gewesen wäre, der überhaupt keine Mittel benutzt hätte, und dass wir drei gewesen wären, die kein EPO genommen hätten. Das war aber nicht ich, der das von den Dächern gerufen hat. Danach kamen natürlich die Journalisten und wollten Erklärungen haben und meine Meinung hören. Da hat man mir dann sozusagen das Wort erteilt, vorher war das ja nicht der Fall.

Es stimmt, dass ich drei Jahre lang Teil des Systems war, gesehen habe, wie es funktionierte und letztlich nichts getan habe, dass es sich ändert. Ich bin nicht wirklich aufgestanden und habe dafür gesorgt, dass das ganze System explodiert. Vielleicht schon eher 1999, als ich auf der sogenannten »Tour der Erneuerung« laut und deutlich gesagt habe, dass nach wie vor gedopt wird – da hatte ich dann die Möglichkeit, auch Gehör zu finden.

H.W.

Für Sie hat 1999 ja eine Art zweite Karriere begonnen.

C.B.

In der Tat war das dann eine echte Konfrontation, fast eine Schlacht mit den anderen Fahrern. Dabei war ich ihnen nicht böse, dass sie sich dopten, denn ich kannte ja den Druck, dem man ausgesetzt ist und wusste, dass man fast verpflichtet war, sich zu dopen. Mich störte aber wirklich, dass ich Dinge zu sagen hatte und man mich daran hindern wollte, das zu tun. Das hab ich wirklich nicht ertragen. Und dann musste ich auch noch hören, dass der Radsport jetzt sauber sei und sich niemand mehr dope, wo ich doch sehr wohl wusste, dass das völlig falsch war. Ich wusste nur allzu gut, dass 1999 nicht die »Tour der Erneuerung« war. Danach hat man zum Beispiel erfahren, dass 48 % der Fahrer Corticoide genommen hatten und anderes mehr. Was mir wirklich weh tat, war das System der Heuchelei, das in diesem Milieu fortbestand.

H.W.
Was ist bei der Tour de France 1999 in den letzten Tagen abgelaufen, bevor Sie dann aufgegeben haben?

C.B.
Ich habe nach der 14. Etappe aufgegeben. Ich war völlig ausgepowert und hatte schwerste Depressionen. Sobald ich den Mund aufmachte, fing ich an zu heulen. Als ich aufgegeben habe, hatte ich in der Nacht zuvor zwei Stunden geschlafen. Um ein Uhr morgens hatte ich noch mit meiner Frau telefoniert, um zwei Uhr dann mit meinem Trainer. Ich habe ihm gesagt, ich könne nicht weitermachen.

Der Druck auf mich im Team und im gesamten Peloton war enorm groß. Armstrong ist zu mir gekommen und hat mich fast bedroht, auch andere Fahrer, kein einziger im Peloton sprach mehr mit mir. Und in der Mannschaft warf man mir vor, dass ich im Peloton schlecht angesehen sei und das die Ursache wäre, dass das Team nichts gewinnt.

H.W.
Sie sagten, Lance Armstrong habe Sie während einer Etappe fast bedroht?

C.B.
Ja, ich hatte ja ein wenig Englisch gelernt. Allerdings, um »Fuck you« zu verstehen, braucht man keine zehn Jahre Englischunterricht. Er hat mir zu verstehen gegeben, dass ich dem Radsport schade, dass ich hier nichts mehr verloren hätte und dass es Zeit wäre, den Beruf zu wechseln. Ich habe ihm geantwortet, so gut ich konnte. Ich meine, nur weil er das Gelbe Trikot trug, hatte er nicht mehr Rechte als die anderen, mir in diesem Ton zu kommen. Und gleichzeitig sage ich mir: Er war im Grunde ehrlicher als die anderen. Er hat laut und deutlich gesagt, was alle anderen im Stillen dachten. Letztlich hatte Armstrong mehr Mut als alle anderen.

H.W.
Sie waren nach dem Festina-Skandal bei der Weltmeisterschaft 1998 dabei, und da war ja in Sachen Doping schon wieder alles beim Alten.

C.B.

Ja, ich war für die WM ausgewählt worden. Schließlich war ich für Festina plötzlich so etwas wie eine Kaution, alle anderen Fahrer waren ja gesperrt. Die Leute haben sich für die WM dann eben etwas diskreter gedopt, es gab auch eine gewisse Angst vor der Polizei. Was aber die gesundheitlichen Risiken angeht, muss man sagen: Alle Fahrer waren sich dessen immer bewusst, auch wenn die Radfahrer den Ruf haben, nicht sonderlich viel nachzudenken – und der Ruf ist berechtigt. Aber man müsste schon sehr dumm sein zu denken, dass man sein Leben nicht in Gefahr bringt, wenn man sich dopt.

H.W.

Verfolgen Sie zurzeit noch die aktuellen Entwicklungen in Sachen Doping? Welche neuen Produkte werden verwendet, welche Länder sind führend?

C. B.

Nein, nicht wirklich. Zugleich aber trete ich ihm Rahmen meines Berufs für Programme zur Dopingvorbeugung immer wieder in Realschulen und in Gymnasien auf und muss mich ein wenig auf dem Laufenden halten. Ich bin mir nur einer Sache sicher: Wenn man ein neues Produkt entdeckt, heißt das, dass es schon seit ein oder zwei Jahren im Peloton eingesetzt wird. Und dann kommen die Schwierigkeiten hinzu, es nachweisen zu können. Letztendlich kann ein Produkt drei oder vier Jahre lang ziemlich problemlos eingesetzt werden.

H.W.

Sie sagen, dass die Fahrer sich bewusst wären, was sie mit ihrer Gesundheit anstellen. Sagen sich diese Fahrer, dass das Risiko kalkulierbar ist, dass die Ärzte ihnen schon helfen und über sie wachen würden? Gleichzeitig gibt es mittlerweile ja schon Stimmen, die sagen: Erst wenn irgendwann mal in einem relativ kurzen Zeitraum drei, vier, fünf weltbekannte Spitzensportler oder ehemalige Spitzensportler jung sterben, erst dann wird sich in Sachen Doping wirklich etwas ändern.

C.B.

Ich mache mich mal zum Anwalt des Teufels und frage: Wer kann mir beweisen, dass Doping wirklich gefährlich ist für die Gesundheit? Man hat mir das bisher nicht wirklich beweisen. Ich selbst habe Doping nicht aus gesundheitlichen Gründen verweigert, sondern weil ich eine andere Ethik habe. Nehmen wir ein Beispiel von mir selbst bei der Tour de Suisse. Doktor Ryckaert, der Mannschaftsarzt von Festina, hat mir damals, um mich zum Doping zu überreden Folgendes gesagt: »Du hast einen Hämatokritwert von 36 %. Was glaubst du? Ist es gefährlicher, ein Etappenrennen mit 36 % oder mit 50 % zu fahren?« Ich stimme ihm zu: Es ist viel weniger gefährlich, eine Tour mit 50 % zu fahren als mit 36 %. Bei einem Hämatokritwert von 36 % ist man völlig ausgelaugt, quasi im permanenten Erschöpfungszustand. Er hatte Recht. Manchmal schützt Doping die Gesundheit, wenn man es sich richtig überlegt. Das sind Dinge, die ich eigentlich nicht sagen dürfte.

Ich hab immer gesagt: Wenn man Doping bekämpfen will, dann nicht mit gesundheitlichen Argumenten, man hat keine wirklichen Beweise. Dass die Ethik des Sports, die Werte des Sports flöten gehen, dass man Sport aus schlechten Gründen betreibt, aus Gründen, die den Sport irgendwann töten werden, das stört mich.

H.W.

Haben Sie in Ihren fünf Jahren als Radprofi Fahrer getroffen, von denen Sie den Eindruck hatten, dass sie vom Doping abhängig waren, so wie jemand drogenabhängig ist?

C.B.

Ja, natürlich. Kortikoide zum Beispiel, die einen nervöser machen, einen aufputschen, da hingen viele dran. Auch um Feste zu feiern. In diesem Milieu feierte man kein Fest, ohne dass man den belgischen Pot oder Amphetamine nahm. Es ist ein Milieu, in dem man erzogen wird, Mittel zu nehmen, um Sport zu machen, um Feste zu feiern oder für die langen Strecken im Auto. Das ist Teil einer Kultur. Und man hat ja auch gesehen, dass Athleten nach dem Ende ihrer Karriere zu Lieferanten von Dopingprodukten geworden sind. Das ist kein Zufall.

H.W.

Nach 1998 ist in Frankreich immerhin einiges passiert. Es gibt die Agentur zur Dopingbekämpfung, es gibt das Dopinglabor in Chatenay Malabry, es gibt die medizinische Langzeitbeobachtung und ein Netzwerk von Ärzten zur Dopingbekämpfung – im Vergleich zu anderen Ländern ist das immerhin etwas. Oder nicht?

C.B.

Durchaus. Und es ist auch gut, dass Frankreich darauf drängt, Regeln auf europäischem und internationalem Niveau zu harmonisieren. Andere Länder sind noch nicht so motiviert, aber das wird vielleicht noch kommen. Sicher spielt Frankreich im Kampf gegen Doping eine gewisse Vorreiterrolle, und auch Italien hat einen großen Schritt nach vorne gemacht mit einer Gesetzgebung, die den Fahrern doch Angst machen muss. Ich würde aber trotzdem nicht so weit gehen zu sagen, dass sich die italienischen Fahrer nicht dopen.

H.W.

Es gibt das Anti-Doping-Gesetz und das Labor in Chatenay Malabry. Dort aber sagt man z. B., dass man den Eindruck hätte, bei der Entwicklung des EPO-Tests praktisch von niemandem wirklich unterstützt worden zu sein.

C.B.

Natürlich liegen die Probleme auch in der Sportbewegung selbst. Wenn die Athleten und die Welt des Sports nicht wirklich mitziehen, werden wir es nicht schaffen. Im Jahre der Einführung des Bluttests für EPO haben die Fahrer gesagt: Seht ihr, wir haben eine große Anstrengung gemacht, wir haben die Blutabnahme akzeptiert und wir machen überhaupt große Anstrengungen. Von wegen – sie haben sich überhaupt nicht angestrengt, man hat ihnen das auferlegen und sie dazu fast zwingen müssen. Die wenigen Schritte wurden nicht von Sportlern getan, sondern in Frankreich einzig und allein vom Ministerium für Jugend und Sport. Es ist so, als fühlte sich die Sportwelt von diesem Problem nicht wirklich betroffen. Und was die Tour de France angeht, so werden wir dieses Jahr (2002) schon die vierte sogenannte »Tour der Erneuerung« haben – und dann am Ende des Jahres leider wieder feststellen müssen, dass sich im Grunde nichts geändert hat. Es ist doch immer das Gleiche. Man beschließt ganz kleine unbedeutende Maßnahmen, gibt denen in den Medien aber einen enormen Platz und sagt: Schaut her, wir kämpfen gegen Doping! Das ist aber keine Dopingbekämpfung. Wollte man wirklich gegen Doping kämpfen, müsste man sich wirklich aller Mittel bedienen, und das tut man nicht.

H.W.

Haben Sie den Giro gesehen?

C.B.

Ja, der Erste und der Zweite mussten gehen, der Dritte ist jetzt Erster, vielleicht hätte der aber auch gehen müssen. Wenn man bei diesem Giro alle Gedopten nach Hause geschickt hätte, ich weiß nicht, wer dann Erster geworden wäre. Leider haben sich die Mentalitäten nicht geändert. Das bringt mich zur Verzweiflung, und deswegen habe ich auch nicht die geringste Lust, in ein derartiges Milieu zurückzukehren.

H.W.

Gibt es inzwischen nicht doch deutliche Leistungsunterschiede zwischen Fahrern aus verschiedenen Ländern? Die französischen Teams, das scheint doch sehr deutlich, können überhaupt nicht mehr mithalten.

C.B

Das ist ganz klar. Es gibt in den französischen Teams vielleicht noch einige individuelle Fälle von Doping, aber nichts Organisiertes mehr.

H.W.

Haben Sie Bruno Roussel inzwischen eigentlich mal wieder gesehen?

C.B.

Ja, schon, ich habe auch Willy Voet mehrmals getroffen. Wir kommen sehr gut miteinander aus. Ich denke, beide sind sich auch wirklich der Irrtümer bewusst geworden, denen sie unterlagen. Und mit Bruno Roussel bin ich ja immer sehr gut ausgekommen. Er hat es mir ermöglicht, drei Jahre bei Festina zu fahren, und er wäre auch bereit gewesen, mir nochmals einen Vertrag anzubieten, auch wenn ich mich nicht dope. Er war immer sehr aufrichtig, und er hat akzeptiert, dass ich sauber bleiben wollte. Wenn ich ihn wiedersehe, dann mit großem Vergnügen.

H.W.

Sie werden in einigen Wochen Vater. Werden Sie Ihrem Kind raten, Radsport zu betreiben?

C.B.

Ich weiß nicht. Wenn er es unbedingt will, werde ich ihn nicht daran hindern, aber ich werde ihn nicht dazu ermutigen, zumindest nicht dazu, Straßenrennen zu fahren. Dann schon eher Moutainbike, warum nicht?

Hans Woller

Hans Woller lebt in Paris und arbeitet seit 20 Jahren als freier Journalist zu zeitgeschichtlichen und kulturellen Themen. Die Tour de France beobachtet er intensiv seit Anfang der 1990er-Jahre.

Prophet im eigenen Land?

Die Geschichte des Düsseldorfer Diplom-Ingenieurs und Diplom-Trainers für Radsport Dieter Quarz liest sich wie eine Romanvorlage für einen Film – doch sie ist vollkommen authentisch. Leider, denn sie ist auch ein weiterer Beleg für die Unfähigkeit oder den fehlenden Willen, sich nachhaltig und seriös mit der Dopingproblematik auseinander zu setzen. Der organisierte Radsport lässt seit über 15 Jahren Ressourcen unberücksichtigt, indem er Fachleute und Insider wie Quarz zu unerwünschten Personen erklärt – Ressourcen, die sich anderen Verbänden in dieser Form nie erschlossen haben und heute von größter Bedeutung sind. Quarz hat die höchste Trainerausbildung, die in Deutschland möglich ist. Er hat seine Diplomarbeit an der Fachhochschule über Doping im Radsport geschrieben. Er ist Radsport-Insider, berät seit vielen Jahren Journalisten und ist gern gesehener Referent auf wissenschaftlichen Kongressen, die sich mit Doping befassen. Das Doping-Präventionskonzept des Radsport-Teams Lübeck geht maßgeblich auf sein Engagement zurück. Eine Anstellung im Radsport auf Bundesebene, sei es auf Zeit oder für ein Projekt, hat sich trotz zahlreicher Bewerbungsschreiben nie ergeben.

rgendwann Mitte der 1980er-Jahre empfahl der Hausarzt dem damals 20-jährigen Dieter Quarz, etwas gegen seinen leicht überhöhten Blutdruck und sein stark überhöhtes Körpergewicht zu tun. Quarz hatte ein Ingenieursstudium an der Fachhochschule in Jülich aufgenommen und hielt es mit Sport so wie mit seinen Vorlesungen im Schwerpunktfach Chemie, eben sitzend. Sein Arzt riet ihm dringend dazu, Stuhl und Sessel mit dem Fahrradsattel zu tauschen.

Erste Runden drehte Quarz gemeinsam mit seinem Vater durch die linksrheinische Provinz. Je mehr er fuhr, desto größer wurde die Begeisterung fürs Radfahren. Je größer die Begeisterung wurde, umso geringer wurde sein Körpergewicht. Quarz genoss die immer längeren Ausfahrten. »Die Freiheit, sich mit seiner ureigensten Muskelkraft durch die Landschaft zu bewegen, Luft und Eindrücke in sich aufzusaugen, einfach grandios!«, erinnert er sich heute. »So ähnlich müssen sich die ›outlaws‹ gefühlt haben, die ziellos durch die unendlichen Weiten des ›Wilden Westens‹ gestreift sind.«

Doch ganz so ziellos sollte das neue Bewegungsgefühl für Quarz nicht bleiben. Als naturwissenschaftlich denkender Mensch begann er, sich für die Technik des Fahrrads und des Radfahrens, für Durchschnittgeschwindigkeiten und Streckenlängen zu interessieren. Das Fahrrad wurde leichter, ebenso wie sein Körpergewicht. Mit 24 Jahren stand Quarz, 16 Kilogramm leichter und mit einem Rennrad ausgerüstet, zum ersten Mal am Start eines lokalen Radrennens. Mit schlabberndem Trikot, unrasierten Beinen und schlotternden Knien. Vier Runden später war der erste Renneinsatz für ihn vorbei. »Ich dachte, meine Lunge liegt auf der Straße und mein Herz springt gleich aus dem Hals.« Der harte Wettkampfsport hatte ihn unerbittlich auf den Boden der Tatsachen geholt. Das hatte nichts mehr mit den schönen Ausfahrten durch die Landschaft zu tun. Doch Quarz fühlte sich herausgefordert. Statt um Technik und Taktik ging es ab sofort um Trainingsmethodik und Leistungssteigerung. Dass sich dies in nicht allzu ferner Zeit mit seinen Kenntnissen in Chemie ergänzen würde, war damals noch nicht abzusehen.

1992 war das Studium faktisch beendet, Quarz hatte sich einem Radsportverein angeschlossen und Schritt für Schritt Trainerlizenzen erworben. Für die A-Lizenz, die höchste innerhalb des organisierten Sports, verfasste er seine Abschlussarbeit über ›Biomechanische und leistungsphysiologische Aspekte der Sitzposition hinsichtlich der Leistungsentwicklung im Radsport‹. Zudem belegte er als Gasthörer an der deutschen Sporthochschule in Köln ausgewählte Seminare über Sportmedizin, Trainingslehre und Leistungsphysiologie. Der Radsport war sein Lebensinhalt geworden. Eher zufällig entdeckte er eine Lehrveranstaltung zur Biochemie bei Professor Manfred Donike (†). »Biochemie – das Wort sprang mich geradezu an. Hier sah ich die Möglichkeit, mein Studium, zu dem nur noch die Diplomarbeit fehlte, und den Radsport zu kombinieren«, sagt Quarz. Im Institut für Biochemie und Dopinganalytik, dem Donike vorstand, sah man offenbar sofort, dass man es mit einem ›Radsport-Verrückten‹ zu tun hatte. Donike selbst hatte eine lange Radsportkarriere hinter sich, und alle seine Söhne waren erfolgreiche Radsportler geworden.

Eine Woche später hatte Quarz sein Diplomthema in der Tasche: ›Langzeitstudie der Steroidprofile im Frauenradrennsport‹. Bei etwa zehn Radsportlerinnen sollte bei unterschiedlichen Wettkampf- und Trainingsanforderungen die Analyse der hormonellen Ausscheidungsprodukte im Urin dokumentiert und ausgewertet werden. Der Zweitprüfer an der Fachhochschule Jülich war einverstanden, und Quarz begab sich auf die Suche nach Probanden. Damit sollte sein Eintauchen in die Niederungen des Radsports beginnen.

Donike hatte den deutschen Kader des Frauenradsports vorgeschlagen und Quarz an den zuständigen Bundestrainer verwiesen. Der verwies an den zuständigen Verbandsarzt des BDR (Bund Deutscher Radfahrer) in Freiburg. Das war im Herbst 1993. Sechs Monate später war nach zahlreichen Gesprächen eigentlich nur eins klar: Das Projekt würde mit dem Nationalkader der Frauen nicht stattfinden.

JOUR	LUNDI	MARDI	MERCREDI	JEUDI	VENDREDI	SAMEDI	DIMANCHE
R.C.	10	10	10	10	10	10	10
E.F.							
E.I.							
D.P.							
R.T.							
A.A.							
Montagne 1							
Montagne 2							
Montagne 3							
Competition	160	170	150	180	200	170	150
Total-km	170	180	160	190	210	180	160
Gym.	0,5	0,5	0,5	0,5	0,5	0,5	0,5
Autres							

NOTES	3.Etappe	4.Etappe	5.Etappe	6. Etappe	7.Etappe	8.Etappe	9.Etappe
		T r a n s		K a n a d a			

JOUR	LUNDI	MARDI	MERCREDI	JEUDI	VENDREDI	SAMEDI	DIMANCHE

Notes pour le Directeur Sportif:

Applikationen	Lundi	Mardi	Mercredi	Jeudi	Vendredi	Samedi	Dimanche
Oxyperm	3x		morgens			einnehmen	
Colibiogen	2	Teelöffel		morgens		nüchtern	
VLS	1x		1x		1x		1x
NeyTabs Thymum		2x1		direkt	nach	dem	Rennen
Celebrex	1x abends		1x abends		1x abends		1x abends
Rheoflux		1x		abends			
Tonico Injeel i.m		1x v.d. Rennen		1x v.d. Rennen		1x v.d. Rennen	
Ipoazotal i.v.	1x soir						
Ornicetil i.v.						1x abends	
Hepar loges	1x1		morgens		und		abends
Zn-orotat		1x		morgens			
HGH s.c.			2000 U.I. abends		2000 U.I. abends		2000 U.I. abends
Eprex s.c.		2000 U.I. abends		2000 U.I. abends		2000 U.I. abends	
Basica	1x	ein	Teelöffel	0,5h	vor	der	Hauptmahlzeit
Maxepa oral	2x		zur		Hauptmahlzeit		
Wobenzym	2x		morgens		und		abends
Allopurinol		1x abends		1x abends		1x abends	
Gingseng		1x		morgens			
BCAA oral	6x		2h		nach	dem	Rennen
Glutamin oral	3x		2h		nach	dem	Rennen
Mag 2		1x morgens		1x morgens		1x morgens	
Becozyme i.v.	1x morgens					1x morgens	
Maltodextrin*		direkt		nach	dem		Rennen

*=35g/500ml avec 1 amp. Chloropotassoryl.

	Messung des Hkt		Messung des Hkt		Messung des Hkt
	Ery, Hgb, MCV, MCH		Ery, Hgb, MCV, MCH		Ery, Hgb, MCV, MCH
	MCHCl		MCHCl		MCHCl

Dieser Plan beschreibt detailliert zwei Wochen Training/Wettkampf und entsprechende Medikation. Bedenkenlos konnte Eprex (EPO) im Wechsel mit
HGH genommen werden, da es für beide Medikamente zu dieser Zeit noch
keine Nachweisverfahren gab.

JOUR	LUNDI	MARDI	MERCREDI	JEUDI	VENDREDI	SAMEDI	DIMANCHE
R.C.		30				10	10
E.F.		30	64	48,5	52	66	8
E.I.			6		3		
D.P.			6		3	4	2
R.T.			4		2		
A.A.				1,5			0,6
Montagne 1							
Montagne 2							
Montagne 3							
Competition							50
Total-km	0	60	80	50	60	80	70,6
Gym.	0,5	0,5	0,5	0,5	0,5	0,5	0,5
Autres							
NOTES	Rückflug GER. Reakklimatisation und Jet Lag!	Spazierfahrt.	45 min. E.F., dann 2x[3km E.I., ÜV 54 x17, auf 3km D.P. erhöhen m. ÜV 54x 15 u. abschließend 2km R.T. m. ÜV 54 x14. Tf im Bereich zwischen 90-110 U/ min halten.] 20 min. aktive Pause zw. den Programmen. Zeitfahrm. benutzen und zur vorauss. Wettkampfzeit fahren. Massage!	30 min. einfahren, dann 3x Antritte aus dem Stand m. 54x16 gegen leichte Steigung (z.B. Brü-ckenauffahrt). Je 5 min. Pausen m. 39x 17 dazwischen.	45 min. E.F., dann 3km E.I., ÜV 54 x17, auf 3km D.P. erhöhen m. ÜV 54x 15 u. abschließend 2km R.T. m. ÜV 54 x14. Tf im Bereich zwischen 90-110 U/ min halten. 20 min. aktive Pause zw. den Programmen. Zeitfahrm. benutzen und zur vorauss. Wettkampfzeit fah-ren. Wenn möglich hinter Vespa! Massage!	45 min. einfahren dann folg. Prog.: Aus dem E.F. heraus ins D.P. beschleunigen. E.F. je 1min, ÜV 54x17, dann 20s D.P. m. ÜV 54x 15, Tf 90-100. 15x wiederholen! Rest locker aus-rollen. Zeitfahrm. benutzen Streckenbesich-tigung!	GP de Nation: Vor dem CLM: 4Km E.F., 2Km D.P., ÜV 54x15, Tf 80-100 Anschl. 4Km E.F., dann 3x[10sec. max. Antritte aus dem stehen mit ÜV 54x16 und je 5 min aktiven Pau-sen, ÜV 39x...]. Preperation)1 s.u. und Rolle z. Start!

Di Rückflug Schlafrhythmus beachten.

Notes pour le Directeur Sportif:

Applikationen	Lundi	Mardi	Mercredi	Jeudi	Vendredi	Samedi	Dimanche
Quartal	1x			morgens			
Microflorana F		1	Eßlöffel	v.d. Essen	morgens	und	abends
Rheoflux			1x		abends		
Ipoazotal i.v.				1xabends			
Hepar loges	1x		morgens		und		abends
ACTH i.m.							8:00 0,25mg
HGH s.c.		2000 U.I. abends		2000 U.I. abends		2000 U.I. abends	
Eprex s.c.					[1000U.I. abends][2]		
Basica	1x	ein	Teelöffel	0,5h	vor	der	Hauptmahlzeit
Maxepa oral			2x		zur		Hauptmahlzeit
Wobenzym			2x2		morgens	und	abends
Gingseng			1x			morgens	
BCAA oral			4x		2h	nach	Training/Rennen
Glutamin oral			2x		2h	nach	Training/Rennen
Creatinmonohydrat		10g	direkt	nach	dem	Training	
Gelum oral							100Tr. 1h v.d. CLM
Mag 2				1x morgens		1x morgens	
Esafosfina i.v.[j1]							1x vor dem Zeit-
Neotone i.v.[j1]							fahren
Atepoidin i.v.[j1]							
Becozyme i.v.				1x abends			
Maltofer i.m.	1x abends						
Epargriseovit i.m.	1x abends						
Maltodextrin*			direkt	nach	dem	Training/	Rennen

*=35g/500ml avec 1 amp. Chloropotassoryl.

Messung des Hkt
Ery, Hgb, MCV, MCH

»Wissenschaftlich war das nicht zu begründen, bot aber jede Menge Raum für Spekulationen«, erinnert sich Quarz, der hier zum ersten Mal mit der Dopingthematik in Berührung kam. »Ich war frustriert, pleite und hatte keine Probanden für meine Diplomarbeit.« Also suchte sich Quarz einen Job. Er wurde Betreuer bei den Bahnradsportlern des Landesverbandes NRW (Nordrhein-Westfalen).

Die Radrennbahn in Büttgen war ein international bekanntes Leistungszentrum. Hier konnte Quarz gute Kontakte knüpfen. Da er auch gut massieren konnte, befand er sich bald mitten im Sechs-Tage-Zirkus. Quarz war ›Mädchen für alles‹ und bekam auch alles mit. Es wurde ihm schnell klar, dass es nicht nur Gewinnabsprachen gab. Auch Dopingkontrollen unterlagen offenbar ganz speziellen Regeln. Er sah, wer was wie einnahm und beobachtete Pfleger, die in der Szene bekannt waren, wie sie mit ihrem Bauchladen voller Medikamente die Runde machten. Er erlebte, wie Sechs-Tage-Profis fast den nächsten Tag nicht mehr erlebten, weil sie nach der Einnahme der diversen Medikamenten-Cocktails einen allergischen Schock erlitten. Quarz sammelte Eindrücke, Gespräche, Verpackungen von Medikamenten und schrieb alles akribisch auf.

Über die Arbeit beim Radsportverband NRW fand er geeignete Probanden für seine Diplomarbeit. Die Untersuchungen der Radsportlerinnen des Landeskaders waren bald abgeschlossen und die statistische Auswertung der Daten begann. Es war Mitte 1995. Donike verstarb auf einer Flugreise nach Südafrika an einem Herzinfarkt. Nicht nur für Quarz brach damit eine Welt zusammen. Seine mündliche Prüfung nahm als damals kommissarischer Nachfolger im Dopinglabor Professor Wilhelm Schänzer ab. Im Oktober 1995 stand Quarz als Diplom-Ingenieur und A-Lizenztrainer für Radsport erst einmal auf der Straße. Hoffnungen auf eine Trainerstelle im Radsport-Verband NRW musste er schnell begraben. »Zu viele Funktionäre wollten zu unterschiedliche Ziele durchsetzen«, formuliert Quarz es sehr wohlwollend.

Wiederum durch Zufall fiel ihm eine Ausschreibung der Trainerakademie in Köln in die Hände. Dort konnte man über ein Studium Diplom-Trainer des damaligen Deutschen Sportbundes werden. Das war sozusagen die staatliche Aufwertung der vorhandenen A-Trainerlizenz und die umfassendste Trainerausbildung, die in Deutschland möglich ist. Einzig die Fußballtrainer haben ein eigenes Ausbildungssystem. Neben diesem Trainerstudium konnte Quarz einen Werkvertrag an der deutschen Sporthochschule Köln ergattern. Das Projekt ›Determinanten zur Bestimmung des Regenerationsprozesses‹ sah fast tägliche Blutproben bei Radprofis vor, die zusammen mit den jeweiligen Trainingsprotokollen ausgewertet wurden.

Zu den Radprofis entwickelte sich schnell ein inniges Verhältnis. Quarz konnte seine Erfahrungen und Erlebnisse in der nächsten Zeit atemberaubend vertiefen. Er tauchte in die Parallelwelt des professionellen Radsports ein. Seine nette Art und seine hohe Fachkompetenz als Trainer ohne Athleten öffneten ihm viele Türen. Auch in den Katakomben der Sechs-Tage-Rennen, wo sich unglaubliche Dinge abspielten. Hier fand auch der erste Kontakt zur Presse statt. So beobachtete er einen Redakteur und ein Kamerateam, die für Interviews die Räume der Pfleger betreten durften. Doch anstatt durch die stattliche Anzahl der herumliegenden Spritzen und Medikamente misstrauisch zu werden, gab man sich mit der Erklärung zufrieden, dass seien ›alles nur Vitamine‹. Doch Quarz blieb misstrauisch und führte seine Dokumentation weiter, die täglich umfangreicher wurde.

Aus der Radsportbegeisterung wurde langsam etwas wie eine Mischung aus wissenschaftlicher und investigativer Begeisterung für die Dopingproblematik im Radsport. Denn schon zu diesem Zeitpunkt war Quarz eins klar geworden: Es betraf weder Einzelfälle noch bestimmte Radsportdisziplinen. Das Thema Doping war allgegenwärtig, und Quarz war Mitglied der verschworenen Radsport»familie«. Auch für seine Abschlussarbeit an der Trainerakademie konnte er stellenweise Erkenntnisse nutzen, die sich aus dieser einmaligen Konstellation ergaben. ›Qualitatives Training im Kontext endogener Adaptationsmechanismen und endogener Stimulation‹ war der Titel seiner Arbeit, und die Ergebnisse stellte Quarz unter anderem auch 200 französischen Sportwissenschaftlern am ›Institut National du Sport et Education Physique‹ in Paris vor. Quarz hatte sein zweites Diplom gemacht und erhielt überall Zuspruch. Nur nicht in Deutschland, wo es existenziell nötig gewesen wäre. Den erhielt er nur von ›seinen‹ Radrennfahrern, die er nach bestem Wissen davon zu überzeugen versuchte, es statt mit Medikamenten mit vernünftiger Trainingsplanung zu versuchen. Sie vertrauten sich ihm rückhaltlos an. Doch dafür gab es kein Geld. Das erhoffte sich Quarz von einer adäquaten Stelle im organisierten Radsport.

Mittlerweile war er Vater geworden und organisierte den Haushalt, während seine Frau für das Familieneinkommen zuständig war. Quarz bewarb sich auf Trainerstellen, für die er prädestiniert war. Doch seitens des BDR gab es nur Absagen, obwohl er unter den Bundestrainern Fürsprecher hatte. Dabei ist die Kombination eines naturwissenschaftlichen Studiums, zudem mit Dopinganalytik als Diplomarbeit, mit der höchsten Trainerlizenz des Fachverbandes und dazu noch einer staatlichen Anerkennung als Diplomtrainer eine vermutlich einmalige Konstellation. Eine, die im Laufe der Jahre, als immer mehr Dopingskandale im Radsport offenbar wurden, immer wichtiger geworden war. Die Medien aber wurden erst über Umwege auf Quarz und seinen einmaligen Wissens- und Erfahrungsschatz aufmerksam. »Leider«, wie er heute anfügt. Denn das sollte sich zum bislang unerfreulichsten Kapitel in seiner Radsport»karriere« entwickeln.

Nach dem Dopingskandal der Tour de France 1998 war dieses Thema nun auch für das Fernsehen interessant geworden. Den Anfang machten politische Magazine, die sich der Dopingproblematik widmeten. Schon hier kamen Quarz die ersten Zweifel an der journalistischen Seriosität. So wurde ihm eine eidesstattliche Versicherung fertig verfasst zum Unterschreiben vorgelegt. Dinge, die er daraus gestrichen hatte, weil sie falsch waren, fanden sich im fertigen Beitrag trotzdem als nachgesprochener Text wieder. Doch das sollte erst der Auftakt sein für ein unglaubliches Beispiel eines journalistischen Hypes, den die *Frankfurter Allgemeine Zeitung* wie folgt dokumentierte:

22.2.2000, *FAZ*, Medienforum (Feuilleton), Seite 56

Die große Informantenverbrennung

Der *Spiegel* vor Gericht: Was die Zeitschrift unternahm, um einen Sportskandal zu inszenieren

Können Sportjournalisten noch in den Spiegel schauen?

Die Frage ist spätestens seit den Vorkommnissen um einen vermeintlichen Düsseldorfer Doping-Dealer und nach den Artikeln über das vermeintliche Doping im Team Telekom, die den Sportzirkus im vergangenen Sommer bewegt haben, berechtigt. Als die Affären im Radsport im Juni des vergangenen Jahres dem Höhepunkt entgegensiedeten, wollte jeder der Erste sein, die Saubermänner vom Team Telekom vom Rad zu holen. Der *Spiegel* hatte schließlich die Geschichte, hinter der alle her waren: Unter dem Titel »Die Werte spielen verrückt« erschien am 14. Juni 1999 ein Artikel, dessen Tenor die Unterzeile zusammenfasste: »Im dopingverseuchten Radfahrer-Metier gab sich das Team Telekom als Oase des sauberen Sports. Jetzt bröckelt die Fassade. Aussagen und Unterlagen von Mannschaftsmitgliedern zeigen, dass auch Telekom-Fahrer nicht ohne die illegalen Schnellmacher auskamen.«

Mit dieser Geschichte, die auf den ersten Blick überzeugend anmuten konnte, fing sich der *Spiegel* eine Gegendarstellung des Telekom-Radrennfahrers Jan Ullrich ein, für die das Blatt mehr als eine Spalte seines wertvollen redaktionellen Raumes opfern musste. Und an diesem Donnerstag wird vor dem Frankfurter Landgericht darüber verhandelt, was von den Vorwürfen des *Spiegel* übrig bleibt. Eine einstweilige Verfügung gegen die damals erhobenen Vorwürfe hat der *Spiegel* bislang nicht angefochten. Nun geht es dem Team Telekom darum, die erwirkte Unterlassungserklärung zu bestätigen und eine Richtigstellung nebst Schadenersatz zu erwirken. Die einst sensationell aufgemachte Geschichte hat allen Glanz verloren. So geht es zu im Leistungssport-Journalismus.

Spenden vom *Spiegel*

Die Vorgeschichte des vermeintlichen scoops begann ein Jahr vor der Publikation, Mitte 1998: Dieter Quarz, 32, aus Düsseldorf, ein Diplom-Trainer für Radsport und diplomierter Chemiker, engagiert sich seit langem im Kampf gegen Doping. Durch sein Vertrauensverhältnis zu zahlreichen Radsportlern wurde es ihm möglich, über Jahre die Praxis der regelmäßigen Einnahme von Medikamenten im Radsport zu dokumentieren und zu analysieren, um über die daraus resultierenden Gefahren aufzuklären. Auch mit wissenschaftlich ausgerichtetem Training bemüht er sich, der Dopingmentalität im Radsport entgegenzuwirken. Sein Fachwissen und seine Verbindungen stellt er unter anderem der Redaktion des Fernsehmagazins Monitor zur Verfügung, die – wie viele andere auch – Recherchen über Doping im Radsport anstellt. Durch diese Sendung wird Professor Werner Franke vom Deutschen Krebsforschungs-Zentrum (DKfZ) in Heidelberg – auch er Zeuge und Ankläger des Dopingmissbrauchs –, auf den jungen Mann aufmerksam, der sich im Hintergrund hält, aber offenbar großes Insiderwissen über die Radsportszene besitzt. Franke lädt Quarz zu einem »vertraulichen Vier-Augen-Gespräch« nach Heidelberg ein. Er wolle ihn »aus dem Sumpf des Radsports herausholen«, sagt Franke, und ihm eine »berufliche Existenz sowohl im Wissenschafts- als auch im Sportbereich ermöglichen«. Derart geködert fährt Quarz im August 1998 tatsächlich nach Heidelberg. Doch das avisierte vertrauliche Gespräch ist keines, denn der Diplom-Trainer wird nicht nur von Professor Franke, sondern noch von zwei weiteren Herren erwartet. Der Professor hatte sich mit dem Spiegel kurzgeschlossen. Quarz wird schnell klar, dass man ihm falsche Versprechungen gemacht hat. Was der Professor und der Spiegel-Redakteur Udo Ludwig ihm vorschlagen, hat mit einer abgesicherten beruflichen Zukunft nichts zu tun. Sie suchen einen Informanten, den Informanten, der das Team Telekom belastet. Erkenntlich zeigen will sich der Spiegel, von dem inzwischen jeder weiß, wie spendabel er sein kann, durch eine Umwegfinanzierung: Nicht Quarz direkt soll Geld erhalten, sondern das Deutsche Zentrum für Krebsforschung eine großzügige Spende. Ums Spenden geht es nicht nur in der Politik.

Dafür soll – wen wundert's – das Material, das Quarz über Doping im Radsport gesammelt hat, den Weg zum Spiegel finden. Der Betroffene, für den unklar bleibt, was der Handel zu seinem Wohl erbrächte, findet schnell den Weg zur Tür. Die Herren haben zwar einiges von seinem Material gesehen, doch ließ sich durch die von ihm vorgelegten Aufzeichnungen eine eindeutige Verbindung zwischen Doping-Vergehen und dem Team Telekom nicht herstellen. Bei diesem Treffen handelte es sich um den üblichen Versuch, einen Informanten »einzukaufen«. Das räumt der Spiegel-Redakteur Ludwig auf Nachfrage freimütig ein. Es »wäre zu viel für Franke gewesen«, den Doping-Rechercheur Quarz für sich zu gewinnen, sagt er, und: »Es war klar, dass der Spiegel hier finanziell aushelfen musste.« Allein, der Informant wollte nicht. Quarz' Material, oder zumindest ein Teil davon, fand dann aber doch noch auf dubiose Weise den Weg zum Spiegel. In der Geschichte über das

Team Telekom nämlich, der die große Gegendarstellung folgte, tauchten als vermeintlicher Beweis für Doping beim Team Telekom Medikationspläne von Radfahrern auf, als deren Urheber Insider Dieter Quarz erkennen. Die Grafik eines Hämatokrit-Verlaufs kann einer der betroffenen Fahrer, wie er auf Nachfrage erklärt, als die Aufzeichnung seiner Werte erkennen, von der nur der von zahlreichen Radsportlern als Vertrauensmann geschätzte Quarz wusste.

Herangekommen waren die *Spiegel*-Redakteure Udo Ludwig und Matthias Geyer an diese Unterlagen bei einem zweiten Treffen mit Dieter Quarz, in das dieser trotz der unerfreulichen Begegnung in Heidelberg einwilligte. Man traf sich am 8. Juni 1999 in Düsseldorf, eine Woche, bevor die umstrittene *Spiegel*-Geschichte erscheinen sollte. Es gehe ihnen lediglich um die »wissenschaftliche Absicherung zu einem Artikel über Doping im Radsport«, hieß es. Quarz, der ein sehr gutgläubiger Mensch ist, gibt den Redakteuren Material aus einem Vortrag über ebendieses Thema mit. Es geht darin in Fallbeispielen ums Doping, es sind aber keinerlei konkrete Zuordnungen zu einzelnen Fahrern oder Teams enthalten. Wenig später bekommt Quarz ein Manuskript eines Artikels zu sehen, der im *Spiegel* hernach erscheinen soll. Auch das mag ihn verärgern, es muss ihn aber nicht stutzig machen, denn er weiß nichts von dem Zusammenhang, den der *Spiegel* durch »seine« Grafiken, eigene Bildunterschriften und Andeutungen im Text im Hinblick auf das Team Telekom konstruiert. Eine der Grafiken etwa wird vollkommen falsch untertitelt: Die »Winterkur« eines vermeintlichen Telekom-Fahrers ist in Wirklichkeit ein authentisches Beispiel für einen Medikationsplan, wie er in Trainingslagern fernab der Heimat von Radprofis befolgt wird. Nur eine solche neutrale Darstellung hat Quarz autorisiert, falls das Magazin auf seine Angaben zurückgreifen sollte. Im Gespräch mit den *Spiegel*-Redakteuren fordert er Änderungen an dem Manuskript, doch seine Einwände werden ignoriert. Er hat keine Macht mehr über sein Material. Doch seine Bereitschaft, den *Spiegel* mit Informationen zu versorgen, wird Quarz noch übler vergällt.

Am Tag nach der Veröffentlichung des *Spiegel*-Artikels über Doping und das Team Telekom, am 15. Juni 1999, brechen Kriminalbeamte auf Geheiß der Düsseldorfer Staatsanwaltschaft aufgrund einer Anzeige von Professor Franke aus Heidelberg die Wohnung von Quarz auf und nehmen dessen Aufzeichnungen nebst PC und Notebook zur Beweissicherung mit. Er wird nun selbst verdächtigt, etwas mit Doping zu tun zu haben. Franke hatte die Anzeige gegen Quarz am 7. Juni aufgesetzt, einen Tag, bevor dieser Besuch von den *Spiegel*-Redakteuren Ludwig und Geyer erhalten hatte. Franke erhob, wie er auch in einem Rundfunk-Interview sagte, den Vorwurf, Quarz habe gegen das Arzneimittelgesetz verstoßen und mit Dopingmitteln gehandelt. Der Informant, den man zur Mitarbeit nicht gewinnen konnte, der akribische

Doping-Aufklärer, der bei einer dubiosen Sache nicht mitmachen wollte, sieht sich nun also denunziert als Doping-Dealer. Während solchermaßen gegen Quarz ermittelt wird, setzt der *Spiegel* auf seine Weise nach: Für die nächste Ausgabe des Magazins kündigen Agenturen die Fortführung der Berichterstattung über »Doping im Team Telekom« an. Diese sollte unter anderem in einem Interview mit Quarz bestehen, das ebenfalls unter äußerst dubiosen Umständen zustande gekommen wäre: Aus Quarz' wissenschaftlichen Einlassungen über das Doping bei dem Treffen mit den *Spiegel*-Redakteuren in Düsseldorf hatte man auf die Schnelle einen Text gebastelt, der wiederum vorrangig »Doping im Team Telekom« zum Thema hatte. Damit hätte sich Quarz tatsächlich der Staatsanwaltschaft als Zeuge der Anklage oder Mitwisser dunkler Machenschaften empfohlen. Bis jetzt hatte er übrigens weder von Franke die Fahrtkosten nach Heidelberg noch vom *Spiegel* ein Informations-Honorar erhalten, sich dafür aber eine Menge Ärger, nicht nur mit den durch die Polizei erschreckten Nachbarn, eingehandelt.

Ein Treffen in Hamburg

Nach all den vernichtenden Erfahrungen mit dem Hamburger Magazin bekam Quarz noch einmal Besuch vom *Spiegel*. Am 17. Juni taucht der Redakteur Udo Ludwig bei ihm auf, drei Stunden vor Quarz' erster Vernehmung bei der Staatsanwaltschaft. Im Schlepptau hat Ludwig den Justiziar des *Spiegel*. Die beiden sichern Quarz volle juristische Unterstützung zu, wollen aber vor allem, dass er eine eidesstattliche Versicherung abgibt. Der verunsicherte Quarz ist angeschlagen, aber standhaft genug, das Ansinnen abzulehnen. Er vertraut sich einem Neusser Rechtsanwalt an. Es gibt kein Interview für den *Spiegel* und keine eidesstattliche Versicherung. Quarz ist nicht der Kronzeuge, den das Blatt braucht. Doch es gibt in dieser Sache noch einmal ein Treffen mit allen Beteiligten auf höchster Ebene in Hamburg.

Quarz erinnert sich, wie *Spiegel*-Chefredakteur Stefan Aust bei diesem Treffen am 14. Juli 1999 auf die Wirrnisse um die Dopinggeschichte reagierte. Sein Blatt war mit dem Vorwurf, das Team Telekom verdiene sein Saubermann-Image nicht, in Vorlage getreten, konnte nicht nachlegen, und nun lief die Telekom Sturm: Aust wird wohl klar, dass die Geschichte, die er in gutem Glauben gegenüber seinen Freunden Sommer und Kindervater, dem Chef und dem Pressesprecher der Telekom, als journalistisch seriös verteidigt hatte, so nicht der Wahrheit entsprach. Der *Spiegel*-Chef ersucht den von Quarz eingeschalteten Anwalt um Hilfestellung gegen die Telekom. Der Anwalt lässt die Antwort offen.

Während man sich in Hamburg über derlei Gesichtspflege den Kopf zerbricht, kommt die Staatsanwaltschaft Düsseldorf schnell auf den Trichter, dass der von ihr ins Visier genommene vermeintliche Doping-Dealer Quarz unbescholten ist. Am 17. August 1999 teilt sie seinem Anwalt mit, das Verfahren wegen Verstoßes gegen das Arzneimittelgesetz gegen Dieter Quarz sei eingestellt.

Doch damit ist die Geschichte der gescheiterten Enthüllung noch nicht zu Ende: Dieter Quarz, der Informant, der dem *Spiegel* nicht willfährig war und von Professor Franke einem falschen Verdacht ausgesetzt und öffentlich als derjenige vorgeführt wurde, der für die ganze Affäre verantwortlich sei, hat zwischenzeitlich ein fünfstelliges Angebot einer anderen Publikation ausgeschlagen, die ihn ebenfalls als Doping-Kronzeugen verpflichten wollte. Seine Familie hätte das Geld gut gebrauchen können. Doch weigert sich Quarz, der als Letzter leugnen würde, dass Doping im Radsport ein flächendeckendes Problem ist, ganz einfach, konkrete Schlüsse zu ziehen, wo sie nicht zu ziehen sind. Sein falscher Freund Franke hält sich in seinen Bewertungen zu aktuellen Dopingfällen im Radsport neuerdings vornehm zurück. Er hat sich öffentlich auf die Seite von Lothar Heinrich geschlagen, dem Arzt des Teams Telekom, den er allein wegen »seines Auftretens und seiner Intelligenz« nicht im Verdacht haben mag, jemals Dopingmittel verabreicht zu haben. So sagte es Franke im *Badischen Tagblatt*. So ändern sich die Zeiten. Der *Spiegel* fühlt sich derweil von der Telekom verschaukelt und ärgert sich, die Jahrhundertgeschichte des Sportjournalismus vergeigt zu haben. Für das Team Telekom teilt Joseph Fesenmair, der Justiziar der Telekom, mit, dass »alle rechtlichen Anprüche« vor den Landgerichten in Hamburg und Frankfurt anhängig seien. Die Verhandlung in Frankfurt beginnt am Donnerstag, dem 24. Februar

Ralf Meutgens

Ausriss aus dem Tagebuch des Dieter Quarz: Zuerst kam der *Spiegel*, dann die Polizei

… Am 17.6.1999 sollte ich jedenfalls um 12:00 zu einer Vernehmung bei der Staatsanwaltschaft Düsseldorf erscheinen. Am Abend der Durchsuchung rief mich Ludwig an und wollte wissen, wie ich den Spiegel-*Artikel beurteilte, worauf ich ihm schilderte, in welchem Desaster ich mich augenblicklich befand. Statt zu beruhigen teilte er mir mit, dass der* Spiegel *sofort mit Rechtsbeistand zur Verfügung stünde und am folgenden Tag erscheinen wollte. Zu dem Zeitpunkt hielt ich das für ein hilfreiches und gut gemeintes Angebot. Tatsächlich erschien Ludwig prompt mit dem Leiter der Rechtsabteilung des* Spiegel *Krause um 9:00 am 17.6.1999 via Flugzeug aus Hamburg. Kurz erkundigten sie sich nach dem Vorfall am vorangegangenen Tag und kamen dann relativ plump und schnell auf den eigentlichen Grund ihres Kommens zu sprechen. Sie machten*

mir klar, dass jetzt alles öffentlich und mein Name keinesfalls mehr anonym
bleiben würde, nach dem Motto:»... besser wir packen jetzt alle Fakten auf den
Tisch, bevor wir den Informationsfluss durch die Staatsanwaltschaft nicht mehr
steuern können.« Sie drängten mich zu einer eidesstattlichen Erklärung, die ich
per Fax zugestellt bekäme und im Fall Spiegel *gegen Telekom (die hatten mitt-*
lerweile gegen den Spiegel *eine einstweilige Verfügung erwirkt) als Faustpfand*
eingesetzt werden sollte. »Ach so ...«, schoss es mir durch den Kopf, »jetzt soll ich
für die grandiose journalistische Trickserei auch noch den Kopf hinhalten und
das Bauernopfer spielen ...«

> *Wie groß muss der Druck sein, der auf dem* Spiegel *lastet, weil man überall,*
> *nur nicht in dem Magazin aus Hamburg, Neues über die aktuellen Skandale*
> *erfährt? Um etwas über die Flug-Affäre in NRW zu wissen, hat der* Spiegel
> *Informanten hunderttausend Mark gezahlt und weitere Summen in Aussicht*
> *gestellt. Die vorliegende Geschichte nun handelt von einem Zeugen, der auch*
> *für Geld kein Informant sein wollte und deshalb unter die Räder kam. Unser*
> *Autor, Ralf Meutgens, ist im deutschen Sportjournalismus ausgewiesen. Für*
> *seine Artikel ist er mehrfach vom Verband deutscher Sportjournalisten (VDS)*
> *ausgezeichnet worden. Er war früher selbst Amateurradrennfahrer und be-*
> *sitzt die Trainer-A-Lizenz für Radrennsport, die der Deutsche Sportbund*
> *vergibt. Der Deutsche Journalistenverband Nordrhein-Westfalen hat seine*
> *Beschwerde über die hier geschilderten Umstände dem Deutschen Presserat*
> *zur Begutachtung vorgelegt. Das Team Telekom zieht derweil gegen den* Spiegel
> *vor Gericht.*

25.2.2000, *FAZ*, Feuilleton S. 47

Doping vor Gericht

Spiegel verneigt sich vor Team Telekom

Der *Spiegel* und die Walter Godefroot GmbH, Betreiberin des Team Telekom,
haben sich kurz vor der für gestern morgen am Frankfurter Landgericht anberaumten Verhandlung über die vom *Spiegel* gegen das Team Telekom erhobenen Doping-Vorwürfe außergerichtlich geeinigt.

Das Magazin hatte im Juni des vergangenen Jahres über vermeintliches
Doping im Team Telekom berichtet (*FAZ* vom 22. Februar). Dagegen hatte sich
die Walter Godefroot GmbH mit einer Unterlassungsverfügung gewandt, der

bis heute nicht widersprochen worden war. Der *Spiegel* hat die Unterlassung, wie Klaus-Jürgen Michaeli, der Anwalt der Walter Godefroot GmbH sagte, endgültig anerkannt. Auf eine Richtigstellung sowie auf Schadenersatz hat der Kläger verzichtet. Die Klage wurde zurückgezogen.

Man habe das Bedauern des *Spiegel* zur Kenntnis genommen und sich »in letzter Minute einigen können«, sagte Michaeli. Auf einen mehrjährigen Schadenersatzprozess, in dessen Rahmen sämtliche Fahrer des Team Telekom hätten angehört werden müssen, habe man verzichtet. Kostenanträge wurden seitens der Godefroot GmbH ebenfalls nicht gestellt. Den Streitwert des Verfahrens hatte der Vorsitzenden Richter mit einer Million Mark beziffert.

Nach der Verhandlung sagte der Rechtsanwalt Michaeli dieser Zeitung, der *Spiegel* habe »sich in einer Weise geäußert, dass die Rechercheergebnisse diese Berichterstattung nicht rechtfertigten«.

In einem weiteren Verfahren wurde vor dem Oberlandesgericht zwischen der Deutschen Telekom AG und der Walter Godefroot GmbH gegen Professor Werner Franke in einem Fall entschieden, dass Franke die Behauptung nicht wiederholen dürfe, eine Staatsanwaltschaft ermittle gegen Fahrer des Teams Telekom wegen der Versorgung mit Dopingmitteln. Damit wurde ein erstinstanzliches Urteil, in dem Franke Recht gegeben worden war, aufgehoben. Franke verpflichtete sich nun, die früher geäußerten Vorwürfe gegen Fahrer des Team Telekom nicht zu wiederholen.   *Ralf Meutgens*

Danach wurde es relativ ruhig an der Radsport- und Medienfront. Der Autor der *FAZ*-Berichterstattung Ralf Meutgens hatte seine Zusammenarbeit mit dem *Spiegel*, aus der 1997 eine Geschichte über den Kölner Ex-Radprofi Jörg Paffrath resultierte, im Vorfeld bereits eingestellt. Noch ausstehende Informationshonorare und Reisekosten waren nur nach Intervention durch den Deutschen Journalisten-Verband erstattet worden. Der Presserat sah keinen Anlass, das journalistische Vorgehen des *Spiegel* in irgendeiner Weise zu rügen. Bei der Staatsanwaltschaft Düsseldorf war man in dieser Hinsicht offenbar anderer Meinung. Doch ein entsprechender Hinweis an die Kollegen in Hamburg führte ebenfalls zu keinen Konsequenzen.

Es gab einige kurze Briefwechsel zwischen den Justiziaren der beteiligten Parteien, doch es kam zu keiner Gegendarstellung oder anderen presse- oder zivilrechtlichen Konsequenzen. Es war auch für einige Beteiligte besser, diese Geschichte möglichst schnell zu den Akten zu legen. Der Autor der *FAZ*-Berichterstattung wurde einige Male von Kollegen darüber unterrichtet, wie man beim *Spiegel* über ihn und Möglichkeiten, gegen ihn etwas zu unternehmen, sprach. Einmal konnte er rein zufällig das Gespräch zwischen zwei Kollegen, einer von beiden vom *Spiegel*, über diese Thematik verfolgen. Er nahm den »Bann«, den man von oberster Stelle über ihn ausgesprochen hatte, als

Kompliment. Von verschiedenen Seiten kamen aufmunternde Worte, zwar nicht öffentlich, aber immerhin. Es gab nach der Veröffentlichung der »großen Informantenverbrennung« nur einen Kollegen, der diesen Beitrag für seine eigene Fernseh-Berichterstattung aufgreifen wollte, was aber nicht realisiert wurde. Bevor die *FAZ* die Veröffentlichung zugesagt hatte, waren fast 40 Manuskripte an andere Tageszeitungen und Zeitschriften verschickt worden. Doch dieses Thema wollte man sich offenbar nicht antun. Es hieß, das sei zu überregional, es würde den Rahmen sprengen oder die Leser seien die falsche Zielgruppe. Von einem Medium hieß es eindeutig, so etwas tue man unter Kollegen nicht.

Ein anderer Kollege, immerhin durch den Radsport verbunden, kündigte ihm die Freundschaft mit der gleichen Begründung. Diese Kündigung hielt bis 2005, als sich anlässlich einer Journalistentagung beide wieder trafen. Auf dieser Veranstaltung war der Autor wegen eines anderen Beitrags in der *FAZ* gerade vom Podium lobend erwähnt worden. So kann es zugehen im Journalismus, der ganz eigenen Regeln folgt.

Dieter Quarz hat mittlerweile, trotz mehrerer Wechsel an der Spitze des Präsidiums im BDR, die Hoffnung auf eine bezahlte Trainerstelle aufgegeben. Im Jahre 2000 leitete er die C-Trainer-Ausbildung für den Radsportverband Schleswig-Holstein und in den Jahren danach auch die Fortbildungen. Hieraus entstand eine im deutschen Radsport bislang einmalige Initiative zur Doping-Präventions-Arbeit (vergleiche Beitrag von Gert Hillringhaus). Auf internationalen Kongressen ist Quarz gern gesehener Referent zum Thema Doping im Radsport. Seine beruflichen Qualifikationen nutzt er für die selbstständige Entwicklung von patentierten Trainingsgeräten. Erste Ergebnisse sind viel versprechend.

Worauf basieren Ihre Erfahrungen bezüglich des Dopings im Radsport?
Ich bin seit zwei Jahrzehnten ein Vagabund des Radsports, dabei habe ich so ziemlich jede erdenkliche Funktion ausgeübt: Aktiver, Soigneur, Mechaniker, Läufer, Sportlicher Leiter und Trainer – dies alles Disziplin übergreifend vom Bahnradsport über den Straßenradsport bis hin zum Radcross und Mountainbikesektor. Mit etwas intellektueller Begabung ausgestattet, erschließt sich einem ziemlich schnell die Parallelwelt des Dopingsumpfes, in dem sich das ganze Spektakel abspielt.

Wie würden Sie die aktuelle Situation einschätzen? Ist erst die berühmte Spitze eines Eisbergs sichtbar, oder wird das Thema von den Medien hochgespielt?
Ganz allmählich beginnt sich die Exekutive, flankiert von den Legislativen in einigen Ländern, europaweit und grenzübergreifend mit dem kriminellen System der klandestinen Leistungsmedizin und den Logistikstrukturen der Dealernetzwerke, die dahinter stehen, auseinander zu setzen. Aus der detaillierten Kenntnis über den Grad der Durchseuchung, den ich in all den Jahren beobachten und dokumentieren konnte, muss ich leider konstatieren, dass es sich dabei in der Tat nur um die sprichwörtliche Spitze eines gigantischen Eisbergs handelt. Bei den Ergebnissen der stichprobenartigen Kontrollen, die sich aus den vereinzelten Razzien ergeben, braucht es nicht allzu viel Kenntnis von analytischer Statistik, um von der Stichprobe auf das Referenzkollektiv hochzurechnen. Ich bezweifle zudem, dass es den ausgeprägten politischen Willen gibt, den kriminellen Netzwerken einen entscheidenden Schlag zu versetzen. Dafür existieren zu viele ökonomische Verflechtungen mit dem professionellen Hochleistungssport, von dem auch sehr viele Entscheidungsträger profitieren. Die Medien spielen dabei eine jämmerliche Rolle, von einigen Ausnahmen abgesehen. Der Sportjournalismus ist zu reiner Lobbyarbeit kompetenzloser Wellenreiter verkommen, die wenigen fachkundigen investigativen Journalisten in diesem Metier haben Probleme, ihre Recherchen angemessen zu publizieren. Auch hierbei spreche ich aus eigener Erfahrung. Die gleichen »Duzfreunde« des Sportboulevards sezieren allerdings genüsslich die Doping-Protagonisten, in deren Glanz sie sich gestern noch sonnten, wenn die schlechte Nachricht ihrer eigenen Profilierung dient.

Was sind Gründe für das Entstehen einer Dopingmentalität, speziell im Radsport?
Die Dopingmentalität wird von Generation zu Generation vererbt. Das größte Problem ist ein Durchbrechen der Erbfolge in diesem Circulus vitiosus. Dafür ist es notwendig, das Personalkarussell dieses Zirkus zu stoppen. Die

Selbstverständlichkeit, mit der ehemalige der Dopingpraktiken kundige Aktive in Funktionsträger der Sportinstitutionen umgewandelt werden, ist zum eigentlichen Fluch für den Sport geworden. Leistungssport mit pädagogischer Verantwortung und daraus resultierenden Präventionskonzepten, durchgeführt von kompetent ausgebildeten Trainern – das wäre ein Weg, um eine neue Generation von Sportlern heranzubilden, die »Nein« sagen können zu Dealern und Verführern. Hierbei sind alle Ebenen der Sozialisation gefordert, ein entsprechendes Vorbild zu geben.

Ein weiterer Aspekt ist die Abartigkeit des Anforderungsprofils und die daraus resultierenden Belastungskenngrößen im modernen Hochleistungssport. Das dafür erforderliche Leistungsniveau kann nur durch flankierende pharmazeutische Intervention erreicht werden, selbst die Talentiertesten stoßen dabei an die Grenzen ihrer natürlichen physiologischen Kapazitäten. Dies betrifft vor allem den limitierenden Faktor der Belastbarkeit. Auf diesem Sektor könnte sich der akademische Begleittross viel besser für die Gesundheit der Athleten engagieren, wenn er helfen würde, die Anforderungen auf ein menschliches Maß zu reduzieren, statt mit aufgezogenem Injektionsbesteck durch die Quartiere zu huschen.

Wann beginnt das Abdriften in den Dopingsumpf?
Leider viel zu früh! Das Fatale ist, dass aus Mangel an trainingsmethodischer Kompetenz und physiologischem Verständnis unter dem Druck, als Trainer Erfolge zu produzieren, auf das zurückgegriffen wird, womit man selbst erfolgreich war. Und da wird die Kiste mit gesammelten Beipackzetteln aus der ehemaligen aktiven Karriere herausgeholt und den jungen Sportlern schnell ein Elixier verpasst, das kurzfristigen Erfolg verspricht. Die jungen Athleten befinden sich in einer sensiblen Phase ihrer Persönlichkeitsentwicklung, wo aus der Abhängigkeit vom Trainer, Arzt oder Funktionär eine Abhängigkeit vom einmal erfolgreich getesteten Pharmazeutikum werden kann. Die Verantwortungslosigkeit, mit der diese oft nur sogenannten Trainer ihren Schützlingen die »ergogenen Hilfen« offerieren, grenzt an den Tatbestand der vorsätzlichen Körperverletzung. Der Missbrauch des Vertrauensverhältnisses zwischen Sportler und Betreuer legt den Grundstein für ein Abdriften in die Einbahnstraße des Dopings.

Oft führt auch unbedachtes und vielleicht sogar gut gemeintes Handeln von Eltern in der Grauzone der Betreuung zu einer sukzessiven Manipulationskaskade. Da wird dann schon mal eine Aspirin vor dem Rennen angeboten oder Red Bull in die Flasche fürs Finale gefüllt, statt den Filius durch angepassten und ausgewogenen Trainingsreiz sowie entsprechenden motivationsfördernden Spaßfaktor angemessen auf den Wettkampf vorzubereiten und ihm anschließend zu helfen, das Wettkampferlebnis (ob positiv oder negativ) rational zu reflektieren und emotional zu verarbeiten. Während der Entwicklungsphasen bis in die beginnende Adoleszenz, in denen der Aufbauprozess in Ausdauersportarten stattfindet, müssen der erzieherische, persönlichkeitsbildende Gedanke und der Spaß an der Bewegung im Vordergrund stehen. Der Leistungsaspekt, der zum Leistungsdruck mutiert, darf dort keine Rolle spielen. Die Selektion genetisch prädisponierter Eliten ergibt sich automatisch und wird in einer vernünftig sozialisierten Gruppe akzeptiert und respektiert. Jedem Athleten dabei ein Optimum an individueller Förderung (ohne regelwidrige Abweichung!) zukommen zu lassen, das ist die Aufgabe eines verantwortungsbewussten Trainers im Nachwuchsbereich. Diesem Anspruch gerecht zu werden ist ein Full-Time-Job – und die wahre Kunst des Lehrens.

Woher kommen die Medikamente? Wer beschafft sie?

Genauso vielseitig wie die potentiellen Wirkstoffkombinationen ist das Angebot für die Athleten. Der Schwarzmarkt hat mittlerweile derart gigantische Dimensionen angenommen, dass man ihm schon fast eine schleichende Legalisierung attestieren kann. Die Verfügbarkeit von Dopingmitteln ist allgegenwärtig, ob im unmittelbaren Umfeld des Athleten durch Arzt, Betreuer, Eltern oder Trainer oder durch die virtuelle Globalisierung im Internet. Es gibt alles, jederzeit und an jedem erdenklichen Ort. Die Abwicklung der Deals erfolgt von klassisch konspirativ, unter der Theke einer »Muckibude«, über das fest installierte Kühlaggregat im Auto eines umherziehenden Dealers bis hin zur Abrechnung der »Medikation« über Krankenkassen in Zusammenarbeit mit Arzt oder Apotheker. Wenn man den Weg der Wirkstoffe von den Verteilern bis zur Quelle zurückverfolgt, landet man schließlich beim Produzenten, also der Pharmaindustrie, und dem sie eigentlich kontrollierenden Organ der staatlichen Rechtspflege. Wenn die Quelle versiegt, löst sich das Problem von alleine. Dass sie weiter kräftig sprudelt, wirft erneut Fragen nach dem politischen Willen auf, Doping wirklich ernsthaft zu bekämpfen.

Was kann das Dopingkontroll-System ausrichten?

Das Kontrollsystem hat eine entscheidende Schlüsselstelle: den Zeitpunkt der Probenentnahme bei den Athleten. Wird diese unter normierten Bedingungen weitgehend standardisiert und nicht nach dem Zufallsprinzip variierend durchgeführt, ist sie berechenbar, und die Pharmakokinetik der Applikationen kann entsprechend angepasst werden. Die Manipulateure funktionieren das Kontrollsystem so zum Alibi um.

Ein weiterer Kritikpunkt ist die Frage nach den kontrollierten Wirkstoffen im Standardscreening. Wird wirklich nach dem gesucht, was angewendet wird? Die zahlreichen Erkenntnisse der Razzien in jüngster Vergangenheit belegen, dass die meisten Manipulationen analytisch gar nicht detektiert werden konnten. Warum also ist das Wissen um die jeweils neuesten Manipulationsstrategien zwischen den Lagern der Virtuosen am Injektionsbesteck und den Forensikern in den Laboratorien so unterschiedlich? Die Information steht allen doch gleichermaßen zur Verfügung. Sicherlich hat der Kontrollierende einen gewissen Zeitverzug durch die notwendige Validierung eines formaljuristisch unanfechtbaren Detektionsverfahrens, aber müssen dafür Jahre verstreichen? Bei EPO waren es über zehn Jahre von der Markteinführung des Wirkstoffes bis zu einem soliden Testverfahren! Das wirft die Frage auf, ob derartige Verzögerungen nicht gewollt sind und einer perfiden Strategie mächtiger Lobbyistengruppen folgen.

Wie verhalten sich die Radsportler selbst und die Umfeldakteure (Trainer, Ärzte, Betreuer, Verbände, Sponsoren, Medien) dem Thema Doping gegenüber? Gibt es ein Unrechtsbewusstsein?
Unrechtsbewusstsein einer Sache gegenüber, die so alltäglich ist wie Essen, Schlafen, Trainieren? Nein, in all den Jahren habe ich so gut wie nie auch nur ansatzweise eine kritische Diskussion über dieses Thema in der Szene führen können. Die Konfrontation mit der Thematik auf einer ethischen Ebene findet nicht statt, das wird regelrecht ausgeblendet. Und wenn es dann mal zum großen Knall kommt (erfolgreiche Razzia oder positiver Befund), läuft eine heuchlerische Dementierungskampagne an, mit dem Ziel, den oder die Überführten zu isolieren und den Rest aus der Schusslinie zu nehmen. Es wird alles getan, eine Kriminalisierung zu vermeiden und eine Relativierung des Problems in die Öffentlichkeit zu transportieren. Die Medien erweisen sich dabei einmal mehr als nützliche Idioten.

Gibt es Präventionsmöglichkeiten? Wenn ja, welche? Warum wurde bislang von Verbandsseite offenbar so wenig getan (Trainerausbildung)?
In den vorangegangenen Ausführungen habe ich bereits einige Ansatzpunkte aufgezeigt, wie man sowohl restriktive Maßnahmen als auch pädagogische Instrumente in den Sport implementieren könnte. Ein erfreuliches Beispiel einer engagierten Antidopingkampagne ist die von der Deutschen Sportjugend (DSJ) herausgegebene Broschüre samt Arbeitsmaterialien »Sport ohne Doping«, die im Wesentlichen der Initiative von Prof. Gerhard Treutlein zu verdanken ist. Es macht mich wütend, wenn ich sehe, wie in den letzten Jahren Hunderttausende von Euro von der EU (aber auch durch die NADA) für absolut fragwürdige Projekte vergeudet wurden, während in weitestgehender Privatinitiative Expertenkongresse und Arbeitsmaterialien organisiert wurden, die hervorragende praxisorientierte Ergebnisse liefern. Was die Frage zur Rolle der Verbände betrifft, will ich es so ausdrücken: Niemand, der Bestandteil des Systems ist, hat ein Interesse daran, dieses System aus dem Gleichgewicht zu bringen. In den Neunzigerjahren des letzten Jahrhunderts habe ich sämtliche Instanzen der Trainerausbildung des BDR durchlaufen, von der Übungsleiterlizenz bis zum Diplom-Trainer-Zertifikat. Ich habe die Unterlagen vorsichtshalber noch einmal gesichtet: Es ist in der Tat nicht einmal das Thema Doping, geschweige denn Prävention, thematisiert worden.

Dopingmittelbeschaffung im Sport

Der Radsport zeigt beispielhaft, wie sich die Dopingszene mit den entsprechenden Mitteln versorgt. So war es vor dem Festina-Skandal bei der Tour de France 1998 problemlos möglich, sich in den Frühjahrs-Trainingslagern in Spanien (Mallorca, Costa del Sol etc.) in einschlägig bekannten Apotheken gegen Barzahlung und ohne Rezept massenhaft mit solchen Produkten einzudecken. Seitdem verlagerte sich diese Einkaufsmeile weiter zu den Apotheken Südosteuropas und Nordafrikas (Griechenland, Türkei, Zypern, Tunesien und Ägypten), wobei die Vorratskammern gern während Trainingslagern oder Frühjahrsrundfahrten gefüllt werden.
Auch Südafrika erfreut sich diesbezüglich seit langem großer Beliebtheit. Das Land bietet klimatisch und pharmazeutisch hochwertige Rahmenbedingungen für in dieser Hinsicht ambitionierte Radprofis.

In der Hauptsaison werden hauptsächlich die regionalen Quellen rund um die Wettkampfstätten angezapft, hierbei sind neben den Apotheken in Italien, Spanien, Belgien und der Schweiz vor allem die Personalinfrastrukturen der Teams (Soigneurs, Sportliche Leiter und Teamärzte) von Bedeutung. In Deutschland sind daneben Schwarzmarktquellen über dubiose Arztpraxen, Klinikapotheken und Fitnessstudios zu nennen. Zum Teil bestehen derartige Adressen im Radsport bereits seit Jahrzehnten.

Detaillierte Preise von Schwarzmarktprodukten lassen sich durch investigative Maßnahmen und Recherche in der Szene relativ gut eruieren. Ergebnisse solcher Nachforschungen ergeben für die umsatzstärksten Wirkstoffe (hGH und EPO) folgende Preise:

- 4000 I. E. Eprex 80,– Euro (BEL, Arztpraxis 1999). Standardapplikation 2000 I. E. – 5000 I. E./2 Tage s.c., (max. 10000 I. E. s.c., min. 500 I. E. i.v)
- 10000 I. E. Erypo 120,– Euro (CH, 2000, Dealer besorgte das über befreundeten Apotheker)
- 24000 I. E. Erypo 495,– Euro (D, 2005, Dealer besorgte das über befreundeten Apotheker)
- 16 U. I. Humatrope 130,– Euro (BEL, Arztpraxis 1999). Standardapplikation 2 – 4 U. I./2 Tage o. max. 16 U. I./ Tag s.c. (U. I. = Unité International)

- 30 I. E. Genotropin 400,– Euro (CH, 2000), 36 I. E. Genotropin 645,– Euro (D, 2005). In beiden Fällen wurde es von einem Dealer über einen befreundeten Apotheker besorgt
- 1 x 50 µg Aranesp, 250,– Euro, Juni 2002, per Dealer (Ex-Radprofi)
- 4 x 15 µg Aranesp, 260,– Euro, Mai 2003, per Dealer (Radprofi). Standardapplikation 15 µg/7 Tage s.c.

In der Szenechiffrierung wird bei hGH von »Vitamin G«, bei EPO von »Vitamin E« oder »Luft«, und bei Aranesp von »Vitamin A« oder »neuer Luft« gesprochen.

Bei den inzwischen zahlreichen Razzien und nachfolgenden Prozessverhandlungen sind auch detaillierte Fakten zu den Dopingetats diverser Teams und Fahrer bekannt geworden. Die nachfolgende Übersicht fasst exemplarisch einige dieser Erkenntnisse zusammen:
- KELME: 3000,– Euro pro Fahrer für Bluttransfusion (Manzano, 4/2002)
- ONCE: Dopingkasse 2,5 Mio. Euro p. a., Relax Fuenlabrada 13 000,– Euro p. a. (Aussage Perez, Sportlicher Leiter Relax, 9/2001)
- TVM: Rücklage 7 % der Prämien als Dopingetat (Verfahren Reims 2001)
- FESTINA: 6000,– Euro p. a. für MTB-Saison (Geständnis Chiotti 2000)
- FESTINA: 2400,– Euro/Monat »E«-Behandlung, 90 000,– Euro p. a. Dopingrücklage Teametat (Prozess Lille, Voet)

Am Beispiel der Auswertung von Ermittlungsakten gegen zwei Sportmediziner in Italien (Dr. Michele Ferrari) und Belgien (Dr. Georges Mouton) wird deutlich, wie eng die klandestine Leistungsmedizin mit dem Sport verbunden ist. In Abstimmung auf die Trainings- und Wettkampfbelastungen werden detaillierte Dosis- und Präparatangaben mit exakter Einhaltung von Karenzzeiten (in Kenntnis der pharmakokinetischen Eigenschaften der Wirkstoffe) zu den möglichen Kontrollzeitpunkten für die Athleten vorgegeben.

Die Kosten für derartige pseudomedizinische Therapien belaufen sich dabei auf erhebliche Summen. Im Falle Dr. Ferraris (in der Szene auch »Dottore EPO« oder »Il Mythos« genannt) lassen sich diese wie folgt beziffern:
- 3500,– Euro bis 5000,– Euro pro Jahr für die Planung, zuzüglich Preise der Präparate
- 6000,– Euro bis 7500,– Euro pro Jahr inklusive Präparate (Verfahren Richter Passarini, Zeugen Simeoni und Convalle 2003/04)

Der professionelle Radsport hat den Dopinghandel über die gesamte Personalinfrastruktur (Teamärzte, Sportliche Leiter, Soigneurs, Mechaniker etc.) in einem gut strukturierten Netzwerk organisiert. Die Organisationsebenen variieren dabei von Team zu Team. In einigen Teams haben Sportliche Leiter und Teamärzte das Logistik- und Anwendungssystem unter Kontrolle (zum Beispiel beim damaligen Team Festina), in anderen Sportgruppen ist der Dopinghandel komplett durch die Soigneurs organisiert. Dabei wird zunehmend Personal aus Osteuropa rekrutiert, das neue Quellen auftut und prompt in den Netzen der Justiz hängen bleibt, sofern diese konsequent agiert (z. B. Cofidis-Affäre und Polen-Connection). Zum Teil erfahren Radprofis erst kurz vorher per Mobiltelefon, von wem sie wann und an welchem Ort »versorgt« werden.

Indizien für eine derartige Verstrickung der Protagonisten des professionellen Radsports in ein kriminelles Umfeld ergeben sich auch aus zahlreichen anderen Prozessen. Sie offenbaren die Mentalität, die rund um das Peloton vorherrscht. Berührungsängste zu dubiosen Geldgebern sind spätestens seit dem Einstieg des mehrfach verurteilten Geschäftsmannes Bernard Tapie in den 80er-Jahren des letzten Jahrhunderts bei »La Vie Claire«, dem Team des mehrfachen Tour-de-France-Gewinners Bernard Hinault, nicht mehr zu erkennen. Und so verwundert es nicht, dass der Konzernchef des Domo-Imperiums, Jan de Clerck, in Belgien und Großbritannien wegen Geldwäsche, Betrug und Steuerhinterziehung rechtskräftig verurteilt, als Sponsor eines der erfolgreichsten Teams der 90er-Jahre des letzten Jahrhunderts, »Domo/Farm Frites«, akquiriert wird.

In Deutschland taucht bei dem in Zahlungsquerelen untergegangenen »Team Coast« des Tour- und Olympiasiegers Jan Ullrich mit W. Steinberg ein wegen Betrugs und Untreue Verurteilter als Geschäftsführer auf. In Brandenburg leitet ein wegen Betruges verurteilter Ex-Landwirtschaftsminister das »Team Agro-Adler Brandenburg« in den Konkurs; und kurze Zeit später tritt der ebenfalls wegen Betrugs angeklagte Präsident des Brandenburgischen Radsport-Verbands M. Balthasar zurück.

Veruntreuung und Betrug bei der Bezahlung der angestellten Radprofis in verschiedenen Teams sind ein weiteres systemimmanentes Indiz für eine verfallene Moral innerhalb der Szene, die auch der Dopingmentalität Vorschub leistet. Beispielhaft sind hierbei international folgende Teams: 1989 Caya Rujal (u. a. Lejaretta, Peeters) und B. H. (u. a. Echave, Pelier); 1996 Le Groupement (GSI u. a. Weltmeister Luc Leblanc); 1997 Roslotto; 2001 Linda McCartney (GSII); 2001 Mercury (GSII); 2002 Index Alexia (GSI, u. a. Salvodelli, Giro-Sieger). Für den deutschen Markt sind diese Fälle aktenkundig: 1999 Team Greese (GSIII); Team IPM (GSII); 2000 Team Hohenfelder-Concorde (GSIII); 2001 Team Agro-Adler Brandenburg (GSII); 2004 Team Rosso Sport (GSIII). Weitere kolportierte Zahlungseinstellungen oder erhebliche Verzögerungen ergaben sich u. a. 1998 bei Cantina Tollo (Zeuge Uwe Peschel), 2002 bei Coast (Zeuge Jan Ullrich), 2003 bei Kelme (Zeugen Valverde, Manzano).

Aber nicht nur innerhalb der Team-Infrastrukturen sind unseriöse Tendenzen zu erkennen, auch die sportorganisatorischen Rahmenbedingungen durch die nationalen und internationalen Fachverbände protegieren die Entwicklung der Dopingszene. Beispielhaft dafür stehen folgende Fakten:
– 1997: Deutsche Meisterschaft im 2er-Mannschaftsfahren in Köln: Doping-Kontrolle fällt aus; Ullrich hat keine einzige Blutkontrolle im Jahre des TdF-Sieges (*Tagesspiegel* 2.8.1998); UCI vertuscht positiven Test von Weltmeister

Laurand Brochard (Attest wird anschließend rückdatiert vom Teamarzt nachgereicht).

- 1999: UCI verweigert die Herausgabe der Blutproben vom Prolog der Tour de France an das französische Sportministerium: vier kontrolliert, eine davon positiv; aber alle haben ein Attest. Team Telekom bestätigt Gebrauch von Handzentrifugen, Spritzen mit Salzlösungen und Spritzenentsorgung (*Spiegel* 26/1999).
- 2000: 124 von 600 Blutproben französischer Radprofis zeigen Unregelmäßigkeiten (FFC); Giro mit einem Tag vorher angesagter Blutkontrolle (22.5.2000 *FAZ*); 45 % aller TdF-Proben positiv, aber alle »attestiert« (*FAZ* 9.8.2000).
- 2001: Ein Drittel aller Telekom-Profis sind Asthmatiker und mehrere besitzen ein Attest, das es ihnen erlaubt, mit einem Hämatokrit-Wert von über den erlaubten 50 Prozent Rennen zu fahren (Auslandsjournal ZDF Juli 2003); 50 Prozent der TdF-Proben bei den Pyrenäenetappen und 66 von 166 Routineproben sind positiv (aber attestiert); Giro-Razzia stellt 160 verschiedene Medikamente sicher; Verbruggen versucht, Saltin/Ljungquist aus WADA-Forschungskommission zu vertreiben.
- 2002: UCI lehnt unabhängiges Ärztegremium zur Überprüfung der »Gefälligkeitsatteste« ab; Dopingkontrolle zum 100-Jährigen bei Paris–Roubaix fällt aus.
- 2003: TV-Magazin »Striscia la Notizia« (Canale 5, ITA) berichtet über manipulierte und ausgefallene Kontrollen bei bedeutenden Rennveranstaltungen.
- 2004: telefonische Ankündigung der Kontrollen bei der TdF (Aussage Sportlicher Leiter Boulangére); Manzano und Gaumont bestätigen, wie leicht die Kontrollen umgangen werden können und dass »Persilscheine« für vorgetäuschte Erkrankungen die Einnahme von verbotenen Medikamenten ermöglichen; WADA-Bericht kritisiert Kontrollankündigung über »Radio Tour« und Manipulationsmöglichkeiten vor und während der Kontrolle.

Mit den Möglichkeiten des Statistikabgleichs zwischen pharmazeutischen Umsatzbilanzen einerseits und den Indikationsindizes des potenziellen pathologisch relevanten Patientenguts andererseits lässt sich eine dramatische Diskrepanz zwischen Herstellungsmengen diverser Pharmaka und therapeutischem Bedarf offenlegen. Für die im Umfeld des Hochleistungssports bedeutsamsten Wirkstoffe hGH (human Growth Hormon = Wachstumshormon) und EPO (Erythropoetin) lassen sich diese Verhältnisse wie folgt quantifizieren: Während hGH in den weltweiten Umsatzstatistiken auf Platz 12 rangiert, steht der globale Indikationsindex mit Platz 150 in krassem Gegensatz dazu[*]. Noch dramatischer driften die Marker für EPO auseinander. Bei einem weltweiten Umsatz von 4 Mrd. US-$ und Platz zwei in der Umsatzbilanz werden z. B. für

---

[*] SZ 2000

Italien Verkaufsmengen für annähernd 40 000 Patienten registriert, es existieren aber nur 3000 tatsächlich Therapiebedürftige[*].

Eine ebenso dramatische Zahl sind die 852 Mio. US-$ »Außenhandelsdefizit« im Bereich des illegalen Anabolikatransfers zwischen dem Primärlieferanten Mexiko via USA nach Europa[**]. Studien im Bereich des Medikamentenmissbrauchs durch Breitensportler zeigen eine enorme Nachfragesituation auf dem Schwarzmarkt an. Boos und andere[***] rechneten auf der Basis ihrer Umfragen eine Marktnachfrage von 100 – 200 Mio. Euro pro Jahr für den Bereich der Fitnessstudioszene hoch. In der sogenannten Koert-Studie wurde für die Niederlande auf dem gleichen »Marktsegment« ein Bedarf von 50 Mio. Euro kalkuliert. Nachfragen an Hersteller zur Diskrepanz zwischen der vertriebenen und der medizinisch indizierten Menge eines Medikaments werden nicht beantwortet und müssen offenbar auch nicht beantwortet werden. Experten schätzen, dass 60 bis 70 Prozent der hergestellten EPO-Menge im Sport landen. Für Wachstumshormone sollen es mittlerweile 80 Prozent oder mehr sein.

Tendenziell lässt sich abgesehen von den offensichtlichen Überkapazitäten bei der Herstellung dopingrelevanter Wirkstoffe durch renommierte Pharmakonzerne sogar ein weltweites Netzwerk von Dopingmittelproduzenten vermuten, die gezielt für den Schwarzmarkt produzieren. Dabei tauchen z. B. mit dem russischen Geheimdienst FSB unerwartete Protagonisten auf der Bühne auf, die äußerst dubiose Produkte wie Immunofan (eine Immunstimulanzie) oder Antipochmelin (ein Medikament, das den obligatorischen Kater nach Alkoholexzessen verhindern soll) auf ihrer Internetpräsenz platzieren. Schon 1999 publizierte P. Laure in der renommierten französischen Zeitschrift *Sport et Vi* (Nr. 45) über eine Reihe von zentralnervös wirkenden Agenzien, mit denen russische Laboratorien experimentierten (u. a. das Dipeptid GWS-111 oder das Pyrimidinderivat MCI-225). 1996 wurde in einer internen Mitteilung des Dopingkontrolllaboratoriums in Montreal die Identifizierung einer bis dahin unbekannten russischen Substanz bekannt gegeben: Bromantan, ebenfalls eine Psychostimulanz.

Ebenso wie Bromantan ist auch eine weitere Substanz, nämlich Carphedon, immun- und psychoaktiv wirksam. Beide wurden für das russische Militär in Tschetschenien entwickelt und werden auch den Kosmonauten der MIR/ISS nachgesagt.

Osteuropa mit seinen z. T. perspektivlosen akademischen Eliten, den an vielen Stellen korrupten politischen Systemen und verbreiteten kriminellen Strukturen bietet geradezu ideale Bedingungen für arbeitslose Chemiker, in Hinterhoflaboratorien Unmengen an illegalen Pharmazeutika zu entwickeln und herzustellen. Das wird bis zur gewissenlosen Extraktion von Wachstumshormonen und Erythropoetinfraktionen aus Leichenteilen betrieben. Dass beim

---

[*]   New Scientist 10/1998

[**]   Encycl. Universalis France S.A.

[***]   Universität Lübeck

Konsum dieser Ingredienzien der User das Risiko von Hepatitis, AIDS und Creutzfeldt-Jakob-Syndromen auf sich nimmt, wird in der nicht nachvollziehbaren und geradezu suiziden Schizophrenie der Doper durch den konkurrenzlos günstigen Preis der »Ost-Importe« mehr als wettgemacht.

Neben den ehemaligen GUS-Staaten sind vor allem der Balkan, das Baltikum, Polen und Tschechien eine prosperierende Dopingproduktionsregion. Mit Thailand, Indien und Nigeria lassen sich die Länder ausmachen, welche besonders für eine Weiterverarbeitung (das ist vor allem das »Strecken« diverser Präparate) von Dopingwirkstoffen verantwortlich zeigen. Als Weltmeister im Kopieren darf natürlich China nicht unerwähnt bleiben, das regelrechte Wirtschaftszweige zur Replikation jeder nur erdenklichen Palette westlicher Produkte unterhält, was auch den lukrativen Markt mit Pharmakagenerika beinhaltet. Doch auch in den hoch industrialisierten Ländern Westeuropas und in den USA sind beachtliche Ressourcen für die Produktion von Dopingpräparaten rund um den Grauzonenmarkt der Supplementindustrie entstanden, wie z.B. der Skandal um das Balco-Konsortium offenbarte.

Betrachtet man die Skandale der letzten Zeit (Balco/USA, Fuentes/Spanien, Springstein/Deutschland) genauer, wird deutlich, wie hochprofessionell die logistische Abwicklung dieser Netzwerke ist. Dabei hat es sich aller Voraussicht nach nicht um Einzelfälle gehandelt. Im Umkehrschluss bedeutet dies, dass sich weltweit ein Schwarzmarkt ungeahnten Ausmaßes gebildet hat. Deutlich wird aber auch, welches Risiko die Sportler bewusst eingehen. Es werden eigens für den Sport synthetisierte Designer-Präparate (wie THG im Fall Balco) eingesetzt, für die es keinerlei klinische Studien gibt. Das oft zitierte Oxyglobin (Blutplasma-Expander auf Rinderblutbasis) ist ein verschreibungspflichtiges Medikament ausschließlich für Hunde. Es soll zudem nur einmalig angewendet werden, weil es ansonsten zu Schockreaktionen führen kann. Zudem gibt der Beipackzettel eindeutige Hinweise auf die Gefährlichkeit von gleichzeitiger Kreislaufüberlastung.

All dies verdeutlicht die Notwendigkeit legislativer Vorlagen, die sich an der Entwicklung der formaljuristischen Kriterien in europäischen Nachbarländern (vor allem Frankreich/Italien/Schweiz) orientieren sollten. Angesichts der entstandenen organisierten Kriminalitätsstrukturen erscheint eine Aufhebung der Autonomie des Sports unumgänglich.

Dieter Quarz

Hindernisse, Täuschungen und Selbsttäuschungen im Anti-Doping-Kampf

Sylvia Schenk, Jahrgang 1952, war 1972 Deutsche Meisterin im 800-m-Lauf und nahm an den Olympischen Spielen in München teil. Nach beruflichen Phasen als Arbeitsrichterin (1979–1989) und Sport- und Rechtsdezernentin der Stadt Frankfurt am Main (1989–2001) ist sie heute als Rechtsanwältin tätig. Seit 1975 ehrenamtlich im Sport, u. a. Mitglied im Direktionskomitee der UCI (2000–2005), ab 2001 Präsidentin des BDR. Von diesem Amt trat sie wegen Meinungsverschiedenheiten über den Umgang mit einem Dopingverdacht im Herbst 2004 zurück. Seit 2006 ist Sylvia Schenk Stellvertretende Vorsitzende von Transparency International Deutschland.

E s könnte so einfach sein: Man gibt das Doping frei, spart sich alle Kontrollen und damit auch die Skandale und hat künftig nur noch Spaß an der wunderschönen Schau des Sports. Moderne Gladiatoren werden halt nicht mehr vor Publikum von den Löwen zerrissen, sondern sterben in Hinterzimmern den Medikamententod. Das schont das Gewissen und passt auch eher in unsere aufgeklärte, politisch korrekte Zeit. Noch besser, wenn es gelänge, die physischen und psychischen Gefahren für die Aktiven durch medizinische Betreuung auf ein Minimum zu reduzieren, unkontrollierbare Nachahmereffekte bei Jugendlichen und ehrgeizigen Eltern zu vermeiden und sich der Illusion hinzugeben, mit dem pharmazeutischen – und demnächst genetischen – Wettlauf in der Spitzensportindustrie werde das moderne Märchen von Leistungskraft und Leidenschaft des Menschen fortgeschrieben.

Aber wen interessiert dann das Ergebnis noch, wer identifiziert sich auf Dauer mit hoch gezüchteten, aufgeputschten Monstern, die doch mit dem Mann und der Frau auf der Straße nichts mehr gemein haben, also auch nicht zur Projektion von Träumen und Sehnsüchten taugen? Die Geschichten, die der Sport schreibt, die großen Triumphe und Niederlagen, die Überraschungen und Enttäuschungen, Symbole für Lebenssituationen jeder Art, nähren sich bis heute von der Vorstellung des realen Kampfes, der harten Arbeit für Ruhm und guten Lohn. Selbst in Sportarten, wo Doping in hohem Prozentsatz zu vermuten ist, bleibt der Anspruch auf unbeeinflusste Leistungserbringung wesentlich für die

Akzeptanz. Ganz zu schweigen vom Olympischen Geist, von den Werten des Fairplay, des Respekts vor dem Gegner, der den Respekt vor sich selber, den eigenen Grenzen einschließt. Wer wie die Sportbewegung gesellschaftlich bedeutsam sein und staatliche Fördermittel rechtfertigen will, muss Doping konsequent bekämpfen: Es gibt keine Alternative zur Null-Toleranz.

Soweit so gut: Von einzelnen Vorwitzigen abgesehen, die sich schon mal aus der Deckung trauen und über die Freigabe von Doping schwafeln, trägt jeder Verantwortliche im Radsport die Ablehnung von Doping wie eine Monstranz vor sich her. Wer wollte das in Zweifel ziehen? Als ob Lippenbekenntnisse, am besten noch gesteigert durch den Ruf nach mehr Anti-Doping-Kontrollen, harten staatlichen Maßnahmen und dem Bedauern über nachlässiges Vorgehen im Ausland sowie dadurch bedingter Chancenungleichheit für die ehrlichen deutschen Sportler bereits genügten. Null-Toleranz ist eine Haltung, die auf allen Ebenen, von oben nach unten, konsequent gelebt werden muss. Das setzt allerdings voraus, dass dem Dopingunwesen wirklich der Garaus gemacht werden soll und nicht doch heimlich mit den Erfolgen geliebäugelt wird, die als Ergebnis von nicht entdeckten Dopingmaßnahmen gerne in Kauf genommen werden. Null-Toleranz erschöpft sich nicht in Null positiven Proben oder dem Fingerzeig auf jeden Erwischten, sondern verlangt ein permanentes Vorgehen gegen jegliche im System angelegten Bedingungen für Doping. Es ist also angesagt, Hindernisse, Täuschungen und Selbsttäuschungen im Anti-Doping-Kampf zu benennen und auszuschalten.

1. Die Mär vom Schwarzen Schaf

Die Reflexe sind immer gleich – sobald ein Fahrer mit positiver Probe überführt oder durch sonstige Ermittlungen des Dopings dringend verdächtig ist, erfolgen die Distanzierungen aus der Szene. Man ist entsetzt, enttäuscht, hätte das gerade von diesem nicht gedacht, im Übrigen wird auf andere Sportarten verwiesen und gebeten, nun doch endlich wieder den Sport in den Mittelpunkt zu stellen. Neuere Varianten wie die Ächtung der im Rahmen der Ermittlungen im spanischen Fuentes-Skandal benannten Fahrer durch die Pro-Tour sind letztlich nur Spielarten der alten Mär vom Schwarzen Schaf. Denn der Befund ist eindeutig:

Eine Sportart, deren Heroen der letzten zehn Jahre – die Tour-de-France-Sieger von 1997 (Jan Ullrich), 1998 (Pantani), 1999–2005 (Lance Armstrong), 2006 (Floyd Landis) sowie die Olympiasieger von 2000 (Ullrich/Straßenrennen) 2004 (Tyler Hamilton/Zeitfahren) – inzwischen wegen Doping gesperrt wurden oder mit harten Indizien belastet, in einem Fall sogar schon an den Folgen von Drogenmissbrauch gestorben sind, steckt bis zum Hals im Dopingsumpf. Hier versagen nicht einzelne Menschen, hier versagt ein ganzes System.

Also muss das System geändert werden, und zwar durchgreifend von innen heraus. Dies geht allerdings nicht ohne eine entsprechende Selbsterkenntnis und umfassende – auch personelle – Erneuerungen.

Sehr geehrte Damen und Herren,

nachfolgend möchte ich zu ihrem Schreiben vom ▮▮▮ wie folgt Stellung nehmen.

Am Dienstag den ▮▮▮ habe ich eine überlange (200km) Trainingsausfahrt absolviert, die Witterungsbedingungen an diesem Tag waren insbesondere durch die extreme Außentemperatur (>30°C) geprägt. Durch eine schlechte Logistik meiner Verpflegungsrationierungen während und nach der Trainingseinheit habe ich eine erhebliche Dehydrierung (extremer Flüssigkeitsverlust mit nachhaltendem Flüssigkeitsdefizit) ungewollt provoziert. Etwa 1h nach Ende der Trainingseinheit, an einem ausgemachten Treffpunkt wo meine Lebensgefährtin mich abholen sollte, während der Rückfahrt mit meiner Lebensgefährtin zu unserem Wohnort in ▮▮▮ überkam mich eine plötzliche Übelkeit mit nachfolgendem Erbrechen und einem Kreislaufzusammenbruch. Trotz Schocklagerung durch meine Lebensgefährtin besserten sich die Symptome nicht, im Gegenteil zu der eingesetzten Apathie addierte sich eine ausgeprägte Tachykardie (Herzrasen) die mich in einen panikartigen Zustand versetzte. Da wir in der ziemlich einsamen ländlichen Region keine schnelle Hilfe erwarten konnten, avisierte meine Lebensgefährtin per „Handy" den Rat eines befreundeten Pharmazeuten in Deutschland dessen Nummer sie auswendig kannte. Er diagnostizierte die Symptome als hypovolämischen Schock (wahrscheinlich schon in fortgeschrittener Kaskade über den kompensatorischen Schock und dem gegenregulierten dekompensatorischen Schockphänomen, unter Ausprägung einer metabolisch bedingten Vagotonie unter Versagen der sympathikotonen Regulationen, entwickelt) und fragte uns am „Handy" ob wir irgendwelche Medikamente parat hätten. Meine Lebensgefährtin führte in ihrer Handtasche u.a. ein anorektisches Therapeutikum zur Gewichtsreduzierung mit (Adipex retard, Wirkstoff Phentermin) und teilte dies unserem Bekannten mit. Wie ich im Nachhinein mitbekommen habe (zum Zeitpunkt des Zusammenbruches war ich weder Zurechnungs- noch Handlungsfähig!) ist dieses Präparat wegen seiner therapeutischen Äquivalenz zu Dexamphetamin (ein potentielles Schocktherapeutikum), die einzige mögliche notfallmedizinische Eigenmedikation in der geschilderten Situation gewesen welche erfolgsversprechend war. Meine Lebensgefährtin verabreichte mir eine Tablette oral mit reichlicher Flüssigkeitszufuhr, woraufhin sich die Symptome mit der Zeit besserten so das ich zumindestens „Transportfähig" wurde.

Am Samstag ▮▮▮ nahm ich an der Rennveranstaltung ▮▮▮ teil, wo ich mich plazierte und anschließend zur Dopingkontrolle gebeten wurde. Auf

Nachfrage hatte man mir vorher versichert das die Phentermin-Gabe nach über 3 Tagen abgebaut sein müßte und ich somit unbedenklich das Rennen bestreiten könne. Nachträglich habe ich erfahren, daß Phentermin als Appetitzügler ein nicht unerhebliches Suchtpotential besitzt und deshalb meine Lebensgefährtin gebeten von weiteren Medikationen mit Adipex retard Abstand zu nehmen (auch wenn ich im Nachhinein erleichtert bin, daß dieses Präparat in o.g. Situation präsent gewesen ist und mir geholfen hat). Ein solches Medikament zur Leistungsmanipulation einzusetzen widerspricht meinem Verständnis von Ethik und Moral im Sport und würde durch mich (schon allein wegen seines Suchtpotentials) niemals als potentielle ergogene Maßnahme akzeptiert.

Ich hoffe Ihnen mit der detaillierten Schilderung eine Entscheidungshilfe zu bieten die deutlich macht, daß ich ohne Vorsatz gehandelt habe und möchte Sie um Berücksichtigung der besonderen Umstände bitten.

Mit freundlichen Grüßen

Dieser Brief ist ein anschauliches Beispiel für ein Entschuldigungsschreiben eines deutschen Radprofis für seine positive Dopingprobe. Man darf annehmen, dass er dabei fachkundige Unterstützung gehabt hat.

2. Das Doper-Dilemma

Doping nicht als Einzeltat, sondern systemisch angelegt bzw. traditionell verankert in einer Sportart, pflanzt sich immer wieder von selbst fort: durch mangelndes Unrechtsbewusstsein, Verführbarkeit und »Tradition«. Je weiter der Glaube – oder die Gewissheit – verbreitet ist, Erfolg sei nicht ohne Dopingmittel zu erzielen, desto geringer das allgemeine Unrechtsbewusstsein und entsprechend größer die Verführbarkeit, die zudem durch die hohe körperliche Beanspruchung im Straßenradsport nochmals gesteigert wird. Mit Aussagen wie »Ohne Doping geht es nicht!« – »Alle dopen!« – »Die anderen dopen doch auch!« wird das Gewissen beruhigt. Sprachverwirrung kommt hinzu: Verdächtige Fahrer beteuern immer wieder, sie seien doch nie positiv getestet worden und berufen sich im Übrigen auf die Unschuldsvermutung. Doping liegt nach diesem Verständnis nur vor, wenn eine positive Probe dies nachweist, ein »Herandopen« an die Grenzwerte zählt noch nicht mal als Kavaliersdelikt. In einem solchen Umfeld verstärkt bzw. bestätigt eine hohe Quote positiver Proben eher noch die

Dopingmentalität und hat nur insofern abschreckenden Effekt, als aus Angst vor Entdeckung die Methoden der Manipulation verfeinert werden.

Um dieses Dilemma zu durchbrechen, muss jegliche dem Reglement widersprechende Leistungsbeeinflussung offensiv geächtet werden. Von allen Beteiligten sind eindeutige Stellungnahmen und Verhaltensweisen zu verlangen. Zusätzliche Mechanismen zur Kontrolle abweichenden Verhaltens sind mithilfe von anerkannten Anti-Doping-Spezialisten, die nicht selbst bereits zum System gehören, zu erarbeiten. Zugleich sind die Anforderungen für eine dopingfreie Ausübung der Sportart festzulegen, d.h. die Belastungen (Zahl, Dauer/Umfang und Schwierigkeitsgrad der Rennen) sollten auf einen optimal trainierten, sauberen Fahrer abgestimmt werden.

3. Die Schweigespirale

Der beste Schutz der Dopingszene ist immer noch das kollektive und individuelle Schweigen. Einzelne von außen Hinzukommende werden »angefüttert«: ein Hinweis hier, eine vertrauliche Information dort, unter vier Augen, sodass kein Nachweis möglich und damit das Schweigen gesichert ist. Schon steckt man mittendrin; wer einmal geschwiegen hat, kann beim nächsten Mal gar nicht anders als wieder zu schweigen. Und wer doch ausbricht, wird als Nestbeschmutzer gebrandmarkt, ausgeschlossen und im Übrigen als Spinner hingestellt. Erwischte Fahrer reagieren selbstverständlich mit Schweigen bzw. Leugnen und können sich so am ehesten der Solidarität der Kollegen und künftiger Chancen in einem Team sicher sein. Daran ändert die Linie der Pro-Tour, Fahrern nach Dopingvergehen über eine zweijährige Sperre hinaus weitere zwei Jahre keinen Vertrag in einem Pro-Tour-Team zu geben, wenig. Abgesehen davon, dass diese generelle Regelung angesichts der Monopolstruktur der Pro-Tour rechtlich bedenklich ist, verlagert sie das Problem nur auf die unteren Ebenen. Dann wird eben in einer zweitklassigen Mannschaft gefahren, ein sauberer Radsport ist dadurch nicht zu gewährleisten. Die Pro-Tour-Teams waschen sich ihre Hände in Unschuld, ändern aber nicht grundsätzlich das System und treten selbstverständlich auch bei Rennen an, bei denen offiziell von ihnen »Verfemte« am Start sind.

Statt das Schweigen weiter zu fördern, müssen Bekenntnisse belohnt werden. Wer zur Aufklärung von Doping beiträgt, Hintermänner und Praktiken benennt, sollte eher wieder eine Chance bekommen. Resozialisierung muss es auch im Sport geben, sie setzt allerdings Reue und Abkehr vom Bisherigen voraus. Hinweisgeber sind durch anonyme Anlaufstellen zu schützen und in jedem Fall ernst zu nehmen.

4. Abhängigkeiten

Wer 30000 km oder mehr im Jahre trainiert, hat kein Leben außerhalb des Radsports, geschweige denn Zeit für eine Berufsausbildung. Aktuelle und künftige Lebensplanung sind demnach ganz auf die Zugehörigkeit zur Radsportfamilie ausgerichtet, niemand stellt sich deshalb gegen das System. Also wird zugegriffen oder zumindest geschwiegen, wenn man schon selber die gesundheitlichen Gefahren scheut und sich mit einem Sportlerdasein in der zweiten, dritten Reihe zufrieden gibt. Dies gilt nicht nur für die jeweilige aktuelle Fahrergeneration, sondern ebenso für die Ehemaligen, die entscheidende Positionen als Trainer, Betreuer, Teammanager usw. einnehmen. Sie sind finanziell abhängig vom Radsport, zudem durch langjährige Einbindung in die Gepflogenheiten nicht selten persönlich erpressbar.

Der Radsport braucht eine Zufuhr von »neuem Blut« insofern, als die Verantwortung in Schlüsselpositionen an Leute außerhalb des traditionellen Netzwerkes übergeben werden muss. Für einen Übergangszeitraum sollte überlegt werden, denjenigen ein weiteres Auskommen im Radsport zu sichern, die eigenes Fehlverhalten in der Vergangenheit eingestehen und aktiv das bisherige System überwinden helfen. Rotation in der Zukunft – gerade auch im medizinischen Bereich –, Transparenz und umfassende Kontrollen sowie gegebenenfalls weitere Maßnahmen zur Verhaltensänderung können das erneute Wachsen von Abhängigkeiten verhindern. Funktionäre, die in der Vergangenheit einzelne Vorfälle nicht weiter verfolgt haben, taugen nicht zum notwendigen Neuanfang.

5. Die Glaubwürdigkeitslücke
Null-Toleranz gegen Doping erschöpft sich nicht in Regelungen, Kontrollen und Lippenbekenntnissen. Eine Glaubwürdigkeitslücke entsteht, wenn einem Verdacht nicht umfassend und unter Einschaltung Außenstehender nachgegangen wird, wenn verbandsinterne Kontrollen mehr dem sauberen Image als der tatsächlichen Abschreckung nach innen gelten. Ein von einem Wettkampf mit der Nationalmannschaft wegen kritischer Blutwerte unter einem Vorwand (»Grippe«) heimgeschickter Athlet verdirbt zwar nicht das saubere Image, hat aber verheerende Folgen für die interne Moral. Wenn selbst die Sporthilfe mit Jens Fiedler einen zum Ende der Karriere mit einem Dopingmittel beim Wettkampf erwischten Olympiasieger bei der Ehrung zum Juniorsportler des Jahres als leuchtendes Vorbild einsetzt, ohne dass das Sportgerichtsverfahren beendet ist, stimmt etwas im Grundsätzlichen nicht.

Interne Kontrollen sind gut, umfassende Transparenz nach außen ist dabei aber unerlässlich. Jedem Verdacht ist unter Einschaltung externer Fachleute nachzugehen, es muss immer wieder signalisiert werden, dass keinerlei Manipulationen akzeptiert werden. Wer dopt, in welcher Form auch immer, taugt nicht zum Vorbild und hat keinerlei Förderung verdient.

6. Die Einschaltquoten
Wirkliche Verhaltensänderungen setzen entsprechenden Leidensdruck voraus. Solange Zuschauer, Medien und Sponsoren in unheilvollem Wechselspiel den Skandal als Nachricht (und damit geldwerte Leistung) über die Moral stellen, wird sich kaum etwas ändern. Nach den Enthüllungen während der

Tour de France 1998 war der damalige Hauptverdächtige und spätere geständige Dopingsünder Richard Virenque bei einer regionalen Rad-Rundfahrt der Quotenbringer. Der Veranstalter brüstete sich damit, noch nie so viel Publikum und eine solche Zahl von Fernsehteams an der Strecke gehabt zu haben. Die Polizei sperrte derweil auf Staatskosten die Straßen für das Rennen ab. Diese Mechanismen wirken auch heute noch. Der Imageverlust durch Doping wird für viele Sponsoren, Veranstalter und Teams durch die folgende Publicity aufgewogen.

Die Sponsoren sowie die Länder und Städte sitzen am längsten Hebel – wer ein positives Image will, darf in den Radsport nur investieren, wenn alle Bedingungen für Nulltoleranz gegen Doping nicht nur im eigenen Team oder bei der eigenen Veranstaltung gegeben sind, sondern auch der Rahmen stimmt. Sponsoren müssen sich in einer dopingbelasteten Sportart in besonderem Maße durch Forderungen nach Information, Kontrollen, Teilnahmebeschränkungen usw. absichern, wenn sie nicht Teil der Dopingkultur werden wollen. Dies gilt auch für die öffentliche Hand, die hohe Ansprüche an die von ihr unterstützten Veranstaltungen zu stellen hat. Steuerzahler und Konsumenten sollten entsprechende Konsequenzen fordern bzw. selber ziehen.

Fazit

Allen jüngeren Beteuerungen zum Trotz hat der Kampf gegen Doping im Radsport noch gar nicht richtig begonnen. Derzeit werden lediglich Korrekturen im System vorgenommen – zum überwiegenden Teil von Personen, die über Jahre und Jahrzehnte genau dieses System immer wieder mit geschaffen und am Leben erhalten haben. Sponsoren und der Staat als Förderer geben sich mit Kosmetik zufrieden oder lassen sich sogar – wie beim Streit um ein Anti-Doping-Gesetz – noch die Schuld für angeblich fehlende Durchgriffsmöglichkeiten in die Schuhe schieben.

Wenn der Radsport nicht weiter nach dem Motto »Ist der Ruf erst ruiniert, lebt sich's gänzlich ungeniert« verfahren will, dann sind einschneidende Maßnahmen nötig:

1. Offenes Bekenntnis bisheriger Verfehlungen; Schutz für Hinweisgeber/externe Anlaufstelle
2. Austausch belasteter Personen in allen Bereichen; künftige Rotation
3. Kontrolle durch Außenstehende; Meldung jeglichen Verdachtes
4. Offensive Ächtung jeglicher unlauterer Leistungserbringung
5. Anforderungsprofil der Sportart auf machbare Leistungen abstellen
6. Finanzieller Druck von Sponsoren und Öffentlicher Hand hin zu tatsächlicher Null-Toleranz
7. Verantwortliches Vorgehen der Medien: Aufklärung über Doping statt Sensationshascherei

Sylvia Schenk

Bloodwork orange –
oder: Mancher hat's im Blut

Details des spanischen Dopingskandals deuten darauf hin, dass Blutdoping bei betrugswilligen Radsportlern derzeit besonders hoch im Kurs steht. Doch die Wahrheit kommt nur zögerlich ans Licht. Erschwerend ist, dass Doping mit Eigenblut derzeit durch die medizinische Laboranalytik nicht nachgewiesen werden kann.

Die »Operación Puerto« war im Wortsinn ein blutiger Eingriff in den internationalen Radsport. Ob er von dieser Operation jemals wird genesen können, ist derzeit fraglich. Es hängt vermutlich davon ab, ob der Radsport das überhaupt will. Und kann. Die Dopinggeständnisse des Kölner Radprofis Jörg Paffrath 1997, der Festina-Skandal bei der Tour 1998 haben, das muss man jetzt feststellen, in der Szene nichts bewirkt. Doch diesmal scheint die Lage anders zu sein. Möglicherweise sticht erstmals das Argument, das eine derart abartige Dopingrealität überhaupt erst hat entstehen lassen: Geld. Sponsoren und Medien fürchten wohl ernsthaft, dass sich die nun offenbarte Parallelwelt des Dopings negativ auf Werbewirksamkeit und öffentliches Interesse auswirken könnte. Blutdoping als integraler Bestandteil des Radsports ist nur schwer vermittelbar.

In den 1960er-Jahren wurde die Manipulation des Blutes vermutlich erstmalig im Sport angewendet. Der finnische Langstreckenläufer Lasse Viren gilt seit seinen olympischen Erfolgen 1972 als einer der Protagonisten des Blutdopings. Zu seiner Zeit absolvierten die Sportler ein Höhentrainingslager, um die Auswirkungen des geringeren Luftdrucks auf den Körperstoffwechsel zu nutzen. Körperliche Arbeit in der Höhe belastet erheblich stärker als im Flachen. Der Körper reagiert und bildet verstärkt rote Blutkörperchen, die Erythrozyten. Diese sind für den Sauerstofftransport im Blut verantwortlich und damit direkt für die Leistungsfähigkeit. Mit Erythrozyten angereichertes Blut, etwa 450 Milliliter, wird den Sportlern entnommen und seine Gerinnung unterbunden. Dann wird es zentrifugiert, um es in Blutplasma und Blutzellen zu trennen. Die Blutzellen werden mit einem Stabilisator versetzt und sind, konstant gekühlt auf zwei bis acht Grad Celsius, 42 bis maximal 48 Tage haltbar. Diese Blutzellen werden dem Sportler passend zum Wettkampf als Transfusion verabreicht. Eine Leistungssteigerung von fünf Prozent gilt als realistisch. Bei einer

Gesamtlänge der Tour de France von 3500 Kilometern würde der Vorsprung gegenüber einem nicht gedopten Radprofi rein rechnerisch 175 Kilometer betragen – fast eine Etappenlänge. Die Leistungsdichte gerade im Spitzenbereich lässt indes Rückschlüsse zu, wie flächendeckend die Methode genutzt wird, und die Ergebnisse der »Operación Puerto« scheinen das zu untermauern. Bis Ende der 1980er-Jahre war Blutdoping das Mittel der Wahl, um sich in Ausdauersportarten illegal Vorteile zu verschaffen. Das änderte sich, als das Nierenmedikament Erythropoietin, kurz EPO, auf den Markt kam. EPO ist ein gentechnisch hergestelltes Hormon, das der Körper auch selbst produziert, um die Bildung von roten Blutkörperchen anzuregen. Damit war die Zeit des Höhentrainings vorübergehend passé, denn EPO konnten die Sportler bequem jederzeit und überall spritzen. Und: Es blieb den inzwischen besser und häufiger werdenden Dopingkontrollen noch lange Zeit verborgen. Bis 2001 konnten die Dopingfahnder körpereigenes EPO nicht von zugeführtem unterscheiden. Als der Nachweis schließlich gerichtsfest gelang, mussten die Athleten ihr Dopingprogramm umstellen. Zwar muss man annehmen, dass die Radprofis die Kontrollen durch permanente und sehr gering dosierte EPO-Gaben weiterhin unterlaufen, doch auch das Blutdoping erlebt eine Renaissance. Im Gegensatz zu früher wird allerdings auf Höhentraining verzichtet und Blutdoping lieber mit EPO kombiniert, weil es einfacher zu handhaben und punktgenau für den Wettkampf einzusetzen ist. Der Athlet unterzieht sich einer »EPO-Kur«, wie es im Sportlerkreisen heißt, und die Blutparameter, die Aufschluss über die Leistungsqualität geben, werden kontrolliert. Nach etwa zwei Wochen haben sie ihren Höchststand erreicht, Blut wird entnommen und wie in der Hochzeit des Blutdopings behandelt. In der Zeit nach der Blutentnahme finden keine Wettkämpfe statt, damit sich der Körper erholen und das entnommene Blut nachbilden kann. Zu hohe Belastungen würden sich bei der verminderten Anzahl der Erythrozyten jetzt negativ auf den gesamten Organismus auswirken. Bis zum Wettkampf werden die Blutkonserven gut und sicher aufbewahrt.

Mit einer speziellen Tiefkühltechnik, die enormen Geräteaufwand erfordert, können Blutkonserven in Gefrierschutzlösungen auch zwei Jahre und länger aufbewahrt werden. Blutplasma lässt sich ohne großen Aufwand einfrieren und jahrelang bei minus 20 Grad Celsius lagern. Der spanische Skandal zeigt das Ausmaß solcher Praktiken und die Professionalität, mit der im Radsport offenkundig vorgegangen wird. Die enorm aufwendige Tiefkühltechnik ist notwendig, weil in einer Phase Blut abgenommen wird, in der die Radprofis keinen Wettkämpfen oder hohen Trainingsbelastungen ausgesetzt sind. Dies ist meistens in der Übergangszeit im Winter der Fall. Kurz vor entscheidenden Wettkämpfen wird den Radprofis erneut Blut abgenommen und die dadurch verminderte Anzahl von roten Blutkörperchen durch eine Konserve ersetzt, die Monate vorher entnommen worden ist. Dieses Blut wird nun entsprechend bearbeitet und kann ohne großen Aufwand bei zwei bis acht Grad Celsius gelagert und gezielt bei einzelnen Wettkämpfen oder Etappen eingesetzt werden. Dies lässt sich mit normalen Kühlschränken oder Kühlboxen durchführen. Die aufwendige Tiefkühllagerung dient nur dazu, den Blutverlust auszugleichen, der in einer Zeit stattfinden muss, in der der Radprofi sich keinen Leistungsverlust erlauben kann. Mediziner bezeichnen dies als »Bocksprung-Technik«. Sie wird angewandt, wenn Operationen langzeitig planbar sind, um von den Patienten Eigenblutkonserven zu erhalten, ohne sie kurz vor der Operation durch eine Blutabnahme unnötig zu schwächen.

Diese Technik schützt die Betrüger auch vor positiven Dopingkontrollen: Eine unangekündigte Trainingskontrolle könnte für die Athleten gefährlich sein, wenn sie genau in die Zeit der EPO-Kur fällt, denn dann ist das zugeführte Hormon möglicherweise nachweisbar. Kann man die EPO-Kur in Verbindung mit Blutdoping übers ganze Jahr verteilt planen, ist die Wahrscheinlichkeit gering, in einer Trainingskontrolle aufzufliegen. Eine andere Möglichkeit besteht darin, einen Verwandten als Blutspender zu rekrutieren. Der muss noch nicht einmal Leistungssportler sein und braucht also auch keine Dopingkontrolle zu fürchten. Hinweise, dass diese Variante im Radsport auch eingesetzt worden ist, gibt es durch abgehörte Telefonate. Seit allerdings der Nachweis von Fremdblutdoping gelingt und prominente Radstars wie Olympiasieger Tyler Hamilton und der Vuelta-Zweite Santiago Perez erwischt wurden, ist diese Variante offenbar wieder verpönt. Ganz abgesehen davon, dass bei der Transfusion von Fremdblut Erreger von HIV, Hepatitis oder Kreutzfeldt-Jakob übertragen werden können.

Eigenblutdoping ist derzeit nicht nachweisbar, weil ausschließlich körpereigene Erythrozyten zugeführt werden. Zuverlässige Indizien, die beispielsweise das Alter der roten Blutkörperchen oder Lagerungsmerkmale beschreiben und zugeführte von körpereigenen Erythrozyten unterscheiden, sind noch nicht gefunden. Michael Ashenden, einer der australischen Wissenschaftler, die den Test auf Fremdblutdoping entwickelt haben, umreißt den aktuellen Stand: »Die Forschung zum Nachweis von Eigenblutdoping steht noch ganz am Anfang, und es ist viel zu früh, darüber zu spekulieren. Es gibt Blutzellen, sogenannte Retikulozyten, die darauf hinweisen, dass im Körper aktuell keine neuen Erythrozyten gebildet werden. Der Grund dafür könnte eine vorangegangene Bluttransfusion sein.« Ashenden schränkt allerdings ein: »Die Retikulozyten würden auch auftreten, wenn EPO missbraucht worden oder ein Höhentrainingslager absolviert worden wäre, sei es real in den Bergen oder künstlich im Unterdruckzelt.«

Auch für den Homburger Sport- und Transfusionsmediziner Stefan Mörsdorf sind Retikulozyten »immer nur ein indirekter Hinweis auf Eigenblutdoping und nicht hinreichend geeignet«, um Doping zu beweisen«. Allerdings hat die systematische Erfassung von Blutwerten durch den Weltradsport-Verband UCI offensichtlich dazu geführt, dass etliche Radprofis des EPO- und Fremdblutdopings überführt werden konnten. Die zuletzt positiven Tests auf EPO-Doping – etwa beim ehemaligen Weltmeister und Phonak-Profi Oskar Camenzind – waren der Erfolg von unangekündigten Zielkontrollen. Der für die Erfassung dieser Blutwerte verantwortliche UCI-Mediziner, Mario Zorzoli, sieht genau darin den

Auch diesem Athleten wird die Einnahme von L-Thyroxine und DHEA angeraten.

Nutzen. Seiner Meinung nach sind auffällige Blutwerte allein noch kein Beweis für ein Dopingvergehen, aber ein Hinweis, dem nachgegangen werden muss. Die Vorwürfe mancher Medien, die UCI sei im Besitz sicherer Hinweise auf Blutdoping und würde diese nicht publizieren, sind vermutlich übertrieben. Zwar hat sich die UCI in der Vergangenheit nicht durch konsequentes Vorgehen gegen Doping hervorgetan, aber im Falle des Blutdopings scheint ein neuer Wind zu wehen. Ob der die Betrüger aus dem Sport fegen kann, wird die Zukunft zeigen. Die Welt-Antidoping-Agentur (WADA) hat Blutdoping ebenfalls ganz oben auf ihre Agenda gesetzt, stochert mit ihren derzeit diskutierten Maßnahmen aber noch im Nebel.

Teamärzte von Profimannschaften sollten sehr großes Interesse an auffälligen Blutwerten haben. Durch den regelmäßigen Kontakt zu ihren Fahrern könnten sie vermutlich viel genauere Verläufe bestimmter Blutparameter ihrer Athleten bestimmen, als die UCI es kann. Vielleicht liegt hier eine Chance für die Teams, ihre Fahrer vertraglich stärker als bisher an zuverlässige Teamärzte zu binden und besser zu kontrollieren. T-Mobile-Teamarzt Lothar Heinrich beteuert jedenfalls auf Nachfrage, dass er im Rahmen der regelmäßigen Untersuchungen bei Jan Ullrichs Blutwerten nie Auffälligkeiten beobachten konnte.

Sinnvoll wäre auch eine grenzüberschreitende Kommunikation der Behörden, um Erfolge wie die »Operación Puerto« wiederholen zu können. Allerdings ticken die Uhren in Deutschland noch anders als in Italien, Frankreich oder jetzt auch Spanien. Blutdoping generell ist nicht strafbar. Es verstößt gegen kein geltendes Gesetz. Im dafür zuständigen Arzneimittelgesetz (AMG) wurde es, obwohl das AMG wegen der Dopingproblematik novelliert wurde, offenbar vergessen. Ein Eingreifen staatlicher Behörden bei Verdachtsmomenten ist in Deutschland somit nicht möglich. Bereits im März 2006 hatte der Aachener Oberstaatsanwalt Robert Deller im Deutschlandfunk auf diese offensichtliche Lücke in der Gesetzgebung hingewiesen. Das AMG sei als reines Stoffgesetz überhaupt nicht für die Erfassung von Methoden wie Blutdoping ausgelegt. Erst als im Oktober 2006 der Sportsprecher von Bündnis 90/Die Grünen Winfried Hermann eine schriftliche Anfrage an die Bundesregierung stellte, wurde dieser gravierende Mangel eingestanden. Eine ergänzende Regelung sei vorgesehen, die im Zuge der beabsichtigten Änderung des AMG umgesetzt werde.

Dass in Deutschland Dopingnetzwerke ähnlich dem spanischen um Eufemiano Fuentes existieren, darf man vermuten. Die Ausweitung des Skandals auf einen Arzt in Thüringen und Hotels in Hamburg und Frankfurt untermauert dies. Es wäre naiv zu glauben, dass die Blutbank in Madrid die einzige im internationalen Sport war. Auch Österreich hatte seinen Blutdopingskandal bei den Olympischen Winterspielen in Turin. Und Verbindungen von Madrid nach Österreich sind bislang nicht bekannt geworden.

Was die betrügenden Rennfahrer in ihrem Doping-Wahn offenbar erfolgreich verdrängen, sind die Risiken für ihre Gesundheit – dabei hat zuletzt der spanische Radprofi Jesús Manzano anschaulich beschrieben, was er nach einer Bluttransfusion erlebt hat und wie er fast gestorben wäre. »Das sind genau die Nebenwirkungen, die als septischer Schock beschrieben werden, wenn eine Blutkonserve verabreicht wird, die mit Keimen infiziert ist«, sagt Stefan Mörsdorf. »Wenn bei der Blutabnahme nicht im Wortsinn sauber, also steril, gearbeitet wird, kann das leicht passieren.«

Eine weitere Gefahr, so Mörsdorf, berge die unsachgemäße Lagerung. »Wenn die Kühlkette unterbrochen wird, besteht die Gefahr, dass sich in der Blutkonserve kleinste Gerinnsel bilden, die nach der Transfusion die Blutgefäße des Empfängers verstopfen können.« Ohnehin wird durch die zugeführten Erythrozyten das Blut dickflüssiger, das Herz muss erheblich stärker arbeiten, und es steigt die Gefahr von Thrombosen. »Wenn damit extreme körperliche Belastungen und ein hoher Flüssigkeitsverlust einhergehen, sind die Gefahren nicht mehr abzuschätzen«, warnt Mörsdorf. Direkte Lebensgefahr bestehe, wenn in der Hektik bei einem Radrennen die Blutkonserven von Fahrern vertauscht würden. Eine allergische Schockreaktion auf körperfremdes Eiweiß könne die Folge sein – auch diesen versehentlichen Tausch von Blutkonserven hatte der Ex-Profi Manzano bereits beschrieben. Zwischen Gerücht und Wahrheit liegt im Radsport offenbar nur der Faktor Zeit.

Dieser Beitrag wurde unter dem Titel »Volle Ladung« bereits im Radmagazin *TOUR* Ausgabe 8/2006 veröffentlicht.

Ein Segen für die Medizin –
ein Fluch für den Sport

Dr. med. Martin Glover ist Arzt für Innere Medizin und Nephrologie (Lehre der Nieren- und Bluthochdruckerkrankungen) und behandelt seit vielen Jahren Patienten mit fortgeschrittenen Nierenerkrankungen inklusive der Dialyse. Der Einsatz von Erythropoese-stimulierenden Agenzien gehört zu den Standardtherapien bei dieser Patientengruppe. Sein Beitrag bietet Hintergrundinformationen zu den sogenannten Erythropoese-stimulierenden Agenzien (ESA).

Erythrozyten und Hämoglobin

Der Sauerstofftransport über die Blutbahn zu den Organen erfolgt über die roten Blutkörperchen, auch Erythrozyten genannt. Erythrozyten werden im Knochenmark aus blutbildenden Stammzellen gebildet und sind kernlose Zellen. Sie sind verschwindend klein, haben einen Durchmesser von nur 7,5 Mikrometern (ein Mikrometer ist ein Tausendstel Millimeter) und sind runde, bikonkave Scheiben. Erythrozyten leben etwa 120 Tage, der Abbau erfolgt in der Milz.

Der eigentliche Transport von Sauerstoff erfolgt über einen Eiweißstoff, das eisenhaltige Hämoglobin, das auch die rote Farbe der Erythrozyten bestimmt. Über die Blutbahn kommt der Sauerstoff durch die Erythrozyten zu allen Organen.

Besteht ein erhöhter Sauerstoffbedarf, wie er insbesondere bei Ausdauersportlern vorkommt, dann erhöht sich die Anzahl der Erythrozyten. Ist das Gegenteil mit verminderter Anzahl an Erythrozyten der Fall, so spricht man von Blutarmut oder Anämie.

Erythropoetin (auch Erythropoietin oder EPO)

Erythropoetin oder EPO ist ein überwiegend von den Nieren gebildetes Hormon, das im Knochenmark die Bildung von Erythrozyten stimuliert. Gesunde Nieren bilden genügend Erythropoetin, kranke Nieren folgerichtig nicht genügend Erythropoetin, was die chronische Blutarmut nierenkranker Menschen erklärt. Von außen applizierbares Erythropoetin stellt somit einen entscheidenden Therapieansatz zur Behandlung der Blutarmut bei nierenkranken Patienten dar.

Seit 1988 kann Erythropoetin gentechnologisch hergestellt werden und ist somit für die Therapie der renalen Anämie (Blutarmut aufgrund von Nierenerkrankungen) verfügbar.

Weitere Indikationen zur Therapie mit Erythropoetin stellen die Blutarmut infolge einer Tumorerkrankung (Tumoranämie) und die Vermeidung von Fremdblutübertragungen bei planbaren großen Blutverlusten (z. B. große orthopädische Operationen) dar.

Dabei ist die Herstellung von gentechnologisch hergestelltem Erythropoetin (rhuEPO = rekombinantes humanes EPO) ein sehr aufwendiges Verfahren, zumal die chemische Reinheit und die biologische Identität mit dem humanen Erythropoetin gewährleistet sein muss.

Auf dem Markt erhältlich sind zwei Erythropoetine, das Erythropoetin alpha (Handelsname ERYPO® der Firma Ortho Biotec) und das Erythropoetin beta (Handelsname NeoRecormon® der Firma Roche). Beide unterscheiden sich geringfügig hinsichtlich ihres Molekulargewichts und, wenn überhaupt, allenfalls marginal in ihrer Wirksamkeit in der Behandlung der renalen Anämie.

Eine Weiterentwicklung sind länger wirksame Erythropoese-stimulierende Substanzen, was durch eine chemische Veränderung des Moleküls mit u. a. dem Austausch von Aminosäuren über mehr stickstoffgebundene Kohlenhydratketten gelingt. Auf dem Markt erhältlich ist das »Novel Erythropoiesis Stimulating Protein«, NESP oder Darbepoetin, das durch die chemische Veränderung eine deutlich längere Wirkdauer hat. Hauptvorteil dieses Medikaments (Handelsname Aranesp® der Firma Amgen) ist durch das längere Dosierungsintervall eine niedrigere Injektionsfrequenz.

Jedes wirksame Medikament muss vor dem therapeutischen Einsatz peinlich genau am Menschen auf mögliche Nebenwirkungen beurteilt werden, und der Patient sollte über die wichtigsten Nebenwirkungen informiert werden. Die bedeutsamsten Nebenwirkungen von EPO sind:

– **Bluthochdruck**
Ein Blutdruckanstieg durch Erythropoetin fand sich bei 20 % der Patienten mit Dialysepflichtigkeit. Dabei lässt sich der (meist vorbestehende) verschlechterte Blutdruck jedoch medikamentös recht gut beherrschen.

– **Thrombose und Anstieg der Thrombozytenzahl**
Hierzu gibt es zum Teil widersprüchliche Daten, sodass ein eindeutiger Zusammenhang nicht gesichert werden konnte. Dies gilt aber nur für dialysepflichtige Patienten. Grundsätzlich geht jedoch mit steigendem Hämoglobinwert auch eine »Verdickung des Blutes« einher. Da Dialysepatienten aber von einem niedrigeren Hämoglobinniveau ausgehen, scheint eine zu hohe Hämoglobinkonzentration bei diesen Patienten keine Gefahr zu sein. Der Anstieg der Blutplättchenzahl (Thrombozyten) ist meist nur vorübergehender Natur und ohne messbare Komplikationsrate.

- **Funktioneller Eisenmangel**
  Wird die Produktion der Blutzellen angeregt, ist der »Grundbaustein Eisen« bald aufgebraucht, es resultiert ein funktioneller Eisenmangel, sodass bei Dialysepatienten eine gleichzeitige Eisentherapie immer zu diskutieren ist.
- **Kopfschmerzen**
  Dieses Symptom ist meist im Zusammenhang mit einer Blutdruckveränderung zu sehen und nicht eindeutig auf Erythropoetin zurückzuführen.
- **Krampfanfälle**
  Ein Zusammenhang mit Erythropoetintherapie bei Dialysepatienten wurde zwar vermutet, ist aber nicht gesichert.
- **Antikörperbildung (pure red cell aplasia)**
  Die Antikörperbildung auf Erythropoese-stimulierende Agenzien ist eine sehr seltene, wenngleich gefährliche Nebenwirkung. In einer von Fachkreisen im Jahre 2002 veröffentlichten viel beachteten Arbeit von Frau Prof. Casadevall in einem angesehenen Fachjournal wurden dreizehn Fälle einer Antikörperbildung beschrieben, was zu einer dauerhaften Transfusionspflichtigkeit führte. Dies hatte den vorübergehenden Verlust der Zulassung für die subkutane Gabe des Medikamentes Erypo® zur Folge. Die intravenöse Gabe war hiervon nicht betroffen, und es kostete die herstellende Firma sehr viel Mühe, den Mechanismus der Antikörperbildung aufzuklären und Fehlerquellen zu eliminieren. Erst im Jahre 2006 wurde die Wiederzulassung für die subkutane Gabe unter Auflagen erreicht.
  Da Erythropoese-stimulierende Agenzien bei Patienten mit Antikörpern gegen Erythropoetin keine blutbildende Wirkung mehr besitzen, ist eine Transfusionspflicht zwangsläufig. Neben Infektionsgefahren sind andere Folgeprobleme wie Eisenüberladung und -ablagerung in inneren Organen von Bedeutung.
- **Todesfälle**
  Eine Häufung von Todesfällen bedingt durch die Einnahme von Erythropoese-stimulierenden Agenzien wurde zwar diskutiert, ist aber nie statistisch nachgewiesen worden. Im Gegenteil ist die Sterblichkeit von blutarmen Patienten mit korrigierten Hämoglobinkonzentrationen signifikant gesunken.

Erythropetin und Doping aus der Sicht eines Nephrologen:
In die Schlagzeilen geriet das Hormon Erythropoetin durch Doping, vor allem in Ausdauersportarten wie dem Radsport, wo es eingesetzt wird, um die Sauerstoffaufnahme ins Blut zu erhöhen und daraus resultierend eine höhere Leistung zu erreichen.

Grundsätzlich gilt, dass Erythropoese-stimulierende Agenzien Medikamente sind und nicht ohne Grund der Verschreibungspflichtigkeit des Arztes unterliegen. Bei Patienten mit fortgeschrittener Nieren- oder Tumorerkrankung mit daraus folgender Blutarmut ist der segensreiche Einsatz dieser Medikamente unbestritten. Dabei wird aber immer eine deutliche Blutarmut ausgeglichen oder aber eine korrigierte Blutarmut im therapeutischen Niveau »gehalten«. Hämoglobinkonzentrationen, die hierbei angestrebt werden, sind für einen gesunden Menschen noch immer bestenfalls im unteren Normbereich.

Bei Sportlern, die Erythropoese-stimulierende Agenzien im Sinne eines Dopings einnehmen, darf man getrost unterstellen, dass der Ausgangswert des Hämoglobins im Normbereich, oft durch intensives Training und gegebenenfalls auch Höhenaufenthalte sogar im oberen Normbereich liegt. Nach Einnahme dieser Substanzen steigt ein normaler oder hochnormaler Ausgangswert auf überhöhte Werte, was über den Mechanismus der »Eindickung des Blutes« zusätzliche erhöhte Gefahren denkbar macht. Kommt es bei körperlicher Anstrengung mit vermehrter Transpiration zur zusätzlichen Konzentrationserhöhung des Blutes, so kann schnell ein kritischer Schwellenwert überschritten werden, und Thrombosen oder Schlaganfälle oder Todesfälle werden denkbar. Verständlicherweise gibt es hierzu keine kontrollierten Studien, da eine solche Fragestellung unethisch wäre.

Andere mit der Grunderkrankung der oben genannten Patienten assoziierte Probleme betreffen gesunde Sportler nicht.

Das Problem der Antikörperbildung jedoch könnte Sportler theoretisch genauso wie nierenkranke Patienten betreffen. Das Schicksal einer dauerhaften Transfusionspflichtigkeit mit allen resultierenden Konsequenzen und Gefahren ist schrecklich und darf unter keinen Umständen einem Gesunden zugemutet werden.

Es kann nicht genügend unterstrichen werden, dass die Daten zu Nebenwirkungen aus kontrollierten Studien und Beobachtungen bei Patienten mit deutlicher Blutarmut gewonnen wurden. Nebenwirkungen bei Sportlern sind allenfalls aus Fallbeobachtungen gewonnen, und statistische Daten resultieren nie aus kontrollierten Studien, da dies ethisch nicht vertretbar wäre. Berechtigte Warnungen vor der missbräuchlichen Anwendung Erythropoese-stimulierender Agenzien bei gesunden Sportlern resultieren aus der Extrapolation der Daten bei Kranken und der Logik. Es darf vermutet werden, dass sogenannte Dopingärzte eine »eigene Statistik« zu Erythropoese-stimulierenden Agenzien führen, verständlicherweise werden solche Daten aber nie medizinischen Fachkreisen zugänglich gemacht.

Die Verschreibung solcher Medikamente an Personen ohne Blutarmut zum Zwecke der Leistungssteigerung stellt daher ein zutiefst unärztliches Verhalten mit grob fahrlässiger Gefährdung des Empfängers dar. Nebenwirkungen oder in Einzelfällen auch kumulierte Nebenwirkungen können nicht vorhergesagt werden, und die Inkaufnahme ist nicht durch einen vermeintlich höheren Nutzen gerechtfertigt. Erythropoese-stimulierende Agenzien gehören ausschließlich in die Hände von Ärzten, die Patienten mit schwerer Blutarmut behandeln!

Dr. med. Martin Glover/www.dialyse-neuss.de

Ungeklärte Todesfälle im Radsport

In den letzten Jahren haben sich zahlreiche primär ungeklärte Todesfälle bei jungen Hochleistungssportlern, insbesondere Profiradfahrern, ereignet. Der Kardiologe und Sportmediziner Professor Hans-Willi M. Breuer konnte diese Problematik ausführlich auf dem Weltkongress der Kardiologie im vergangenen Jahr in Barcelona diskutieren.

Breuer, Chefarzt der inneren Abteilung des Malteser-Krankenhauses in Görlitz, befasst sich seit langem mit den Auswirkungen von Sport auf den Organismus. Einig sind sich die Kardiologen, dass die Belastungen des Herz-Kreislauf-Systems im professionellen Radsport über lange Zeiträume extrem hoch sind. Breuer führt an, dass »aus Autopsiestudien bekannt ist, dass Todesfälle bei jüngeren Athleten in der Regel eine Folge struktureller kardialer Veränderungen sind«. Das können krankhafte Verdickungen des Herzmuskels, Anomalien der Koronararterien oder vorangegangene Herzmuskelentzündungen sein. Mittels einer qualifizierten klinischen Untersuchung, auch unter Zuhilfenahme einer Elektrokardiographie (EKG), einer Echokardiographie, einer Magnetresonanzkardiographie und nötigenfalls einer Herzkatheterdiagnostik und elektrophysiologischen Untersuchung sei es möglich, strukturelle Herzerkrankungen zu diagnostizieren. Gerade im Profisport sollte in aller Regel eine qualifizierte sportmedizinische Diagnostik und Betreuung vorliegen. Breuer und andere Fachleute sind sich einig, dass »es schwer nachzuvollziehen ist, dass derartige ›konventionell diagnostizierbare‹ Erkrankungen eine wesentliche Rolle bei den in den letzten Jahren gehäuft beobachteten ungeklärten Todesfällen junger Radrennfahrer spielen«.

Es ist bekannt, dass Herzrhythmusstörungen zum plötzlichen Herztod führen können, ohne dass eine morphologische Veränderung bei der Obduktion erkennbar ist. Doch auch sie hätten Vorboten, die durch anamnestische Befragung und differenzierte EKG-Diagnostik erfasst werden könnten. »Oft ist es nur ein Herzstolpern, über das Sportler berichten, oder es sind unspezifische EKG-Veränderungen, die allzu oft zu einer unqualifizierten Einordnung als ›sportbedingt‹ führen«, sagt Breuer. Er warnt davor, diese Veränderungen zu bagatellisieren, weil sie morphologisch nicht zu erklären seien. Sie seien vielmehr durch eine Beeinträchtigung der elektrischen Erregung des Herzen erklärbar. »Unser Augenmerk muss sich auf die Ionenkanäle für die Elektrolyte Natrium, Kalium und Calcium richten.« Hierfür sei jedoch eine gezielte Gendiagnostik notwendig, die allerdings auch post mortem zur Klärung eines Todesfalls beitragen könne. Verstärkt und ausgelöst werden können Herzrhythmusstörungen durch exogene Faktoren. Doping könne ein solcher Faktor sein. Eine unkontrollierte Hämatokriterhöhung durch Erythropoietin (EPO) oder Blutdoping, beides kommt im Radsport zum Einsatz, könne als kritischer Einfluss bewertet werden. Bei dem Brugada-Syndrom, einer Herzrhythmuserkrankung, sei es bekannt, dass ein Kammerflimmern des Herzens überwiegend nachts auftrete, wenn der sogenannte Vagotonus, als beruhigender Teil des vegetativen Nervensystems, vorherrsche. Werde dieser zusätzlich durch Sport und einen exogenen Auslöser wie Doping verstärkt, seien »Sport«todesfälle bei einer solchen genetischen Veränderung auch in Ruhephasen nicht unwahrscheinlich.

Derzeit wird auch diskutiert, insbesondere bezüglich des Radsports, inwieweit der extreme Hochleistungssport selbst zu strukturellen Herzveränderungen führen kann. Primär wird hier das in den letzten Jahren zunehmend häufiger diagnostizierte Krankheitsbild des sogenannten arrhythmogenen rechten Ventrikels angeführt. Diese Herzrhythmusstörungen, die in der rechten Herzkammer entstehen, können zum plötzlichen Herztod führen. Auch dies ist durch eine Autopsie nur sehr schwer nachzuweisen. Nach Breuers Meinung haben die »Erkenntnisse der Elektrophysiologie und der Genetik entscheidend zum Verständnis der Entstehung von Herzrhythmusstörungen beigetragen«. Daher ist es verständlich, dass eine konventionelle Obduktion bei Todesfällen junger Leistungssportler oft nicht die Ursache klärt. Eine weiterführende Genanalyse müsse zusätzlich erfolgen, denn eine hohe Anfälligkeit für Herzrhythmusstörungen bei entsprechenden genetischen Veränderungen sei mittlerweile bekannt. Breuer warnt eindringlich, dass die extremen Belastungen durch den Leistungssport, begleitet von primären oder sekundären strukturellen Veränderungen am Herzen, »beim gedopten Sportler zur tödlichen Relevanz werden können«.

Eine Serie mysteriöser Todesfälle im Radsport
1. Fall, 11. Januar 2003: Der Italiener Denis Zanette (32) wird bei einer Routinebehandlung beim Zahnarzt ohnmächtig und verstirbt kurze Zeit später in einem Krankenhaus.
2. Fall, 23. Februar 2003: Manfred Donike, 42 Jahre, als ehemaliger Bahnfahrer einer der Besten, wird tot in seiner Wohnung bei Düren aufgefunden.
3. Fall, 5. Mai 2003: Der 16-jährige italienische Amateurfahrer Marco Ceriani erleidet während eines Rennens einen Herzanfall, fällt ins Koma und stirbt.
4. Fall, 3. Juni 2003: Der französische Radprofi Fabrice Salanson, 23 Jahre, verstirbt in der Nacht vor dem Start der Deutschlandtour, an der er teilnehmen wollte, in seinem Hotelzimmer während des Schlafs.
5. Fall, 14. November 2003: Der 24-jährige Italiener Marco Rusconi verlässt eine Party und erleidet auf dem Weg zum Auto einen tödlichen Herzstillstand.
6. Fall, 6. Dezember 2003: Der frühere spanische Radprofi José Maria Jiménez stirbt mit 32 Jahren in einer psychiatrischen Klinik an Herzversagen.

7. Fall, 29. Dezember 2003: Der frühere Sprinter Michel Zanoli, 35-jähriger Niederländer, stirbt an Herzversagen.

8. Fall, 15. Februar 2004: Der 21-jährige Belgier Johan Sermon geht früh ins Bett, weil er am nächsten Tag eine lange Trainingseinheit fahren will. Der Tod überrascht ihn im Schlaf. Er stirbt an Herzversagen.

9. Fall, 15. Februar 2004: Marco Pantani, 34-jähriges italienisches Radsport-Idol, wird tot in einem Hotelzimmer aufgefunden. Todesursache: Herzversagen.

10. Fall, 30. Juni 2004: Der frühere Radprofi Steve Vermaut, ein 28 Jahre alter Belgier, stirbt an einem Herzinfarkt, den er bei einer Spazierfahrt mit dem Rad erleidet. Vermaut hatte zuvor zwei Wochen lang in einem Krankenhaus im Koma gelegen. Er hatte 2002 seine Karriere wegen Herzrhythmusstörungen beendet.

11. Fall, 15. Juni 2005: Alessio Galletti (37) aus Italien stirbt im Rennen an Herzversagen.

12. Fall, 16. September 2005: Jörg Köhler (45) stirbt an Herzversagen. Der frühere Radsportler, der 1981 und 1982 an der Friedensfahrt teilnahm, wird morgens tot in seiner Wohnung in Gera gefunden. Das Ergebnis der Obduktion schließt Gewaltanwendung und Krankheit aus. Es deutet alles auf den plötzlichen Herztod eines gesunden und trainierten Mannes hin.

13. Fall, 28. Februar 2006: Arno Wallaard (26) aus den Niederlanden stirbt an Herzversagen nach Unwohlsein im Anschluss ans Training. Wallaards Team verweist darauf, dass bei medizinischen Untersuchungen nie gesundheitliche Probleme bekannt wurden. Eine Einnahme von Medikamenten oder Drogen sei auszuschließen.

14. Fall, 5. Januar 2007: Der australische U23-Rennfahrer Daniel Bennett ist während des Trainings einem Herzversagen erlegen. Im Krankenhaus hatten alle Wiederbelebungsversuche keinen Erfolg.

Mit Ausnahme Pantanis, der Kokain konsumierte, wurden in keinem Todesfall bei der Autopsie Medikamente entdeckt, die auf Doping schließen ließen. Es wurden auch keine konventionell diagnostizierbaren Erkrankungen festgestellt. Die Serie unerklärlicher Todesfälle junger und anscheinend gesunder Radsportler ist für Kardiologen wie Breuer »derzeit medizinisch nicht zu begründen«.

Gerührt oder geschüttelt? – Über die Risiken von Medikamentencocktails

Der Düsseldorfer Dr. med. Jürgen Metken war lange als Arzt in der klinischen Forschung tätig. Er führt nachstehend zwei Beispiele der zahlreichen Medikamente an, die offenbar flächendeckend im Radsport zum Einsatz kommen. Unabhängig vom großen Nebenwirkungspotenzial, das jedes einzelne Medikament hat, wenn es nicht medizinisch indiziert eingesetzt, sondern rein zur Leistungssteigerung missbraucht wird, sieht er eine besondere Gefahr in der Kombination dieser Medikamente.

Jede Wirkung eines Medikaments ist von Nebenwirkungen begleitet. Diese sind meistens unerwünscht, aber – da bekannt – mit entsprechender Vorsicht auch gut zu beherrschen. Komplexer wird die Therapie, wenn man mehrere krankhafte Veränderungen behandeln möchte. Jeder kennt die übervollen Medikamentenlisten vornehmlich älterer Leute. Da fragt man sich, ob auch jede Pille zur erwünschten Wirkung führt, oder diese sich nicht gegenseitig schwächen bzw. neutralisieren. So lange diese Verordnungen dann noch unter ärztlicher Kontrolle eingenommen werden, bleibt das Risiko überschaubar.

Bei der Entwicklung neuer Pharmaka wird streng darauf geachtet, welche gegenseitigen Beeinflussungen sich mit den am häufigsten eingenommenen Präparaten ergeben. Gerade bei den am häufigsten vorkommenden Krankheiten ist die Kenntnis der gegenseitigen Beeinflussung der gängigsten Pharmaka besonders wichtig. Bei der enorm großen Zahl von Anwendungen und deren Kombinationen sind somit im Praxisalltag keine Überraschungen mehr zu erwarten.

Anders verhält es sich, wenn Mittel zur Leistungssteigerung kombiniert werden. Das ist dann keine Therapie mehr, jetzt heißt es: Versuchstier Mensch. Hier kommen Stoffklassen zum Einsatz, deren Kombination therapeutisch keinen Sinn ergibt und die dementsprechend auch nicht untersucht sind. Überdies wäre eine Untersuchung mit Pharmakakombinationen, die keine Rationale haben, d.h., für die es keine medizinisch sinnvolle Begründung gibt, unethisch und würde von keiner Ethikkommission genehmigt.

Das Ausbleiben unmittelbarer unerwünschter Wirkungen nach Doping im zeitlich begrenzten Rahmen – z. B. für die Dauer der sportlich aktiven Zeit – ist trügerisch, wie mehrere akute Todesfälle auch lange nach Abschluss der Karriere gezeigt haben. Es kommt zu einer Summation von Schäden, die der Körper letztlich nicht mehr kompensieren kann.

Folgende Produkte, die er eingenommen hätte, benannte der spanische Radprofi Jesús Manzano in einem Interview:

- Actovegin (Extrakt aus Kälberblut, erhöht angeblich die Sauerstofftransportkapazität bzw. die Zirkulationsfähigkeit des Blutes)
- Albumina H. (Plasmaprotein)
- Androgel (Testosteron)
- Aranesp (Darbepoetin alfa = EPO)
- Celestote (Corticosteroid)
- Eprex (EPO)
- Genotonorm (Wachstumshormon)
- Hemoce (Plasma)
- Deca durabolin (anaboles Steroid)
- Humatrope (Wachstumshormon)
- IGF 1 (Insulin like Growth Factor 1)
- Neofertinon (weibliches Hormon, stimuliert den Eisprung und die Östrogenproduktion)
- Neorecormon (Hormon zur Regulierung der Blutzellenproduktion)
- Norditropin (Wachstumshormon)
- Nuvacten (Corticosteroid)
- Trigon (Asthmamittel)
- Urbason (Corticosteroid)
- Ventolin (Asthmamittel)
- Oxandrolona (anaboles Steroid)
- Vitamin B12
- Triamcinolona (Corticosteroid)
- Testoviron (Testosteron)
- Aspirin (Schmerzmittel, Blutverdünnungsmittel)
- Oxyglobin (künstliches Hämoglobin, Sauerstoffträger, tierärztlich verschreibungspflichtiges Medikament ausschließlich für die einmalige Anwendung bei Hunden)
- Hemopure (künstliches Hämoglobin, Sauerstoffträger)
- Ferlixit (Eisen)
- Caffeine (Stimulanz)
- Hemassist (künstlicher Blutersatzstoff, Sauerstoffträger)
- Prozac (Antidepressivum)

(Quelle: cycling4fans.de)

Vorhandene Substanzen:
iv, im oder in Kapsel-
form

- ACTH 3,25 mg auf 1ml
- HGH 8.000 v.i. ⟹ nur bis zum 14.05. haltbar !
- DHEA 50 mg Kapseln
- Glutamin
- HMB
- CREATIN Multipower
- CLA
- GABA 30 mg/Tabl.
- carnicor injec CNC
- Glucose i.v.
- American Ginseg AG
- Säureblocker SB
- vitam N
- Prevalon PRE
- B-Komplex Lichtenstein
- Ferlecit FRL
- Venofer VEF
- abul loges AL
- Basica
- mag 2 injectable MAG
- Aspirin
- L-Thyroxin 125 µg T

Fragen: Wie möglich ist Chromium-Picolinat ?
Vanadyl-Sulfat
Teavin ?
Wie lange hält sich mein HGB (16,9 bei 49,4 HCT) ?
Wie sähe eine Erhaltungsdosis EPO aus ?

Hier wird beschrieben, welche Medikamente in welcher Form (iv = intravenös, im = intramuskulär) vorhanden sind. Dabei sind zahlreiche, die auf der Dopingliste stehen. Senkrecht wird nach der Erhaltungsdosis EPO gefragt. Das ist die Dosis, die noch wirkt, aber nicht mehr nachweisbar ist.

Das HGH ist nur noch bis zum 14.05 98 haltbar da schon gemischt.

Das HGH bekomme ich Donnerstag (morgen) Abend gegen 21ºº Uhr.

HGH steht für Wachstumshormon (Human Growth Hormon), »schon gemischt« mit Insulin. Das Medikament ist verschreibungspflichtig und wird nur bei sehr wenigen medizinischen Indikationen eingesetzt (z. B. Zwergwuchs).

So wollte Edita Rumsas nach eigenen Angaben ihre Schwiegermutter behandeln (Medikamente, die bei der Ehefrau des Radprofis Raimundas Rumsas sichergestellt wurden):
1 Fläschchen Norditropin penset 24 (Wachstumshormon)
1 Fläschchen TAD 600
1 Fläschchen Norditropin
1 Injektion Actrapid Novolet (Insulin)
3 Fläschchen Actovegin
1 Packung Spascupreel
1 Packung Albumine 20 %
3 Packungen Testis Compositum (Hormonextrakte)
1 Packung Ubichinon Compositum (Ko-Enzym Q)
2 Packungen Thyreoida Compositum (Hormonektrakt)
3 Ampullen Ketonal
2 Ampullen Koffein
1 Ampulle Celestone (entzündungshemmend)
1 Ampulle Benexol B12 5000 (Vitamine)
3 Fläschchen Kenacort retard (Korticoide)
1 Packung Toco 500 (Vitamin E)
1 Flasche Chlorure de sodium 0,9
15 Einheiten Durvitan (Koffein)
10 Ampullen Pentohexal 300
1 Packung MAG 2 (Magnesium)
12 Einheiten Ozothine
15 Einheiten Optalidon
2 Einheiten Euthyrox 50 (Schilddrüsenhormon)

3 Einheiten No Spa Forte
6 Einheiten und 1 Ampulle Alphalipon
2 Tabletten Stilnox
4 Einheiten Oltramp
30 Einheiten Bentelan (Korticoid)
30 Einheiten/Ampullen Voltaren
3 Einheiten Praxilen
Cafiaspirina (Koffein-/Aspirinpräparat)
2 Packungen Immunoferon
1 Packung Androderm (Testosteron)
2 Packungen Trofalgon
1 Fläschchen Geref (regt Produktion von Wachstumshormon an)
(Quelle: L'Équipe)

Dr. med. Jürgen Metken

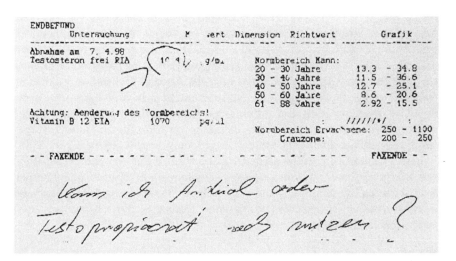

*Andriol ist ein bewährtes Dopingmittel im Sport, es hat eine geringe Halb-
wertszeit, wird also vom Körper schnell abgebaut. Wie Testoproprionat kann
es als Medikament bei zu geringem Testosteronspiegel verordnet werden.*

Mediziner im Leistungssport

Der Freiburger Dr. Wolfgang Stockhausen war als betreuender Verbandsarzt lange im Radsport tätig. Seine Gründe, mit dieser Tätigkeit aufzuhören, beschreibt er im nachfolgenden Beitrag. Und er gibt einen Einblick in das teilweise beschämende Innenleben der Sportmedizin. Eine Disziplin, die eigentlich dafür Sorge tragen müsste, dass der lebensbedrohende und lebensverkürzende Missbrauch von hoch potenten Medikamenten zur Leistungssteigerung eingedämmt oder unterbunden wird. Heute ist Stockhausen nach Tätigkeiten als ärztlicher Leiter in anderen Kliniken als Kardiologe wieder an der Universitätsklinik Freiburg tätig.

Am Anfang war das Spiel, die Bewegung um ihrer selbst Willen. Irgendwann wurden Bewegungen verglichen, gemessen und bekamen Regeln. Aus dem Spiel wurde Sport. Der Sport wurde in unserer Gesellschaft immer wichtiger, hat viele Aufgaben: Er unterhält, erzieht, bietet Identifikationsmöglichkeiten, wirbt und heilt und ist inzwischen für viele zum Beruf geworden.

Seit es Sport gibt, gibt es Doping. Die Natur gibt allen Lebewesen die Fähigkeit, sich an Veränderungen der Umwelt anzupassen. Wir sprechen von Lernfähigkeit und Trainierbarkeit. Trainieren heißt auch, die Leistung zu steigern, das Streben danach ist natürlich. Aber nicht nur Training und Erholung haben einen Einfluss auf die Leistungssteigerung, sondern auch die Art und Menge der Ernährung. Seit der Mensch die Pharmakologie entdeckt hat, ist er in der Lage, immer mehr in die Übertragungskette vom Trainingsreiz zur körperlichen Anpassung einzugreifen. Hier beginnt Doping. Der Übergang von Nahrung zu Doping ist fließend. Deshalb hat sich der Sport seine Antidoping-Regeln gegeben.

Leistungssteigerung ist bei weitem nicht der einzige erwünschte Nebeneffekt von Konsumierbarem. Genuss, Bewusstseinswandel und Rausch sind häufiger. Der Gebrauch von Nikotin, Alkohol, Rauschmitteln und Drogen ist weitgehend gesellschaftsfähig. Zuviel davon ist ungesund. Doping ist zum einen unfair – und zudem gleichfalls ungesund.

Doping und Öffentlichkeit
Es gibt mehr Doping, als berichtet wird, und mehr, als uns allen lieb sein kann. Aber im Vergleich zu anderem Missbrauch von pharmakologischer Wirkung,

wie z. B. durch Nikotin, Alkohol oder Drogen, wird über Doping vergleichsweise wenig informiert. Wo ist der Unterschied? Zigarettenrauch sieht man in der Öffentlichkeit. Betrunkene gehören zum Straßenbild. Bahnhöfe, Parks und Schulhöfe sind öffentliche Orte von Drogengebrauch und -weitergabe. Doping dagegen sieht man nicht – jedenfalls nicht direkt. Die Berichterstattung über Nikotin, Alkohol und Drogen hat in den Medien längst ihre Sachlichkeit gefunden. Geht es dagegen um Doping, stecken die Medien zumeist noch in den Kinderschuhen des Skandalösen.

Und die Skandale nehmen zu. Eine Sportveranstaltung wird drei Wochen lang auf mehreren Kanälen live übertragen, allerdings ohne ihre Favoriten. Und am Ende ist der Sieger gar nicht der Sieger. Aber Dopingfunde, Razzien und gestürzte Tour-de-France-Helden sind nur die Spitzen der Eisberge. Doping ist viel mehr und viel häufiger. Doping bestimmt das Leistungsniveau ganzer Sportarten. Doping verseucht den Nachwuchs und frisst sich in den Breitensport. Das sieht man nicht, das erfährt man selten, das kann man nur ahnen. Der Mangel an Fakten allein kann es nicht sein, denn sachliche Berichte wurden dazu durchaus schon verfasst. Aber sie wurden so ausgeweidet, dass sie, auf den Skandal reduziert, zur leichten Kost mutierten. Hin und wieder outet sich ein ehemaliger Betroffener. Diese Geschichten klingen so unglaublich, dass man sie kaum glauben mag. Offizielle Stellungnahmen zu dem tatsächlichen Ausmaß von Doping im Sport gibt es nicht.

Doping und Medizin

Vor Rauchen, Trinken und Drogengebrauch wird gewarnt. Behandelnde Ärzte äußern sich in Kenntnis ihrer täglichen Behandlung von Betroffenen. Wissenschaftler erklären die Auswirkungen und Gefahren. Sie geben uns Schätzungen und Statistiken zur Kenntnis. Sogar der volkswirtschaftliche Schaden wird benannt. Die Öffentlichkeit der Debatte soll warnen und verhindern. Die Schweigepflicht wird nicht verletzt.

Von den behandelnden Medizinern im Sport erfährt man wenig. Der betreuende Arzt im Leistungssport hat überwiegend andere Aufgaben als der behandelnde Arzt eines Drogen- oder Alkoholkranken. Sportler kommen zumeist nicht erst als Patienten und haben zunächst nicht den Leidensdruck einer Krankheit. Ob mit oder ohne sein Wissen, der Sportmediziner ist in der Phase der Anwendung von Doping zugegen, während der Alkoholkranke erst den Arzt aufsucht, wenn er unter den Folgen leidet. Hinzu kommt ein nachvollziehbarer Reflex des Selbstschutzes. Wer Wissen über Doping im Sport hat, ist prinzipiell selbst verdächtig. Dessen bin ich mir als Autor dieser Zeilen auch durchaus bewusst. Selbst wenn es die Distanz eines ehemaligen betreuenden Sportarztes zulässt, über das Phänomen Doping im Sport neutral und sachlich zu berichten, scheitert er zumeist am Filter der Medien. Im Sieb bleibt oft nur der Skandal hängen. Jeder Beitrag in Wort und Bild kann so manipuliert und in die Nähe aktuell Betroffener gerückt werden, dass die Botschaft entstellt und als Denunziation verbreitet wird.

Die Dopingproblematik unterscheidet sich zudem vom Drogen- und Genussmittelmissbrauch dadurch, dass Nikotin, Alkohol und Drogen entweder legal oder auf dem Schwarzmarkt frei zugänglich sind, während Dopingmittel in der Regel der Vermittlung von Ärzten oder Apothekern bedürfen.

Das Verhältnis von Sportmedizin und Doping hat drei Spielarten: *aktiv, wissend* und *unwissend.*

Ärzte, die dem Thema umfassend *unwissend* gegenüberstehen, gibt es wohl nicht mehr, die Medien berichten ausführlich genug. Im Einzelfall ist es aber natürlich für einen Sportmediziner schwer, bei einem Sportler konkrete Hinweise zu finden, den er nur im gelegentlichen Krankheitsfall und bei einer Leistungsdiagnostik sieht.

Dass es Mediziner gibt, die *aktiv* dopen, ist bekannt. Ohne zum Nestbeschmutzer unter Kollegen zu werden, kann auf gesicherte Fälle verwiesen werden, für die es eine juristisch belegte Öffentlichkeit gibt. Eine besondere Brisanz kommt dann hinzu, wenn wie im Fall des italienischen Arztes Francesco Conconi gleichzeitig das Amt eines leitenden Dopingbekämpfers bekleidet wird. Conconi war Antidoping-Beauftragter des Weltradsport-Verbandes UCI.

Eine sehr schwierige Position haben die *Wissenden.* Es sind vor allem die Mannschaftsärzte. Der Mannschaftsarzt ist Teil des Leistungssports, er schützt die Gesundheit der Sportler bei Extrembelastungen und trägt zur Trainingsoptimierung bei. Oft ist er Arzt und Physiologie zugleich. Er ist ganz dicht »am Mann« und kennt Körper, Seele und Leistungskennwerte. Wenn er nicht merkt, dass etwas »jenseits von Wasser, Spagetti und Vitaminen« läuft, ist er fehl am Platz. Natürlich darf er nichts darüber sagen. Auch ohne seine aktive Beteiligung wäre ein Bericht über Dopingmissbrauch so etwas wie Verrat. Leistungssportler sind keine anonymen Konsumenten, sondern erfahren eine große Öffentlichkeit. Somit wäre jede Äußerung von Mannschaftsärzten gleichzeitig eine zumindest indirekte Verdächtigung bekannter Personen. Aber das ist nicht die eigentliche Schwierigkeit im Job des Mannschaftsarztes. Selbst wenn er still und ohne verbotene Mittel seine Arbeit für die Mannschaft macht, kann er in die Grauzone zwischen »aktiv« und »wissend« geraten. Dopingmittel hinterlassen Spuren, die von der Dopingbekämpfung gesucht werden. Diese Spuren finden sich auch in den Routinebefunden der medizinischen Mannschaftsbetreuung. Unabhängig vom Zweck einer Untersuchung können verschiedene Werte zur Dosisfindung eines Dopingmittels oder zur Verschleierung bei Dopingkontrollen verwendet werden, gewollt oder ungewollt.

EPO beispielsweise hinterlässt einen erhöhten Hämatokritwert. Dieser kann sehr einfach gemessen werden, von Dopingkontrolleuren und Mannschaftsärzten. Ein vorsorglich gemessener Hämatokritwert kann verwendet werden, um eine Kontrolle zu bestehen. Jede Verschleierung ist in den internationalen Dopingregeln bereits aktives Doping und kann als solches geahndet werden.

Dort, wo nicht gedopt wird, und in den Sportarten, wo Doping wenig ausrichten kann, ist die Arbeit unproblematisch. In Sportarten und Mannschaften mit hoher Affinität ist der Versuch, seine Tätigkeit als Mannschaftsarzt abzugrenzen, schwer durchzuhalten. Beim Versuch von Selbstschutz grenzt sich der »Doc« schnell aus. Häufig wird er von einem Kollegen abgelöst, der mit dem Konflikt »besser« umgehen kann.

Das Verhältnis zu den Sportlern wird nicht wie bei einem Patienten durch die Begriffe krank und gesund bestimmt. Sportmedizin geht über den Zustand »gesund« hinaus – topfit soll der Sportler sein. Der Sport profitiert vom Arzt, aber dieser profitiert auch vom Sport. Anders als in Klinik oder Praxis erfährt er Öffentlichkeit durch die, die er behandelt. Viele Kollegen im Sport arbeiten gut, ruhig und sachlich und halten auch in gefährdeten Sportarten die nötige Distanz und Unabhängigkeit aufrecht. Es gibt aber auch mehr als nur einige Sportmediziner, deren Drang nach Nähe zu populären Schützlingen sehr ausgeprägt ist und manchmal groteske Blüten treibt. Der Wunsch, sich mit dem Vertrauen Berühmter schmücken zu können, führt dann leicht dazu, jede Begehrlichkeit nach Leistungssteigerung zu erfüllen. Dabei sein ist alles ...

Während man bei den eigentlichen Protagonisten unter den Dopingärzten, wie etwa Conconi und Ferrari, eine gewisse Erfahrung und Sachkenntnis, ja, wahrscheinlich sogar einen wissenschaftlichen Ansatz vermuten kann, handeln die Mitläufer meist nur nach dem »Hörensagen« und beziehen ihre Informationen auch von Sportlern, also von denen, die eigentlich Rat bei ihnen suchen.

Ausmaße des Dopings

Es gibt Doping, teilweise flächendeckend. Dies ist keine neue Erkenntnis. Die Maßnahmen zur Dopingbekämpfung wurden inzwischen weltweit vereinheitlicht. Der Aufwand für Antidoping ist enorm und nimmt weiter zu. Fliegt hier und da ein Fall auf, reagieren die Offiziellen zumeist überrascht, und die Phrasen wiederholen sich: »schwarze Schafe«, ... »sauberer Sport« ..., »hart durchgreifen«. Derartige Sprechblasen und die vergleichsweise wenigen positiven Befunde der Dopingkontrollen allein können die weltweiten Antidoping-Bemühungen nicht begründen. Das Insiderwissen ist offensichtlich ausreichend fundiert.

Doch was erfährt man außerhalb des Sports über die Ausmaße dieses Sportbetrugs? Wie viel an Dopingmitteln verbrauchen die angeblich »wenigen schwarzen Schafe«? Die Produktion potenter Dopingmittel übersteigt den Bedarf im Krankenwesen um ein Vielfaches. Erythropoietin stand im Jahre 2005 in der Rangliste der weltweiten pharmazeutischen Umsätze auf Platz sieben, nur geschlagen von Lipidsenkern, Zytostatika, Magenmitteln, Antidepressiva und anderen Psychopharmaka. Man schätzt, dass die Nierenpatienten, für die dieses Hormon entwickelt worden ist, nur etwa ein Fünftel davon benötigen. Und in dieser Aufstellung ist der Schwarzmarkt noch gar nicht berücksichtigt worden (www.imshealth.com).

Es sei an dieser Stelle nachdrücklich vermerkt, dass es nicht darum geht, den Sport und die Sportler anzuklagen, auch jene nicht, die zu verbotenen

Mitteln greifen. Sport ist sehr komplex und professionell geworden. Nur »dabei zu sein« reicht oft nicht. Es ist ein »Entweder-oder« geworden. Wer sich für den Leistungssport entscheidet, tut dies nicht mit schlechten Absichten. Aber in manchen Sportarten wird das Leistungsniveau entscheidend durch Doping geprägt. Allen voran scheint der Radsport zu gehen. Zumindest hat er derzeit die größte Öffentlichkeit. Alle, die mitmachen, bieten großen Sport. Auch wer dopt, kämpft an seiner Leistungsgrenze, keiner fährt spazieren. Ihnen allen gilt nach wie vor unser größter Respekt. Aber bei dem Auftritt von Floyd Landis bei der Tour de France 2006 hat auch der Laie Anschauungsunterricht erhalten und musste erkennen, dass die Fahrer »nicht allein« im Sattel sitzen. Derartige Leistungsschwankungen haben mit nachvollziehbarer menschlicher Belastbarkeit nichts mehr zu tun, sie wirken wie ferngesteuert. Wenn dann ein ehemaliger Radprofi im Fernsehen sein Geständnis wiederholt, dabei über die gleichzeitige Einnahme mehrerer hochpotenter Hormone, über Verwandte als lebende Blutbanken und einen Dopingzwang im Team berichtet, bleibt auch dem Insider die Luft weg.

Doping und Gesundheit

Warum muss über Doping gesprochen werden, wenn gegenüber dem Dopingsportler beinahe Mitleid und Verständnis aufgebaut werden können? Vielleicht handelt es sich ja ohnehin nur um eine kleine Minderheit, die das Doping vollkommen freiwillig und ohne äußeren Druck betreibt? Die Antwort ist eindeutig: Doping ist gefährlich!

Gefährlich nicht nur für die, die es anwenden, sondern auch für die, denen die sportlichen Idole Vorbild sein sollen. Die Bedeutung des Sports für die Gesunderhaltung ist unbestritten und kann gar nicht hoch genug eingeschätzt werden. Doping dagegen gibt die Botschaft, dass man Fitness aus der Apotheke holen kann. Dies hat bereits heute fatale Folgen, wie die geschätzten Dunkelziffern über den Missbrauch von Dopingmitteln und Stimulanzien im Freizeitbereich belegen. Besonders fatal wirkt sich diese Botschaft im Nachwuchsbereich aus. Zum einen demotiviert das durch Doping scheinbar unerreichbar hohe Leistungsniveau viele junge Talente, sich weiter für den Sport zu quälen. Die Aussicht, dass in manchen Sportarten ab einem gewissen Leistungsniveau der Kontakt zu Doping unvermeidbar ist, hält zudem viele junge Sportler und insbesondere verantwortungsvolle Eltern und Trainer davon ab, den Leistungssport positiv zu vermitteln. Nicht umsonst äußern sich die engagierten Nachwuchstrainer in den Vereinen und Auswahlmannschaften häufig positiv, wenn mit der Aufdeckung neuer Dopingskandale eine Bereinigung in Sicht zu kommen scheint: »Hoffentlich fliegt das jetzt alles auf, damit wir die Jungen mit gutem Gewissen weiter trainieren können!«

Aber leider gibt es diese Verantwortung im Nachwuchsbereich nicht immer. Aus eigener Erfahrung und den Berichten von Kollegen muss leider auch über Eltern berichtet werden, die für ihre 14-jährigen Töchter nach der Möglichkeit suchen, die konditionelle Leistung über die Anwendung der Mittel, »von denen man da jetzt so hört«, zu steigern. Gemeint waren Erythropoietin und Wachstumshormone! Noch einmal zur Klarstellung: Betroffen waren Jugendliche in der Pubertät, angefragt hatten deren Eltern! Und das waren keine Einzelfälle. Durch intensive Aufklärung kann man diese Eltern von derartigen Versuchen vielleicht abhalten. Ob das für immer vorhält, kann man nur hoffen. Diese intensive Aufklärung wird von denen, die Dopingmittel empfehlen und einsetzen, aber gar nicht gegeben. Würden sie gewissenhaft arbeiten, könnten sie diese Mittel nicht geben, denn der Widerspruch, gesunden jungen Menschen ohne medizinische Notwendigkeit hochpotente pharmakologische Mittel mit erheblichen Nebenwirkungen und Spätfolgen zu verabreichen, ist nicht argumentierbar.

Ein Arzt handelt gegenüber seinen Patienten neutral, also nicht im eigenen Interesse, und ist verpflichtet, immer zu ihrem Nutzen zu handeln. Behandelnde Ärzte im Sport sind Teil des Erfolgs, sie helfen dem Sport, aber der Sport hilft auch ihnen, sie sind nicht neutral. Hier entsteht eine explosive Mischung. Die Motivation des Sportlers, seiner Betreuer und des Umfeldes schaffen eine erhöhte Risikobereitschaft, die Voraussetzung ist, um manch eine Sportart treiben zu können. Wer das Risiko auf sich nimmt, auf dünnen Reifen mit 90 km/h im Peloton über Serpentinen Alpenpassstraßen hinunterzufahren, den können meist nur vage Nebensätze über die Spätfolgen von Peptidhormonen nicht schrecken. Und wer dennoch gezielt nachhakt, bekommt von manch einem Sportmediziner noch zu hören, dass gar nicht erwiesen sei, dass die Anwendung dieser Mittel schädlich ist.

Jedes in Deutschland auf den Markt gebrachte Medikament muss nicht nur seine Verträglichkeit und das Fehlen wesentlicher Nebenwirkungen nachweisen, sondern darüber hinaus auch die Wirkung beweisen. Im Doping geschieht beides nicht. Die ganze Szenerie wirkt wie ein groß angelegter Menschenversuch ohne systematische Beobachtung. Gehandelt wird nach dem Prinzip »Versuch und Irrtum«. Der Informationsfluss folgt dem »Hörensagen«. Die Rezepturen werden unter der Hand weitergegeben, teilweise informieren sich die Ärzte bei den Sportlern, da systematisches Grundwissen fehlt. Wissenschaftliche Untersuchungen über die Arzneimittelwirkung und -sicherheit der Dopingmittel fehlen. Sie fehlen zu Recht und würden von keiner Ethikkommission genehmigt werden, denn die Anwendung von Hormonen, Aufputschmitteln oder Blutersatzstoffen bei jungen gesunden Menschen ist durch nichts zu rechtfertigen.

Die abwiegelnde Antwort, man müsse »erst mal abwarten, ob Doping überhaupt gefährlich sei«, wirkt menschenverachtend. Auf was sollte dabei gewartet werden? Müssen denn die Schutzbefohlenen der Sportmediziner und Betreuer erst sterben oder an ihrem Krebs behandelt werden? Jede Pharmafirma muss jede Nebenwirkung ihrer Präparate in den Beipackzettel schreiben, auch wenn der Zusammenhang mit der Einnahme nicht erwiesen und rein zufällig ist. Einzelne Todesfälle können bereits dazu führen, dass ein millionenfach angewendetes Präparat wieder vom Markt genommen wird. Die erdrückende Anzahl von Todesfällen im Profiradsport der letzten Zeit hält aber offensichtlich nicht davon ab, zunächst weiterhin abzuwarten.

Vor Jahrzehnten wurden die Steroidhormone für den Sport entdeckt. Testosteron und die unter dem Begriff Anabolika subsumierten Analoga führen zu einem Kraftzuwachs über ihre aufbauende (anabole) Wirkung. Die Wirkungen von Anabolika sind langfristig und bedürfen immer gleichzeitig eines intensiven Trainings. Die erwünschten Wirkungen sind erst nach Wochen und Monaten abrufbar.

Testosteron hat in jedem Organismus eine wichtige Funktion. Der Hormonumsatz ist bei körperlichen Anstrengungen erhöht. Es trägt zu Leistungsfähigkeit und Regeneration bei. Wenn man sich die physischen und psychischen Auswirkungen des Testosteronmangels vor Augen führt, leuchtet ein, dass dieses Hormon ein wesentlicher Bestandteil eines gesunden Körpers ist. Wird die Wirkung von Testosteron jedoch über das notwendige Maß hinaus gesteigert, indem es von außen zugeführt wird, gerät das ganze Stoffwechselsystem aus den Fugen, mit zum Teil fatalen Folgen. Jedes Anabolikum führt zu einer vermehrten Zellteilung, um den gewünschten Zuwachs an Muskulatur zu erzielen. Mit jeder Zellteilung steigt das Risiko für das Erbgut, zu entarten – nicht umsonst haben Gewebe mit einer hohen Zellteilungsrate ein erhöhtes Krebsrisiko. Diese Nebenwirkungen müssen durch andere Präparate abgefangen werden. Die pharmakologischen Karrieren der Hardcore-Bodybuilder sind abschreckende Beispiele dafür. Dies kann so weit führen, dass wichtige hormonelle Regelkreise zusammenbrechen und nur noch durch die künstliche Zufuhr aufrechterhalten werden. Dies haben wir aus prominenten Todesfällen lernen müssen. Anabolika in hohen Dosen stören zudem den Fettstoffwechsel. Das »gute« Lipoprotein HDL wird stark gemindert, in Einzelfällen sogar eliminiert. Dies kann zu Fettembolien führen, tödliche Herzinfarkte sind die Folge.

Bei Bodybuildern kommt hinzu, dass sie nicht wie in anderen Sportarten eine zeitlich begrenzte Leistungssteigerung für einen Wettkampfsport erzielen wollen, sondern sich mit dem muskulösen Körper eine neue Identität geschaffen haben. Diese können die wenigsten mit dem Karriereende wieder ablegen. Viele sind zudem als Instruktoren oder Studiobesitzer darauf angewiesen, bis ins höhere Alter ihren Kunden mit dem eigenen Aussehen Glaubwürdigkeit zu vermitteln. So kommen bei ihnen nicht nur Jahre, sondern Jahrzehnte unter künstlichen Hormonen zustande. Ein Betroffener hat die Folgen eindrücklich beschrieben: »Es gibt keinen von uns, der nicht schon auf mindestens vier Beerdigungen von Kollegen war.« Dass Anabolika zu Leberschäden führen, ist hinreichend bekannt. Dennoch hat es sich ein ärztlicher Kollege nicht nehmen lassen, einem Sportler mit einer Hepatitis C das orale Anabolikum »Andriol« zu geben, um einen Trainingsrückstand aufzuholen.

Cortison ist ein Stresshormon, das stark entzündungshemmend und leistungsfreisetzend wirkt. Es hilft dem Organismus, die letzten Reserven zu mobilisieren, auf Kosten der Substanz. Wir können Hunger, Flucht und Krankheit damit überleben, indem wir Muskeln abbauen und für den Energiestoffwechsel zur Verfügung stellen. Die Nebenwirkungen sind erheblich: Muskelschwund, Stammfettsucht, Bluthochdruck, Diabetes mellitus, Osteoporose, Pergamenthaut und vieles andere mehr. Als junger unerfahrener Arzt hatte ich mich bemüht, die Rückenschmerzen eines Eliteradrennfahrers abzuklären. Die Röntgenaufnahme zeigte dabei eine deutliche Osteopenie (Knochenschwund) aller Wirbelkörper. Bis zum Beweis des Gegenteils muss ein solcher Befund bei einem gesunden jungen Mann auf das Vorliegen einer Knochenmarkserkrankung untersucht werden. Nach meiner Ankündigung, dass dazu eine sogenannte Beckenstanze notwendig sei, um eine Probe des Knochenmarks zu gewinnen, ereilten mich einige Anrufe von Kollegen, die mich davon überzeugen wollten, dass die Indikation für diesen Eingriff nicht gegeben sei. Sie haben mich »zu Recht« überzeugt, da die Ursache für die Osteopenie bei den erfahrenen Kollegen bekannt war. So habe auch ich etwas über die Anwendung von Cortison im Sport gelernt.

Peptidhormone haben eine andere biochemische Grundstruktur als die Steroidhormone (Testosteron, Cortison) und konnten in früheren Zeiten nur aus Leichen und in begrenzten Mengen gewonnen werden. Wichtige Vertreter sind das Erythropoietin (EPO), das in der Niere gebildet wird, und das aus der Hypophyse stammende Wachstumshormon (STH oder GH). Die Indikation für die Gabe von Wachstumshormonen besteht im Wesentlichen nur bei deutlich minderwüchsigen Kindern und Jugendlichen vor Abschluss der Wachstumsphase, also bevor die Epiphysenfugen geschlossen sind. EPO wird in der Medizin wesentlich häufiger angewendet. Es stimuliert die Bildung von roten Blutkörperchen (Erythrozyten) im Knochenmark. Damit wird hauptsächlich die Blutarmut von Nierenkranken behandelt. Ohne Nierentransplantation sind sie meist lebenslang darauf angewiesen.

Mit der Möglichkeit, Peptidhormone mittels Gentechnologie synthetisch herzustellen, haben sich neue, erfolgreiche therapeutische Optionen erschlossen. EPO und STH sind seitdem nicht nur in beliebiger Menge, sondern auch in der identischen Form herstellbar, wie sie der Körper selbst produziert. Dies bedeutet eine große Anwendungssicherheit: Die früher gefürchteten anaphylaktischen Reaktionen auf Leichen- und Tierpräparate entfallen, da die modernen Hormone nicht mehr als fremdes Eiweiß erkannt werden. Damit ist es aber auch sehr schwer, diese Hormone bei Dopingtests nachzuweisen, weil sie sich zunächst nicht von den körpereigenen unterscheiden lassen.

Aus früheren Ergebnissen des Blutdopings wusste man bereits, dass wesentliche leistungsbestimmende Parameter, wie z. B. die maximale Sauerstoffaufnahme, durch eine Zunahme der Erythrozyten nicht relevant erhöht wurden. Daher habe ich der Anwendung von EPO zunächst keine Bedeutung zugemessen. Nach wie vor wird behauptet, die Wirkung von EPO entstehe über die vermehrte Produktion von Sauerstoffträgern und damit über die verbesserte Sauerstoffzufuhr der Muskulatur, also eine Erhöhung der aeroben Kapazität. Einzuleuchten vermag dies nicht. Denn der limitierende Faktor sind hier die Enzyme der Atemkette. Ein vermehrtes Angebot an Sauerstoff erhöht deren Kapazität nicht. Die Gabe von zusätzlichem Sauerstoff über die Atemluft müsste die gleiche Wirkung haben und zur Leistungssteigerung führen. Die Untersuchungen zeigen jedoch eher das Gegenteil. Trägt man die verfügbaren subjektiven Aussagen und spärlichen Befunde zusammen, muss man davon ausgehen, dass EPO nur zu einer vergleichsweise geringen Erhöhung der maximalen Sauerstoffaufnahme führt. Dies steht in keinem Verhältnis zur erreichten Leistungssteigerung. Der wesentliche Mechanismus muss in einer Erhöhung der Pufferkapazität gegenüber Laktat vermutet werden. EPO führt zu einer Produktion zusätzlicher Puffersubstanzen, was z. B. beim Aufstieg in größere Höhen physiologisch notwendig ist. Für die frühzeitige Pufferbildung spricht auch, dass »Anwender« berichten, dass eine spürbare leistungssteigernde Wirkung bereits innerhalb der ersten Tage einsetzt, also lange bevor die ersten, durch EPO »gezeugten« Erythrozyten in der Blutbahn erscheinen und dort den Sauerstoff transportieren.

Nach Tagen kommt dann ein »zweiter Schub«, vermutlich durch die dann gebildeten Erythrozyten. Hämoglobin stellt den wichtigsten metabolischen Säurepuffer dar, denn es kann große Mengen CO_2 binden. So kann bei großen Anstrengungen das Absinken des pH – die gefürchtete, leistungsbegrenzende Ansäuerung durch die Milchsäure (Laktat) – ausgeglichen werden. Die damit verbundene verbesserte Laktatverträglichkeit dürfte sowohl beim EPO-Doping als auch beim Blutdoping der Hauptgarant dafür sein, dass individuelle Leistung auf einem höheren Niveau aufrechterhalten werden kann. Subjektiv berichtet ein Rennfahrer, wie mit einem »Gasgriff am Lenker« fahren zu können, ähnlich einem Motor gibt es keine Ermüdung.

Beim Aufenthalt in größeren Höhen hilft ein natürlicher EPO-Anstieg dem Organismus, den Sauerstoffmangel zu überbrücken. Bis 2500 Meter Höhe geschieht dies nur in den ersten Tagen, bis sich der Organismus angepasst hat. Unterhalb dieser Höhe sind die Auswirkungen nach einiger Zeit der Anpassung und Umstellung kompensierbar. Oberhalb 2500 Meter muss das Gleichgewicht durch ständige Hormonproduktion verschoben werden. 2500 Meter sind eine kritische Höhe. Deshalb bleibt der Kabinendruck von Flugzeugen knapp unter den entsprechenden Werten. Ein Aufenthalt in mehr als 2500 Metern Höhe führt zu einem unaufhaltsamen Muskelschwund. Dadurch wird das Verhältnis von Mitochondrien zu Muskelfasern optimiert. In früheren Untersuchungen wurde dies als Neubildung von Mitochondrien fehlgedeutet. Bei längerer EPO-Anwendung ist dies auch in der Ebene zu beobachten. »Dann muss man auch etwas für die Kraft tun,« heißt es in »Fachkreisen«. Damit ist die Anwendung von Wachstumshormon gemeint. Diese wirken über Nacht und lassen bei längerer Anwendung Muskeln wachsen und Fettgewebe wie Butter in der Sonne schmelzen. Wachstumshormone waren lange nicht nachweisbar, und auch heute tut man sich damit noch schwer.

Die wesentliche Nebenwirkung von EPO ist ein Anstieg des Hämatokritwertes. Die erhöhte Blutviskosität birgt die Gefahr von Thrombosen. Ungeklärte Todesfälle aus der Pionierzeit von EPO im Radsport lassen auf die Entstehung von Herzinfarkten während des Wettkampfs schließen. Im Gegensatz zu Sportlern ist die ursprüngliche Anwendergruppe der nierenkranken Patienten gut untersucht. Weitere gravierende Nebenwirkungen wurden nicht dokumentiert. Allerdings muss berücksichtigt werden, dass die Lebensdauer dieser schwerkranken Menschen eingeschränkt ist.

Das Nebenwirkungsprofil des Wachstumshormons wird durch das Krankheitsbild der Akromegalie eindrücklich demonstriert. Es handelt sich dabei um eine krankhafte Mehrproduktion von Wachstumshormon. Geschieht dies vor Schluss der Hypophysenfugen, werden die Menschen zu den Monstern, die wir aus Horrorfilmen kennen. Geschieht dies im Erwachsenenalter, wachsen lediglich die hervorstehenden Körperpartien (Akren): Augenwülste, Ohren, Kinn, Nase, Hände, Füße. Sponsoren aus der Sportbekleidungsindustrie kennen das Phänomen, wenn seit Jahren ausgewachsene Sportler plötzlich die gesponserten Sportschuhe zwei Nummern größer bestellen. Neben diesem Gestaltwandel treten aber auch erhebliche Veränderungen der inneren Organe auf. Es kommt zu einer vermehrten Bindegewebeeinlagerung im Herzen, es entstehen Bluthochdruck und Zuckerkrankheit. Die Lebenserwartung dieser Patienten ist aber nicht nur dadurch erheblich reduziert, auch bösartige Tumoren können Todesursache sein. Da die moderne Medizin, insbesondere die Neurochirurgie, kurative Behandlungsmethoden hat, ist uns dieses Krankheitsbild nicht mehr geläufig.

Angesichts der enormen Leistungssteigerung durch die Peptidhormone verhallen Warnungen vor diesen Spätfolgen. Der riesige Menschenversuch läuft weiter. In der Phase des Erfolgs stören das sichtbare vorzeitige Altern oder die großen Ohren niemanden. Es werden noch einige Jahre vergehen, bis sich die Welle an Spätfolgen auftürmt und öffentliches Interesse auslöst. Manch ein Fachmann wird dann sorgenvoll zu verstehen geben, dass das ganze Ausmaß der Dopingproblematik nicht abzusehen gewesen sei. Man wird immer sagen können, dass für die Anwendung von Dopingmitteln keine ausreichenden Kenntnisse vorhanden seien. Systematische prospektive Studien, die strenge wissenschaftliche Kriterien erfüllen, gibt es nicht. Zu Recht. Die Gabe von potenten Wirkmitteln ohne medizinische Indikation an gesunde Menschen ist nicht statthaft. Dies ist unärztliches Handeln.

Gerade die Peptidhormone, wie EPO und STH, bergen aber eine weitere Gefahr, die durchaus das ganze weitere Leben zerstören kann: die Sucht. Diese »modernen« Dopingmittel wirken so intensiv und so schnell, dass es einen direkt spürbaren Zusammenhang von Einnahme und Wirkung gibt. Der Effekt stellt sich nicht erst in der entfernten Zukunft einer Trainingssaison, sondern fast sofort ein, ähnlich wie bei Alkohol und Drogen. Setzt man ab, fühlt man sich schwach, nimmt man etwas, ist man stark. Mit Doping kommt Erfolg, man ist ein Held. Ohne ist man Mittelmaß. Wer einmal oben war, dem verzeiht die Öffentlichkeit das Mittelmaß nicht mehr. So entsteht direkt und indirekt eine Abhängigkeit. Je länger man drin steckt, desto schwerer kommt man heraus. Dann kommen irgendwann die Ersatzdrogen. Nach dem Karriere-Ende – oder schon davor – kommt der Suchtwandel. Trauriges Beispiel ist der italienische Radprofi Marco Pantani, in seiner Heimat ein Volksheld, der jämmerlich in einem Hotelzimmer sterben musste. Suchtwandel und Drogenabhängigkeit sind nach der Karriere leider nicht selten.

Aber nicht nur in der Dopingproblematik scheinen einige Sportmediziner von den Grundsätzen ärztlichen Handelns abgewichen zu sein. Manche haben sich zu Erfüllungsgehilfen eines bedingungslos leistungsorientierten Systems machen lassen. Nicht die Gesunderhaltung, sondern die Einsatzbereitschaft steht im Vordergrund. Damit steigt die Risikobereitschaft, Training und Wettkampf trotz Krankheit zu ermöglichen. Krankheiten stören das Erfolgssystem, deshalb sinkt manchmal auch die Bereitschaft, diese zu erkennen. Manch ein Virusinfekt wurde deswegen als Motivationsmangel oder Depression abgetan. Verschiedene Viren können das Herz befallen, allen voran hat das verbreitete Epstein-Barr-Virus (EBV) für das Ende manch einer Karriere gesorgt.

Es steigt aber auch die Bereitschaft zur Übertherapie. Unter der Prämisse, Sportler bei einer Erkrankung schnell wieder in den Trainingsprozess eingliedern zu müssen, werden überschießend Medikamente eingesetzt. Ruhephasen werden nicht vertreten, stattdessen Training und Pharmazie. So wurden schon »prophylaktisch« Antibiotika und Rheumamittel in der Voraussicht gegeben, dass das geplante Training kaum ohne gesundheitliche Risiken verkraftet werden konnte.

Eingebettet wird das alles nicht selten in die Polypragmasie der sogenannten Substitution. Sportler werden überhäuft mit Vitaminen, Elektrolyten und Nahrungsergänzungsmitteln. Die Werbung ist dubios, die Wirkungen sind zweifelhaft. Zunehmend beteiligen sich Trainer, Betreuer und auch Ärzte über sogenannte Strukturfirmen am Profit. Überall, wo Abhängigkeitsverhältnisse, wie z. B. Trainer–Sportler, bestehen, versuchen die »Schneeball-Firmen« an potenzielle Verteiler zu kommen. Untersuchungen, Beratungen und Schulungen werden missbraucht, um Obst in Kapseln oder Eiweiß aus der Dose zu verkaufen. Es gilt: Viel hilft viel. Bereits im Nachwuchsbereich wird die sportliche Leistung mit der Einnahme von Präparaten gekoppelt.

Einige Sportmediziner müssen erst wieder lernen, dass sie Ärzte sind. Das Streben nach erhöhter Leistung darf den Eid des Hippokrates nicht sinnlos werden lassen. Sie sollten sich immer vor Augen führen, dass ihre Tätigkeit den Sportler nicht nur in der kurzen Phase seiner Erfolge beeinflusst. Sie sollten so handeln, dass sie ihm auch für den Rest seines Lebens in die Augen sehen können. Sicher ist es von einem Mannschaftsarzt nicht zu erwarten, dass er die Öffentlichkeit über Art und Ausmaß der Dopingproblematik in Kenntnis setzt. Aber auch Sportmediziner wählen Sprecher und Standesvertreter ihrer

Fachrichtung, die die Probleme ihrer Schutzbefohlenen in der Öffentlichkeit thematisieren müssen. So wie uns die Kardiologen vor dem Rauchen und die Hepathologen vor dem Alkohol warnen, ohne dabei ihre eigenen Patienten zu verraten, muss dies auch von den führenden Sportmedizinern erwartet werden! Ein Mannschaftsarzt muss sich in seiner Tätigkeit im vertretbaren Maße den Zielen des Sports zur Verfügung stellen. Andernfalls ist er fehl am Platz. Es gibt jedoch eine Grauzone zu gefährlichen oder verbotenen ärztlichen Handlungen. Die Abgrenzung fällt oft schwer. Hier muss von den sportpolitischen und sportmedizinischen Funktionären denen ein vermehrter Rückhalt geboten werden, die ärztlich verantwortungsvoll handeln wollen.

Ich selbst habe meine betreuende Tätigkeit im Hochleistungssport aufgegeben, als ich merkte, dass die Abgrenzung seriösen Handelns nicht mehr möglich war. 1998 flog das Team Festina auf. In der Folge bemerkte man vermehrte Anstrengungen, keine weiteren Enthüllungen zuzulassen. Bei der Radweltmeisterschaft im gleichen Jahr wurden die Betreuer aufgefordert, alles »Mögliche« zu tun, um keine weiteren Vorfälle zuzulassen. Was damit gemeint war, habe ich dann bei der Hämatokritkontrolle durch die UCI erkennen müssen. Entgegen der üblichen Regel, vor der Blutentnahme zur Bestimmung des Hämatokritwertes eine Zeit von höchstens 10 Minuten zu gewähren, nach der sich die von der UCI benannten Sportler im Kontrollraum einzufinden hatten, wurde eine Vorlaufzeit von 45 Minuten gewährt. Diese Zeit ist ausreichend, um einen Hämatokritwert zu manipulieren. Nach Austausch mit meinen Kollegen aus den anderen Nationen musste ich erfahren, dass diese Vorlaufzeit für alle Mannschaften eingehalten wurde.

Bei meiner ersten Radweltmeisterschaft habe ich als Neuling den Kontakt zu Kollegen aus anderen Nationen gesucht. Ich war neugierig, wie andere Nationen Leistungsdiagnostik und Trainingssteuerung betreiben. Statt Antworten zu erhalten, wurde ich intensiv nach den Hämatokritwerten meiner Mannschaft ausgefragt. Es wurde mit Erstaunen festgestellt, dass ich keine Zentrifuge verwendete und dass ich dafür keine Notwendigkeit sah. Hämatokritwerte sinken im Laufe eines intensiven Ausdauertrainingsprozesses durch die Zunahme des Plasmavolumens. Teilweise werden Werte von 40 Prozent erreicht. Selten haben Sportler anlagebedingt einen erhöhten Hämatokritwert von etwa 50 Prozent. Aber auch bei diesen sinkt der Wert mit dem Trainingszustand, sodass kritische Werte, die 50 Prozent überschreiten, eher nach einer Trainingspause als vor einem wichtigen Wettkampf zu erwarten sind.

Dopingbekämpfung

Wie werden wir Doping los? Kontrollen sind sicher gut und wichtig. Aber was haben sie bisher bewirkt? Einige Sensationen! Die eigentlichen Enthüllungen sind jedoch nicht durch Antidoping-Maßnahmen des Sports selbst, sondern durch Behörden und durch das Strafrecht ans Licht gekommen. Muss Doping erst zu Kriminalität werden, um bekämpft werden zu können?

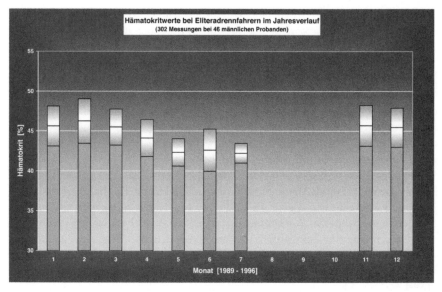

Verlauf der Hämatokritwerte von Eliteradrennfahrern im Laufe der Trainingssaison.

Sportler dopen nicht, Betreuer dopen nicht. Naiv? Eine Utopie? Wenn im
Straßenradrennen gepinkelt wird, wird gepinkelt. Keiner fährt weg, das ist Ehren-
sache. Derzeit ist Schweigen zum Thema Doping auch Ehrensache. Wer aus-
packt, wird isoliert, bekommt keinen Vertrag, keine Mannschaft, aber durchaus
Morddrohungen. Kann das beim Doping nicht auch anders herum funktionie-
ren? Wenn einer dopt, merken das die anderen besser als jede Dopingkontrolle.
Ich habe erlebt, dass dies im Kleinen geht, warum nicht auch im Großen? Die
Sportler benötigen dazu keine Funktionäre, keine Dopingkontrolleure und keine
Polizisten. Und sie gewinnen Gesundheit.

Was können alle anderen im Umfeld machen? Alle wissen Bescheid. Präsidenten, Funktionäre, Politiker, Trainer, Betreuer, Masseure, Physiotherapeuten,
Ärzte, Mechaniker. Aber wenn es einen Sportler erwischt, sind alle erstaunt und
entsetzt. Zuvor passten nicht genug von ihnen mit auf die Siegerphotos. Jetzt
gibt man sich enttäuscht. Der Sünder wird fallen gelassen. Jetzt braucht er Hilfe.
Eben noch war er ein Held, jetzt wird er zum Verbrecher. Diese Hürde ist viel zu
hoch, um dem Doping abzuschwören. So kommt keiner aus eigenen Kräften aus
dem Dopingsumpf heraus.

Alle, die von Doping wissen, nicht nur die Sportler, müssen sich bekennen. Aber die Öffentlichkeit sollte auch erfahren, was Leistungsdruck im
Leistungssport bedeutet: Es geht nicht nur um Medaillen und Urkunden, son-

dern nicht selten um die Existenz. Solange die Silbermedaille eine Niederlage und eine »10,0« im Sprint über 100 m nur Mittelmaß sind, wird Doping nicht eliminiert werden.

Es gibt Doping, viele machen es, alle wissen es. Kann man dies nicht aussprechen und es dann dabei belassen? Einen Schlussstrich ziehen? Was war, das war. Wer jetzt erwischt wird, der ist dran. So hätten Ullrich, Basso und alle anderen die Chance, neu zu beginnen. Sie könnten zeigen, was sie ohne Pharmazie können, und die Betreuer könnten zeigen, was sie vom Training verstehen. Wir, die Fans und Zuschauer, wollen sie im Rennsattel sehen und nicht vor Gericht, in den Fernsehnachrichten, nur damit die Weste der Mitwisser weiß bleibt. Die Kinder hätten wieder Vorbilder, wenn sie sehen könnten, was man durch Training erreichen kann.

Doping scheint aber auch ein riesiges Geschäft für die zu sein, die an den Mitteln verdienen. Würde man die wichtigsten Dopingmittel wie EPO und STH unter das Betäubungsmittelgesetz stellen, ließe sich der Weg jeder einzelnen Ampulle nachvollziehen. Jeder Verordnende, jeder Beschaffer wäre identifizierbar. Aber das Geschäft wäre kaputt. So kaputt, wie es heute die Gesundheit von vielen Radprofis ist.

Dr. Wolfgang Stockhausen

»Ungedopt übersteht kein Mensch die Tour de France« – oder doch? Unterschiedliche Meinungen zur Tour

Der Franzose Dr. Jean-Pierre de Mondenard ist praktischer Arzt. Er promovierte über die Dopingthematik im Radsport. In den 1970er-Jahren war er Tour-Arzt. Er ist Verfasser des mit über 1200 Seiten umfangreichsten Nachschlagewerks über Doping. Sein Beitrag verdeutlicht, dass Doping im Radsport weder allein durch hohe Belastungen entsteht noch durch eine Reduzierung der Belastungen zu beseitigen ist.

Da manche Fahrer sich dopen, fühlen sich andere gezwungen, ebenfalls zu »feuern«, um im Rennen mithalten zu können. Zur Erklärung einer Zwangsläufigkeit des Dopings der »Giganten der Landstraße« behaupten nicht wenige: »Die Belastungen der Tour de France überfordern selbst einen gut trainierten Organismus.« Angesichts dieser häufig wiederholten Behauptung, der die öffentliche Meinung weitgehend zustimmt, zerfallen Experten wie Bewunderer der Tour in zwei extrem entgegengesetzte Lager. So glaubte der Komödiant Coluche: »Wenn die Fahrer sich nicht dopen würden, müsste die Tour de France zu Weihnachten gestartet werden, um rechtzeitig am 14. Juli in Paris ins Ziel zu kommen!« Im Gegensatz dazu meinte Laurent Fignon (zweifacher Sieger der Tour 1983 und 1984): »Die Tour de France durchzustehen ist keine außergewöhnliche Leistung. Das behaupte ich aus voller Überzeugung. Bis zu einer bestimmten Geschwindigkeit ist Radfahren einfach. Aber wenn es dann darum geht, Sekunden oder Minuten herauszuholen, das ist hart.« (*L'Equipe Magazine*, 21.3.2003).

Eine Tour nur mit Mineralwasser – unmöglich!
Unter den Fahrern gehören die Konsumenten von »Energiepillen« zum einen Lager; zur Rechtfertigung ihres Griffs zu leistungssteigernden Drogen behaupten sie: »Das Durchstehen der Tour nur mit Mineralwasser ist unmöglich, das war noch nie möglich und wird auch nie möglich sein!«

Zu den Anhängern dieser Behauptung gehörten vor allem Jacques Anquetil, Louison Bobet, Joseph Bruyère und Freddy Maertens. Letzterer erklärte z. B. auch: »Mit nur einem Steak täglich kann man die Tour nicht bis zum Ende durchhalten. Wer behauptet, mit natürlichen Mitteln sei dies möglich, ist ein Lügner«

(Maertens 1988, 63). Und 20 Jahre früher äußerte der fünffache Toursieger Jacques Antequil diese Meinung: »Auch ein für den Radsport sehr talentierter Sportler kann nicht fast jeden Tag ohne Unterstützung durch Hilfsmittel fahren. Wer die Meinung verbreitet, man könne die Tour, Paris–Bordeaux oder das Kriterium der Dauphiné nur mit Mineralwasser bewältigen, ist naiv oder ein Heuchler. ... Alle Fahrer nehmen irgendetwas.« (Terbeen 1969, 291)

Zur Rechtfertigung ihrer Zugehörigkeit zum Umfeld der Fahrer benutzen manche Mediziner die gleiche Schutzbehauptung, z. B. der berüchtigte belgische Arzt des Festina-Teams 1998, Eric Ryckaert: »Nehmen Sie z. B. eine Bergetappe: Bei einer solchen Etappe entspricht der Kalorienbedarf dem von zwei Marathonläufen. Wenn die Fahrer dies vier Tage nacheinander machen müssen, sollte verständlich sein, dass das extrem hart ist und dass dafür möglicherweise die Verwendung von Stärkungsmitteln notwendig ist.« (*Le Parisien*, 21.10.1998)

Der Zwang zum Nachhelfen

Ähnliche zustimmende Behauptungen, aber mit anderen Rechtfertigungen, stammen von Spitzensportlern anderer Sportarten wie Fußball, Tennis, Rugby usw. Bei einem Stelldichein quasi unter Kollegen versuchten sich solche Spitzensportler auf dem Rennrad; da sie auf diese Art der Belastung wenig vorbereitet waren, schlossen sie sich umgehend der Meinung einer außerordentlichen Belastung im Radsport und der Notwendigkeit des »Nachhelfens« an. Auf der gleichen Linie lag die Aussage einer Politikjournalistin, die während des Festina-Skandals über Doping bei der Tour de France berichten sollte; sie sagte, wenn sie gelegentlich Sonntags Rad fahre, schaffe sie selbst bei Abfahrten nicht mehr als 47 km/h, während die munteren Tourhelden bei manchen Etappen über mehr als 200 km sogar 47 km/h im Durchschnitt fahren würden. Schlussfolgerung der Spezialistin für Politikerrunden: Logischerweise könnten die Radprofis gar nicht ohne Doping auskommen! Diese charmante Journalistin hatte völlig übersehen, dass es zwischen ihren gelegentlichen sonntäglichen Ausfahrten und den jährlichen 35 000 km der Fahrer der »großen Schleife« große Unterschiede gibt: Was für einen unbedarften Amateur eine Extrembelastung ist, fordert einen Profi kaum.

Vergleichbare Sportarten?

Andere wiederum vergleichen Radrennen mit Sportarten wie Boxen oder Marathon, also mit Sportarten, in denen niemals drei Wochen lang täglich Wettkämpfe absolviert werden wie bei der Tour de France; wegen dieser vergleichsweise viel höheren Belastung sei für die betreffenden Radsportler der Griff zu Stärkungsmitteln überhaupt nicht vermeidbar.

Hinsichtlich der mechanischen Belastungen zählt der Radrennsport zu den Sportarten mit geringerer Belastung durch das Körpergewicht, wie z. B. Schwimmen oder Rudern. Solche Sportarten sind für die Muskulatur weniger traumatisierend, während Boxen oder Marathon zu den am meisten belastenden Sportarten gehören – eine Regeneration innerhalb weniger Stunden ist hier nicht möglich. Im Verlauf eines Jahres können sich Spitzenboxer oder Spitzenmarathonläufer deshalb nur ganz wenige Wettkämpfe erlauben.

Dagegen braucht ein Fahrer im Fahrerfeld (im Windschatten) bei Flachetappen bei einer Geschwindigkeit von 40 Stundenkilometern 33 % weniger Energie im Vergleich zum an der Spitze fahrenden Radrennfahrer. Weshalb dann der im Schutze des Windschattens fahrende Sportler beim Zielsprint den lange Führenden schlagen kann, sofern er nur sprintstark genug ist. Bei Langstreckenläufen ist die Windschattenwirkung wegen der weit geringeren Durchschnittsgeschwindigkeit (nur etwa halb so schnell) eher unbedeutend und damit nicht ausschlaggebend.

Die Streckenlänge

Andere mindestens ebenso kompetente Experten wie die zuvor Genannten lehnen die Behauptung kategorisch ab, die Tour de France sei zu hart. Bernard Hinault, als fünffacher Toursieger ein Mann vom Fach, wischte die Behauptung zur Schwere der Tour mit der Bemerkung vom Tisch:»Die Fahrer gestalten das Rennen, nicht die Strecke.« (*Le Point*, 25.7.1998) Sein ehemaliger Mentor Cyrille Guimard (lange Sportdirektor von Peugeot) pflichtete ihm mit der Bemerkung bei, der Wettkampfkalender sei nicht überladen:»Nein, nein! In den 1950er-Jahren und zu meiner Zeit wurde mehr gefahren ... Wenn man die Tour mit Etappen von 100 km und ohne Steigungen durchführen würde, dann würde mein Hausmeister glauben, auch er könne sie gewinnen! Grotesk! Die Tour wäre nach einer einmaligen derartigen Gestaltung tot.« (*Cyclisme International*, 1998, Nr. 155, September, S. 14). Der zweimalige Toursieger und ehemalige Wasserträger Hinaults, Laurent Fignon, sprach sich gegen eine solche Entwertung der Tour aus:»Die Streckenlänge ist eine falsche Problemstellung. Zu meiner Zeit waren die Etappen länger als heute, aber es ging ruhiger zu. Ohne Absprache haben wir uns erlaubt, gemütliche 36 bis 37 km/h zu fahren. Heute sind die Etappen kürzer und immer schneller geworden. Der Radsport darf nicht weniger hart werden. Der Straßenradrennsport ist eine Extremsportart. Die Zuschauer lieben die Tour, weil man bei der Tour Menschen sieht, die Unmögliches leisten, und andere, die scheitern ...« (*Le Point*, 25.7.1998).

Streckenlänge 1926: 5800 km

Zur Information der unterschiedlichen Protagonisten ist zu sagen, dass die Tour 1926 5800 km lang war, im Gegensatz zu den 3600 km von heute; der Sieger saß rund 239 Stunden im Sattel, Lance Armstrong bei seinem Sieg 2005 nur etwas mehr als 86 Stunden; die Räder wogen mehr als 10 kg und die Straßen, vor allem im Gebirge, waren selten asphaltiert. Ähnlich wirksame Dopingmittel wie heute EPO, Wachstumshormon, Kortikoide, Amphetamine gab es damals nicht. Und nebenbei bleibt darauf hinzuweisen, dass der Sieger dieser Marathon-

Tour von 1926, der Belgier Lucien Buysse, unter den Tour-Siegern bis heute den Rekord an Langlebigkeit hält, denn er starb erst mit 87 Jahren und 114 Tagen. Drei Wochen lang täglich 200 km zu fahren, einschließlich sechs Bergetappen, ist nichts Menschenunmögliches. So bewältigten z. B. 1937 zwei Radrennfahrer, der Franzose René Menzières (damals schon 49 Jahre alt) und der Australier Ossie Nicholson (Teilnehmer der Tour 1931), mehr als 100 000 km in einem Jahr. Nicholson stellte einen Rekord mit der unglaublichen Gesamtkilometerzahl von 101 133 Kilometern auf, gefahren zwischen dem 1. Januar und dem 31. Dezember, d. h. mit einem täglichen Schnitt von 277 km!

Ein weiteres Beispiel dafür, was möglich ist, wenn man gut trainiert ist: Im September/Oktober 1895 – acht Jahre vor der ersten offiziellen Tour des Jahres 1903 – fuhr der 31-jährige Bretone Jean-Marie Corre (Spezialist von Langstreckenrennen wie Bordeaux–Paris oder Paris–Brest–Paris) ganz allein und ohne Windschattenhilfe durch ein Fahrerfeld in 25 Tagen 5012 km rund um Frankreich. Die heutigen Fahrer sind besser auf die Belastungen der Tour vorbereitet als ihre Vorgänger, denn vor dem Zweiten Weltkrieg betrug der Kilometerumfang der Tour-Teilnehmer in Training und Wettkampf zwischen 15 000 und 25 000 km, während heute locker über 30 000 km gefahren werden und extreme Kilometerfresser bis zu 40 000 km erreichen.

Mit den Besten mithalten

In der Tat besteht die Schwierigkeit im Radrennsport nicht darin, mehrere aufeinander folgende Bergetappen zu meistern, sondern im Versuch, mit dem Rhythmus der Besten mitzuhalten. Jean-Marie Leblanc, langjähriger Chef der Tour und selbst mehrfacher aktiver Teilnehmer: »Der Radsport ist eine Sportart, in der Rekorde keine Rolle spielen. Man fährt nicht um Rekorde, sondern gegen andere Fahrer.« (*La Marche du Siècle, France 3*, 18.11.1998).

Alle Radprofis wissen: Wenn man gut trainiert ist, wie ein Profi dies sein sollte, dann ist das Befahren von vier Pässen hintereinander keine extreme sportliche und natürlich auch keine übernatürliche Herausforderung. So rollt das Gruppetto (der »Omnibus«), eine Gruppe von etwa 30 Fahrern, die mit dem Etappensieg oder auch dem Schlussklassement nichts zu tun haben, gemeinsam und löst sich so ab, dass sie das Ziel vor Zielschluss (normalerweise ca. 10–15 % langsamer als die Siegeszeit) erreichen. Sie kommen meist etwa eine halbe Stunde später an, ohne dafür im roten Bereich fahren zu müssen. Und wenn am folgenden Tag eine flachere Etappe gefahren wird, mit einem Zielsprint des geschlossenen Fahrerfelds, dann können Fahrer des Gruppetto durchaus beim Schlussspurt wieder Flagge zeigen. Wenn sie aber jeden Tag mit den besten Fahrern mithalten wollten, vor allem mit den besten Kletterern, würde dies die physiologischen Herausforderungen völlig verändern und sie überfordern. Fahrer, die so ihre Grenzen akzeptieren, gibt es allerdings nicht viele. Immer wieder unter »ferner liefen« zu landen, ist wenig motivierend. Deshalb werden Pillen geschluckt, um mit den Besten mithalten zu können – diese greifen dann ihrerseits in den Pharmakasten, um den vorherigen Unterschied wahren zu können. So erzeugt das Doping der einen das der anderen, d. h., Doping und nicht Wettkampfkalender oder Streckenlänge sind die wahren Ursachen des Dopings! So stellte Erwann Menthéour zur Rechtfertigung des Dopings die Frage: »30 000 km im Jahre fahren, nur mit Kuchen, kann das der Gesundheit gut tun?« Die Antwort versteht sich von allein. Weil viele sich mit leistungssteigernden Substanzen dopen, ist es nicht mehr möglich, nur mit natürlichen Mitteln mitzuhalten. Und genau in diesem Moment entsteht die Gefahr des Wechselns von ungedopten Fahrern in das Lager derjenigen, die sich optimal auf »Karriere und eine kurze Lebensdauer« vorbereiten.

Nicht die Schwierigkeit eines Wettkampfs fördert Doping, sondern die Auseinandersetzung zwischen Menschen: Der bekannteste Doper des Planeten, Ben Johnson, dopte sich mit anabolen Steroiden, um gerade mal 100 m zu laufen; vor kurzem wurde ein japanischer Billardspieler positiv auf ein Mittel getestet, das normalerweise nur von schwergewichtigen Eisenstemmern verwendet wird, während die im Wettkampf geforderte Belastung gerade mal der von Dartspielern entspricht.

Mit einem zweiten Ruhetag (seit der Tour 1999) wird man die Betrugsmentalität des Radmilieus nicht ändern; die einzige Chance für eine Tour, die sauberer sein soll als bisher, sind wirksame Dopingkontrollen. Die meisten Fahrer äußern sich überzeugend für solche Kontrollen, vorausgesetzt, sie gewährleisten, dass Doper mit Sicherheit erwischt werden. Howard Payne (Universität Birmingham), eine absolute Kapazität im Gewichtheben, zu diesem Problem: »Fast alle Athleten, mit denen ich gesprochen habe, wären sofort voll und ganz für Dopingkontrollen, wenn sie sicher sein könnten, dass kein einziges Dopingpräparat verborgen bliebe.«

Leider kann diese von Fahrern und Trainern geforderte Sicherheit in der nächsten Zukunft nicht garantiert werden, wie dies der Festina-Skandal bei der Tour de France 1998 und andere Skandale ausreichend gezeigt haben, mit fast immer negativen Urinproben im Wettkampf und positiven Polizei- und Zollkontrollen.

Meinungen von Experten zur Härte der Tour de France
Bei jedem Dopingskandal werden Tempo, Wettkampfhäufigkeit, Schwierigkeit der Strecke, vor allem der Tour de France, in Frage gestellt, um die Täter zu entschuldigen, die in die Apotheke greifen müssten, um die übermäßigen Belastungen aushalten zu können. Solche immer aufs Neue wiederholten Behauptungen spalten die Radexperten schon lange in zwei Lager.

Die Tour »ohne« zu überstehen ist unmöglich!

Joaquim Agostinho (Portugal, Profi von 1968 bis 1984): »Sie sollten verstehen, dass wir nicht täglich 8 Stunden Anstrengung aushalten können, im Regen, in der Hitze, nur mit Wasser. Die Hauptsache ist, vernünftig zu bleiben und nicht über gewisse Dosierungen hinauszugehen.« (*L'Equipe*, 29.6.1979)

Joseph Bruyère (Belgien, Profi von 1970 bis 1980): »Die Tour de France nur mit Mineralwasser, das ist unmöglich – das war nie möglich und wird nie möglich sein.«
(*Coups de Pédales*, 1988, Nr. 9, September, S. 13)

Cesare Fachetti (Italien, Journalist bei *Tutto sport*): »Der Radsport ist eine zu harte Sportart, um nur mit natürlichen Mitteln zurechtzukommen.« (*L'Equipe*, 2.8.1968)

Nicht die Streckenlänge oder -härte ist das Problem!

Daniel Baal (Präsident des französ. Radsport-Verbands seit 1993): »Es bringt nichts, die Tour de France leichter zu machen, ihre Originalität und ihre Zuschauerwirkung müssen erhalten bleiben. Ich glaube nicht, dass das Problem hier liegt. Vor 10 Jahren fuhren die Fahrer viel öfter. Zudem wurden die Arbeitsbedingungen der Fahrer seitdem verbessert.« (*Le Point*, 1.8.1998)

Dr. Pierre Dumas (Frankreich, Cheftourarzt von 1955 bis 1967): »Meiner Meinung nach hat die Länge der Tour keine schädliche Wirkung für die Gesundheit der Fahrer. ... Dagegen erschöpfen sich die Fahrer wesentlich mehr durch die Teilnahme an zu vielen Kriterien und durch zu lange und hektische Reisen, was zu einer mangelnden Regeneration führt. Bei Etappenrennen wird viel für die Regeneration getan.« (*L'Equipe*, 7.10.1969)

Jean Leulliot (Journalist und Organisator von Paris–Nizza): »Die Funktionäre der UCI berufen sich auf Artikel 21, der die Verwendung von Doping anspricht und präzisiert, dass eine zu große und zu lange Anstrengung die Fahrer zum Doping provoziert. Diese Meinung ist aus meiner Sicht falsch.« (*L'Equipe*, 7.10.1969).

Die Tour »ohne« zu überstehen ist unmöglich!

Raphaël Geminiani (Frankreich, Profi von 1946 bis 1960): »Mit Amphetaminen werden Milliarden umgesetzt. Es ist einfach falsch, wenn immer wieder behauptet wird, das seien die 80 Fahrer, die sie konsumieren. Wenn ein Fahrer 25 Tage auf dem Rad verbringt, oft im Regen, ist es doch völlig normal, wenn er sich pflegt.« (*Le Méridional,* 12.8.1982)

Eric Lahmy (Sportjournalist, Spezialist für Schwimmen und Gewichtheben bei *L'Equipe*): »Im Radsport gab es schon immer eine regelrechte Kultur des Dopens. Es wäre seltsam, wenn die Radsportler sich nicht dopen würden. Wenn man sieht, um was es sich bei der Tour handelt, weiß man, es ist ein übermenschlicher Wettkampf.« (*Le Monde du Muscle,* 2004, Nr. 249, Dezember, S. 52)

Thierry Roland (Frankreich, Sportjournalist): »Das Problem des Radsports besteht darin: Wenn die Fahrer sich nicht dopen, werden sie statt um 5 Uhr nachmittags erst gegen 10 Uhr abends ankommen. Sie können nicht 4000 km im 40er-Schnitt fahren, ohne etwas zu nehmen.« (*France 2,* »Tout le monde en parle«, 29.9.2001)

Nicht die Streckenlänge oder -härte ist das Problem!

Félix Lévitan (Tour-Direktor von 1962 bis 1986): »Die Tour hat nichts Unmenschliches an sich. Tom Simpson war Opfer eines Unfalls, den wir sehr bedauern. Aber es ist nicht die Auffahrt zu einem Gipfel, so schwierig sie auch sein sollte, die ihn zum Ungeheuer macht.« (*Le Miroir des Sports,* 1968, Nr. 1220, 25.1., S. 34)

Antonin Magne (Frankreich, Radprofi von 1926 bis 1939): »Am Tag, an dem der Sportler wegen Dopings nicht mehr müde ins Ziel kommt, werden wir nicht mehr von Sport reden können.« (Miroir du Cyclisme, 1967, Nr. 92, Oktober, S. 14)

Ronan Pensec (Frankreich, Profi von 1985 bis 1997): »Wir fahren nicht, um Geschwindigkeitsrekorde zu brechen. Mit 35 km/h einen Pass zu fahren ist ebenso beeindruckend wie mit 41 km/h. Emotionen entstehen durch das Einbrechen an der Auffahrt zu einem Pass, den Fluchtversuch 80 km vor dem Ziel, den Alleingang am Tourmalet oder den mit einer Reifenbreite gewonnenen Sprint. Hierfür ist es völlig unnötig, Etappen mit einer Durchschnittsgeschwindigkeit von 48 km zu fahren.« (*VSD,* 6.8.1998)

Die Tour »ohne« zu überstehen ist unmöglich!

Dietrich Thurau (Deutschland, Profi von 1974 bis 1988): »Glauben Sie etwa, dass die Fahrer die Tour de France bestreiten können, indem sie dabei nur Mineralwasser trinken?« (*Le Figaro*, 26.8.1980).

Nicht die Streckenlänge oder -härte ist das Problem!

Dr. Georges-André Richard (1921 Gründer der französischen Gesellschaft für Sportmedizin): »Verlangt die Tour de France den Teilnehmern nicht eine übermäßige Anstrengung ab? Meiner Meinung nach nein. Anstrengung und Gefahren sind nichts im Vergleich zur sportlichen Freude, zum Entdecken neuer Horizonte, zur physischen und mentalen Stärkung, nicht nur des Siegers, sondern aller Teilnehmer und Zuschauer.« (in: *L'hygiène du sport*, Paris, Ed. De l'Auto, 1936, S. 96 f.).

Louis Trousselier (Frankreich, Sieger de Tour 1905): »Die Tour ist nicht so hart, wie manchmal behauptet wird. Durchhalten ist manchmal schwierig, ebenso sich nicht entmutigen zu lassen, aber sie verursacht nur eine begrenzte Ermüdung. Beim Start wog ich zwischen 66 und 67 kg, nach der Tour genauso viel. Am Tag nach der letzten Etappe spürte ich in den Beinen keinerlei Spuren von Überforderung ... obwohl wir zwischen dem Startschuss und der Zielankunft in keiner Weise getrödelt haben.« (*Le Miroir des Sports*, 1926, Nr. 321, 30. Juni, S. 418)

Maertens, F. (1988): Ce que j'ai vécu (propos recueillis par Manu Adriaens). Bruxelles, Ed. R. Malherbe.
Dr. Jean-Pierre de Mondenard
Terbeen, F. (1969): Les géants du cyclisme. Paris Ed. Del Duca.
Übersetzt von Gerhard Treutlein

»Wenn unser Sohn Hockey gespielt hätte, würde er vielleicht noch leben.«

Nach fast zwei Jahren im Wachkoma starb der frühere Kölner Radsportler Frank Nowak mit 34 Jahren – ein Opfer der unheilvollen Allianz zwischen Radsport und Drogen.

Georg Nowak ist Jahrgang 1944 und fährt viel mit dem Rennrad. Der ehemals erfolgreiche Geschäftsmann hat heute die Zeit dazu. Er hat sich immer für den Radsport begeistert. Als Seniorenfahrer war er über zehn Jahre sehr erfolgreich. Bei deutschen Meisterschaften und Weltmeisterschaften war er beständig unter den besten Zehn. Für ihn bedeuten Fairness und Anstand viel, besonders im Sport. Er würde alles dafür geben, könnte er heute auf den Radtouren seinen Sohn Frank mitnehmen. Doch der starb unter dramatischen Umständen nach zwei Jahren in einem Kölner Pflegeheim.

Frank Nowak war deutscher Vizemeister bei den Junioren und galt als ein besonderes Talent. Bereits mit zehn Jahren begann er mit Radrennen. »Er war klein und schmächtig«, erinnert sich seine Mutter Helene Nowak. »Aber er hatte schon damals ein unglaublich gutes taktisches Verständnis«, weiß sein Vater. Alte Zeitungsberichte sehen sich die Eltern heute mit großer Wehmut an. Sie hatten sich »nie vorstellen können, dass Frank in irgendeiner Weise mit Drogen in Kontakt kommen könnte«.

Die Anfänge vermutet Georg Nowak in der Zeit, als Frank 20 Jahre alt war. Doch darüber gesprochen haben Vater und Sohn nie. Für den Vater war klar, dass eine verbotene Leistungssteigerung niemals akzeptabel ist. Für den Sohn war offensichtlich klar, dass er seinen Vater niemals etwas davon wissen lassen durfte. Denn der unterstützte die radsportliche Karriere seines Sohnes mit allen Mitteln. Heute weiß Georg Nowak, dass es ein »Fehler war, die Dinge nicht zu hinterfragen«. Ein großer Fehler sei es gewesen, sich nicht um eine vernünftige Berufsausbildung seines Sohnes bemüht zu haben. Doch die Erfolge im Radsport überdeckten so manches Problem. »Und ich dummer Kerl habe das auch alles noch unterstützt«, wirft sich Georg Nowak heute vor.

1989 war Franks bestes Jahr, die Qualifizierung zur Weltmeisterschaft hatte er nur knapp verpasst. In den Jahren danach fuhr er für verschiedene namhafte Amateurteams in Nordrhein-Westfalen. Sein Sohn sei sehr empfänglich für Einflüsse von außen gewesen, meint sein Vater. Es sei gut möglich, dass die in seinen letzten Jahren Radsport überwiegend negativer Art waren.

1995 schrieb der Kölner Stadt-Anzeiger unter der Überschrift ›Der unsagbar schwere Kampf des Radsport-Talents gegen die Sucht‹ über Frank Nowak. Nach drei Jahren Drogensucht und mehreren Gefängnisstrafen wegen Einbrüchen in Apotheken wollte Nowak zu dieser Zeit wieder mit dem Radsport beginnen. Der sollte ihm helfen, ein neues Leben anzufangen. Der Artikel beschrieb, wie er einige Zeit vorher die falschen Freunde getroffen hatte, die ihn in die Drogensackgasse schoben, an deren Ende die gnadenloseste Droge, nämlich Heroin, stand.

Die Eltern lesen dies heute mit anderen Augen. Welche Freunde das waren, sage der Artikel nicht. Frank hatte seit seinem zehnten Lebensjahr nur Radsport im Sinn. Freunde aus einem anderen Umfeld gab es für ihn nicht. Und dass Heroin auch zum Doping im Radsport missbraucht werde, wurde auch verschwiegen. Der Radsport sei sicher eine der besten Sportarten überhaupt, um jemandem aus einer Lebenskrise zu helfen. Die Belastungen seien hart, aber gut dosierbar, lang anhaltend und sehr abwechslungsreich. Zudem könne in einer Gruppe trainiert werden. Doch offenbar seien die Dopingmentalität und das Umfeld im Radsport überhaupt nicht dafür geeignet. Ganz im Gegenteil sind die Nowaks der Meinung, dass ihr Sohn »vielleicht noch leben würde, wenn er Hockey gespielt hätte«.

Ein Jahr fuhr Frank Nowak wieder Rennrad, gewann sofort wieder ein Rennen der untersten Amateurklasse. Doch dann begann der erneute Abstieg. Er ging mit einer Freundin nach Berlin, lebte auf der Straße und vom Sozialamt und erhielt im Jahre 2004 offenbar billige und verschnittene Drogen. In dem Obdachlosenheim, in dem er verkehrte, dachte man, er sei betrunken und ließ ihn liegen. Erst spät wurde er in eine Klinik eingeliefert. Dort lag er zwei Monate auf der Intensivstation, denn seine Nieren arbeiteten nicht mehr. Plötzlich besserte sich sein Zustand, die Nierenfunktion war wieder hergestellt, und Frank Nowak war transportfähig. Seine Eltern ließen ihn in eine Rehaklinik nach Köln transportieren. Jeden Tag besuchten sie ihren Sohn. Am Zustand des Wachkomas hatte sich in der ganzen Zeit nichts geändert. Allmählich registrierte Frank Nowak nun wieder Dinge und begann auch wieder zu sprechen. Doch diese Phase dauerte nur vier Wochen, danach fiel er erneut ins Wachkoma. Die Rehaklinik konnte nichts mehr für ihn tun und befürwortete eine Verlegung in ein Pflegeheim. Frank Nowak war mittlerweile auf 45 Kilogramm abgemagert. Bis zum 15. November 2005 dauerte der gemeinsame Kampf von Eltern und Sohn. Dann starb Frank Nowak.

Lange hat sein Vater gebraucht, um darüber sprechen zu können. Die Fotos aus Franks letzten Tagen hat er weit weg gelegt. Er möchte seinen Sohn so in Erinnerung behalten, wie ihn auch die Medien gezeigt haben. Als den netten und strahlenden Sieger im Radsport. Doch leider bestehe dieser Sport auch aus einer Parallelwelt, die in den Medien nur unzureichend beschrieben werde. Georg Nowak hat diese Schattenseite in Ansätzen im Seniorenbereich erlebt, aber weitestgehend verdrängt. »Bei den Seniorenrennen brüsteten sich die Teilnehmer

K Ü N D I G U N G

Aufgrund Ihrer Vergehen

Einnahme von Dopingmittel in Training (Mallorca von Masseur Pervetin auf Ihre Bitte hin)

sind wir nicht mehr bereit Sie im Team weiter dulden..
Die Kündigung tritt mit dem 31.04. in Kraft.
Nach Rückgabe aller Materialien wird Ihnen das Monatsgehalt April ausgezahlt.

Wir weisen Ausdrücklich darauf Hin, daß das Material in einwandfreiem Zustand abzugeben ist.

Manager   Koordinator

Dies ist vermutlich eine konstruierte Kündigung, denn man wollte den Radsportler loswerden. Aber sie zeigt, mit welcher Selbstverständlichkeit das Thema Doping dafür herhalten muss. In diesem Schreiben wird das Amphetamin Pervitin genannt, das unter das Betäubungsmittelgesetz fällt. Pervitin war ein deutsches Medikament, das im Zweiten Weltkrieg als Aufputschmittel auch Soldaten gegeben wurde. Es birgt ein hohes Suchtpotenzial. In Deutschland wird es offiziell nicht mehr hergestellt. Pervitin ist heute in Tschechien eine der gebräuchlichsten illegalen Drogen. In dem Schreiben wird auch der Pfleger namentlich genannt, der Pervitin offensichtlich im Trainingslager auf Mallorca mit sich führte. Daraus ergeben sich sowohl straf- als auch sportrechtliche Fragen. Von diesem Kündigungsschreiben haben der Bund Deutscher Radfahrer (BDR) oder mit Doping befasste Organisationen (ADK, NADA) nie etwas erfahren.

POLIZEI-SPORTVEREIN

KÖLN 1922 e.V.
ABTEILUNG RADSPORT

VIELFACHER DEUTSCHER MEISTER
IN DEN DISZIPLINEN
STRASSE-, BERG- UND ZEITFAHREN
SOWIE VIERERMANNSCHAFT;
OLYMPIA UND WM-TEILNEHMER
VERANSTALTER VON RADRENNEN

photokina
köln

MEDIAPARK KÖLN

Herrn

SPORTLICHER LEITER:
Dieter Koslar
50829 Köln
Vogelsanger Straße 467
Tel.: 02 21 / 58 24 22

Sehr geehrter Herr

STEVENS

wie Ihnen schon mündlich mitgeteilt wurde,können und
wollen wir nicht dulden,daß sich Amateure mit pharma-
zeutischen Medikamenten die auf der Dopingliste der
UCI stehen beschäftigen.
Und sollten Sie jetzt glauben,das ist alles nicht zu
beweisen,so werden wir Ihnen alle Fahrer,Masseure und
Betreuer nennen,die das bezeugen können.
Dazu müßten Sie den Rechtsweg einschlagen und wir den
Vorfall dem BDR melden.

Aufgrund dieses Vergehens bestehen wir auf Rückzahlung
der erbrachten Leistungen,Trainingslager 1425,00 DM
Ablösesumme von 1000,-DM .

Nach Erhalt der Rückzahlung der Kosten Trainingslager
werden wir Ihnen den Abkehrschein aushändigen.

Ihre   werden auf postalischem Wege zurückgeschickt.

Mit Sportgruß

CARRERA
SPORTSGLASSES

STADTSPARKASSE KÖLN

Continental

Zukunft Energie

DINGER'
GARTEN
CENTER
KÖLN'

DIRKES

Fleischerei
SCHMIDT

Fack GmbH

*Ähnlich gelagerter Fall, allerdings muss so etwas **immer** dem BDR oder der NADA (ehemals ADK) gemeldet werden.*

179

regelmäßig mit den Dopingmitteln, die sie genommen hatten«, berichtet er. Es habe auch keine Kontrollen gegeben. Und bei den Weltmeisterschaften der Senioren im österreichischen St. Johann sei dieses Thema auch präsent gewesen. Dabei gehe es dort wirklich nicht um Geld, sondern nur um Ehre. Die bleibe aber oft auf der Strecke. Wie auch der eine oder andere Teilnehmer, denn tödliche Zwischenfälle habe es mehrfach dort gegeben.

Mit etwas Abstand zum Tod seines Sohnes und der eigenen Radsport-Karriere möchte Georg Nowak heute aufrütteln. Er möchte anderen das Schicksal ersparen, das sein Sohn erleben musste. Das bedeute nicht, dass man keinen Radsport mehr betreiben könne. Aber Eltern sollten sehr vorsichtig sein. Sollten mit ihren Kindern immer und über alles sprechen. Sie sollten Trainern und anderen Umfeldakteuren gegenüber ein gesundes Misstrauen entwickeln. Das könne für die Gesundheit ihres Sprösslings sehr wichtig sein. Und sie sollten jungen Radsport-Talenten in jedem Fall eine gute Schul- und Berufsausbildung mit auf den Weg geben. Sobald der Radsport für den Lebensunterhalt herhalten müsse, sei die Gefahr heute offenbar sehr groß, mit Doping in Verbindung zu kommen. Und damit könne ein Schicksal, wie es ihr Sohn erleiden musste, durchaus seinen Anfang nehmen.

Integration von West und Ost: Der Radsport des ausgehenden 20. Jahrhunderts auf dem Weg zur Vollprofessionalisierung

Bis zum Beginn der 1980er-Jahre waren die Bedingungen der Mannschaften im Straßenradrennsport mit denen kleiner Handwerksunternehmen vergleichbar. Selbst wenn Radteams Vereinen angehörten, waren sie in erster Linie kleine private Betriebe mit Angestellten, mit einem Sportdirektor, der sich um die unterschiedlichsten Aufgaben kümmerte, mit einem oder zwei Mechanikern, mit einem Pfleger als Mädchen für alles, und vor allem mit Radprofis. Trainings- und Wettkampfplanung beruhten auf empirisch gewonnenem Wissen, das mündlich weiterverbreitet wurde, vor allem durch ehemalige Profis. Große Radnationen gab es nur wenige, sie lagen überwiegend in Westeuropa: Frankreich, Belgien, Italien, Spanien, die Niederlande und in geringerem Umfang die BRD, die Schweiz und Großbritannien.

Durch die Integration neuer Verfahren der Leistungsvorbereitung ergab sich während der 1980er-Jahre ein Umbruch mit einer Überlagerung mehrerer Phänomene, die zunächst unabhängig voneinander waren: Eine Verwissenschaftlichung der Sportmedizin sowie eine Rationalisierung entsprechend den Entwicklungen in der Arbeitswelt; darüber hinaus spielten die Vorbilder USA und DDR eine wesentliche Rolle. Die Kenntnis dieser Entwicklungen ist eine wichtige Grundlage für das Verständnis heutiger Strukturen in Profimannschaften im Straßenradrennsport, mit deutlich rationelleren Arbeitsweisen als vor 25 Jahren und einem steten Vordringen der Wissenschaft.

Die Ostblockländer und der Rückgriff auf die Wissenschaft

In den 1960er-Jahren wurden in Frankreich sportmedizinische Zentren geschaffen, allerdings noch ohne Integration in die Sportzentren. Patienten waren Sportler jeglichen Leistungsniveaus. Als Sportärzte fungierten Traumatologen, die die Behandlung von Verletzungen übernahmen. Meist wurden sie von

Spitzensportlern nur einmal im Jahre frequentiert, um das Zertifikat der Sporttauglichkeit zu erhalten. Regelmäßig einen Sportarzt aufzusuchen war in den 1960er- und 1970er-Jahren für Spitzensportler ungewöhnlich. Bei Verletzungen und Erschöpfungszuständen wurde zunächst einmal versucht, sich selbst zu behandeln oder eine Pause einzulegen.

Bei Tagungen der internationalen Vereinigung für Sportmedizin traten auch einige Sportmediziner auf und ließen sich über die verschiedensten Sportverletzungen aus. Beiträge und Diskussionen in den 1950er-Jahren waren in erster Linie traumatologischer Art; seit dem Beginn der 1960er-Jahre begann eine Schwerpunktverschiebung mit einer rapiden Zunahme von Beiträgen zur Verbesserung der Leistungsfähigkeit, vor allem durch immer häufiger vertretene Mediziner aus Ostblockländern als Ergebnis von Forschungen zur Leistungsphysiologie. Es handelte sich nun nicht mehr primär darum, Sportler nach Verletzungen sinnvoll zu behandeln, sondern um die Weiterentwicklung der physischen Möglichkeiten jedes Spitzensportlers. Die vorherrschende medizinische Modellvorstellung verschob sich hin zur Intervention noch vor dem Auftreten von Problemen, Verletzungen oder einer Krankheit. Die Wissenschaft diente als wesentliche Grundlage der Leistungsproduktion und damit der Medaillenflut der Ostblockländer. Spätestens seit etwa 1970 faszinierte dieser Ansatz in zunehmendem Maße auch westliche Mediziner ebenso wie den organisierten Sport oder etwa das französische Sportministerium, wie letzthin der ehemalige französische Sportminister Pierre Mazeaud betonte.

Um die besten französischen Sportler besser unterstützen zu können, rief der französische Staat seit Ende der 1960er-Jahre Forscher und Leistungsphysiologen zu Hilfe, mit dem Ziel einer optimalen Vorbereitung auf die auf 2300 m Höhe stattfindenden Sommerspiele 1968 in Mexiko und auf die Winterspiele im französischen Grenoble. Forschungen zum Problem der Sauerstoffunterversorgung in Leistungssituationen (Hypoxie) wurden angestoßen: Man wollte herausfinden, wie ein Sportler auch in sauerstoffreduzierter Umgebung Leistung erbringen kann. Diese Forschungen wurden vor allem in dem neu gebauten Höhentrainingszentrum in Font Romeu in 1800 m Höhe durchgeführt, in einem sportmedizinischen Zentrum, das mit modernsten Untersuchungsinstrumentarien ausgestattet war. Damit sollte das Wissen über die Anpassungsprozesse des Herz-Kreislaufsystems an Höhenbedingungen verbessert werden.

Eine grundlegende Veränderung der Sichtweise auf die Gesundheit von Sportlern ergab sich in Frankreich, als der Chef der medizinischen Abteilung des nationalen Leistungssportzentrums (Institut National de l'Education Physique et du Sport), ein Traumatologe, durch den Leistungsphysiologen Prof. Rieu ersetzt wurde. Ein wissenschaftlich fundiertes Training sollte die Verbesserung des Gesundheitszustands der Sportler ermöglichen, d. h., das menschliche Potential sollte möglichst ohne Verletzungsrisiken und Erschöpfungszustände entwickelt werden. Trotz dieser Schwerpunktveränderung gingen Spitzensportler immer noch eher selten zu diesen Medizinern einer neuen Generation. Um Zutritt zu dem relativ geschlossenen System des Spitzensports finden zu können, mussten die Medizinwissenschaftler eine Art Eintrittspreis bezahlen. Als Gegenleistung dafür, sich durch die Mediziner bei Training und Wettkampf beobachten und analysieren zu lassen, mussten diese den Spitzensportlern das Funktionieren ihres Körpers bei intensiver Belastung erklären. Auf der Grundlage von Untersuchungsergebnissen konnten den Spitzensportlern neue, erfolgsträchtigere Formen des Trainings vorgeschlagen werden, mit denen die Grenzen der menschlichen Leistungsfähigkeit weitergehend ausgereizt werden konnten. In der Tat war als Folge des wissenschaftlich fundierteren Trainings eine deutliche Leistungsentwicklung der besten französischen Sportler zu beobachten. Eine nicht erwünschte Folge des Ausreizens der körperlichen Möglichkeiten der Sportler, die zudem mit problematischeren Materialien (z. B. Kunststoffpisten) konfrontiert wurden, war eine Zunahme von Erschöpfungszuständen und Verletzungen mit langwierigeren Folgen. Damit entstand ein weiterer Bedarf an Medizinern, Forschern und medizinischem Personal (Krankenschwestern, Masseuren, Krankengymnasten). Das Training wurde nun nicht mehr nur in Trainingsanzügen durchgeführt, sondern auch in der Welt der weißen Kittel, nicht mehr nur auf dem Sportplatz, sondern auch in Krankenhäusern. Medizinische Instrumente wie z. B. Spritzen wurden alltägliche Hilfsmittel. Einen Arzt aufzusuchen und Medikamente einzunehmen wurde nun zur Normalität.

Weshalb haben wir uns so ausführlich mit der Entwicklung der Sportmedizin beschäftigt? Die gewonnenen Kenntnisse führten zu wissenschaftlichem Prestige; zudem weckten die Kenntnisse über das Funktionieren des Körpers in Extremsituationen auch das Interesse von Radprofis, die hier neue Möglichkeiten der Leistungssteigerung sahen. Viele Profis wandten sich deshalb an den sportmedizinischen Dienst des INSEP (im Osten von Paris), wo auch mehrere Verbandsärzte des französischen Radsportverbands arbeiteten. Das Phänomen der Medikamentisierung des Radsports nach osteuropäischem Vorbild griff seit Mitte der 1980er-Jahre durch das Erscheinen eines neuen Sponsorentyps, der der zunehmenden Bedeutung von Wissenschaft und Rationalisierung des Spitzensports positiv gegenüberstand, weiter um sich. Um dessen Interesse am Radsport und seine Wertschätzung von Wissenschaft und Forschung zum Spitzensport besser verstehen zu können, müssen wir weiter ausholen.

Initiativen gegen den Niedergang des Radrennsports

Gegen Ende der 1970er-Jahre traf den Radrennsport eine Baisse des Interesses; der sportliche Stellenwert war wegen nachlassender Qualität im Spitzenradsport zurückgegangen, aber auch wegen der zahlreichen mit Doping verbundenen Skandale. 1977 erreichte die Teilnehmerzahl an der Tour de France mit nur noch etwas über 100 Profis ihren Tiefststand. Als Folge davon sprangen viele Sponsoren ab, die Medienaufmerksamkeit ging zurück. Die Tour-Direktoren Félix Lévitan und Jacques Goddet versuchten deshalb, neue Publikumspotentiale in ökonomisch starken Ländern, die noch wenig mit dem Radsport zu tun hatten, zu erschließen. Félix Lévitan fuhr zusammen mit dem Unternehmensberater Philippe Riquois, einem Spezialisten für Unternehmensgründungen, in die USA. Beide brachten erfolgreich die »Tour of America« in Gang. Lévitan entdeckte dabei viel versprechende junge amerikanische Fahrer, die er den Sportdirektoren von Radteams in Frankreich empfahl. Als Folge begab sich Cyrille Guimard, der Sportdirektor eines der erfolgreichsten französischen Radteams, in die USA, um Greg LeMond zu verpflichten. Dieser (ebenso wie andere amerikanische Fahrer) brachte eine neue Ideologie des Profisports mit: eine rationalere und professionellere Sicht von Leistung. Im Gegensatz zu den Fahrern des alten Kontinents hatten sie keine Skrupel, von den neuen Sponsoren viel Geld zu verlangen, in den Medien von Geld zu sprechen und ihren Status zur Schau zu stellen.

Um die Zuschauerzahlen im Fernsehen in die Höhe zu treiben, beschlossen Goddet und Lévitan eine Verschärfung der Konkurrenzsituation, vor allem über das Heranholen osteuropäischer Fahrer. Schon zu Beginn der 1970er-Jahre hatte Jean Leulliot aus seinem berühmten Klassiker »Paris–Nizza« ein offenes Rennen gemacht, an dem der Pole Richard Szurkowski teilnahm. Der Erfolg dieser Maßnahme veranlasste die Tour-Chefs dazu, das gleiche zu versuchen. Die Verpflichtung des russischen Meisters Sergej Soukhoroutchenko für die Teilnahme an der Tour scheiterte an den russischen Behörden. Schmerzlich wurde dabei klar, dass es auf internationalem Niveau politische Hindernisse zu berücksichtigen galt – und das war gerade das Niveau, das die Tour nun erreichen sollte. Deshalb verpflichteten Goddet und Lévitan 1977 den Diplomaten Xavier Louy, der zudem Kenner des Radsportmilieus war. Seine Aufgabe war es, Lobby-Aktionen bei den französischen und internationalen Funktionären auf den Weg zu bringen. So startete er die »Tour de l'Avenir«, eine Amateurrundfahrt, parallel zur Tour de France; deren Status gefiel den osteuropäischen Verbänden besser als der professionelle Charakter der Tour. Dadurch konnte Louy die Kontakte nach Osteuropa verbessern, mit der Zielrichtung, eines Tages solche »Amateurfahrer« zum Profiwettbewerb der Tour de France verpflichten zu können.

Ein Glücksfall für diese Entwicklung waren der Fall der Berliner Mauer 1989, der Untergang des Kommunismus und anschließend das Zerbrechen des Ostblocks. Die westeuropäischen Mannschaften hatten es eilig, sehr spezialisierte Fahrer aus dem Osten zu verpflichten, die am besten den immer spezifischeren Anforderungen des neuen Radsports entsprachen. »Ich brauche in meiner Mannschaft mindestens einen Fahrer für jede Spezialaufgabe. Rooks und Theunissen habe ich für Gebirgsetappen und die Tour de France genommen, Ludwig für die Klassiker und die Sprints, Ekimov für das Zeitfahren. Die Tour de France ist das wichtigste Rennen des Jahres; dort kann man nur mit einer ›kompletten‹ Mannschaft bestehen, zu der Kletterer, Sprinter und Domestiken gehören« (Peter Post, Manager des japanischen Radteams Panasonic, *Miroir du Cyclisme*, Nr. 429, März 1990). Wichtig waren allerdings zunächst auch die vergleichsweise niedrigen Kosten der osteuropäischen Fahrer, da die Jahre zuvor rekrutierten westlichen Fahrer seiner Mannschaft mehrere Millionen

Francs jährlich erhielten. Mit der Rekrutierung von Osteuropäern hatte die italienische Mannschaft Alfa-Lum angefangen, sie verpflichtete 15 sowjetische Straßenradrennfahrer (Ivanov, Pulnikov, Ugromov ...). Der bekannteste unter ihnen war Dimitri Konychev (Zweiter bei den Weltmeisterschaften hinter Greg LeMond); er erhielt nur 750 000 Francs. Der ostdeutsche Olympiasieger Olaf Ludwig unterschrieb bei Panasonic, seine Landsleute Raab und Ampler bei PDM. Der vom berühmten Vereinstrainer von Lokomotive Leningrad gemanagte Sowjetrusse Vlatcheslav Koutznetsov unterzeichnete einen Vertrag über 500 000 Dollar (3 Millionen Francs), ein damals unvorstellbarer Betrag.

1990 gehörten bereits 31 Ostfahrer zum Profiradsport; ebenso viele West-Fahrer wurden dadurch innerhalb nur eines Jahres arbeitslos. Einige Teams strukturierten ihre Mannschaften völlig um: »Acht Fahrer haben in dieser Saison das Team verlassen, acht neue sind hinzugekommen. Manchmal gibt es Momente, wo man einen Schnitt machen muss. Das ist wie im Geschäftsleben: Wenn die Angestellten dem Betrieb nichts mehr einbringen, muss man sie entlassen« (Peter Post). Die Kleinunternehmensvergangenheit des Radsports der 1970er-Jahre lag da schon weit zurück.

Mit sich brachten die Ostfahrer präzise Kenntnisse zur Trainingsplanung und zur pharmakologischen Unterstützung, Kenntnisse, die ihnen von Leistungsphysiologen, Biologen und diplomierten Trainern vermittelt worden waren. Der Einzug der Ostfahrer in den Profizirkus sowie der Rückgriff auf französische (aber auch westdeutsche) Mediziner sind nur zu verstehen, wenn man das Vordringen eines neuen Typs von Sponsoren aus dem Bereich von Großunternehmen mit berücksichtigt.

Der Radrennsport – ein viel versprechendes Produkt

Die neue Sponsorengeneration verkaufte keine Radsportartikel oder überhaupt Sportartikel mehr. Ihre internationale Platzierung erlaubte ihnen die Investition von wesentlich höheren Summen, als es bis dahin im Radsport üblich war. Der bekannteste Sponsor war der berüchtigte Bernard Tapie, der sich durch die Übernahme von Problemfirmen einen Namen gemacht hatte. Er versuchte, mit einer seiner Firmen, der auf den Handel mit biologischen Waren spezialisierten Firma »La Vie Claire«, auf dem nordamerikanischen Kontinent Fuß zu fassen. Um dort den Bekanntheitsgrad seiner Firma zu erhöhen, nahm er für seine Mannschaft den Amerikaner Greg LeMond und den Kanadier Steve Bauer (Silbermedaille bei den Olympischen Spielen 1984) unter Vertrag. Zugunsten einer Optimierung seiner Investition sorgte er für eine Explosion auf dem Transfermarkt; für das Engagement der besten Trainer, Mechaniker, Pfleger, Ärzte und Fahrer gab er Millionen aus

Bernard Tapie sowie weitere Sponsoren, die es ihm nachmachten, brachten eine neue Struktur einer rationalen Arbeitsteilung in den Radsport: Jeder war nun genau in dem Bereich tätig, für den er besonders qualifiziert war, d. h., aus Kleinunternehmen mit eher handwerklichen Strukturen wurden Firmen mit spezialisierten Angestellten mit je eigenen Kompetenzen. Voll verständlich wird die durch die neuen Sponsoren angestoßene Entwicklung aber erst, wenn wir nicht nur den amerikanischen Markt als Zielrichtung begreifen, sondern auch die Medienwirkung auf den französischen und europäischen Markt, vor allem durch das Entstehen neuer Fernsehsender. Etwa in der Mitte der 1980er-Jahre explodierte die Medienlandschaft regelrecht: Gründung des Privatsenders Canal+ 1984, La Cinq (von Berlusconi) 1986, Privatisierung von TF1 1987 (der zum größten Fernsehsender Europas wurde). Etwa 1986 entstanden auch die ersten Kabelkanäle. Das Auftauchen dieser Sender in einer bis dahin durch öffentlich-rechtliche Sender geprägten Medienlandschaft provozierte eine hemmungslose Konkurrenz im Kampf um Marktanteile und Werbeverträge. Alle diese Sender brauchten Spektakel für ihre Programmgestaltung; eines der öffentlichkeitswirksamsten, aber auch der kostengünstigsten Spektakel ist der zur Show gewordene Wettkampf im Sport. Mit Millionenbeträgen kämpften die Sender deshalb um den Erwerb der Rechte an den wichtigsten Wettkämpfen und sorgten so für die Explosion der Kosten für die Übertragungsrechte.

Die Tour de France profitierte enorm von diesem neuen Manna, die Zahl der Fernsehzuschauer stieg sprunghaft an. So wurde sie für die neue Generation der Sponsoren nur noch interessanter, denn zu relativ geringen Kosten konnten sie nun während Stunden und Tagen den Namen ihrer Firma oder ihrer Produkte Millionen von Konsumenten präsentieren. Der Radsport wurde unter dem Sponsoringaspekt des Verhältnisses von Öffentlichkeitswirksamkeit und Investition zu einem äußerst interessanten Sport.

Wenn man dieses Aufeinandertreffen von Medien und Wirtschaft einerseits und des Sports andererseits und spezifisch die Verbindung der Wissenschaft mit dem Radsport berücksichtigt (in anderen Sportarten setzte diese Entwicklung nach dem Vorbild des Radsports Jahre später ein), dann kann man die »vereinheitlichende« Besonderheit der Aussagen von gedopten Radprofis besser begreifen. In Anlehnung an den amerikanischen Soziologen Howard Becker ist es unmöglich, alle Facetten des abweichenden Verhaltens von Sportlern zu begreifen, wenn man es nicht in den größeren Kontext einbettet, der es gestaltet.

Die hier geleistete historische Analyse erlaubt die Dekonstruktion von Gewissheiten wie z. B., Doping im Radsport sei nicht normal. Eine neue Normalität war entstanden: Die Festina-Affäre während der Tour de France 1998 und andere Skandale haben schließlich gezeigt, dass von der Normalität abweicht, wer sich nicht dopt, wer keine verbotenen Medikamente nimmt. Wie soll man den Übergang vom Dopingmittel Amphetamin zu EPO verstehen können, wenn man nicht die Allgegenwart von Wissenschaftlern im Spitzensport, so auch im Radsport der 1980er-Jahre, berücksichtigt? Nur durch sie haben die Radprofis von Methoden der Autotransfusion oder von Wachstumshormonen erfahren, Dinge, die schon lange vorher existierten. Härteres Training und eine zunehmende Medikalisierung führten dazu, dass das Vordringen der Pharmazeutik als normal und notwendiger Bestandteil der Leistungsproduktion angesehen wurde. Die damit verbundenen medizinischen Möglichkeiten wurden als eine Art Problemlösung für einen höchst geforderten Arbeiter angesehen, der eine Ware (sportliche Leistung) für seinen Arbeitgeber effektiv und unter möglichst kostengünstigen Bedingungen herzustellen hat (Arbeitsmedizin statt Gesundheitsmedizin!). Das Dopingproblem war nun nicht mehr ein Problem des Sports und seiner Werte allein, sondern auch ein Problem für die Sponsorenfirmen mit ihren Renditezielen. Die in den Ostblockländern entwickelten Möglichkeiten und Strukturen der Sportmedizin passten voll und ganz in diesen Ansatz einer rationalen und effektiven Ausbeutung physischer Leistungsfähigkeit und der Renditeorientierung, so wie er im Zusammenwirken verschiedener Interessengruppen und Akteure spätestens seit dem Beginn der 1980er-Jahre entwickelt wurde.

Christophe Brissonneau
(Übersetzung: Gerhard Treutlein)

Dr. Christophe Brissonneau war in den 1980er-Jahren als Leichtathlet Mitglied der französischen Nationalmannschaft. Er promovierte über die Entwicklung der Sportmedizin zwischen 1960 und 2000 an der Universität Paris, wo der Sportwissenschaftler heute als Professor arbeitet.

»Dass den Worten Taten folgen.« – Ein Interview mit Gabriele Bohr/ARD

Gabriele Bohr ist Programm-Chefin für die Tour de France und die Deutschlandtour beim für den Radsport in der ARD feder-führenden Saarländischen Rundfunk. Nachfolgend nimmt sie zu Fragen Stellung, die der Sportjournalismus allgemein vor dem Hintergrund der aktuellen Entwicklung im Radsport überdenken sollte.

Ist eine Nähe zu Radprofis und Umfeldakteuren nötig oder hinderlich, wenn es um die Fernsehberichterstattung geht? Hat der Fall ›Operación Puerto‹ dazu geführt, dass diese Einschätzung bei der ARD nun anders bewertet wird? Wenn ja, wie?
Kontakte zu Trainern und Sportlern sind in Bezug auf Hintergrundwissen immer wichtig. Gute Journalisten lassen sich in ihrer Berichterstattung dadurch nicht ver-biegen. Wir werden auch in Zukunft darauf zu achten haben, dass bei der nötigen Nähe zu handelnden Personen die journalistische Distanz gewahrt bleibt.

Wie fühlen Sie sich, wenn Sie Ihren bisherigen Einsatz als Fernsehjourna-listin vor dem Hintergrund der massiven Vorwürfe gegen Pevenage, Ullrich und andere bewerten?
Ich bin enttäuscht. Trotz aller gelegentlichen Spekulationen konnte ich mir nicht vorstellen, dass die Genannten so tief in die Dopingmachenschaften verstrickt sein sollen, wie landauf, landab berichtet wird. Keine Frage: Die Indizien spre-chen gegen Ullrich und Pevenage.

Wie wird in Ihrer Redaktion darüber diskutiert?
Offen und kontrovers. Um Missverständnisse zu vermeiden: Alle Kolleginnen und Kollegen sind gegen Doping und auch dafür, alle Mittel einzusetzen, um den Dopingsumpf auszutrocknen.

Was würden Sie Jan Ullrich und anderen raten?

Die Karten offen zu legen. Vorhandene Zweifel sind sicher nur auszuräumen, wenn Jan Ullrich zu allen möglichen Kontrollen ›Ja‹ sagt. Nur so kann Ullrich Sympathien zurückgewinnen, selbst wenn am Ende aus einem Verdacht Realität wird.

Wie hat sich grundsätzlich die Arbeit als verantwortliche Fernseh-Radsport-Redaktion der ARD durch den Fall ›Operación Puerto‹ verändert? Gab es ähnliche oder andere Diskussionen bei vergleichbaren Vorfällen (TdF 98, Giro 2001, zahlreiche Strafverfahren im Ausland etc.)?

Wir sind noch kritischer geworden, vertreten andererseits aber die Auffassung, dass nicht jede herausragende Leistung in Frage gestellt werden kann. 2006 haben wir im Vorfeld und während der Tour de France regelmäßig über Doping berichtet und unseren Dopingexperten Hans-Joachim Seppelt mit ins Team genommen. Weil Sie die Tour 98 ansprechen: Für die ARD kann ich behaupten, dass kein anderes Medium in der Berichterstattung aktueller und kompetenter informiert hat, obwohl wir uns an Spekulationen nicht beteiligt haben.

Was macht den Fall ›Operación Puerto‹ anders?

Durch die Operación Puerto ist deutlich geworden, dass es eine internationale kriminelle Szene gibt, in die die pharmazeutische Industrie ebenso verwickelt ist wie Mediziner, Trainer, Übungsleiter und Athleten. Wie schwierig es ist, an die Hintermänner zu kommen, zeigt sich auch in anderen Sportarten. Mit der Verschärfung des Arzneimittelgesetzes bzw. mit der Nutzung aller Möglichkeiten in der Umsetzung wird der Staat künftig mehr gefordert sein zu helfen, wo der Sport an seine Grenzen stößt.

Was müsste sich Ihrer Meinung nach auf Seiten der Medien verändern? Sehen Sie in der ›Ausblendung‹ des Radsports und der Wirkung speziell auf Sponsoren einen Lösungsansatz?

Doping ist ein Problem des gesamten Sports. Leider gibt es keine internationalen Standards für Dopingkontrollen. Hilfreich wäre, wenn für alle Sportarten vergleichbare Grenzwerte festgelegt, die Zahl der Kontrollen und die finanzielle Ausstattung der NADA deutlich erhöht würden. Spitzensportler sollten sich zu DNA-Analysen und Anlage von Blutprofilen verpflichten. Auch die Verpflichtung, Förder- und Sponsorengelder bei nachgewiesenem Doping zurückzahlen zu müssen, könnte im Kampf gegen Doping eine zusätzliche Hilfe sein. Zum jetzigen Zeitpunkt ist das Ausblenden des Radsports keine Lösung, zumal der deutsche Radsport beweist, dass er den Kampf gegen Doping – soweit ich das beurteilen kann – deutlich verschärft hat. Das ist notwendig und Vorbedingung, um glaubwürdig junge Sportlerinnen und Sportler zu überzeugen, dass der Gebrauch von Dopingsubstanzen unfair ist und auch sehr gefährlich. In Bezug auf Aufklärung sind auch wir – in den Medien – in der Pflicht.

Wurde die Dopingproblematik im Radsport von Ihnen/Ihrer Redaktion bisher unterschätzt oder verdrängt, oder wusste man um das Ausmaß und hat gehofft, es wird schon gut gehen?
Vom Ausmaß der kriminellen Machenschaften und dem offensichtlich europaweit agierenden Netzwerk wurden auch wir überrascht.

Was erwartet die ARD vom Radsport?
Dass den Worten Taten folgen.

»Die Massenmedien haben sich selbst noch nicht als Mitverursacher des Dopingproblems entdeckt.« – Ein Interview mit dem Sportsoziologen Karl-Heinrich Bette

Karl-Heinrich Bette ist Professor für Sportsoziologie an der TU Darmstadt. Gemeinsam mit Uwe Schimank, Professor für Soziologie an der Fernuniversität Hagen, hat er zahlreiche Bücher zum Thema Doping veröffentlicht. Aktuell ist 2006 das Buch »Die Dopingfalle« erschienen, das teilweise als Grundlage für dieses Interview diente. Bette ist einer der renommiertesten und profiliertesten Fachleute, wenn es um die ganzheitliche Betrachtung der Dopingthematik geht. Im nachfolgenden Interview nimmt er Stellung zur Rolle der Medien.

Berichten die Medien angemessen über Doping?

Die Massenmedien, insbesondere die bildorientierten Medien, sind neben den Sportverbänden, den wirtschaftlichen und politischen Sponsoren sowie dem Rechtssystem und der Pädagogik Teil einer riesigen Personalisierungsmaschinerie, die sich fatalerweise in der modernen Gesellschaft im Umgang mit dem Dopingthema etabliert hat und ein Deutungsmonopol errichten konnte. Dopingvergehen werden in einer ermüdenden Weise immer nur einzelnen Personen zugeschrieben: in der Regel Athleten, Trainern, Ärzten, Apothekern oder Sportfunktionären. Beziehungen zwischen den vielen Dopingvergehen werden nicht hergestellt. Selbst die Mehrzahl der Dopingkritiker hat sich in diese weit verbreitete Zuschreibungspraxis eingereiht und stimmt das hohe Lied der Personalisierung und oberflächlichen Moralisierung an.

Auch investigative Journalisten richten ihre Aufmerksamkeit ausschließlich auf Personen und deren Verfehlungen und verpassen dadurch wichtige Pointen und Einsichten. Sie vergessen, dass Personen in bestimmten sozialen Situationen keine größere Handlungsautonomie besitzen und stattdessen subtil »gehandelt« werden. Eine ausschließlich auf einzelne Personen ausgerichtete Betrachtungsweise kann man aus soziologischer Sicht nur als defizitär, unterkomplex und problemlösungsverhindernd bezeichnen. Wer darauf verzichtet, die relevanten Stellgrößen in den Blick zu nehmen, die Doping strukturell erzeugen, seine Aufmerksamkeit auf die individuellen Akteure fixiert und infolgedessen Doping als personale Verfehlung attribuiert, kommt für die Lösung des Problems nicht nur zu spät, er trägt auch dazu bei, die Dopingbekämpfung zu erschweren. Die Soziologie tut deshalb gut daran, hartnäckig auf die handlungsprägende Kraft sozialer Konstellationen zu verweisen und ihre Skepsis gegenüber der typisch modernen Idee von der Autonomie der Subjekte zum Ausdruck zu bringen.

Wo liegen die Gründe für diese Personalisierung?

Der Spitzensport ist darauf spezialisiert, Personen oder Mannschaften in öffentlich beobachtbaren Situationen sozial sichtbar zu machen. Gegen die Abstraktion der heutigen Welt bringt der Sport reale Personen ins Spiel. Wenn Leichtathleten die Bahn umrunden oder eine Fußballmannschaft einem Ball nachjagt, steht der Faktor Mensch im Mittelpunkt. Dadurch wird sowohl den Athleten als auch dem Publikum in einer leicht nachvollziehbaren Weise gezeigt, dass der einzelne Mensch allein oder in einer Gruppe noch in der Lage ist, im richtigen Moment den entscheidenden Unterschied zu machen.

In einer Gesellschaft, in der immer mehr optische Äquivalente für vorhandene gesellschaftliche Komplexität fehlen, erbringen Sportler mit ihren Körpern realitätserzeugende Leistungen, die die Medien dankbar aufnehmen und nach eigenen Präferenzen verstärken. Der Sport dient besonders dem Fernsehen als Evidenzbeschaffer, weil in einem Medium, das selbst viel Schein produziert, Garanten für Authentizität offensichtlich knapp geworden sind. Mithilfe der Personen- und Körpernähe des Sports kann das Fernsehen in der eigenen Programmstruktur eine markante Trennlinie zwischen Simulation und Realität ziehen.

Dass die Medien die Personenofferte des Sports für ihre eigene Programmatik nutzen, zeigt sich in extremer Weise an ihrem Umgang mit der Prominenz dieses Sozialbereichs. Im Hofieren einzelner Sportstars treiben die Medien ihre Subjektivierungsarbeit auf die Spitze. Heldenverehrung durch die Medien ist Personalisierung pur. Im Rahmen einer »Ökonomie der Aufmerksamkeit« (Franck 1998) ermöglichen Sporthelden eine Nachfrage durch ein interessiertes Publikum, die sich in hohen Einschaltquoten und Auflagen niederschlägt.

Die personalisierende Behandlung des Dopingthemas durch die Sportjournalisten ist vor diesem Hintergrund als eine Maßnahme zu werten, um den Sport als eine positive Gegenwelt zu erhalten. Da Doping als eine Bedrohung medialer Sauberkeitsinteressen am Leistungssport wahrgenommen wird, hat die Einzelfallbehandlung und Individualisierung des Dopings durch die Medien die Funktion, die strukturelle Kopplung zwischen Massenmedien und Spitzensport abzusichern und als noch nicht gefährdet auszuweisen. Würden die Medien Doping nicht an einzelnen Personen festmachen, sondern als einen nicht mehr aufzuhaltenden, strukturell erzeugten Flächenbrand behandeln, könnten sie den Sport in eigener Sache nicht mehr nutzen. Ohne eine Personalisierung und

Singularisierung des Dopings gäbe es keinen Interessenkonsens zwischen den Medien und dem Spitzensport.

Was müsste in der Betrachtung durch die Medien anders werden?

Die Massenmedien haben sich selbst noch nicht als Mitverursacher des Dopingproblems entdeckt. Ihre eigene Verstrickung ist der große blinde Fleck, den sie vor sich selbst verheimlichen. Sie berichten nicht über den Kontext, in dem Doping entsteht, weil sie Teil dieses Kontextes sind. Was in den Medien insgesamt fehlt, ist der Blick auf die strukturellen Dynamiken und Beziehungsfallen, die hinter dem Rücken der Akteure wirksam sind und der Dopingverwendung national und international und über alle Disziplingrenzen hinweg Vorschub leisten.

Aus soziologischer Sicht ist festzuhalten, dass Doping das Ergebnis des Zusammenwirkens unterschiedlichster Interessen aus Wirtschaft, Politik, Massenmedien und Publikum am Spitzensport ist – mit der Konsequenz, dass die Sportakteure sich unversehens in einer eskalierenden Anspruchsspirale befinden, aus der es kein einfaches Entrinnen gibt. Doping wird zu einer rationalen Bewältigungsstrategie, mit der die Athleten und Athletinnen auf die Zwänge und Möglichkeiten ihrer Situation reagieren. Man passt sich an, indem man kreativ die offiziellen Regeln unterläuft. Soziologische Studien, die die Verstrickungen von Sport, Medien, Publikum, Wirtschaft und Politik in den Blick nehmen, werden sowohl vom organisierten Sport als auch von den Medien systematisch nicht wahrgenommen, weil sie in deren Aufmerksamkeits- und Interessenraster nicht hineinpassen.

Strukturen geben keine Interviews und lassen sich nicht einem klatschenden Publikum vorführen. Nur Menschen sind als Gestalten, über die gesellschaftliche Strukturen wirken, vorzeigbar und können als Personen zum Sprechen gebracht werden. Zu dieser prinzipiellen Unsinnlichkeit von Strukturen kommt die Schwierigkeit hinzu, dass Strukturen – eben weil sie in zeitlicher, sachlicher und sozialer Hinsicht Erwartungssicherheit herstellen sollen – eine relative Konstanz aufweisen und sich nicht von heute auf morgen verändern. Ihre Vorhersehbarkeit und Stabilität widersprechen in eklatanter Weise dem permanenten Spannungs- und Neuigkeitsbedarf gerade des Fernsehens.

Wichtig wäre es, dass in den Medien verstärkt eine Reflexion über die Verstrickung der Medien in die Dopingproblematik stattfände. Denn ein Sachverhalt ist in den letzten Jahren ziemlich deutlich geworden: Die Medien sind allein schon durch ihre regelmäßige Sportberichterstattung ein zentraler Bestandteil der Verwertungskette des modernen Spitzensports. Ohne die Medien gäbe es kein Interesse von Seiten wirtschaftlicher und politischer Sponsoren am Spitzensport.

Vor diesem Hintergrund muss das Fehlen einer fest im Programm verankerten kritischen Sportberichterstattung, die nicht auf hohe Einschaltquoten schielt, insbesondere bei den öffentlich-rechtlichen Fernsehanstalten bedenklich stimmen. Kritische Sendeformate sind mit dem Hinweis eingestellt worden, dass die Zuschauer diese nur mit einer geringen Nachfrage quittiert hätten. So produzieren die Medien durch ihre Verzichthaltung sich selbst erfüllende Prophezeiungen und machen sich zu Sklaven ihrer eigenen, allein durch quantitative Gesichtspunkte bestimmten Zuschauerforschung. Denn niemand kann die Einschaltquoten jener Sendungen messen, die intelligent und selbstkritisch über den Sport und eigene Verstrickungen berichten, wenn man diese Sendungen nicht produziert und ausstrahlt.

Wie sieht es mit der Handlungsfähigkeit von Journalisten aus? In welchen Zwängen stecken sie?

Kritische Äußerungen, die über die reine Informationsübermittlung hinausgehen, sind heute meist nur noch von außen erwartbar oder von den wenigen Journalisten, die in überregionalen Zeitungen oder im Radio arbeiten. Nur wenige können es sich strukturell erlauben, kritisch über den Sport zu berichten. Viele Journalisten haben sich im Sinne einer freiwilligen und vorauseilenden Selbstzensur ein Schweige- und Wegsehgebot auferlegt, um ihren Zugang zum Sport nicht zu gefährden und den schönen Schein zu wahren, von dem sie selbst profitieren.

Diese Haltung hat nichts mit dem bösen Willen oder der beruflichen Inkompetenz von Personen zu tun, sondern verweist auf die Monopolstellung der Sportvereine und -verbände, die Wettbewerbssituation der Medien untereinander sowie die bigotten Erwartungshaltungen des Publikums. Sportvereine und Sportverbände können dadurch, dass sie den Zugang zum Sport monopolistisch regulieren, Fügsamkeit bei denjenigen herstellen, die beruflich über den Sport berichten wollen. Hinzu kommt, dass das kritische Potential des Fernsehens durch die Konkurrenz zwischen den privaten und öffentlich-rechtlichen Sendeanstalten erheblich reduziert worden ist, weil sich auch letztere durch Einschaltquoten unter Legitimationsdruck setzen. Es gibt deshalb heute praktisch keine kritische Sportsendung mehr im deutschen Fernsehen, weil alle um das Goldene Kalb des Sports tanzen und das Publikum nicht durch zuviel Sportkritik verschrecken wollen.

Die Sportjournalisten sind in ihrer Majorität Teil der sportnahen Inszenierungsindustrie geworden. Viele haben den Wechsel vom Journalisten zum Animateur bereits vollzogen – mit der Konsequenz, dass Doping insbesondere im Fernsehen suboptimal behandelt wird. Wer sägt schon gerne den Ast ab, auf dem er selbst sitzt? Wenn insbesondere das Fernsehen aus Quoteninteresse dem Sport und dessen Akteuren nahe rückt, entfällt die Möglichkeit, dass der Sport durch einen kritischen Blick von außen zu Verhaltensänderungen angeregt wird. Die Fernsehanstalten haben bis heute noch nicht begriffen, dass sie sich einen Bärendienst erweisen, wenn sie dem Spitzensport unkritisch gegenübertreten. Sie müssten in der Zukunft sehr viel deutlicher als bisher die Bedingungen klarmachen und vertraglich fixieren, die sie in Sachen Antidoping-Engagement von den individuellen und korporativen Sportakteuren erwarten. Allerdings ist hierbei relativierend einzukalkulieren, dass die Medien untereinander in schärfsten Konkurrenzbeziehungen stehen und nicht an einem Strang ziehen.

Wäre es für die Medien nicht besser, das Thema Doping ganz auszublenden?

Doping ist der Stoff, aus dem Sportskandale sind. Als Thema bietet es alles, was dazu gehört: ein dunkles Geheimnis, das ans Licht gebracht wird; ein Skandalierter, der gegen die offiziellen Normen des Sports verstoßen hat; ein Skandalierer, der die Abweichung feststellt und veröffentlicht; und ein Skandalpublikum, dem die Enthüllung zugetragen wird und das hierauf mit Enttäuschung und einem generalisierten Misstrauen reagiert. Skandale lassen sich schlecht ignorieren, weil sie sich dem Erleben überfallartig aufdrängen. Sie besitzen einen morbiden Charme und steigern kurzfristig die Einschaltquoten, wenn nationale Sporthelden betroffen sind.

In ihrem Bann lernen die Zuschauer allerdings auch das, was sie eigentlich nicht lernen wollen. Desillusionierungs- und Abwanderungseffekte sind die Folge. Insofern haben die Medien ein sehr ambivalentes Verhältnis zum Dopingthema. Einerseits fällt es ihnen schwer, den Blick abzuwenden; andererseits dürfen die Medien dem Dopingthema nicht zuviel Sendezeit opfern, weil das Publikum angewidert abwandern und den Medien den Vorwurf machen würde, dass sie den Sport kaputtredeten. Wer zuviel über Doping berichtet, geht das Risiko ein, dass die Zuschauer oder Leser sich enttäuscht abwenden. Doping droht die »Heiligkeit« des Sports zu entzaubern, weil es mit Betrug, Krankheit, Urin, Blut oder sogar Tod zu tun hat.

Doping und das deutsche Strafrecht

Robert Deller, Jahrgang 1949, leitet als Oberstaatsanwalt die Wirtschaftsabteilung und ist Pressesprecher der Aachener Staatsanwaltschaft. Er ist aktiver Fußballer und seit 1979 in Aachen tätig. Im Deutschlandfunk und in der Frankfurter Allgemeinen Zeitung wies er als Erster auf die bestehende Lücke im Arzneimittelgesetz (AMG) hinsichtlich des Blutdopings hin. Deller hat selbst Verfahren im Bereich Doping geleitet. Im nachfolgenden Beitrag erläutert er kritisch die gesetzlichen Rahmenbedingungen der Dopingbekämpfung.

D ie strafrechtlichen Aspekte der Dopingproblematik – hier insbesondere der Besitz von Dopingmitteln – sind in der Vergangenheit durch entsprechende Statements namhafter Sportfunktionäre immer wieder in das Interesse der Öffentlichkeit gerückt.

Offensichtlich ist es aber zwischenzeitlich »hinter den Kulissen« gelungen, Politiker, die sich im Vorfeld der jüngsten Diskussionen für eine Strafbarkeit auch des Besitzes von Dopingwirkstoffen ausgesprochen hatten, auf die Linie des Nationalen Olympischen Komitees zu bringen und damit einem umfassenden Antidoping-Gesetz eine Absage zu erteilen.

Nach der zurzeit geltenden Gesetzeslage – hier insbesondere nach dem Arzneimittelgesetz – können Sportler, die Dopingmittel besitzen sowie zur Leistungssteigerung einnehmen und damit häufig nicht gerechtfertigte sportliche Erfolge verzeichnen, strafrechtlich nicht belangt werden. Ob derartige Vorgänge nach der Entscheidung des 5. Strafsenats des Bundesgerichtshofs zum Sportwettenskandal bei bestimmten Sachverhaltskonstellationen eine andere Wertung erfahren, kann erst nach Vorlage der ausführlichen Urteilsgründe entschieden werden. Und bei dieser Gesetzeslage – keine strafrechtliche Verfolgung dopender Sportler – soll es auch zukünftig bleiben; jedenfalls nach dem Willen führender Sportfunktionäre.

Als entscheidendes Argument wird immer wieder vorgetragen, dopende Sportler sollten erstens nicht kriminalisiert werden, und zweitens könne eine Bestrafung des Dopings überführter Athleten effektiv nur in einem Sportrechtsverfahren erfolgen – denn wenn der beschuldigte Sportler von seinem Aussageverweigerungsrecht Gebrauch mache, habe die Strafverfolgungsbehörde keinerlei Aufklärungsmöglichkeit. Teilweise wird auch behauptet, ein Nebeneinander von Sportrechtsverfahren und Verfahren der ordentlichen Gerichtsbarkeit sei nicht möglich.

Keines der vorgetragenen Argumente überzeugt wirklich. Übersehen wird, dass gerade die Aufklärungsmöglichkeiten der staatlichen Ermittlungsbehörden mithilfe strafprozessualer Zwangsmaßnahmen weitaus erfolgreicher sein dürften als die doch in aller Regel untauglichen Mittel der Sportgerichte. Darüber hinaus sind den Sportgerichten bislang durchschlagende Erfolge im Bereich der Dopingbekämpfung – sowohl bei der Aufklärung als auch bei der Ahndung – versagt geblieben.

Schließlich zeigt die Praxis, dass Sportrechtsverfahren durchaus parallel oder auch zeitversetzt mit Verfahren, die bei einem ordentlichen Gericht oder der Staatsanwaltschaft anhängig gemacht werden, geführt werden können. Gerade bei körperlichen Angriffen von Spielern gegen einen Schiedsrichter ist dies gängige Übung und hat bei keinem der bekannten Fälle zu durchgreifenden rechtlichen Schwierigkeiten geführt.

Die bisherige Geschichte zeigt im Übrigen, dass die Hintermänner, die nach Sinn und Aussage des Arzneimittelgesetzes grundsätzlich strafrechtlicher Verfolgung unterliegen, bislang nur in Ausnahmefällen verurteilt worden sind. Ihre »Kunden« schweigen – zum einen, um ihre Quellen für sportliche Leistung und insbesondere Erfolge nicht versiegen zu lassen, zum anderen, um nicht selbst an den Pranger gestellt zu werden.

Praktische Erfahrungen in einzelnen Ermittlungsverfahren machen deutlich: Aufklärungserfolge – gerade auch über die strafrechtliche Relevanz von Handlungen der Hintermänner – sind nur dann möglich, wenn der Besitz von Dopingwirkstoffen in die strafrechtliche Verfolgung eingebunden werden kann. Schließlich leuchtet nicht ein, warum der Besitz und Konsum eines Dopingmittels, das zur Leistungssteigerung und gegebenenfalls zu sportlichem und damit in aller Regel auch finanziellem Erfolg führt, nicht verfolgt werden kann, während der Hintermann sich grundsätzlich einer strafrechtlichen Verfolgung ausgesetzt sieht.

Die Behauptung der Gegner eines umfassenden Antidopinggesetzes, Doping im Spitzensport sei ein Randphänomen im einstelligen Prozentbereich, muss vor dem Hintergrund neuerer Untersuchungen mehr als kritisch gesehen werden. Ob sich der Anteil dopender Athleten, insbesondere im Kraft- und Ausdauersport, tatsächlich knapp unter 50 % bewegt, mag offen bleiben – jedenfalls dürfte er bei weit über 10 % liegen.

Zusammengefasst: Doping kann nur dann erfolgreich und effektiv bekämpft werden, wenn sowohl der Vertrieb und die Weitergabe als auch der Besitz einer strafrechtlichen Verfolgung unterliegen.

Schwierigkeiten einer strafrechtlichen Einordnung sind auch beim sogenannten »Blutdoping« erkennbar. Blutdoping ist nach der zurzeit geltenden Fassung des Arzneimittelgesetzes grundsätzlich nicht strafbar. Zwar ist in § 6a in Verbindung mit § 95 Abs. 1 Ziff. 2a Arzneimittelgesetz unter Strafe gestellt,

23/06/97.

Nom: Prénom:

Date	Bio	Avant	Course	soirée	soirée	soirée	EPO
23/06	(Y. ∞)			_E2G	_TTC		◇
24/06							◇
25/06							◇
26/06				_ACF 20	_2CE		◇
29/06							
30/06				_SAMET	_ZTR	NFE(in)	
29/10	(+10) BELGYNE			_ORN 2	_TTB		⬠
30/10	(X10) NEOTON FARFARISA			_ iPo·F	_LOFT		⬡
31/10	(X3) STENOYNE			_TAT 600	_NAG		
01/11	(X3) LASAROCIN			_O3UE	_LOFT	NFE(in)	
02/11				_AGU	_NAG		
03/11				_iPo 3	_LOFT		
04/11				_GRO	_ACF 20		
05/11				_ORN 2	_LOFT		⬠
06/11				_iPo·F	_FRL		⬡
07/11				_TAT 600	_NAG		
08/11				_O3UE	_LOFT		
09/11				_AGU	_NAG		
10/11				_iPo 3	_LoSt		
11/11				_E2G	_ACF 20		◇
12/11							◇
13/11	(RD)-(HG)						◇
14/11							◇
15/11							
16/11							

Wettkampfplan plus Medikation für einen Sechs-Tage-Fahrer. Eine Raute bedeutet 1000 I. E. EPO, ein Halbkreis 2 I. E. hGH. Diese Codierung wurde von mehreren Quellen bestätigt. Alles andere sind erlaubte Präparate. Aufgestellt wurde dieser Plan von einem Arzt außerhalb Deutschlands, gegen den die Behörden in seinem Heimatland lange ermittelt haben. Er betreute in dieser Form zahlreiche deutsche Radprofis.

198

»Arzneimittel zu Dopingzwecken im Sport in den Verkehr zu bringen, zu verschreiben oder bei anderen anzuwenden«.

Unabhängig davon, dass auch hier der Anwender selbst keiner strafrechtlichen Verfolgung unterliegt, ist in Absatz 2 des § 6a Arzneimittelgesetz festgehalten, dass die Vorschrift nur auf solche Arzneimittel Anwendung findet, die Stoffe der im Anhang des Übereinkommens gegen Doping aufgeführten Gruppen von Dopingwirkstoffen enthalten. Ein Blick in die entsprechende Aufstellung zeigt, dass Blutdoping zwar bei den verbotenen Dopingmethoden aufgeführt ist, bei den Dopingwirkstoffen allerdings nicht erwähnt wird.

Diese rechtliche Einordnung wird offensichtlich zwischenzeitlich auch vom Bundesgesundheitsministerium geteilt, nachdem Medienvertreter mit mehrfachen Initiativen einen entsprechenden Denkprozess in Gang gesetzt hatten. Nur am Rande sei angemerkt, dass nach § 6a Abs. 3 Arzneimittelgesetz eine Ausweitung der Vorschrift ohne aufwendiges Gesetzgebungsverfahren auf Initiative der betroffenen Ministerien mittels einer Rechtsverordnung möglich wäre.

Robert Deller

Von der Schwierigkeit des Staates, Doping zu bekämpfen

»Warum«, so wird Winfried Hermann, Sportpolitischer Sprecher Bündnis 90/Die Grünen, als Abgeordneter des Sportausschusses des Deutschen Bundestages immer wieder gefragt, »tut sich die Politik so schwer, Doping im Sport mit den Mitteln des Staates wirkungsvoll zu bekämpfen? Der Staat fördert und bezahlt den Spitzensport, da kann, da müsste er doch ein Interesse daran haben, dass die Sportlerinnen und Sportler sauber bleiben.« Die Erwartungen an den Staat und an die Sportpolitik, endlich mehr im Kampf gegen Doping zu tun, sind hoch. Die Politik wird zu Recht an den eigenen Ansprüchen gemessen, nur den sauberen Sport zu fördern. Sie wird den eigenen Ansprüchen nicht gerecht. Warum?

Fördern im Osten, Dulden im Westen

Lange Zeit, vor allem in den 1970er- und 1980er-Jahren, war der Staat selbst Täter, zumindest Dulder in Sachen Doping. Während der DDR-Staat, zusammen mit den ExpertInnen des Hochleistungssports und abgesichert durch die Stasi, ein umfassendes Dopingsystem aufbaute, in dem viele tausend junge SportlerInnen ohne ihr Wissen hinterrücks und systematisch gedopt wurden, war der Staat im Westen des Landes, zurückhaltend formuliert, nicht besonders engagiert im Kampf gegen Doping. Auch wenn (nach derzeitigem Kenntnisstand) Bundesregierungen nie aktiv das Doping gefördert haben, war man doch überzeugt, dass die andere Seite es tat. So machte sich die Haltung breit: »Wenn wir nicht wollen, dass unsere SportlerInnen chancenlos bleiben, dann sollten wir es mit den Kontrollen und dem Hinsehen nicht übertreiben.« Das Bekenntnis von Sport und Politik in der alten Bundesrepublik für einen sauberen Sport und gegen Doping war überwiegend folgenlos. Die Akteure von damals überlebten die Wende und die Wiedervereinigung. Die Stasi-belasteten TrainerInnen und ÄrztInnen fanden in andern Ländern Möglichkeiten, ihre Erfahrungen medaillenbringend umzusetzen. Übrigens: Viele AthletInnen von damals sind heute hohe Funktionäre im deutschen Sport.

Der Sport hilft sich selbst

Mit der Aufdeckung des unglaublichen DDR-Dopingsystems in der Nachwendezeit, mit der zunehmenden Wahrnehmung der Opfer dieses Systems und der Risiken neuer Dopingpraktiken begann sich die Mehrheit in Politik und Sport deutlicher von Doping zu distanzieren. Indem man sich davon distanzierte, übernahm man nolens volens zugleich die moralische Pflicht, etwas dagegen zu unternehmen. Die Forderungen der kritischen sportpolitischen Öffentlichkeit, endlich wirksam gegen Doping vorzugehen, wurden im Laufe der 1990er-Jahre zunehmend lauter, auch angesichts neuer Dopingpraktiken und Versuche, die Kontrollen zu umgehen. Man erinnert sich noch heute an die unappetitlichen Urinprobenberichte im Falle Krabbe/Breuer. Der Sport musste handeln um seiner selbst Willen.

Das Versprechen des Sports, sich in Selbstorganisation zu reinigen und sauber zu halten, war zugleich die Absage an staatliche Eingriffe, zumindest in Deutschland. Anderswo, z. B. in Italien und Frankreich, aber auch in Australien, entstanden die ersten Antidoping-Gesetze, um Dopingverfolgung auf klare gesetzliche Grundlagen zu stellen. In Deutschland pflegten Sport und Politik das Denkmuster, dass der Sport – grundgesetzlich geschützt – autonom ist und seine Probleme selbst löst; der Staat fördert und unterstützt den Sport, bevormundet ihn aber nicht. Damit war der Staat auf Wunsch des Sports aus der politischen Verantwortung entlassen, und der Sport hatte es selbst in der Hand, wie und mit welchen Mitteln er das Doping bekämpfen wollte.

Arzneimittelgesetz statt Antidoping-Gesetz

Mit der weiter wachsenden Zahl spektakulärer, öffentlich gemachter Dopingfälle wuchs der Druck auf den Staat, auch einen Beitrag im Kampf gegen Doping zu leisten. Immer öfter stieß der Sport an die Grenzen seiner Möglichkeiten. Und das Sportkontroll- und Sanktionssystem wurde immer wieder durch die staatliche Gerichtsbarkeit ausgehebelt. So erstritten sich positiv getestete und gesperrte AthletInnen vor Gericht das Recht, wieder zu starten, weil zivile Gerichte die Beweisführung und das faktische Berufsverbot durch Sportgerichte nicht akzeptierten. Es sei mit den Prinzipien des Rechtsstaats nicht vereinbar, und im Übrigen fehlten die gesetzlichen Grundlagen für solche Strafen. Nach langen politischen Debatten wurde schließlich doch kein umfassendes Antidoping-Gesetz verabschiedet, sondern das Arzneimittelgesetz für den Kampf gegen Doping novelliert. Der Missbrauch von Medikamenten zu Dopingzwecken im Sport sollte fortan bestraft werden, allerdings nur die verabreichenden ÄrztInnen und TrainerInnen, die AthletInnen selbst blieben straffrei. Die Autonomie des Sports wurde gewahrt, die AthletInnen durften nur vom Sport selbst sanktioniert werden gemäß dem Prinzip der »strict liability«. Der staatliche Eingriff in den Sport blieb sehr beschränkt, daher wurde das Gesetz von Anfang an als unzureichend kritisiert. Aber selbst dieses bescheidene neue Recht wurde nicht wirklich umgesetzt. So wurden zum Beispiel weder auf Landes- noch auf

Bundesebene Schwerpunktstaatsanwaltschaften eingerichtet, die gegen die organisierte Dopingszene hätten ermitteln können und müssen. Doch so viel wollten die unter Sparzwang stehenden Regierungen von Bund und Ländern dann doch nicht in den Kampf gegen Doping investieren. Letztlich fühlten sich im föderalen System der organisierten Verantwortungslosigkeit weder der Bund noch die Länder in der Pflicht, eine schlagkräftige Staatsanwaltschaft und entsprechende Zoll- und Polizeireferate aufzubauen. Deshalb sprachen Jahre später die juristischen ExpertInnen der Rechtskommission des DSB von »totem Recht« des Arzneimittelgesetzes, als sie kritisch die rechtliche Situation im Antidopingkampf analysierten.

Paradoxe Situation verlangt paradoxe Intervention

Warum, so fragt man sich, tun sich Staat und Sport so schwer im Kampf gegen Doping? Wenn man verstärkte Anstrengungen unternimmt, unterstellt man ja die Notwendigkeit, etwas zu tun. Die meisten SportpolitikerInnen und FunktionärInnen glauben zumindest nach außen demonstrativ daran, dass ihre SportlerInnen nicht dopen. Wegen »weniger schwarzer Schafe« dürfe man doch nicht alle »AthletInnen« verdächtigen. Es ist ein paradoxer Kampf. Um den Sport sauber zu halten, müsste man die SportlerInnen schärfer kontrollieren und die Netzwerke des Vertriebs konsequent verfolgen. Je mehr man dies tut, desto mehr Dopingfälle werden aufgedeckt und desto mehr verfestigt sich das Bild vom total verseuchten Spitzensport, der nicht mehr zu retten ist. Wenn ein Sportfachverband seine AthletInnen verschärft überprüfen lässt, läuft er Gefahr, dass seine Finanzquellen versiegen, weil die Sponsoren ihre Mittel zurückziehen und auf »saubere Sportarten« ausweichen. Und umgekehrt: Ein Fachverband wie zum Beispiel der Deutsche Fußballbund (DFB), der seine SportlerInnen gemessen an der Gesamtzahl seiner Mitglieder selten kontrolliert und wohl auch deshalb selten fündig wird, vermittelt letztendlich den Eindruck, dass er sauber ist – während auf der anderen Seite die Leichtathletik mit der höchsten Kontrolldichte und häufigen »Erfolgen« das Image eines »Dopingsports« immer weiter verfestigt. So sind Funktionäre in den Fachverbänden in der Zwickmühle. Sie teilen ihr paradoxes Schicksal mit den staatlichen Behörden, die international den Ruf des Deutschen Sports nicht schädigen wollen.

Trotz Regierungswechsels und verstärkten Antidoping-Bemühungen bleibt ein Tabu

Mit dem Regierungswechsel 1998 kamen die einstigen KritikerInnen am unzulänglichen Handeln des Staates in die Regierungsverantwortung. Die SportpolitikerInnen der rot-grünen Koalition beschlossen deshalb sehr bald, den Kampf des Staates gegen Doping mit einem Antidoping-Gesetz auf eine neue gesetzliche Grundlage zu stellen. Dabei sollten auch die SportlerInnen unter strafrechtlichen Aspekten zur Verantwortung gezogen werden können. Zusammen mit dem Sport sollte mit der Nationalen Anti-Doping-Agentur (NADA) eine neue institutionelle Grundlage geschaffen und die Mittel für den Kampf gegen Doping deutlich aufgestockt werden. Letzteres ist in den Folgejahren auch gelungen. Deutschland förderte und finanzierte den internationalen Kampf gegen Doping durch die Unterstützung der Welt-Anti-Doping-Agentur (WADA) und richtete eine unabhängige Nationale Anti-Doping-Agentur (NADA) ein, die bis heute vor allem durch Bundesmittel (über das bereitgestellte Stiftungskapital) sowie weitere Zuwendungen finanziert wird. Die Mittel für die Dopinganalytik und -forschung wurden mehrfach aufgestockt, Sondermittel für Präventionsprogramme bereitgestellt. Das Dopingkontrollsystem im deutschen Sport wurde erheblich verbessert, vereinheitlicht und professionalisiert, auch wenn Lücken immer wieder zu Tage treten. Sukzessive wurden alle Sportfachverbände einbezogen und haben internationale Regelungen der Dopingbekämpfung in ihr Regelwerk eingebaut. Parallel zu nationalen Maßnahmen wurden auf internationaler Ebene (EU, UNESCO, bilaterale Abkommen) Übereinkommen und Verträge beschlossen. So wurde die Weltantidoping-Konvention der UNESCO ratifiziert, mit der Sportorganisationen und Staaten dem Doping nicht nur den Kampf ansagten, sondern sich auch weitgehend verpflichteten, sich besser abzusprechen, die Standards einheitlich anzuheben und alles zu tun, um den Dopinggebrauch zu reduzieren bzw. zu verhindern.

Nichts gegen die Wünsche des organisierten Sports
Der für den Sport zuständige Bundesinnenminister weigerte sich allerdings beharrlich, ein Antidoping-Gesetz vorzulegen, solange der Sport selbst dies nicht wolle. Das Ministerium folgte damit dem alten Grundsatz, nichts gegen den Sport zu entscheiden, sondern nur das zu machen, was der Sport wünscht. Und die Führung des deutschen Sports wollte nicht, wenngleich beispielsweise der Deutsche Leichtathletikverband (DLV) eine verbesserte gesetzliche Grundlage zur Dopingbekämpfung immer dringender anmahnte. Während das Ministerium parlamentarische Beschlüsse schlicht ignorierte und sich mehr den Spitzen des Sports verpflichtet fühlte, fehlte den SPD-SportpolitikerInnen der Mut, sich zusammen mit den Grünen mit dem eigenen störrischen Bundesinnenminister anzulegen. Und der kleine Koalitionspartner konnte in dieser Frage nichts erzwingen, dazu war die Dopingfrage zu wenig relevant für die Koalition. Am Ende verständigte man sich darauf, die Ergebnisse der vom DSB eingerichteten Rechtskommission des Sports gegen Doping (ReSpoDo) abzuwarten und danach zu handeln. Die Ergebnisse der Kommission, wie konnte es anders sein, wenn mehrere Juristen zusammenkommen, waren nicht eindeutig. Vor allem in der zentralen Frage der Besitzstrafbarkeit von Dopingmitteln und beim Sportbetrug gingen die Meinungen weit auseinander. Einig war man sich, dass endlich Schwerpunktstaatsanwaltschaften eingerichtet werden sollten, dass es bei bandenmäßigem, gewerblichem Inverkehrbringen bzw. Handel zu einer deutlichen Strafverschärfung kommen müsse und dass die Auszeichnung von Arzneimitteln verbessert werden solle.

Juristische und verfassungsrechtliche Bedenken

Damit wurde einer weiter reichenden Antidoping-Gesetzgebung der politische und der juristische Boden bereits ein Stück weit entzogen. Gleichwohl ließ der öffentliche Druck angesichts immer neuer skandalöser Berichte über Doping im Sport nicht nach. SportkommentatorInnen, betroffene Sportverbände und einzelne PolitikerInnen von SPD und Grünen forderten erneut scharfe gesetzliche Regelungen, u. a. die Besitzstrafbarkeit. Überraschend legte die bayerische Staatsregierung einen weitgehenden Gesetzentwurf im Kampf gegen Doping vor mit den Elementen der Besitzstrafbarkeit, des Sportbetrugs und sämtlichen Konsensforderungen der Rechtskommission des DSB. Während die BefürworterInnen scharfer Regelungen den Vorschlag begrüßten, signalisierten die CDU-SportpolitikerInnen eine klare Ablehnung. Der CDU-Innenminister, der sich angesichts der Blockade in der Koalition lange zurückhielt, äußerte sich trotz mancher Skepsis gegenüber den bayerischen Vorschlägen positiv zur Besitzstrafbarkeit. Wer glaubte, damit sei eine Wende in der Dopingpolitik gekommen, sah sich getäuscht. Die Blockade in der großen Koalition hielt an, und der Innenminister legte lange nichts vor. Neben sportpolitischen Argumenten (»Wir wollen die Autonomie des Sports und seinen Kampf gegen Doping nicht unterlaufen«) wurden vor allem rechtsstaatliche Bedenken ins Feld geführt, die auch von den Rechtspolitikern geteilt wurden. »Mit strafrechtlichen Mitteln sollte der Staat sehr zurückhaltend umgehen und die Verhältnismäßigkeit bewahren.« Schließlich sei es im liberalen Rechtsstaat erlaubt, sich selbst bis hin zum Selbstmord zu schädigen ohne strafrechtliche Bedrohung. Zudem wurde auf die Erfahrungen in der Drogenpolitik verwiesen.

Formelkompromiss ohne Konsequenzen

Am Ende einigte sich die große Koalition auf einen Formelkompromiss: Der Besitz »nicht geringer Mengen« bestimmter Dopingmittel sollte strafbar werden, d. h. den Verdacht begründen, es handele sich um einen gewerbsmäßigen Handel. Damit wurde der Begriff der Besitzstrafbarkeit für den Händler verwendet, aber gleichzeitig der Öffentlichkeit vorgegaukelt, man würde damit etwas Neues im Kampf gegen Doping tun. Tatsächlich ist das Inverkehrbringen zu gewerbsmäßigen Zwecken bereits nach gültigem Arzneimittelgesetz strafbar. Auch die oppositionelle Grünen-Fraktion war in der Frage der Besitzstrafbarkeit gespalten. Immerhin wurde in einem umfangreichen einstimmigen Fraktionsbeschluss eine Strategie gegen Doping skizziert und der »Sportbetrug« im gewerblichen Spitzensport als neuer Straftatbestand vorgeschlagen; eine Idee, die in der DSB-Rechtskommission entwickelt wurde, dort aber eine Minderheitenmeinung blieb.

Fazit

Der Kampf gegen Doping war in den letzten Jahrzehnten anfangs scheinheilig tatenlos, danach halbherzig engagiert und wurde schließlich durch unterschiedliche Ansätze blockiert. Die Politik spiegelte oft nur wider, was im Sport galt. Auch die Allianz zwischen rot-grünen SportpolitikerInnen und einzelnen SportfunktionärInnen für ein Antidoping-Gesetz mit starken strafrechtlichen Elementen konnte weder im Sport noch im Deutschen Bundestag eine Mehrheit gewinnen, trotz starker Unterstützung durch eine kritische Sportpresse. Die grundsätzlichen, rechtsstaatlichen Bedenken gegen ein solches Gesetz spielten dabei eine entscheidende Rolle, ebenso der Grundsatz »nichts gegen den Sport«.

Nach dem fast einstimmigen Beschluss eines 10-Punkte-Aktionsplans des Deutschen Olympischen Sportbunds (DOSB) im Dezember 2006 war ein klassisches Antidopinggesetz samt der Besitzstrafbarkeit für die nähere Zukunft erst einmal wieder vom Parlamentstisch.

Winfried Hermann

Winfried Hermann hat Sportwissenschaften studiert, war im Schuldienst und der Erwachsenenbildung tätig und hat Bücher und Unterrichtsreihen für die Schule verfasst. Er ist aktiver Läufer, Inline-Skater und trainiert im Fitness-Center. Sport und Bewegung im Alltag sind Ausdruck seiner Lebensphilosophie, dem Leistungssport tritt er skeptisch gegenüber. Er widmet sich Umwelt- und verkehrspolitischen Themen und ist seit 1998 Mitglied des Deutschen Bundestages. Für Bündnis 90/Die Grünen sitzt er als sportpolitischer Sprecher im Sportausschuss.

Also, das produkt wo ich ran komme nennt sich geref 50, ist orginalverpackt, na, ja, um daran zu kommen muß man sich schon aus dem fenster lehnen, nacherher wird einer fast zum nulltarif olympiasieger... Für 200 bekomme ich eine 8 tage kur, dafür gebe ich es aber nicht raus

Gruß von der heißen nadel

Geref 50 ist eine Vorstufe des menschlichen Wachstumshormons (Releasing-hormon), das die körpereigene Produktion stimuliert.

Doping im Radsport aus Sicht der Analytik

*Der Kölner Dr. Andreas Breidbach begann im Institut für Bioche-
mie der Deutschen Sporthochschule Köln, besser bekannt als
Antidoping-Labor, als Forscher im Bereich der Dopinganalytik.
Später leitete er im Antidoping-Labor von Los Angeles die Ana-
lytikabteilung für das Nierenmedikament Erythropoietin (EPO).
Gemeinsam mit seinem Team war er maßgeblich für die Standar-
disierung und Ökonomisierung des Testverfahrens verantwortlich. Ihnen gelang erstmalig der Nachweis des weiterentwickel-
ten EPO-Präparats ›Darbepoietin‹ und damit die Überführung
von Teilnehmern der Olympischen Winterspiele 2002 in Salt Lake
City (Mühlegg u. a.). Im Labor von Los Angeles wurde auch der
Skandal um das Designersteroid THG aufgedeckt.
Heute arbeitet Breidbach in einem Referenzlabor der europäischen Kommission in Belgien und erforscht Rückstände in Nah-
rungsmitteln. Nachfolgend fasst er seine Erfahrungen als Doping-
analytiker an einigen Beispielen zusammen.*

Die Union Cycliste Internationale (UCI), die als Dachverband den Radsport reglementiert, preist sich in der eigenen Internet-Präsentation als Vorreiter des Antidoping-Kampfes. Und in gewissem Maße ist das korrekt. Die UCI war einer der ersten Verbände überhaupt, die Doping in ihren Statuten erwähnen und Kontrollen durchführten. Und die UCI führt viele Kontrollen durch, rund 13000 waren es im Jahre 2004.

Aber die Effektivität dieser Kontrollen ist nur sehr gering. Es werden fast ausschließlich Kontrollen im Wettkampf durchgeführt. Neben den Dopingpraktiken, die zurzeit noch nicht nachweisbar sind, wie z.B. Eigenblutdoping oder menschliches Wachstumshormon, gibt es eine ganze Reihe von Techniken, die nur für kurze Zeit nachweisbar sind, z.B. niedrig dosiertes Testosteron oder Erythropoietin. Mit dem entsprechenden Hintergrundwissen ist es dann ein Leichtes, bei der zu erwartenden Wettkampfkontrolle sauber zu sein. Dies wird bestätigt durch Aussagen von Ex-Profis wie jüngst Jesper Skibby, die nach Ende der Karriere Doping zugaben, oder durch Fälle wie David Millar, der

	Hämoglobin	Hämatokrit	EPO [U.I.]	
26.10.1996	14,3	41,6		
04.12.1996	16,5	48,6		
27.01.1997	16	45,2		
28.01.1997	16	46,2		
24.02.1997	14,3	39,1		
06.03.1997	14,3	40,7		
14.03.1997	14,5	41,5		
21.03.1997	15,4	45,9		
01.04.1997	14,4	42,5		
04.04.1997	15,1	44,3		
07.04.1997	15,1	45,8		
14.04.1997			2000	s.c.
15.04.1997			2000	s.c.
16.04.1997			2000	s.c.
17.04.1997			2000	s.c.
18.04.1997			2000	s.c.
23.04.1997	17	49,9		
26.04.1997	15,7	44,6		
29.04.1997			1000	s.c.
01.05.1997			2000	s.c.
02.05.1997	14,5	41	2000	s.c.
03.05.1997			2000	s.c.
04.05.1997			2000	s.c.
05.05.1997			2000	s.c.
06.05.1997			2000	s.c.
08.05.1997			2000	s.c.
09.05.1997	15,6	47	2000	s.c.
10.05.1997			2000	s.c.
14.05.1997			2000	s.c.
15.05.1997			2000	s.c.
20.05.1997	16,3	48,7		
22.05.1997			2000	s.c.
26.05.1997	17	56,8		
06.06.1997	16,6	49,8		
09.06.1997			3000	i.v.
10.06.1997	14,9	44,4	3000	s.c.
11.06.1997			3000	s.c.
16.06.1997			3000	i.v.
17.06.1997	15,8	48,3	1500	s.c.
18.06.1997			1500	s.c.
26.06.1997	17	51,8		
10.06.1997				
07.07.1997	15,7	46,1		

Hier wird der Zusammenhang zwischen EPO-Gabe und den Blutparametern Hämoglobin und Hämatokrit dokumentiert. Der Hämatokritwert darf im Radsport den Wert 50 nicht überschreiten. »s.c.« bedeutet subkutan (unter die Haut) und »i.v.« intravenös – die jeweilige Art der Applikation.

im Polizeiverhör Erythropoietin-Missbrauch zugab. Bei beiden wurde nie ein Verstoß gegen die Dopingregularien festgestellt.

Erythropoietin oder kurz EPO, ein Medikament, das entwickelt wurde, um Patienten mit Nierenversagen die immer wiederkehrende Bluttransfusion zu ersparen, ist seit 1988 auf dem Markt. Anfang der 1990er-Jahre entdeckten es Ausdauersportler und insbesondere Radsportler als Wundermittel, da eine der Hauptfähigkeiten von EPO die Bildung roter Blutkörperchen ist. Das Verhältnis von hauptsächlich roten Blutkörperchen und flüssigen Blutbestandteilen wird als Hämatokrit bezeichnet. Und jede Steigerung des natürlichen Hämatokrits hat eine proportionale Steigerung des Ausdauerleistungsvermögens zur Folge.

Aber EPO hat auch eine Reihe von Nebenwirkungen. Bei unkontrolliertem Missbrauch kommt es zu einem stark erhöhten Risiko von Thrombosen, Verklumpungen im Blut, und der Blutdruck bei Belastung steigt an. Das kann dann in schlimmen Fällen zu Herztod führen. Anfang der 1990er-Jahre kam es bei Radprofis zu einer Reihe von unerklärlichen Todesfällen. Außerdem sind Fälle berichtet worden, wo es bei Patienten zu einer Abwehrreaktion gegen das zugeführte EPO und damit zu einer lebensbedrohlichen Abnahme des Hämatokrits kam.

1997 führte die UCI, mangels eines funktionierenden Tests zum Nachweis von EPO-Missbrauch, als einer der ersten Verbände verbindliche Blutkontrollen ein. Gemessen wurde anfänglich nur der Hämatokrit, für den ein Grenzwert von 50 % (Frauen 47 %) festgelegt wurde. Hochtrainierte Ausdauersportler, wie z. B. Radprofis, haben in der Regel, wenn sie nicht gerade sehr dehydriert oder seit Wochen in einem Höhentrainingslager sind, Hämatokritwerte, die unter denen von untrainierten Personen liegen. Und da sind Hämatokritwerte von 50 % sehr, sehr selten.

Was ursprünglich als Dopingtest zur Verhinderung des EPO-Missbrauchs dargestellt wurde, wurde dann als Gesundheitsvorsorgetest in die Wettkampfregeln aufgenommen. Überschreitet ein Fahrer diese Grenze, wird er für eine bestimmte Zeit vom Renneinsatz ausgeschlossen, bis der Hämatokrit wieder unter den Grenzwert gesunken ist. Diese Konrollen haben sicherlich Schluss gemacht mit Auswüchsen, wie sie aus der 1996er-Saison berichtet wurden, als von gewissen Fahrern Hämatokritwerte von bis zu 60 % berichtet wurden. Aber sie sind und waren absolut ungeeignet, um einen EPO-Missbrauch zu verhindern. Dies wurde durch den Festina-Skandal während der Tour de France 1998 offensichtlich. Ein Fahndungserfolg der französischen Polizei führte zu Geständnissen von mehreren Fahrern des Festina-Teams, unter anderem Alex Zülle und Richard Virenque, EPO missbraucht zu haben

Und obwohl die Blutkontrollen unangemeldet am Morgen eines Rennens durchgeführt werden, ist es keine allzu große Schwierigkeit, den Test zu unterlaufen. Der Hämatokrit ist recht leicht zu bestimmen, und die nötigen Untensilien gehören zum Standardgepäck vieler Radprofis. So kann man sich, wenn nötig, leicht auf einen Wert unter 50 % einstellen. Theoretisch könnte ein Sportler, der

die 12g von damals Genotropin sind ja mal 2,7 zu
nehmen um von gr auf iu zu kommen? Stimmt das?
das heißt wenn ich die zwei Kammern mit Pulver und
Wasser(1,0ml) zusammen schraube habe ich 1,0ml mit
den 12gr...
das ehißt es sinnd etwa 33 iu auf 1,0...muss ich dann
0,075 néhmen um 2 iu jeden 2ten tag zu bekommen?
habe rezept mit Eprex bekommen (376E) FS
allerdings...ist sau doof dies zu benutzen, denn 0,4
haben 4000iu....sehr klein auf Skala, soll ich das mit
Wasser (steril abgepackt in Ampulle aus Apo)vedünnen??

hatte heute morgen 15,7 HB gehabt.denke keine
Kontrolle evtl am SO bei
habe heute 2000iu iv und ab morgen dann 2iu im Wehcsel
mit G... wollte dann am Do nochmal 2000iu...dann ab
nächster Woche 500iu 2x/Woche..

*Hier wird deutlich, mit welchen Schwierigkeiten manch einer zu kämpfen hat,
um sich genau an die vorgeschriebenen Dosierungen zu halten. Genotropin
ist ein Wachstumshormon, Eprex ist Erythropoietin, 15,7 HB beschreibt den
Hämoglobinwert, 2000iu iv bedeutet 2000 Internationale Einheiten (I. E.)
Eprex intravenös, im Wechsel mit G (= Wachstumshormon).*

einen natürlichen Hämatokritwert von 44 % hat, sich mit Bluttransfusionen oder
EPO-Missbrauch auf 49 % einstellen und würde in der Blutkontrolle nie auffal-
len. Wenn der EPO-Missbrauch niedrig dosiert ist und mehrere Tage vor dem
Wettkampf abgebrochen wird, ist auch die reguläre Dopingkontrolle unauffällig.
Und Eigenbluttransfusionen sind zurzeit überhaupt nicht nachweisbar.

Zudem ist da noch die Besonderheit, dass Fahrer, die nachweisen können, dass
sie immer über 50 % liegen, eine Ausnahmegenehmigung erhalten können. Es
wäre also denkbar, dass jemand per Eigenbluttransfusionen seinen Hämatokrit
sorgfältig auf 52 % einstellt, mehrmals getestet wird und dann einen Freibrief
erhält.

Bei der Tour de France 2006 betrug der Unterschied zwischen dem ersten
und dem 25. Platz weniger als 1 %. Ein Fahrer, der seinen Hämatokrit manipulieren würde, könnte also die Gesamtwertung einer großen Rundfahrt dominie-
ren, wenn alle anderen Teilnehmer sauber wären. Richard Virenque hat EPO-
Missbrauch zugegeben und hat die Gesamtwertung der Tour nie dominiert.

hallo, hatte am SA in ▮▮▮▮▮▮ kontrolle, wurde 3ter
beim ▮▮▮▮▮▮ super geil.
Nehme diese Androderm patches, mit 2,5 testo, nur 8
std über N8, und 4 mal die Wo, aber Mi das letzte
mal...sollte also clean sein,
habe E am SO davor 1500 iv, dann DI 500iv sa
Kontrolle, sollte auch gut sein
und HGH am DO abend 2iu..sollte auch ok sein?
hab trozdem ungutes gefühl, scheiss ▮▮▮▮▮▮

was denkst du??

Androdermpflaster wurden nicht zuletzt durch Floyd Landis bekannt. Wenn er die Anweisungen aus diesem Schreiben beachtet hätte, wäre er vielleicht nicht positiv getestet worden. »E« heißt EPO, 1500 I.E. intravenös, »DI« heißt Dienstag. 500 I.E. intravenös seien dann zur Kontrolle am Samstag nicht mehr nachweisbar. HGH (Wachstumshormon) kann in einer Dosierung von »2iu« (International Units, analog zu I.E.) am Donnerstag also angeblich bedenkenlos genommen werden.

Ein weiteres Indiz, das die Vermutung unterstützt, dass gerade EPO-Doping eine epidemische Ausbreitung im Peloton hat, ist die Tatsache, dass es zu einer signifikanten Zuahme des mittleren Hämatokritwerts aller Radprofis kam. Immer schon mussten Radsportler sich einer jährlichen Gesundheitsuntersuchung unterziehen. Die Blutwerte dieser Untersuchungen wurden von der UCI gesammelt. Und daraus geht hervor, dass (im Vergleich zu der Zeit vor künstlichem EPO) der mittlere Hämatokrit in der ersten Hälfte der 1990er-Jahre plötzlich anstieg, obwohl sich die Population der Radprofis wenig geändert hatte.

Der Profiradsport ist prädestiniert, sich leistungssteigender Maßnahmen zu bedienen. Mit Ausnahme des Bahnradsprints handelt es sich um eine reine Ausdauersportart ohne große koordinative Anforderungen, Spitzenfahrer können Millionenbeträge verdienen, und die großen Rundfahrten stellen extreme Anforderungen an die Fahrer. Andere Sportarten, wie z.B. die Laufdisziplinen in der Leichtathletik oder Skilanglauf, würden gleichermaßen von Hämatokriterhöhungen profitieren. Aber es fehlt der große monetäre Anreiz.

Seit dem Jahre 2000 existiert ein wirksamer Urintest zum Nachweis von EPO-Missbrauch, entwickelt von französischen Wissenschaftlern. Er kam bei den Olympischen Sommerspielen 2000 in Sydney erstmalig zum Einsatz. 2001 wur-

Hänge gerade viel mit   Jahre Cofidis)
ab, mit ihm kann ich ganz offen übber alles reden...
                    auch ok (sagt kein Wort) und mit
                komme ich auch sehr gut aus (Infos)
Info: man wird nur noch mit E auffällig wenn über 500,
aber mit so ner neuen Formel (größer wie 130
Rektozyten)ficken die ganz viele, Monate lang
nachweisbar, deshalb nur wenig (weniger als 2000iu)
spritzen, und permanent, denn dann sackt die
körpereigene Produktion net so ab... weißt Du bestimmt
alles, oder? Die 2 von der Vuelta haben sie so
gefickt, und Hamilton kommt anscheinened wieder
raus..Die haben bei uns in   ein paar 2 Tage
vor dem Rennen zum Bluttest gezogen... müssen also in
Zukunft auch aufpassen.

Hier erfährt man, dass man mit »E«, also EPO, nur noch auffällig wird, wenn man die Dosierung über 500 I. E. steigert. Die »neue Formel« bezieht sich auf ein indirektes Anzeichen für Blutmanipulationen, das Retikulozyten (hier vermutlich nach dem Hörensagen mit »Rektozyten« beschrieben) und Hämatokrit berücksichtigt. Alles andere spricht für sich.

den die ersten Radprofis auffällig. Und 2002 bei den Olympischen Winterspielen in Salt Lake City wurden mit diesem Test ein Skilangläufer und zwei -langläuferinnen des Missbrauchs eines EPO-Nachfolgeproduktes überführt, was zur Aberkennung von mehreren Goldmedaillen führte.

Es hat in dieser Zeit zwei prominente Fälle von Sportlern gegeben, bei denen ein anfänglicher Verdacht auf EPO-Missbrauch nicht bestätigt werden konnte (B. Lagat, 2003) oder vor einem Schiedsgericht umgeworfen wurde (R. Beke, 2005). Aber es hat auch prominente Fälle gegeben, wie die deutsche Siegerin des Ironman-Triathlons auf Hawaii 2004, Nina Kraft, oder den Radprofi und vormalige Weltmeister Oscar Camenzind, wo der Test eindeutig ausfiel. Eine nicht unerhebliche Anzahl von überführten Sportlern hat nach anfänglichem Leugnen später den EPO-Missbrauch zugegeben, unter anderem Nina Kraft. Das ist als Bestätigung dafür zu sehen, dass dieser Test absolut in der Lage ist, EPO-Missbrauch nachzuweisen.

Aber der Test ist komplex und bedarf einiger Erfahrung für die gekonnte Durchführung. Die »World Anti-Doping Agency (WADA)« ist als oberste Behörde der Dopingbekämpfung verantwortlich für die Festlegung der Dopingregularien und die Akkreditierung der Laboratorien, die Sportlerproben auf leistungssteigernde Substanzen testen dürfen. Zurzeit gibt es 34 solcher Laboratorien. Nicht alle dieser Labors führen den EPO-Test durch, und unter denen, die diesen Test durchführen, gibt es leider einige, die nicht über die nötige Erfahrung für diesen Test verfügen. Und anders als mit fast allen anderen Substanzen, die auf der Dopingliste geführt werden, wird die Fähigkeit, den EPO-Test durchführen zu können, nicht jährlich mit Testproben überprüft. Seit der Einführung des Tests im Jahre 2000 ist bisher nur einmal, im Juli 2004, die Fähigkeit der EPO-Labors mit Testproben überprüft worden. Aber dieser sogenannte »proficiency test« war nur zur Schulung gedacht und hatte keine Konsequenzen.

In den letzten beiden Jahren sind dann vermehrt Proben aufgetaucht, deren Ergebnisse mit dem EPO-Test nicht das erwartete negative Muster aufzeigten, aber auch keine Muster, wie sie bei Vorhandensein von künstlichem EPO oder Darbepoetin auftreten. Und es gab Proben, in denen sich während der Lagerung das EPO-Muster veränderte. Es kann vermutet werden, dass manche Athleten inzwischen Mittel und Wege gefunden haben, das Testergebnis zu verfälschen. Der letzte spektakuläre Fall, bei dem die Gegenanalyse nicht das erste Ergebnis bestätigte, war Marion Jones. Bei dem amerikanischen Sprintstar, der sich wegen anderer Vorkommnisse im Visier der Dopingfahnder befand, wurde in einer Probe, die nach den US-Meisterschaften im Juni 2006 abgenommen wurde, künstliches EPO gefunden. Der Test wurde von dem renommierten Labor in Los Angeles durchgeführt, das auch die positiven Proben in Salt Lake City 2002 und die positive Probe von Nina Kraft entdeckte. Das Ergebnis der Gegenanalyse zeigte dann ein komplett anderes Muster als die erste Analyse. Aufgrund der langjährigen Erfahrung des durchführenden Labors ist die Wahrscheinlichkeit einer Fehlinterpretation der A-Probe als äußerst gering einzustufen.

Im Jahre 2003 ist von dem Dopingkontroll-Labor in Los Angeles ein neues, bis dahin unbekanntes und daher nicht nachweisbares Steroid in Urinproben von mehreren Athletinnen und Athleten nachgewiesen worden. Nur durch einen anonymen Tipp und durch eine benutzte Spritze wurden die Analytiker auf dieses Steroid aufmerksam und konnten es nachweisen. Dieses neue Steroid ist, aufgrund seiner strukturellen Verwandschaft mit dem bekannten Steroid Gestrinon, Tetrahydrogestrinon (THG) getauft worden.

Dieser Fund ließ einen Fall aus dem Jahre 2002 in einem neuen Licht erscheinen. Bei einer amerikanischen Radsprinterin war das anabole Steroid Norbolethon gefunden worden. Dieses Steroid wurde Ende der 1960er-Jahre entwickelt, aber aufgrund erheblicher, schwerwiegender Nebenwirkungen nie auf den Markt gebracht. Norbolethon und THG sind eng miteinander verwandt und können aus derselben Ausgangsverbindung hergestellt werden. Es ist sogar so, dass in den THG-Proben Spuren von Norbolethon gefunden wurden, die wohl Verunreinigungen aus dem Syntheseprozess waren. Heute weiß man, dass beides aus einem Hinterhoflabor kam, in dem ein Chemiker leistungssteigernde Substanzen kochte.

Norbolethon war ein anaboles Steroid, das wegen der Nebenwirkungen über die frühe klinische Versuchsphase nicht herauskam. THG ist ein anaboles Steroid, von dem nichts bekannt ist bezüglich der möglichen Nebenwirkungen, da es nie eine klinische Forschung durchlaufen hat. Es wurde ausschließlich für den missbräuchlichen Einsatz im Sport hergestellt.

Diese Funde zeigen deutlich die Bereitschaft mancher Sportlerinnen und Sportler, erhebliche gesundheitliche Risiken einzugehen, nur um den letzten kleinen Schub zum großen Erfolg zu erheischen. Wobei es bei THG zudem niemals feststand, ob dieses Präparat wirklich wie erhofft wirkte. Und sie zeigen die Limitierungen, mit denen es die traditionelle Dopinganalytik zu tun hat. Anabole Steroide werden in so geringen Konzentrationen angewandt, dass eine reelle Detektionsmöglichkeit nur dann besteht, wenn genau bekannt ist, wonach gesucht werden muss. Und das ist bei diesen sogenannten »Designer-Steroiden« wie THG nicht der Fall.

Es gibt darüber hinaus eine ganze Reihe von leistungssteigernden Substanzen und Methoden, die nach wie vor nicht nachweisbar sind. Eine solche Methode ist die Eigenbluttransfusion. Allerdings ist das Eigenblutdoping mit erheblichem logistischem Aufwand verbunden, sodass es vom Sportler nicht im Alleingang durchgeführt werden kann. Meist ist ein ganzes Netzwerk von Personen verwickelt. Dem wäre mit strafrechtlichen Ansätzen beizukommen, wenn es ein Antidoping-Gesetz gäbe, wie es z. B. in Frankreich und Italien der Fall ist.

Daneben müssen die Kontrollen intelligenter werden. Im Profiradsport wird hauptsächlich im Wettkampf kontrolliert. Wer keine Wettkämpfe fährt, läuft wenig Gefahr, kontrolliert zu werden. Wenn also z. B. ein Radprofi im Frühjahr »nur« trainiert, wäre das die richtige Zeit, um Eigenblutkonserven anzulegen und die Verluste mit künstlichem EPO schnell auszugleichen. Es müssten also verstärkt Kontrollen im Training stattfinden. Und diese Kontrollen müssten mit keiner oder nur sehr kurzer Vorankündigung durchgeführt werden. Das ist zum einen sehr teuer und bedarf zum anderen einer äußerst genauen logistischen Durchführung. Im Ergebnis dürfte es Fälle, in denen Radprofis über den Zeitraum eines Jahres im Training nicht kontrolliert worden sind, nicht mehr geben.

Dr. Andreas Breidbach

Quo vadis, EPO?

Prof. Dr. rer. nat. Horst Pagel* (Jahrgang 1955) ist einer der füh-
renden Forscher zum Nierenmedikament Erythropoietin. Seit
1988 führt er zusammen mit seinem Kollegen Prof. Dr. med. Wolf-
gang Jelkmann im dreijährigen Rhythmus die weltweit größte
Tagung dazu in Lübeck durch. Internationale Forscherkapazitäten sind regelmäßig zu Gast,
selbst wenn sie schon lange im Ruhestand sind. Pagel ist stell-
vertretender Direktor des Instituts für Physiologie an der Univer-
sität zu Lübeck und gehört auch zu den Gründungsmitgliedern
des Radsport-Teams Lübeck. Innerhalb der Trainerausbildung im
Radsportverband Schleswig-Holstein ist er als Referent enga-
giert. Den Radsport hat er für sich Ende der 1990er-Jahre mit bis
zu 8000 gefahrenen Kilometern pro Jahr als ideale Fitness-Sport-
art entdeckt.

Halten wir zunächst einmal fest: Erythropoietin, im Jargon meist kurz EPO genannt, ist ein natürlich vorkommendes, lebenswichtiges Hormon. Es wird beim Erwachsenen in erster Linie in der Niere gebildet und sorgt für eine ausgeglichene Neubildungsrate der roten Blutkörperchen (Erythrozyten) aus den Stammzellen im Knochenmark. Damit ist EPO ein zentraler Baustein des physiologischen Regelkreises, der es ermöglicht, dass sämtliche Gewebsprovinzen in allen Lebenslagen ausreichend mit Sauerstoff versorgt werden.

Erkranken die Nieren (Niereninsuffizienz), so ist bei den betroffenen Patienten nicht nur deren Wasser- und Salzhaushalt sowie die Ausscheidung harnpflichtiger Substanzen gestört. Auch die EPO-Produktionsrate der Nieren kann unter diesen Umständen im Verhältnis zur Masse vorhandener Erythrozyten zu niedrig sein: Die Patienten entwickeln eine in ihrer ausgeprägten Form lebensbedrohliche Blutarmut (renale Anämie). Die klassische Therapie der renalen Anämie bestand bis vor knapp 20 Jahren in der Transfusion von Erythrozyten aus Spenderblut – eine eher hilflose Maßnahme mit einer Reihe von Risiken und Nebenwirkungen.

---

* Korrespondenzadresse: Institut für Physiologie, Universität zu Lübeck, Ratzeburger Allee 160, 23538 Lübeck; pagel@physio.uni-luebeck.de

Die Transfusionsbedürftigkeit nierenkranker Patienten ist aus dem klinischen Alltag praktisch verschwunden, seit im Jahre 1989 das mithilfe gentechnologischer Verfahren hergestellte EPO, das sogenannte rekombinante humane EPO (rhuEPO), in die Therapie eingeführt wurde. RhuEPO war eines der ersten gentechnisch hergestellten Medikamente und revolutionierte die Behandlung der renalen Anämie. Mit der Korrektur der Anämie kommt es innerhalb weniger Wochen zur deutlichen Verbesserung der körperlichen Leistungsfähigkeit und des subjektiven Wohlbefindens der Patienten (Wiedererlangung der Arbeitsfähigkeit, Zunahme des Appetits, Rückkehr der sexuellen Libido und Potenz, Abnahme von Schlafstörungen, Verschwinden von Depressionen etc.). Bei weiblichen Patienten kann es unter der Therapie mit rhuEPO zum Wiedereinsetzen der Menstruation kommen, was den ärztlichen Hinweis auf eine mögliche Schwangerschaft notwendig macht.

Die Behandlungserfolge der renalen Anämie mit rhuEPO waren in einem Maße beeindruckend, dass die Substanz bereits früh auch auf anderen Feldern der Medizin Beachtung gefunden hat. So wird rhuEPO inzwischen auch zur Behandlung der Anämie von Krebspatienten erfolgreich eingesetzt. Es dient zur Vorbeugung der Frühgeborenenanämie bei Kindern, die vor der 34. Schwangerschaftswoche geboren worden sind.

Es kann zur Steigerung der Eigenblutgewinnung vor längerfristig planbaren operativen Eingriffen verwandt werden. Die rhuEPO-Therapie kann außerdem einige Tage vor einem chirurgischen Eingriff begonnen werden, um die Blutbildung (Erythropoiese) frühzeitig zu aktivieren. Die Behandlung mit rhuEPO kann nach der Operation fortgesetzt werden, sodass intraoperative Blutverluste möglichst rasch wieder ausgeglichen werden können. Weitere Indikationen werden derzeit klinisch geprüft (Anämie bei HIV-Infektion, Anämie bei chronischen Entzündungen, Anämie bei Diabetes mellitus etc.).

Dieses bereits heute relativ große Indikationsspektrum wird bis dato durch lediglich drei rhuEPO-Varianten abgedeckt: Als erstes betraten die Firmen *Amgen* (Produktname in Deutschland: *Epogen*®) und *Janssen-Cilag* (*Erypo*®) mit einer rhuEPO-Substanz namens *Epoetin alpha* den Markt. Ein Jahr später kam *Boehringer Mannheim* (seit 2002 *Roche*) mit seinem von ihm entwickelten *Epoetin beta* (*NeoRecormon*®) hinzu. Schließlich entwickelte *Amgen* ein rhuEPO mit veränderter Molekülstruktur, die eine Verdreifachung der Wirkdauer zur Folge hatte; diese Substanz firmiert seit 2001 unter dem Namen *Darbepoetin alpha* (*Aranesp*®). Insgesamt besteht derzeit also noch eine recht übersichtliche Marktsituation.

… und was bringt uns die Zukunft?

Diese mehr oder weniger friedliche Koexistenz des Dreigestirns der bisherigen Erythropoietine (Epoetin alpha bzw. beta sowie Darbepoetin alpha) könnte bereits in naher Zukunft empfindlich gestört werden. Dies hat gleich mehrere Gründe:

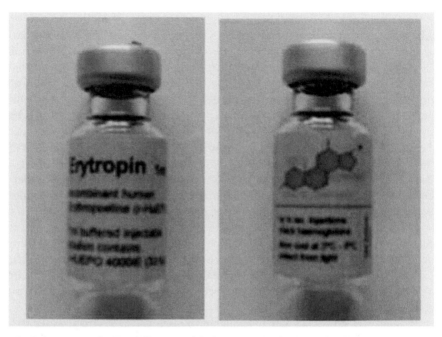

Ein Schwarzmarkt-Produkt, angeblich 4000 I. E. rhuEPO. Preis 300,– Euro pro Ampulle. Tatsächlich völlig wirkungslos.

- So befinden sich etliche Neuentwicklungen zahlreicher Firmen in vorklinischer oder klinischer Prüfung. Den Firmen dürfen getrost hehre Gründe als Motivation für diese Neuentwicklungen unterstellt werden. Denn wo Licht ist, ist bekanntlich auch Schatten: Die Therapie mit den herkömmlichen Erythropoietinen hat neben den erwähnten großen Vorteilen auch eine Reihe von Nachteilen. Als Protein-basiertes Medikament muss rhuEPO jedes Mal dem ohnehin leidgeprüften Patienten injiziert werden. Die Protein-Natur der Substanzen bedeutet auch, dass sie bei Raumtemperatur unstabil sind; von der Herstellung bis zur Applikation ist also eine absolut geschlossene Kühlkette unabdingbar. Das Risiko, beim Patienten eine Immunantwort auszulösen, ist zwar mit einer Inzidenz von 0,0001 % äußerst gering, aber niemals gänzlich ausgeschlossen. Schließlich müssen noch die enormen Kosten einer rhuEPO-Therapie erwähnt werden (5000,– bis 10 000,– Euro pro Patient und Jahr).

Diese Nachteile sollen durch die Neuentwicklungen zumindest abgemildert werden. Viele Entwicklungen zielen darauf ab, die biologische Wirkdauer der Substanzen zu verlängern; damit könnte erreicht werden, dass das Medikament nicht mehr dreimal pro Woche, sondern nur noch einmal in der Woche oder sogar nur noch einmal pro Monat injiziert werden muss. Es wird weiterhin versucht, oral bzw. nasal applizierbare Substanzen oder Inhalationspräparate zu entwickeln. Obgleich ethisch und juristisch nicht unumstritten, werden auch gentherapeutische Ansätze verfolgt.

- Zurzeit laufen einige Herstellungspatente für rhuEPO aus; der Ablauf einiger weiterer Schutzpatente steht in den kommenden Jahren an. Dies versuchen sich natürlich insbesondere Firmen, die auf die Herstellung von Nachahmerprodukten spezialisiert sind, zu Nutze zu machen (für den Bereich des deutschen Marktes sind dies beispielsweise die Firmen *Sandoz/Novartis/Hexal, Ratiopharm* oder *Stada*).*

- RhuEPO rangiert unter den zehn kommerziell erfolgreichsten Medikamenten überhaupt und wird in der Branche gern als ›Blockbuster‹ bezeichnet. Der Umsatz wird derzeit auf bis zu 11 bis 12 Milliarden US-Dollar pro Jahr geschätzt. Da davon auszugehen ist, dass der Weltmarkt nach wie vor noch nicht gesättigt ist**, wird der Umsatz in den kommenden Jahren noch deutlich steigen. Marktexperten prognostizieren für das Jahr 2010 einen Umsatz von rund 17 Milliarden US-Dollar. Dieser gigantische Kuchen weckt natürlich Begehrlichkeiten!

Einen gewissen Eindruck von der neuen Unübersichtlichkeit des zukünftigen Marktes vermittelt die (unvollständige) Auflistung bisheriger und potentieller rhuEPO-Präparate in der Tabelle. Diese Vielfältigkeit mag marktwirtschaft-

---

*   Der Versuch, ein hochmolekulares, rekombinantes therapeutisches Protein mit komplexer dreidimensionaler Struktur nachzuahmen, kann niemals eine vollkommen identische Kopie des Originals liefern. Diese Produkte werden somit nicht wie bei niedermolekularen Arzneistoffen als Generika bezeichnet. Vielmehr wurde für rekombinante Nachahmerprodukte der Begriff ›Äquivalentes Biotechnologisches Arzneimittel‹ oder ›Bioähnliches Produkt‹ (engl. ›Biosimilar‹) geprägt; in den USA werden sie als ›Follow-on Biologics‹ (FOB) bezeichnet. Die arzneimittelrechtliche Zulassung aller Biosimilars ist in der EU nicht bei den nationalen Zulassungsbehörden, sondern nur über die zentrale europäische Zulassungsbehörde EMEA (European Medicines Agency mit Sitz in London) zu erreichen; in den USA ist die FDA (US Food and Drug Administration in Rockville/MD) zuständig.

** Dies hat vor allem zwei Gründe: Erstens wird, wie oben bereits angedeutet, das Indikationsspektrum für rhuEPO in den kommenden Jahren noch deutlich erweitert werden. Zweitens haben etliche Länder zwar einen erheblichen rhuEPO-Bedarf, können sich dieses aber aufgrund der hohen Preise der derzeit auf dem Markt befindlichen Präparate nicht leisten. Es ist zu erwarten, dass rhuEPO durch die Einführung von Biosimilars oder zukünftiger Präparat-Formulierungen zwar billiger werden wird; der rhuEPO-Umsatz wird jedoch noch deutlich steigen.

lich sinnvoll und daher folgerichtig sein. Die Gesundheit von Menschen ist jedoch ein besonderes Gut. Wenn auch nicht alle, so bedrohen doch etliche der Präparate, die auf den Markt drängen, eben diese Gesundheit, die sie doch wiederherstellen sollen.

Im Folgenden sollen einige Belege hierfür angegeben werden.

- Datiert auf den 28. April 2006, erhielt die Firma *Pliva Croatia Ltd.* in Zagreb von der FDA einen sogenannten ›Warning Letter‹. Die Firma vermarktet u. a. ein EPO-Biosimilar (*Epoetal*®). In dem 6-seitigen Schreiben der FDA wird beispielsweise moniert, dass es zum Zeitpunkt der Inspektion im Januar/Februar 2006 in den Produktionsstätten stellenweise durchs Dach regnete. Instrumente sind bei der Begehung der Firma verschmutzt vorgefunden worden. Analysegeräte wurden offenbar nicht regelmäßig kalibriert. Vermutlich um den Produktionsablauf nicht unnötig zu stören, wurden Abweichungen von (sporadisch durchgeführten) Qualitätskontrollen schlicht ignoriert.[*] Man darf spekulieren, wie es in entsprechenden Produktionsstätten in Indien, China, Kuba oder der Ukraine aussieht.[**]

- Im höchsten Maße alarmierend sind auch die Ergebnisse zweier unabhängig voneinander durchgeführter Studien (*Cleber Schmidt* und Mitarbeiter, Santa Maria/Brasilien, 2003; *Huub Schellekens,* Utrecht/Niederlande, 2004). Im Rahmen beider Studien wurden zufällig ausgewählte Epoetin-alpha-Nachahmerprodukte aus Produktionen außerhalb der EU bzw. den USA hinsichtlich ihrer Zusammensetzung und Wirksamkeit untersucht. Erschreckend war zum einen, dass die tatsächlichen rhuEPO-Konzentrationen der Präparate um bis zu 100 % von den Herstellerangaben nach oben oder unten abwichen. Außerdem waren einzelne Proben mit beängstigend hohen Anteilen von Endotoxinen[***] kontaminiert.

Die »Epodemie« im Sport

Fassen wir zusammen: Selbst bei vermeintlich sachgemäßer Anwendung der neuen Epoetine im medizinischen Bereich kann sehr viel Unheil angerichtet werden – Unheil, das vor allem daher rührt, dass sich der behandelnde Arzt nicht unbedingt mehr darauf verlassen kann, dass auch »das drin ist, was draufsteht«.

---

[*] Im Fall ›Pliva‹ könnte sich jedoch noch alles zum Guten wenden: Seit Oktober 2006 gehört die Firma der US-Company *Barr Pharmaceuticals, Inc.*

[**] Die Präparate der Firmen aus den genannten Ländern haben allesamt keine Zulassung durch die EMEA oder die FDA; sie sind jedoch leicht über das Internet oder den »grauen« bzw. schwarzen Markt erhältlich.

[***] Endotoxine gehören zu einer Klasse von Stoffen, die beim Absterben von Bakterien freigesetzt werden (sogenannte ›Lipopolysaccharide‹ [LPS]). Gelangen sie in die Blutbahn des Menschen, erzeugen sie heftigstes Fieber, generalisierte Entzündungen oder Multi-Organversagen.

Dies gilt umso mehr für den Bereich des Sports. Zahlreiche Vorkommnisse haben in der Vergangenheit deutlich gemacht, dass hier allzu oft unreflektiert alles genommen wird, was irgendwie eine Leistungssteigerung verspricht. Die Risikobereitschaft von Sportlern und Trainern scheint unermesslich.

- So hat beispielsweise der Fall ›Thomas Springstein‹ offenbart, dass skrupellos versucht wird, sogar Substanzen in den Umlauf zu bringen, deren Entwicklung noch in den Anfängen steckt. Mit dem Präparat *Repoxygen* verfolgte das britische Unternehmen *Oxford BioMedica* einen gentherapeutischen Ansatz. Das Mittel soll intramuskulär appliziert werden und benutzt ein Virus als Transportvehikel zur Einschleusung der EPO-DNA in die Muskelzellen. Die Expression des EPO-Gens wird durch einen sauerstoffempfindlichen Sensor aktiviert (Transkriptionsfaktor). Damit soll sichergestellt werden, dass EPO nur dann von den transfizierten Muskelzellen gebildet wird, wenn die Sauerstoffsättigung im Blut einen kritischen Wert unterschritten hat. Die Entwicklung des Präparates ist jedoch niemals über die vorklinische Phase (Untersuchung am Versuchstier) hinaus gekommen. Im Januar 2006 ließ Firmengründer Alan Kingsman mitteilen, dass die Weiterentwicklung von *Repoxygen* bis auf weiteres eingestellt wurde (offizielle Begründung: mangelnde Marktchancen). Im E-Mail-Verkehr des früheren Leichtathletiktrainers Thomas Springstein, bei dessen Hausdurchsuchung bereits Mitte 2004 neben zahlreichen Dopingmitteln auch elektronische Daten sichergestellt wurden, spielt der Einsatz von *Repoxygen* jedoch eine Schlüsselrolle.
- Am 1. März 2006 wurden bei einem Dealer in Süddeutschland Durchstechflaschen mit der Aufschrift ›Dynepo®/epoetin delta‹ entdeckt. *Epoetin delta* ist eine EPO-Neuentwicklung aus humanen Zellen (Fibrosarkom-Zellen HT-1080) aus den Labors des französischen Pharma-Riesen *Sanofi-Aventis* in Zusammenarbeit mit der US-amerikanischen Firma *Transkaryotic Therapies*. Die Rechte zur Vermarktung in allen Ländern außerhalb der USA liegen bei *Shire Pharmaceuticals*. *Dynepo®* ist derzeit jedoch noch nicht legal auf dem Markt erhältlich; alles deutete also darauf hin, dass einmal mehr der Versuch unternommen wurden, ein EPO-Präparat in den Dopingschwarzmarkt einzuschleusen, bevor es in die Apotheken gelangt ist.[*] Hinzu kam in diesem Fall, dass das Design der gefundenen Durchstechflaschen exakt dem der Durchflaschen von *Neupogen®/Filgrastim* der Firma *Amgen* nachempfunden war; *Amgen* hat jedoch keinerlei Verbindung zu *Epoetin delta*.[**]

---

[*] Allerdings konnte durch eine entsprechende Analyse festgestellt werden, dass die Durchstechflaschen lediglich eine 6%ige Albumin-Lösung enthielten. Somit hätten durch den Gebrauch des Inhalts der Durchstechflaschen wenigstens keine gesundheitlichen Schäden verursacht werden können …

[**] Vielmehr hat *Amgen* mit allen zur Verfügung stehenden rechtlichen Mitteln versucht, die Inverkehrbringung von *Dynepo®* zu verhindern – allerdings vergeblich: Am 21. Oktober 2004 bestätigte das ›House of Lords‹ (Oberhaus des britischen Parlaments) eine frühere einstimmige Entscheidung des ›Court of Appeal‹ (Berufungsgericht des obersten britischen Gerichtshofs); demnach verstoßen die Aktivitäten rund um *Dynepo®* nicht gegen das europäische Patentrecht.

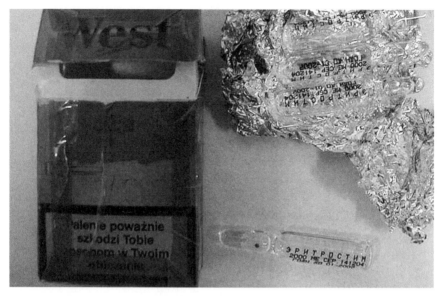

Schwarzmarkt-EPO russischer Herkunft. Sogar die angegebene Dosis stimmt.

- Ebenfalls zu Anfang des Jahres 2006 sind in der Radkappe eines Lkw mit Paketband umwickelte Zigarettenschachteln gefunden worden. Die Zigarettenschachteln enthielten Ampullen mit der Aufschrift ЭРИТРОСТИМ (= Erythropoetin), darunter, ebenfalls in russischer Schrift, eine Chargen-Nummer sowie ein Haltbarkeitsdatum. Natur und Herkunft des Präparats sind unbekannt, zumal in Russland keine akkreditierte Firma zur Herstellung von rhuEPO bekannt ist. Allerdings gilt Russland bei Dopingexperten schon seit langem neben Marokko als wichtigstes Land, in dem rhuEPO problemlos zu erhalten ist.

  Schon diese wenigen Beispiele illustrieren, mit welcher Gewissenlosigkeit auf diesem Sektor vorgegangen wird. Selbst Präparate, die noch in der vorklinischen oder klinischen Testung und demzufolge noch weit davon entfernt sind, eine klinische Zulassung zu erhalten, sind in der Dopingszene bereits im Umlauf.

  Erschwerend kommt das Dickicht des »Neuen Marktes« hinzu, bei dem es selbst Fachleuten schwer fällt, die Übersicht zu behalten. Jedes einzelne Präparat ist in seinen biochemischen und biologischen Eigenschaften einzigartig (durch die oben erwähnten Studien von *Schmidt* et al. sowie von *Schellekens* konnte dies eindrucksvoll belegt werden). Eine verlässliche und vor allem justiziable Dopingkontrolle wird über kurz oder lang nicht mehr möglich sein!

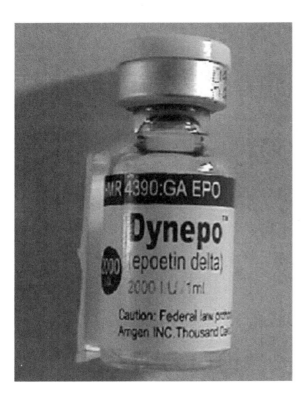

Dynepo-Fake aus dem Jahre 2006. Absolut wirkungslos.

Zu guter Letzt ...

Die gesamte Radsportwelt amüsiert sich über die Tatsache, dass die Kalifornien-Rundfahrt inzwischen vom rhuEPO-Marktführer *Amgen* (rund 40%iger Anteil am Weltmarkt) großzügig gesponsert wird; die Internet-Adresse der Tour lautet folgerichtig ›http://www.amgentourofcalifornia.com‹.

Auch der ›Bund Deutscher Radfahrer‹ (BDR) verfolgt offenbar entsprechende Pläne. So finden sich im Breitensportkalender 2006 allein vier ganzseitige Anzeigen der Firma *Stada*. Am 23. September 2006 wurde Gerald Ciolek in Salzburg Weltmeister der Klasse U 23; in den darauf folgenden Tagen wurde das Siegerfoto mit dem freudestrahlenden, frisch gebackenen Weltmeister in großen, vielfarbigen Bildern der Weltöffentlichkeit präsentiert. Auch hier prangte gut lesbar in großen Lettern das Wort *Stada* auf dem Trikot. Pikant wird dies durch den Umstand, dass *Stada* die erste Firma sein wird, die eine Zulassung für die Vermarktung eines EPO-Biosimilar durch die EMEA erhalten wird;

die Markteinführung für deren *Epoetin zeta* wird vermutlich im ersten oder zweiten Quartal des Jahres 2007 stattfinden. Man darf gespannt sein, welche Veranstaltung aus dem BDR-Kalender wohl als erstes in ›STADA Tour durch …‹ umgetauft wird …*

Prof. Dr. Horst Pagel

---

* Dies soll jedoch offenbar geschickt dadurch umgangen werden, dass laut Pressemitteilung vom 20. November 2006 die Vertriebsrechte für Epoetin zeta auf die Firma *HOSPIRA* (Lake Forest, Illinois, USA) übertragen worden sind; der Vertrieb in Deutschland verbleibt bei der 100%igen *STADA*-Tochter *cell pharm GmbH* (Hannover). Epoetin zeta wird also höchstwahrscheinlich unter diesen Namen vertrieben werden, sodass die breite Öffentlichkeit keinerlei Zusammenhang zwischen *STADA* und Epoetin zeta wahrnehmen wird.

Tabelle: Derzeitige und mögliche Folgepräparate von rhuEPO (Auswahl)

• Epoetin alpha bzw. beta, Darbepoetin alpha	die »Klassiker«
• Epoetin omega	rhuEPO-Variante der Firma *Elanex Pharma* (*Epomax*®, seit 2001: *Baxter*), zugelassen insbesondere für Osteuropa
• EPO-Biosimilars	»Plagiate« von Epoetin alpha, erste Zulassungen voraussichtlich 2007
• C.E.R.A.	$\underline{C}$ontinuous $\underline{E}$rythropoiesis $\underline{R}$eceptor $\underline{A}$ctivator (*Mircera*®, *Roche*), Zulassung 2007
• Epoetin delta	rhuEPO aus menschlichen Zellen (*Dynepo*®, *Shire*)
• CEPO	carbamyliertes rhuEPO (»EPO fürs Gehirn«)
• GO-EPO	SNP-Variante ($\underline{S}$ingle $\underline{N}$ucleotide $\underline{P}$olymorphism)
• EPO-Mimetika	rhuEPO-Abarten (z. B.: SEP [$\underline{S}$ynthetic $\underline{E}$rythropoietic $\underline{P}$eptide], Hematide [zyklisches EPO] etc.)
• EPO-Fusionsproteine	EPO-Dimere, Inhalationspräparate (EPO-Fc)
• EPO-Gentherapie	z. B. *Repoxygen* der Firma *Oxford BioMedica*
• HIF-Stabilisatoren/ PHD-Inhibitoren	Eingriff in die EPO-Genexpression
• HCP-Inhibitoren	Eingriff in die intrazelluläre EPO-Signalkaskade

(nach Macdougall, 2006)

Ein Vordenker im Radsport

Der Schweizer Trainer Paul Köchli hat schon sehr früh mit Traditionen im Radsport gebrochen. Er beschäftigte Frauen als Masseure und Therapeuten und stellte die moderne Trainingswissenschaft in den Mittelpunkt. Als Sportlicher Leiter hat er sich zu seiner Zeit einen hervorragenden Ruf erworben. Wenn man ihn heute fragt, erklärt er, dass er zur Dopingthematik in der Vergangenheit bereits alles gesagt habe und dafür keine Zeit mehr vergeuden wolle. Der folgende Artikel der Neuen Zürcher Zeitung aus dem Jahre 1998 ist dafür ein Beleg. Allerdings führt Köchli an, dass er Frauen heute genau so kritisch gegenüber stehe wie Männern. Das sei die einzige Änderung seiner Sichtweise zu 1998.

»Man muss die Macht der Ärzte brechen«

Paul Köchli zu Alex Zülle, Doping, Sanktionen und einer besseren Zukunft im Radsport

Paul Köchli hat zwischen 1983 und 1992 die Radsportgruppen La Vie Claire, Toshiba (Hinault, LeMond), Weinmann, Helvetia-La Suisse und Helvetia geleitet. Zuvor war der ehemalige Berufsfahrer als Fachleiter Radsport in Magglingen sowie in der Trainerausbildung und als Assistent des Nationaltrainers im Schweizer Radfahrer-Bund (SRB) tätig gewesen. Seit 1994 betreibt der 51-jährige praxisbezogene Grundlagenforschung in der Trainingslehre, die in die Entwicklung eines Computer-Lehrmittels für Rennfahrer und Trainer münden soll. Im Interview nimmt er nun Stellung zum Fall der geständigen Festina-Fahrer, über deren Vergehen am Mittwoch die Disziplinarkommission des SRB urteilt. Die Fragen stellten Michael Gamper und Walter Leibundgut.

NZZ: Herr Köchli, kann man heutzutage ohne die Unterstützung leistungsfördernder Mittel überhaupt noch ein Radrennen auf höchstem Niveau gewinnen?

Auf jeden Fall. Ich behaupte sogar: Doping nützt im Radsport nichts.

NZZ: Das ist eine selten gehörte Einsicht. Können Sie uns das genauer erklären?

Meine Aussage ist im strengen Sinne nicht beweisbar, ihr Gegenteil aber auch nicht. Lassen Sie mich deshalb etwas weiter ausholen. Ich sehe den Radsport primär als Mannschaftsspiel, in dem man die Gegner mit ausgeklügelter Strategie und raffinierter Taktik überwinden kann. Seit aber die Ärzte im Radsport das Sagen haben, sind Strategie und Taktik marginalisiert worden. Heute dominiert eine energieorientierte Betrachtungsweise das Handeln im Radsport, alles konzentriert sich auf die leistungsphysiologischen Daten. Dabei vergisst man, dass »Leistung« sich im Radsport letztlich nicht in Watt-Zahlen ausdrückt, das Urteil über die Fähigkeiten eines Rennfahrers wird am Zielstrich gefällt. Die Fetischisierung der scheinbar objektiven und wissenschaftlichen Daten hat dazu geführt, dass sich die strategischen Varianten praktisch auf das Tempofahren reduziert haben, also auf die Neutralisierung des Rennens mittels eines enormen Kraftaufwands der Helfer. Die strategisch-taktische Monokultur und der allgemeine Gebrauch von Doping haben insofern ähnliche Ursachen.

NZZ: Damit meinen Sie den großen Einfluss der Ärzte im Radsport der 1990er-Jahre?

Ja. Wenn man Doping im Radsport unterbinden will, muss man die Macht der Ärzte brechen. Ärzte sind geschult, um einen kranken Körper zu behandeln, ihr Blick ist auf das Erkennen von pathologischen Zuständen gerichtet. Eine solche Betrachtungsweise ist im Sport aber völlig verkehrt. In ein Radteam gehört kein Arzt. Die Ärzte machen nicht nur oft den Betrug durch Doping möglich, sondern verleiten die Fahrer auch zu falschem Training. EPO mag zwar kurzfristig positiv auf die Leistung einwirken, weil es effektiv und schnell die Symptome von anaeroben Prozessen im Körper beseitigt, längerfristig unterbindet es aber die Ausbildung des entscheidenden Faktors für die aerobe Stoffwechselleistung, nämlich die Kapillarisierung der spezifisch beanspruchten Muskulatur. Es werden deshalb falsche Akzente im Stoffwechselbereich gesetzt, was längerfristig zu Stagnation oder gar Leistungsrückgang führt. Die Sauerstofftransport-Kapazität an der Qualität des Blutes erkennen zu wollen, ist eine kurzfristige Betrachtungsweise. Die Sauerstofftransport-Kapazität ist in erster Linie durch die Anzahl der zur Verfügung stehenden Blutgefäße determiniert.

NZZ: Wie lässt sich denn die Leistungsfähigkeit eines Radprofis am effektivsten verbessern?

Durch gezieltes Training unter Anleitung von gut ausgebildeten Fachleuten, sicherlich nicht durch medizinische Maßnahmen. In der Trainingslehre und ihrer Anwendung könnten noch große Fortschritte erzielt werden, welche die Wirkungen von Doping bei weitem übersteigen. Nehmen wir einmal das Beispiel Zülle. Ich behaupte, dass Zülle in seinen Profi-Jahren keine echten Fortschritte gemacht hat, dass er zu Beginn seiner Profi-Karriere ebenso schnelle Zeitfahren absolvieren konnte wie heute. Das Zeitfahren am Samstag hat er mit Energie gewonnen, die Bewegungsqualität hat sich indes während der letzten Jahre zusehends verschlechtert. Das hat damit zu tun, dass er jahrelang falsch betreut worden ist.

NZZ: Sie erheben damit am Beispiel von Once und Festina, bei denen Zülle in den letzten Jahren tätig war, starke Vorwürfe gegen namhafte Teams. Wie könnte man denn den in ihrer Sichtweise fatalen Mechanismen des modernen Radsports entgehen?

Indem man sich die Leute, mit denen man zusammenarbeitet, gut aussucht. Als ich 1983 das französische Team La Vie Claire übernommen habe, konnte ich nur Niki Rüttimann mitbringen, ansonsten hatte ich ein normales französisches Team mit seinen Stärken und Schwächen zur Verfügung. Im folgenden Jahr habe ich die Mannschaft aber gründlich umgekrempelt, ich habe mich unter anderem auch von Leuten in allen Funktionsbereichen getrennt, die auf Doping nicht verzichten wollten. In einem Radsport-Team lebt man rund um die Uhr auf so engem Raum miteinander zusammen, dass kaum etwas verborgen bleibt. Außerdem sind im Radsport-Milieu die einschlägigen Leute durchaus bekannt, man weiß schon, wen man da jeweils verpflichtet. Willy Voet beispielsweise wäre nie in meiner Equipe angestellt worden. Auf diese Weise habe ich in kurzer Zeit einen dopingfreien Mikrokosmos geschaffen, der recht gut funktioniert hat. Ich kann es formell nicht beweisen, ich weiß und kann Ihnen aber versichern, dass Greg LeMond 1986 die Tour de France in meinem Team ohne jegliche medizinische Unterstützung gewonnen hat, ein Rennen also, in dem der Großteil der Gegner sich durchaus leistungsfördernder Mittel bedient hat. Und auch sonst haben die verschiedenen Teams, die ich geführt habe, gezeigt, dass man auch ohne Doping im Radsport sehr erfolgreich sein kann.

NZZ: Wäre dies auch heute noch möglich?

Davon bin ich überzeugt. Seit 1988 wird öffentlich vom EPO-Gebrauch im Radsport gesprochen, und meine Fahrer haben auch danach noch große Rennen gewonnen. Heute wäre dies nicht anders. Nur versucht niemand, dieses System nachzuahmen.

NZZ: Sie haben damals auch Frauen in der Infrastruktur Ihres Teams beschäftigt und damit Aufregung in die Radsportwelt gebracht. Hat diese Maßnahme mit Ihrer strikten Ablehnung von Doping zu tun?

Ja, ganz klar. Doping wird traditionell auch als Kavaliersdelikt verstanden. Männer beteuern am Morgen bei der Pressekonferenz ohne rot zu werden, sie seien strikt gegen Doping – und abends beim Bier reden sie über die neuesten biochemischen Errungenschaften und ihre Anwendungsmöglichkeiten. Frauen haben diesbezüglich höhere Hemmschwellen. Als ich damals Frauen als Masseurinnen und in leitenden Positionen angestellt habe, war das auch ein Tabubruch, ein Zeichen, dass es hier anders laufen sollte. Und zugleich sollte es eine Kränkung der Männer sein, eine Sanktionierung derjenigen, die sich an den Betrug gewöhnt hatten.

NZZ: Sie selbst haben die Leute, zu denen Sie kein Vertrauen gehabt haben, nicht in Ihr Team aufgenommen. Wie aber soll man nun im Fall der Festina-Fahrer reagieren, welche den Dopingkonsum gestanden haben?

```
Gibt es was neues betr Luft ?

Ein Ex Gerolsteiner hat mir da ein paar Begriffe an den Kopf geworfen, ich
glaub ich werde alt, kenn mich gar nicht aus.

Er aber auch nicht, sonst würde er mich ja nicht fragen ob das Zeug positiv
ist : Prosac,Theovelin,Medivitan,Buspethine…

Wie gesagt, wird bestimmt alles anders geschrieben, ist sozusagen die
„Lautschrift".

Hab aber noch was Interessantes….

Kannst du mal nachfragen ob nach folgenden Produkt gesucht wird ?



  „Neiromidin"

  Ipidacrinum

  Sin. Amiridin

  Inhibator of cholinestengze

  Atk code : NO 7 AA

  Damit kann man wohl mal nen 6 Tagerennen vom Krankenbett ausfahren….
```

*»Luft« bedeutete EPO – manchmal ist von »neuer Luft« die Rede, dann sind
die Nachfolgepräparate von EPO gemeint. Dieses Schreiben ist ein Beleg dafür, dass die Sportler den Kontrolleuren immer eine Nasenlänge voraus sind.
Neiromidin kommt aus Lettland …*

Hi
dank dir für die Info´s.
Das lettische Zeug bin ich in   (als Test) im Finale gefahren… war
der beste im Finale…
In dem Sinne

… und es wirkt offenbar!

Durch entschlossene und rasche Sanktionen. Dies ist nun aber leider verpasst worden. Der Schweizer Verband hat sich mit fadenscheinigen Gründen lange Zeit gelassen, bis er nun endlich reagiert. Dabei sagt das Reglement ganz deutlich, dass das Verfahren nach einem Geständnis sofort einzuleiten ist. Es war ein langes Hin und Her, in dem sich die zuständigen Stellen gegenseitig die Verantwortung zugeschoben haben, letztlich, um den Schaden für die schuldigen Fahrer zu minimieren.

NZZ: Aber sind die Festina-Fahrer nicht auch Opfer des Systems, in dem sie sich als Radprofis bewegt haben?

Dieser Meinung bin ich in keiner Weise. Diese Leute sind erwachsene Menschen und können in Fragen des Lohns und der personellen Besetzung der Equipe ihre Meinung sehr wohl durchsetzen. Die Mär, Zülle, Meier und Dufaux seien Opfer, ist eine fatale Verkehrung der Tatsachen, welche diejenigen Fahrer verhöhnt, die ohne leistungsfördernde Mittel Radrennen fahren wollen. Sie ist von Marc Biver, dem Manager der drei geständigen Schweizer Profis, in Umlauf gesetzt und sehr geschickt in den Medien platziert worden, ohne dass die Gegenpartei eine Stimme gehabt hätte. Auf diese Weise wurden aber eine gefährliche Banalisierung des Delikts und eine Glorifizierung der Delinquenten betrieben, welche schlimme Auswirkungen auf den Schweizer Radsport haben werden. Und da mache ich mir Sorgen. Welche Signale werden da gegeben für den Nachwuchs, dem Zülle, Dufaux und Meier Vorbilder sind? Sicherlich keine guten. Es ist denn auch kein Zufall, dass schon in den schweizerischen Juniorenkadern heute mit EPO experimentiert wird. Für die Gesundheit und die sportliche Entwicklung der jungen Fahrer ist das verhängnisvoll.

NZZ: Welche Interessen stehen denn hinter dieser Medienkampagne?

Eindeutig pekuniäre. Die betroffenen Schweizer Fahrer, vor allem Alex Zülle, sind in der Lage, sehr viel Geld umzusetzen, und dass da der Manager versucht, alle Hebel in Bewegung zu setzen, um ihren Marktwert zu halten, ist zumindest verständlich. Dass sich freilich die führenden Exponenten des Schweizer Radfahrer-Bundes in diese Kampagne einspannen lassen, scheint mir höchst bedenklich. Von allem Anfang an hat der SRB-Präsident Hugo Steinegger für eine Amnestie plädiert, mittlerweile bezieht er Stellung für eine symbolische Sperre, die in der wettkampffreien Zeit verbüßt werden kann, und auch die Mitglieder der Disziplinarkommission haben sich in der Öffentlichkeit ähnlich geäußert. Steinegger ist aber nicht der Vorsteher einer Privatfirma, sondern der gewählte Präsident eines Verbandes, der im Sinne der Mitglieder zu handeln hat und nicht die Partikularinteressen einiger zugegebenermaßen mächtiger Exponenten wahrzunehmen hat. Mit der von ihm betriebenen Marginalisierung aber erweist er dem Schweizer Radsport einen Bärendienst.

NZZ: Was veranlasst Steinegger zu solchem Vorgehen?

Nun, Steinegger vertritt verschiedene Interessen. Als SRB-Präsident könnte ihm daran gelegen sein, dass Festina in der nächsten Saison wirklich in der Schweiz eine

Lizenz löst und noch mehr Schweizer Fahrer verpflichtet, als Veranstalter, unter anderem der Tour de Suisse, kann er nicht wollen, dass starke Schweizer Fahrer in der nächsten Saison nicht an seinen Rennen teilnehmen. Und im Allgemeinen wird im Schweizer Verband in Sachen Doping nur ein Kampf gegen die unangenehmen Symptome geführt, nicht aber gegen das Doping selbst und dessen Ursachen.

NZZ: Ist das anderswo nicht so?
In Italien und Frankreich ist bereits 1996 und 1997 sehr intensiv in den Zeitungen über die Dopingpraktiken im Radsport berichtet worden. Der französische Verband und führende Exponenten der dortigen Radsport-Szene, darunter auch der Tour-de-France-Direktor Jean-Marie Leblanc und der Verbandspräsident Daniel Baal, haben in der Folge klar, laut und deutlich zum Kampf gegen das Doping im Radsport aufgerufen und auch Maßnahmen ergriffen. In der Schweiz aber hat man in den Medien und im Verband dieses Thema weitgehend ignoriert, man hat den Ernst der Lage nicht wahrnehmen wollen. Ich stelle hier einen eklatanten Mangel fest, die Verantwortung für die Einhaltung der Reglements übernehmen zu wollen. Die Bagatellisierung der Vergehen der Festina-Fahrer setzt so nur eine bewährte Weise des Handelns fort.

NZZ: Welches Strafmaß halten Sie nun für richtig?
Ursprünglich war ich der Meinung, dass die Minimalstrafe von einem halben Jahr angebracht sei, zumal die Fahrer für etwas verurteilt werden, was viele tun. Es geht hier ja nicht um die exemplarische Bestrafung von Zülle, Dufaux oder Meier, sondern um das Prinzip, dass diejenigen, die nicht betrügen, geschützt werden sollen. Allerdings unter der Bedingung, dass sich die Betroffenen einsichtig gezeigt hätten und die Fahrer diese minimale Sperre sofort angetreten hätten. Die reglementswidrige Verschleppung des Verfahrens und uneinsichtige Argumentationen der Beteiligten mit der Absicht, keine oder nur symbolische Strafe herauszuschinden, verschlimmern heute den Tatbestand erheblich. Auch ist es schlimm, wenn sich ein nationaler Verband in dieser Weise gängeln lässt. Am Samstag hat Herr Biver erneut am Fernsehen erklärt, die ersten 500 Fahrer des UCI-Klassementes seien gedopt. Das ist böswillig gegenüber den ehrlichen Fahrern. Es ist zudem idiotisch, weil geständige Festina-Fahrer sagen, in ihrem Team seien Bassons, Lefèvre und Halgand nicht gedopt. Im Übrigen könnte Festina am ehesten gute Absichten für die Zukunft beweisen, indem die Mannschaft in Frankreich bleibt. Wer nichts zu verstecken hat, muss auch vor der französischen Justiz nicht flüchten.

NZZ: Wie stellen Sie sich dazu, dass die Strafe nun vermutlich im Winter verbüßt werden kann?
Das finde ich nicht recht. Ich bin ganz klar der Meinung, dass die Strafe nicht nur symbolischen, sondern auch sanktionierenden Charakter haben soll. Die Sperre müsste in jedem Fall aufgesplittet werden: Ein Teil sollte in dieser Saison,

der Rest zu Beginn der nächsten abgesessen werden. Das Reglement war diesbezüglich zum relevanten Zeitpunkt ganz klar, nun ist der betreffende Zusatz aber im UCI-Bulletin vom September 1998, ohne ein Datum zu nennen, wann die Änderung in Kraft treten soll, gestrichen worden. Die Absicht ist meines Erachtens klar, ebenso klar freilich, wie der Grundsatz, dass nun nach dem zur Zeit der Delinquenz gültigen Reglement geurteilt werden muss. Vielleicht sollte man in Zukunft generell das Mindeststrafmaß auf ein Jahr heraufsetzen, um solche leidigen Querelen zu vermeiden.

NZZ: Mit der Abwicklung dieses Verfahrens sind Sie also sehr unzufrieden. Blicken wir aber in die Zukunft. Wie kann forthin Doping unterbunden werden? Durch die angekündigten Gesundheitstests?
Davon halte ich gar nichts. Die Einführung der Gesundheitstest bedeutet doch nur, dass man den Bock zum Gärtner macht, dass man den Ärzten noch mehr Macht gibt. Außerdem halte ich diese Idee für pseudowissenschaftlich. Durch die gesammelten Daten würde nur die Konfusion institutionalisiert, denn die fraglichen Körperwerte unterliegen solch großen, von verschiedenen Faktoren abhängigen Schwankungen, dass sie nichts und alles aussagen können und beliebig interpretierbar sind.

NZZ: Was schlagen Sie vor?
Zuerst einmal muss man gegen Dummheit und Inkompetenz im Trainerbereich ankämpfen. Wie ich schon sagte, die Verantwortung für das Training muss wieder in die Hände von ausgebildeten Trainern gelangen, die Ärzte wie Michele Ferrari dürfen hier nicht länger das Sagen haben. Zu diesem Zweck sollte mehr Geld in die Trainerausbildung investiert werden. Der Kampf gegen die Ärzte sollte aber auch über die Prävention geführt werden. Die jungen Radsportler müssen wissen, auf was sie sich einlassen, wenn sie sich solchen Sportärzten anvertrauen.

NZZ: Und die Sanktionen?
Da muss man eine neue Ordnung schaffen. Die Instanzen im Sportbereich haben bewiesen, dass sie nicht willens oder in der Lage sind, Reglemente durchzusetzen. Es herrscht Faustrecht im rechtsfreien Raum, es zählt das Gesetz des Stärkeren. Dadurch ist dem Betrug im Sport Tür und Tor geöffnet, Doping ist nur ein Teilbereich davon. Es müssten dringend die rechtlichen Grundlagen geschaffen werden, dass Betrug im Sport als Offizialdelikt von Staats wegen verfolgt werden kann. Was auf der Ebene des Nachwuchs- und Freizeitsports mit pädagogischen Maßnahmen behandelt werden sollte, muss im Spitzensportbereich mit hohem Monetarisierungsgrad vom Betrachtungsstandpunkt der Wirtschaftskriminalität beurteilt und gegebenenfalls sanktioniert werden.

Neue Zürcher Zeitung/Sport
Dienstag, 29.9.1998/64

Radsport – eine Leidenschaft, die Leiden schafft?

Gert Hillringhaus ist Jahrgang 1961. Er ist als Diplom-Ingenieur an der Fachhochschule Lübeck im Bereich Kommunikationsnetze und Medienproduktion tätig. Daneben hat er einen Lehrauftrag für Mathematik. Er ist fachlich kompetent und kritisch, und er ist nie ein Radrennen gefahren. Was ihm immer als Handicap vorgehalten wurde, hat sich im vergangenen Jahr als Trumpf erwiesen. Hillringhaus steht für den Typus von Trainer und Funktionär, den der Radsport dringend braucht. Sechs Jahre wurde sein Engagement allerdings überwiegend negiert, und es ist fraglich, ob er ohne den Dopingskandal im Radsport heute so akzeptiert würde.

Der Besuch eines guten Freundes im Jahre 1998, der mit seinem Rennrad im Gepäck den Norden Deutschlands erkunden wollte, gab den Anstoß. Nach einer Ausfahrt, die er mit mir und meinem Tourenrad unternahm, stand für mich fest: Ich wollte auch so ein Rad, mit dem man scheinbar federleicht die schwersten Steigungen meistern kann und mit dem die Abfahrten fast wie im Flug vergehen. Bald stand die ersehnte Maschine zur ersten Ausfahrt bereit. Der einzige Verein weit und breit, um Gleichgesinnte zu treffen, war schnell gefunden. Die Trainingsfahrten waren spannend, denn es gab viele neue Weisheiten aus vielen Mündern zu verarbeiten. Es gelang mir mit der Zeit, mein Katalogwissen auf einen vertretbaren Stand zu bringen. Hier gab es wahre Meister. Aber welches Training war das richtige? Wem sollte man glauben?

Den damaligen Jugendwart des Vereins trieb es aus beruflichen Gründen in eine andere Stadt, und mir wurde sein Amt angetragen. Man hatte bemerkt, dass ich bei einer Vereinsausfahrt schnell Kontakt zur Vereinsjugend aufgebaut hatte. Ich willigte ein, die damals vier Köpfe zählende Jugendgruppe durch den Winter zu bringen. Ich kann nicht behaupten, dass ich mich auf die bevorstehenden 24 Wochen in einer zugigen, schlecht ausgestatteten Turnhalle gefreut habe. Erschwerend kam hinzu, dass die unangenehmen Erinnerungen an mein letztes Zirkeltraining mehr als 15 Jahre zurücklagen.

Dann rückte die Saison näher und vom Rennradtraining mit Jugendlichen hatte ich noch keine Ahnung. Von vielen Seiten kamen eindrucksvoll vorgetragene Tipps: »Es muss weh tun, das gibt den Kids die nötige Rennhärte!« – »Nimm sie ordentlich ran, das brauchen sie!« – »Bring sie mit echten Rennfahrern zusammen, du bist ja noch nie Rennen gefahren!« Diese Ansichten wollten mir nicht einleuchten und ich erfand einen eigenen Leitspruch: »Immer lächeln!« Das neue Motto verbreitete sich sehr schnell und binnen kurzer Zeit waren zwischen 20 und 30 Kinder und Jugendliche der Klassen U11 bis U19 dem Verein beigetreten und mit dem Rennrad auf der Straße. Diese Entwicklung brachte einerseits eine große Verpflichtung mit sich, die bis zu 20 Wochenstunden ehrenamtlicher Arbeit erforderte. Andererseits bereitete es mir eine große Freude, sportbegeisterte Jugendliche und wissensdurstige Eltern in die jugend- und entwicklungsgerechte Ausübung einer der schönsten Sportarten überhaupt einzuführen. Ich legte von Anfang an großen Wert darauf, aus dem alten Radsport überlieferte Wertmaßstäbe von der Gruppe fernzuhalten.

»Schicken Sie Ihre Kinder nicht zum Radsport«, forderte der Dopingbekämpfer Werner Franke in einem Artikel der Lübecker Nachrichten im Jahre 1999. Das war wie ein Schlag ins Gesicht. Aber der Artikel des Sportjournalisten Ralf Meutgens »In Vaters Hausapotheke gibt es (fast) alles« war die Krönung, und ich nahm telefonischen Kontakt zum Autor auf. Dieses Gespräch verlief jedoch ganz anders als erwartet, denn ich wurde mein empörtes »Wie können Sie nur so etwas schreiben?« bei Meutgens nicht los. Nach kurzer Zeit entwickelte sich eine vertraute Einigkeit in Sachen Jugendradsport. Ein Satz ergab den nächsten. Wir schlugen in dieselbe Kerbe! Aus diesem ersten Gespräch sollte sich eine fruchtbare, aber auch kritische Zusammenarbeit entwickeln.

Mit den vielen Eindrücken, die ich mit der noch kleinen Radsport-Jugendgruppe im Sommer gewinnen konnte, begann für mich im Dezember 2000 ein neuer Lebensabschnitt. Der C-Trainerlehrgang des Radsport-Verbandes Schleswig-Holstein, durchgeführt von Dipl.-Trainer (Radsport) und Dipl.-Ing. (Chemie) Dieter Quarz und A-Lizenztrainer Meutgens, hat angeregt, was heute im Lübecker Jugendradsport existiert. Nach dem Lehrgang konnte ich alles, was ich bis dahin gelesen oder gehört hatte, vergessen. Plötzlich gehörten markige Sprüche wie »Lenker unten, Kette rechts!« oder »Radfahren kommt von Rad fahren!« der verstaubten Vergangenheit an. Mehr noch: Es hieß: »Doping ist komplett daneben!« und das wurde nicht nur gesagt, sondern gleichermaßen eindrucksvoll wie einleuchtend bewiesen. Der gesamte Lehrgang stand auf der Basis der Dopingprävention und disqualifizierte die antiquierten Vorstellungen und Wertmaßstäbe der alten Haudegen endgültig.

Eine Kilometerdiktatur hatte es bei mir vorher schon nicht gegeben. Aber ich achtete jetzt mehr auf den richtigen Aufbau des Trainings. Um den Trainingserfolg messbar zu machen, schuf ich eine eigene, jederzeit nutzbare Möglichkeit, Lactatstufentests durchzuführen. Mit den von mir berechneten Trainingsbereichen ging es ins Training, das mit Herzfrequenzmessgeräten aufgezeichnet und regelmäßig ausgewertet wurde. Gleichzeitig sah ich ein, dass ich für die inzwischen stark angewachsene Gruppe keine Trainingspläne schreiben und aktuell halten konnte. Daraus entstand ein Konzept, das zumindest im Radsport bis dahin unbekannt war:»Richtig handeln durch verstehen!« Dahinter steckten kleine Lerneinheiten, in denen Themen wie Trainingslehre, Stoffwechselkunde, Trainingsplanung und Ernährung dem Lebensalter der teilweise noch sehr jungen Fahrerinnen und Fahrer entsprechend aufbereitet und vermittelt wurden. Auch das Thema Doping wurde nicht ausgespart, wenn es auch unter dem Gesichtspunkt des richtigen Trainings nicht notwendig erschien. Die dazu eingeladenen Eltern erschienen zahlreich. Bald stellten sich die ersten Erfolge ein: Wir zählten zu den besten Zeitfahrern im Land. Im Straßenrennen fehlte es jedoch an vorderen Plätzen. Wie konnte ich den Fahrerinnen und Fahrern vermitteln, wie sie sich in dieser Disziplin verbessern konnten? Ich selbst bin nie Rennen gefahren und alte Hasen, die brüllend am Straßenrand stehen oder teilweise mit dem Auto vorneweg oder hinterher fahren, wollte ich nicht an meine Jugend lassen. Die Antwort hieß: Warten! Ich war zuversichtlich, dass in nicht allzu langer Zeit die nötige Kompetenz aus der eigenen Gruppe kommen würde.

Kurze Zeit darauf bewarb sich eine langjährige Jugendfahrerin aus dem Team, Claudia Obermeier, ebenfalls C-Trainerin seit Dezember 2000, um ein Freiwilliges Soziales Jahr (FSJ) im Radsport-Team Lübeck. Damit wurde ein wichtiges Bindeglied geschaffen: Claudia war eine aus der Gruppe, und alle kannten sie. Zusätzlich war eine Betreuung für unsere nicht wenigen Radamazonen gefunden. Dieses Konzept bewährte sich und fand Würdigung. Unser Team wurde als freier Träger der Jugendhilfe und als Einsatzstelle für das FSJ im Sport anerkannt. Mit Björn Büttner, der ebenfalls in jungen Jahren zum Team kam, war der ideale Nachfolger gefunden. Unser FSJ ging 2005 ins zweite Jahr. Das Trainingsangebot wurde vervielfacht, das Jugend-Team teilte sich in freizeit- oder leistungsorientiert auf, jedoch immer noch mit gemeinsamen Trainingstreffs. Die Betreuung wurde viel individueller gestaltet. Eine Verbesserung der Fähigkeiten im Straßenrennen war deutlich feststellbar. Neben einigen Meistertiteln fiel bald auf, dass die Lübecker auch am Ende der Saison noch schnelle Rennen fahren und sich platzieren konnten. Darunter auch Björn Büttner selbst, der 2006 B-Fahrer wurde. Es gelang uns mit ihm, die Jugendarbeit auf eine breite Basis mit kurzer Rückkopplung zu stellen. In diesem Jahr wurde beschlossen, die Betreuung von jungen Sportlerinnen und Sportlern bis zum 27. Lebensjahr auszudehnen und die Ausbildung eigener C-/B-Trainer und Jugendleiter voranzutreiben.

Mein B-Trainerlehrgang 2004 und der Lehrgang zum Jugendleiter brachten mir die noch fehlenden Antworten auf Fragen in der sportpsychologischen Betreuung. Was bringt Menschen dazu, bestimmte Dinge zu tun oder zu lassen? Die Antwort ist so einfach, dass es mir schwerfällt, die lange Zeit zuzugeben, die ich für diese Erkenntnis gebraucht habe. Es ist der Spaß und das Streben nach Glück, genauer formuliert: der Wunsch nach Erfüllung von Erwartungen. Jetzt betrachtete ich diese zwei wichtigen Komponenten des Erfolgs, wobei die Prüfung der Erwartungen an erster Stelle stand. Deren Erfüllung wurde aber

JOUR	LUNDI	MARDI	MECREDI	JEUDI	VENDREDI	SAMEDI	DIMANCHE
R.C.							
E.F.							
E.I.							
D.P.							
R.T.							
A.A.							
Montagne 1							
Montagne 2							
Montagne 3							
Competition	150	170	180	160	170	180	130
Total-km	150	170	180	160	170	180	130
Gym.		0,3		0,3		0,3	0,5
Force							
N O T E S		Olympia		Tour	2.5.		Holland
JOUR	LUNDI	MARDI	MERCREDI	JEUDI	VENDRDI	SAMEDI	DIMANCHE

Notes pour le Directeur Sportif:

Applikationen	Lundi	Mardi	Mercredi	Jeudi	Vendredi	Samedi	Dimanche
Vit ACE	1x	täglich	morgens	1	Kapsel	a	1000mg
Iodine+Tyrosine	1x		morgens		und		abends
Arginine Veyrone	2g abends						
Rheoflux	jeweils	1x	abends		vor	dem	Schlafen
Taurin Hitec	1x		1x		1x		1x
Amino Mix 4 i.v.		250 ml abends					
Tonico Injeel i.m.	1x v.d. Rennen		1x v.d. Rennen		1x v.d. Rennen		1x v.d. Rennen
Hepa loges	1x		morgens		und		abends
Zn-orotat		jeweils		1x morgens	mit	den	ACE
*VLS		v.d. Finale		v.d. Finale		v.d. Finale	
HGH s.c.		2 U.I. v.d. Schlafen		2 U.I. v.d. Schlafen		2 U.I. v.d. Schlafen	
EPO s.c.					2000 I.E. abends		2000 I.E. abends
Basica	1x	Teelöffel		zur		Hauptmahlzeit	
Gelum oral	100Tr. 1h v.d.Rennen		100Tr. 1h v.d.Rennen		100Tr. 1h v.d.Rennen		100Tr. 1h v.d. Rennen
Maxepa oral		2x		zur	Mahlzeit		
Wobenzym	2x		morgens		und		abends
Gingseng	1x		morgens		einnehmen		
BCAA oral[1]	6x						
L-Glutamin[1]	4x						
Mag 2 i.v.	1x morgens		1x morgens		1x morgens		1x morgens
Maltodextrin*		direkt		nach		dem	Rennen

Genaue Dosierungsanweisungen für EPO und HGH in Abstimmung mit dem Training für ein GSII-Team (auch Folgeseiten).

JOUR	LUNDI	MARDI	MECREDI	JEUDI	VENDREDI	SAMEDI	DIMANCHE
R.C.				20		20	
E.F.							
E.I.							
D.P.							
R.T.							
A.A.							
Montagne 1							
Montagne 2							
Montagne 3							
Competition		150	170		160		160
Total-km	0	150	170	20	160	20	160
Gym.	1			1		1	
Autres							
N O T E S	Regeneration und Anreise USA.	Rennen USA	Rennen USA	Nachmittags Rolle, Hf im Pyramiden-intervall je 5min bei 90, 100, 110, 120, 130, 120, 110, 100, 90 S/min halten. 2x wiederholen, Rest R.C. ausrol-len.	Rennen USA	Nachmittags Rolle, Hf im Pyramiden-intervall je 5min bei 90, 100, 110, 120, 130, 120, 110, 100, 90 S/min halten. 2x wiederholen, Rest R.C. ausrol-len.	Rennen USA
JOUR	LUNDI	MARDI	MERCREDI	JEUDI	VENDRDI	SAMEDI	DIMANCHE

Notes pour le Directeur Sportif:

Applikationen	Lundi	Mardi	Mercredi	Jeudi	Vendredi	Samedi	Dimanche
Vit ACE	1x		tägtlich		1Kapsel	a	1000mg
Iodine+Tyrosine	1x		morgens		und		abends
Arginine Veyrone	1g	morgens	und	abends			
Lofton i.v.		1x abends			1x abends		
Taurin Hitec		1xabends			1xabends		1xabends
Amino Mix 4 i.v.			250ml abends		250ml abends		
G-Globulin-Injeel	1x morgens						
Traumeel S i.v.				1x abends		1x abends	
Hepar loges		1x	morgens	und	abends		
Zn-orotat		1x		morgens			
*VLS			v.d. Finale		v.d. Finale		v.d. Finale
HGH s.c.	2 U.I. v.d. Schlafen		2 U.I. v.d. Schlafen		2 U.I. v.d. Schlafen		
EPO s.c.		2000 I.E. abends		2000 I.E. abends		2000 I.E abends	
Gelum oral		100Tr. 1h v.d. TE	100Tr. 1h v.d. TE		100Tr. 1h v.d. TE		100Tr. 1h v.d. TE
BCAA oral[1]		6x	6x		6x		6x
L-Glutamin[1]		3x	3x		3x		3x
Mag 2			1x morgens		1x morgens		1x morgens
Neuro-Wied i.m.	1x abends						
Folsäure Pascoe	1x abends						
Ferrum Hausm. i.m	1x abends						
Maltodextrin*		direkt	nach		dem		Rennen

JOUR	LUNDI	MARDI	MECREDI	JEUDI	VENDREDI	SAMEDI	DIMANCHE
R.C.		40		25			
E.F.					99	140	160
E.I.					21		
D.P.							
R.T.							
A.A.							
Montagne 1							
Montagne 2							
Montagne 3							
Competition							
Total-km	0	40	0	25	120	140	160
Gym.	1	0,5	1	0,3		0,3	
Autres							
NOTES	Regeneration	Spazierfahrt	Regeneration	Nachmittags Rolle, Hf im Pyramidenintervall je 5min bei 90, 100, 110, 120, 130, 120, 110, 100, 90 S/min halten. 2x wiederholen, Rest R.C. ausrollen.	45 min einrollen, dann 3x 15 min E.I. mit 53x16, Tf 70-80 U/min. Je 20min aktive Pausen. Rest E.F. locker ausrollen	1h ÜV 39x16 einrollen. 3h ÜV 53x 19-17 auf flacher Strecke. Letzte 0,5h locker ausrollen m. 39x...	1h ÜV 39x16 einrollen. 3,5h ÜV 53x 19-17 auf flacher Strecke. Letzte 0,5h locker ausrollen m. 39x...
JOUR	LUNDI	MARDI	MERCREDI	JEUDI	VENDRDI	SAMEDI	DIMANCHE

Mo-Do Regenerationsphase, absolute Erholung!

Notes pour le Directeur Sportif:

Applikationen	Lundi	Mardi	Mercredi	Jeudi	Vendredi	Samedi	Dimanche
ACErola					1x täglich morgens	1 Kapsel a abends	1000mg abends
Pyruvat Amp.							
EPO s.c.	2000 I.E. abends		2000 I.E. abends				
BCAA oral					4x ———————————————→		
Glutamin					2x ———————————————→		
Maltodextrin*				direkt	nach	dem	Training

nach wie vor nicht von irgendeiner Rangliste abgelesen, sondern im persönlichen Erfolgsgefühl eines jeden selbst gesehen.

Wer etwas Gutes gefunden hat, möchte andere daran teilhaben lassen. Zumindest wollte ich das Ausbildungsprinzip der RST-Jugend der Öffentlichkeit vorstellen. In Form eines Flyers wollte ich jungen Sportlerinnen und Sportlern eine Anleitung an die Hand geben, um die eigene Leistungsfähigkeit richtig einzuschätzen und sowohl Erfolge als auch Misserfolge verarbeiten zu können. Die Veröffentlichung des Flyers scheiterte an fehlender Einsicht, Bürokratismus, Ignoranz und an der Verharmlosung einer Tatsache, die wenige Jahre später zur Dauerschlagzeile werden sollte.

»Die Jugend dopt doch noch nicht!« Das Wort »noch« ist dabei tatsächlich das Schlüsselwort. Ich möchte nicht behaupten, dass im jugendlichen Leistungsbereich flächendeckend gedopt wird. Genauso wenig möchte ich jeden unter 18 vom Vorwurf der Anwendung verbotener Stoffe und Methoden freisprechen. Aber in der Jugend werden die Weichen zur Dopingbereitschaft gestellt. Das passiert schon außerhalb des Sports. Ein Kleinkind bekommt bei Fieber Paracetamol statt Wadenwickel. Das macht weniger Arbeit. Ein Erstklässler hat Kopfschmerzen und bekommt Aspirin, statt zu hinterfragen, ob das Kind genug trinkt. Tatsächlich würgen die meisten Schulkinder das Schulbrot trocken herunter und trinken auch während des Schulaufenthaltes nichts! Rückenschmerzen werden mit Sportsalben behandelt, aber warum der Schulranzen 12 kg schwer ist, fragt sich niemand. Mädchen werden nach der ersten Regelblutung zum Arzt geschickt und kommen mit einem Rezept für die Pille nach Hause. Gegen jede »Krankheit« scheint ein Kraut gewachsen zu sein. Jugendliche, die bei sportlicher Betätigung über Atemnot klagen, haben »für den Notfall« ein Aerosol im Schulranzen. Es handelt sich meistens um ein weit verbreitetes Kombipräparat aus Formoterol und Cortison, das wegen des leistungssteigernden Formoterols auf der Liste der verbotenen Substanzen steht. Die Jugend dopt doch noch nicht?

Wer dopt die Jugend? Ein Rückgang der Leistungsfähigkeit wird zu schnell und ohne nach anderen Gründen zu fragen mit Krankheit gleichgesetzt. Die Beurteilung der Qualität und Quantität des Trainings wird anderen überlassen. Wer könnte das denn besser als die erfahreneren Sporttreibenden selbst? Wenn sie denn wüssten, was sie tun.

Die bekannt gewordenen Dopingfälle 2006 sind auch im Radsport-Team Lübeck nicht ohne Wirkung geblieben. Erstmalig war ein Rückgang der Mitgliederzahlen zu beobachten. Die Skandale hatten aber auch eine positive Wirkung. Völlig unerwartet trafen mich Anfragen, ob ich meinen Anti-Doping-Flyer für eine Materialmappe der Deutschen Sportjugend zur Verfügung stellen, zu einem Drehtermin von ARD Report-München fahren, einer Einladung zur Sendung des NDR-Sportclubs folgen oder in Salzburg anlässlich der Rad-WM über die Möglichkeiten der Dopingprävention an der Basis vortragen wollte. Mit einem Interview im Deutschlandfunk kam eine Wende. Ich bemängelte die zu lange Antwortzeit des BDR auf mein Angebot, das Lübecker Modell in Frankfurt vorzustellen – und hatte wenige Tage später telefonischen Kontakt zum BDR-Vorsitzenden Rudolf Scharping. Inzwischen soll die Materialsammlung der Deutschen Sportjugend in die Trainerausbildung des Radsports einfließen. Was wäre diesbezüglich ohne das Interview im Deutschlandfunk passiert?

Das Freiwillige Soziale Jahr im Sport ging Mitte des Jahres 2006 in die dritte Runde. Ein erfolgreicher Jugendfahrer aus einem anderen Verein bewarb sich und schien sowohl unter sportlichen als auch unter sozialen Gesichtspunkten für die Nachfolge mehr als geeignet. Wie der Einfluss eines bis jetzt unter eher leistungsbezogenen Bewertungen arbeitenden Sportlers auf die Jugend wirkt, bleibt abzuwarten.

Abschließend noch ein Wort zur Funktion der Eltern im Jugendradsport. Neben den vielen tausend Kilometern, die pro Jahr per Pkw zu den Rennveranstaltungen zurückgelegt werden, ist die Beteiligung der Familie im Jugend-radsport unerlässlich. Der Radsport beeinflusst wie jede andere Sportart die Lebensführung ganzer Familien beträchtlich. Im Jugendradsport spielen aber Väter, die selbst Radrennfahrer sind oder einmal waren, eine besondere Rolle. Sie sind meistens sehr engagiert, übertragen aber auch die eigenen mehr oder weniger erfüllten Erwartungen – an Spitzenathleten orientiert – auf den Sohn bzw. die Tochter. Ein Kardinalfehler im Sport. Warum wird jungen Sportlerinnen und Sportlern nicht vermittelt, dass nur sie selbst das Maß der Dinge sind? Die Förderung einzelner talentierter Sportler und unsere Neigung, den Sport (insbe-sondere den Radsport!) an nur einem einzigen Idol festzumachen, bringt uns ein irreales Anerkennungsstreben, das dem Doping diesen ungeheuren Vorschub bietet. »Sich einmal fühlen wie Jan Ullrich!« Das will nach dem Skandal Mitte 2006 sicher keiner mehr, aber vorher war es der geheime Wunsch Tausender.

Haben wir die Leistungen der anderen vergessen oder wollen wir sie nicht sehen? Der 7. Platz in diesem Jahr, der im Vorjahr noch der 17. war, geht im Siegestaumel der Bestplatzierten völlig unter oder wird durch den Vergleich mit der Leistung des 6. Gewinners entwertet. Dabei sind es eben nicht die Sieger-typen, die dem sauberen Radsport immer wieder die Hand zur Versöhnung rei-chen. Aber die Sieger werden immer noch »besser« gelobt und drängen so die wirklich Guten ins Abseits.

Der Grund, warum junge Menschen Radsport treiben, ist: »Weil's Spaß macht!« Und so soll es bleiben.

Gert Hillringhaus

Wer Sportlern nicht die Zeit gibt, sich zu entwickeln, macht sich strafbar!

Die früheren Radprofis und Träger des Gelben Trikots der Tour de France, Karl-Heinz Kunde und Rolf Wolfshohl geben dem Radsport noch eine Chance. Ihrer Meinung nach muss eine Rückbesinnung auf alte Werte stattfinden, die heute wichtiger denn je sind.

»Mein Glück war es, dass ich als junger Radsportler einen Arzt hatte, der mich eindringlich vor den Gefahren des Dopings gewarnt hat«, erinnert sich Karl-Heinz Kunde. 1962 wurde er Radprofi, nahm fünf Mal an der Tour de France teil und wurde 1966 Gesamtneunter. »Ich bin grundsätzlich lieber Fünfter als Erster geworden und bin dafür heute noch gesund.« Kunde und Rolf Wolfshohl kommen aus Köln. Wie Kunde war auch Wolfshohl Träger des Gelben Trikots bei der Tour, darüber hinaus dreimaliger Weltmeister und 14-facher deutscher Meister im Querfeldeinfahren. Beide sind der Meinung, dass man »heutzutage die Tour auch sauber fahren kann«. Gemeint ist ohne Doping. Allerdings setze das voraus, dass man seriös und langfristig dafür trainieren müsse. Und an beidem scheint es ihrer Meinung nach derzeit zu hapern. »Ein Spitzenamateur braucht mindestens drei Jahre, um sich als Profi zu akklimatisieren«, weiß Wolfshohl. »Wer Sportlern nicht die Zeit gibt, sich zu entwickeln, macht sich strafbar«, ergänzt Kunde. Der Trainingsaufbau in der Jugend müsse behutsam und langfristig geplant werden.

Beide sind sich der Dopingproblematik im Radsport bewusst, sehen aber auch Lösungsansätze. Insbesondere der Aufklärung werde viel zu wenig Beachtung geschenkt. »Das muss schon im unteren Jugendbereich beginnen«, fordert Wolfshohl. Hier besteht ihrer Meinung nach auch die einzige Möglichkeit, etwas zu ändern. Auch die Eltern müssten mit eingebunden werden. Allerdings sollte man manche »besser einsperren, solange die Kinder Radrennen fahren«, meint Kunde. Eltern seien teilweise sehr problematisch und hätten auch schnell einmal eine Schmerztablette oder ein Asthmaspray zur Hand. Viel wichtiger sei eine kontinuierliche Winterarbeit an der frischen Luft, um sich abzuhärten. Der Querfeldeinsport sei dazu prädestiniert. »Seit 1953 fahre ich jeden Winter im Kölner Königsforst mit dem Crossrad«, erzählt Wolfshohl. Das mache auch seinen Nachwuchsradsportlern, die er betreut, sehr viel Spaß. Der müsse grundsätzlich im Vordergrund stehen, wenn man auf Dauer eine erfolgreiche Nachwuchsarbeit leisten wolle.

Sehr kritisch gehen Kunde und Wolfshohl mit Medizinern um, die sich haufenweise im Radsport engagieren. Es sei dringend nötig, dass sie nicht mehr für die Trainingsplanung zuständig sind. »Wofür brauchen gesunde Radsportler einen oder gleich mehrere Ärzte?« fragt sich nicht nur Kunde. Ganz im Gegenteil: trotz des Einsatzes vieler Ärzte würden Radprofis oft lange an Erkältungen oder Grippeerkrankungen leiden. Wolfshohl hat mehr als einmal von seinen Erfahrungen berichtet: Radsportler, die er betreut hat, kamen von Leistungsuntersuchungen wieder und hatten haufenweise Medikamente im Gepäck. Auch wenn die nicht verboten seien, gaukle man den Sportlern etwas vor. Mit Pillen könne man keine Leistung steigern. Das gehe nur über kontinuierliches Training, das dann oft vernachlässigt werde. Nach dem Motto: Dann werfe ich mir lieber eine Pille mehr ein, als noch länger zu trainieren. Training, Regeneration, Ernährung und besonders Motivation sind Punkte, die sorgfältig beachtet werden müssten.

Insbesondere an der inneren Einstellung müsse viel intensiver gearbeitet werden. »Wenn der Kopf nicht frei ist, nützt das beste Training nichts«, ist Wolfshohl überzeugt. Allerdings kann er auch den existenziellen Druck nachvollziehen, unter dem Radprofis heute stehen. »Da kommt schnell der Sponsor und fordert Siege ein, die er für ein Fortbestehen seiner Zahlungen sehen will«, bringt Kunde es auf den Punkt. So falle eine Dopingmentalität auf sehr fruchtbaren Nährboden. Viele Sportler sind heute dahin gehend labil, auch weil sie nie richtig aufgeklärt wurden. Wie die Vorfälle in Spanien gezeigt hätten, sei die Entwicklung immer professioneller und krimineller geworden. Der Missbrauch der Medikamente sei immer unkontrollierbarer, und die direkten Folgen oder Spätfolgen seien nicht mehr annähernd abzuschätzen. Ein schleichender Prozess zur Drogenabhängigkeit oder zu einem anderen Suchtverhalten sei durchaus möglich. Dafür gebe es genügend Hinweise und Beispiele.

Besonders abartig ist für Kunde und Wolfshohl der Umstand, dass viele die enormen Gefahren durch Doping schon zu einer Zeit auf sich nehmen, zu der sie noch gar nicht wissen, ob sie den geplanten Wettkampf überhaupt bestreiten werden. Eine Änderung der Situation sei dringend geboten, mahnt Wolfshohl, »sonst läuft uns der Nachwuchs weg«. Aber diese Änderung sei nur über das Umfeld möglich. Die Sportler kämen nicht allein von sich aus mit Doping in Berührung. Das trügen andere an sie heran. Was früher die Pfleger waren, seien heute die Mediziner. Und letztlich drehe sich dabei alles nur ums Geld. Ein Teufelskreis, dem jeder angeschlossen sei, Medien genauso wie Zuschauer. Inwieweit man die Dopingproblematik bekämpfen könne, vermag Wolfshohl nicht abzuschätzen, aber weitergehen könne es so nicht.

In den Spiegel schauen

Ich habe während meiner Radsportzeit gedopt. Bin ich nun ein Betrüger? Ein schlechter Mensch? Süchtig? Habe ich ein schlechtes Gewissen bis ans Ende meiner Tage? Bin ich verantwortlich für die ganze Dopingmisere im Sport? Natürlich habe ich mir all diese Fragen schon sehr oft und sehr gründlich gestellt. Aber gibt es darauf überhaupt klare Antworten? Gibt es nicht auch Zwischenwahrheiten und Grauzonen? Kommt es nicht auch auf den Standpunkt des Fragenden an?

Ich bin ein Betrüger, da ich gedopt habe. Doping ist verboten, und wird bestraft. Dies scheint die einfachste Frage zu sein. Was aber, wenn alle anderen auch gedopt haben? Wäre ich nicht der Betrogene gewesen, wenn ich es als einziger nicht getan hätte? Wenn ich als einziger clean an den Start gegangen und abgehängt worden wäre? Damals hatte ich wirklich das Gefühl, die meisten meiner Konkurrenten würden sich dopen. Und schon am Start keine Aussichten auf den Sieg zu haben, das stank mir ganz gewaltig. Als ich dann für einige Zeit nicht mehr gewann, festigte sich meine Überzeugung, dass die andern dopten. Denn nicht alle trainierten so viel, so hart und so konsequent wie ich, trotzdem wurde ich abgehängt. Dies war der Hauptgrund, dass ich als absoluter Dopinggegner auch damit begann. Es ging nicht um das Geld, es war der Wille, Wettkämpfe zu gewinnen, mit den Besten mitzuhalten und Erfolge zu feiern. Zuoberst auf dem Podest zu stehen, das ist das Ziel eines Sportlers, oder zumindest war es meins. Die Schönheit der Landschaft am Straßenrand interessierte mich nie, ich wollte als erster über die Ziellinie. Egal wo, egal wie.

Erst als dies nicht mehr möglich war und in mir die Gewissheit aufstieg, dass sich offenbar alle meine Gegner dopen würden, war ich bereit, selbst zur Spritze zu greifen. Daraus kann man schließen, dass Doping sich nicht ausrotten lassen wird, solange ein Sportler die Vermutung hat, dass sich seine Gegner dopen. Und meine Gesundheit war mir dabei egal? Nein, ganz und gar nicht. Lange Zeit hielt mich die Unwissenheit über die Mittel und deren Wirkungen davon ab, mit dem Dopen zu beginnen. Erst als ich mit zahlreichen Ärzten aus dem Radsport und von außerhalb Gespräche geführt hatte, war ich überzeugt davon, dass ich mit EPO meinem Körper keinen Schaden zufügen würde. Bei Wachstumshormonen, Anabolika und dergleichen war ich mir nie über deren Unschädlichkeit sicher, wohl darum begann ich nie damit. Und auch weil ich dachte, diese Medikamente brächten mir keinen Leistungszuwachs. Muskeln hatte ich genug und wachsen musste ich auch nicht mehr ...

Das ist der Fluch bei EPO: Der Leistungszuwachs ist enorm. Wenn der Muskel mit mehr Sauerstoff versorgt wird, kann er auch viel mehr leisten. Der Muskel übersäuert viel später. Geschätzte 5 km/h Leistungszuwachs im Radsport ist eben sehr, sehr viel. Die Dopingmittel vorher hatten nie solch einen Leistungszuwachs zur Folge, darum konnte man als sauberer Sportler früher immer noch gewinnen. Aber heute? Täglich neue Rekorde, höher, weiter, schneller. Wie soll man das denn noch sauber schaffen? Wäre es nicht sinnvoll, den ganzen Sport zu überdenken, neue Ziele zu definieren und so Lösungen zu finden? Wie wäre es, wenn im 100-m-Lauf keine Zeiten mehr gemessen werden? Wenn nur noch der Kampf zählt, der Sieg und die Niederlage, gleichgültig wie schnell man ist? Der Star bliebe der Star, als Gewinner. Alle könnten sich ganz auf das Rennen konzentrieren, ohne ständig mit einem Auge auf die laufende Uhr zu schielen. Es gäbe schlichtweg keine Uhr mehr.

Und wer hätte vermutlich etwas dagegen? Die Sportler sicher nicht. Aber all die Medien, die keine neuen Weltrekorde mehr präsentieren könnten, all die Veranstalter, die sich nicht mehr mit auf ihren Meetings gelaufenen Weltrekorden brüsten könnten, und all die Ausrüster, die Millionen mit Werbung einnehmen. Es muss zuerst von Zuschauern, Medien, Organisatoren und Industrie ein Umdenken stattfinden, bevor man über dopingfreien Sport nachdenken kann.

Sind die Sportler demnach unschuldig? Natürlich nicht. Wenn sich alle Sportler zusammentäten und beschlössen, keine Dopingmittel mehr zu nehmen, wären alle Probleme beseitigt. Die Sportler könnten also den Sport dopingfrei machen. Tja, wir Sportler haben es in der Hand. Aber nicht nur wir allein. Was wäre, wenn die Pharmaindustrie jedem Anabolikum einen roten Farbstoff beigibt, jedem Hormon einen blauen, jedem Aufputschmittel einen grünen? Man könnte schon anhand der Urinfarbe feststellen, wer gedopt hat und wer nicht. Es würde ein paar Milliarden kosten, wäre aber technisch absolut machbar. Die Industrie hat es also auch in der Hand. Na gut, sie würde Milliarden weniger einnehmen und müsste Milliarden mehr ausgeben, ihr Anreiz wird also nicht sehr groß sein.

Was wäre denn, wenn sich die Ausrüster von jedem gedopten Sportler sofort und unwiderruflich zurückzögen und all das Geld, das sie ihm bis dahin gegeben haben, wieder zurückforderten? Ist dies schon mal passiert? Solange die Ausrüster an einem großen Star viel verdienen, ist es nebensächlich, ob er gedopt hat oder nicht – Hauptsache, die Kasse stimmt.

Und die Zuschauer? Früher wurde ich, wenn ich in den Alpen bei der Tour de France abgehängt worden war und weit hinter der Spitze fuhr, von einigen verspottet. »Fahr zu, du fauler Hund!« und ähnlich hat es getönt. Wie wäre es denn, wenn man auch Athleten applaudieren würde, die ausgeschieden sind, die abgehängt wurden oder den Kampf verloren haben? Man könnte diese ja ebenfalls feiern. Aber wer macht denn so etwas? Nur der Sieg zählt – oder sonst eine sehr gute Leistung. Sicher nicht die Leistung aus dem Mittelfeld. Dort befinden sich vermutlich sehr viele saubere Sportler. Interessiert dies jemanden?

Und die Sportverbände? Sie wollen erfolgreiche Athleten, feiern sie dann entsprechend – und die Sportart steigt in der öffentlichen Wahrnehmung. Soll sich so ein Sportverband etwa seine besten Athleten sperren lassen, damit die Sportart dann wieder im Mittelmaß versinkt? Das Interesse ist also nicht gerade groß, den Kampf gegen das Doping aufzunehmen. Klar, offiziell unternimmt man etwas dagegen. Es gibt aber nur wenige Sportverbände, die wirklich dopingfreien Sport wollen, und diese bezahlen auch dafür. Im Radsport wird schon länger gegen Doping vorgegangen, man sucht neue Wege und ist am Ball. Was ist der Dank dafür? Der Radsport hat die meisten Dopingskandale, und seine Aktiven daher gelten als »Ober-Doper«. Aber was ist denn mit all den Sportarten, die selten oder nie einen Dopingskandal haben? Übersäuern dort die Muskeln nicht? EPO zwecklos? Das ist das, was man uns glauben machen will, aber könnte es nicht sein, dass dort einfach keine Kontrollen gemacht und alle Augen zugedrückt werden? Am Geld kann es ja nicht liegen, denn es gibt Sportarten, wo wesentlich mehr zu verdienen ist als im Radsport. Na ja, vielleicht sind die Radsportler einfach zu doof, Tennis- und Fußballspieler eben viel intelligenter.

Ich glaube, Doping kann man einfach nicht vom Sport fernhalten. Zu viele Einflüsse spielen eine Rolle, zu uneinig ist man sich zwischen den Sportarten und den Sportlern. Aber wie könnte man denn wenigstens die Nachwuchsathleten davor schützen? Es gibt nur eins: Aufklärung statt Kopf abhacken, wenn ein junger Sportler sich über Doping informieren will. Aber wo kann er das überhaupt? Beim Sportverband? Bei der Nationalen Anti-Doping-Agentur? Klar, das könnte er, aber er macht es nicht. Kann man einen jungen Menschen davon abhalten Alkohol zu trinken, indem man ihm Broschüren vorsetzt und ihn in Vorträge von Leuten schickt, die noch nie einen Tropfen getrunken haben? Sicher nicht! Aber genau so läuft es in Sachen Dopingprävention. Ich habe schon einige Vorträge vor Altherrenclubs, Fachärzten und dergleichen gehalten, aber noch nie kam eine Anfrage von einem Juniorentrainer oder einem für den Nachwuchs Verantwortlichen, vor seinen Nachwuchssportlern zu reden. Die Angst der Trainer ist viel zu groß, dass Gerüchte entstehen könnten, sie förderten das Doping. Auch dies müsste sich verändern – kein einfacher Weg.

Ich war ein Sportbetrüger und bin ein wenig mitverantwortlich, dass diese Dopingproblematik besteht, da ich als Sportler mitgemacht habe. Aber trotzdem habe ich heute kein schlechtes Gewissen und kann mich jeden Tag sehr wohl im Spiegel anschauen. Bin ich deswegen ein schlechter Mensch? Weil ich Sportler war?

Rolf Järmann

Rolf Järmann, Jahrgang 1966, war einer der erfolgreichsten Schweizer Radprofis seiner Zeit. Er gewann Etappen der Tour de France, Tour de Suisse und des Giro d'Italia. Zu seinen insgesamt zehn bedeutenden Profisiegen zählen der zweimalige Gewinn des Klassikers ›Amstel Gold Race‹ und der Sieg bei ›Tirreno Adriatico‹.

Dopingprävention muss alle Ebenen umfassen – und vorgelebt werden

Gibt es eine Rettung für den Radrennsport, gibt es eine Aussicht auf eine Zukunft, die sauberer sein wird als die Vergangenheit? Dass der Radsport krank und nur unzureichend zur Selbstreinigung in der Lage ist, zeigen die vielen Skandale und Dopingfälle der Vergangenheit, der Radsport leidet – wie viele andere Sportarten auch – an der »Zivilisationskrankheit« Doping.

Das Risikoverhalten des einzelnen Fahrers, aber auch des gesamten Systems Radsport führt zu massiven Nebenwirkungen, zu individuellen und kollektiven Selbstzerstörungstendenzen. Wenn die durchschnittliche Lebenserwartung von Spitzenfahrern gerade mal noch bei 54 Jahren liegt (de Mondenard), ist die individuelle Gefährdung deutlich. Wenn Eltern ihre Kinder davon abhalten, in diese Sportart hineinzugeraten (vgl. die Situation im Sommer 2006), oder Sponsoren anfangen, sich Sinn und Risiken ihres Sponsorings in dieser Sportart zu überlegen, dann wird aber auch die Systemgefährdung deutlich.

Wenn man heute mit Jahren Abstand erneut Fakten und Aussagen zur Tour de France 1998 liest (*Singler/Treutlein 2001*, 123–156), kann man sich angesichts des damals angehäuften umfangreichen Wissens nur wundern, wie wenig der Radsport im Speziellen und der Spitzensport im Allgemeinen daraus gelernt hat, bzw. wie wenig Konsequenzen daraus gezogen wurden. So erbrachte der vom französischen Staat angeordnete erste medizinische Test von französischen Spitzenfahrern im Rahmen des »Suivi Médical« im Januar 1999, dass 90 % einen viel zu hohen Ferritinwert hatten (massives Indiz für EPO-Missbrauch, Baal 1999, 171); »65 % hatten wohl Kortikoid- und andere Hormoninjektionen bekommen, 40 % hatten Leber- und Pankreasprobleme (*Guillon/Quenet 1999*, 19) ... die Werte lassen umfangreiches Doping im Radsport vermuten. ... Die UCI lehnt den Umfang der französischen Kontrollen ab, vor allem aber auch die Untersuchung des Ferritinwerts.« (*Singler/Treutlein 2001*, 142) Trotzdem wurden der Skandal und das Wissen darum ausgesessen, mit Unterstützung des UCI-Präsidenten Verbruggen und des IOC-Präsidenten Samaranch. Wie auch in vielen anderen Situationen zuvor!

Warum fällt die Selbstreinigungskraft des organisierten Sports so unzureichend aus? Wie Richard Virenque beim Prozess in Lille im Oktober 2000 meinte, ist man nicht gedopt, wenn man nicht positiv getestet wird, und man ist kein

Betrüger, wenn alle betrügen (*L'Equipe*, 25.10.2000). Aufdecken von Missständen und von Doping wird als Nestbeschmutzung, als Schädigung der eigenen Sportart angesehen. Als rotes Tuch gelten angesichts einer solchen Mentalität dann Überbringer der Botschaft, nicht aber die Verursacher der Probleme. Im Radsport hat sich im Verlauf der Jahrzehnte eine Dopingmentalität gebildet, die fast alle Akteure (Fahrer, Trainer, Sportdirektoren, Ärzte, Pfleger, Funktionäre) prägt, sie zumindest nicht unberührt lässt. In der »Familie« befindet man sich in einem »Kameradenland«, wo man nichts Negatives über einen Kameraden äußert. Wer dagegen verstößt, wird ausgegrenzt (Dropout, vgl. *Singler/Treutlein 2006*, 18–22), die Selbstreinigungskraft wird damit geschwächt. Frühere Radrennfahrer sind in vielen Positionen des Radsports zu finden und fallen kaum durch engagierten Kampf gegen Doping auf. Selten gelingt es Akteuren ohne Radsportvergangenheit wie Sylvia Schenk oder Rudolf Scharping, zumindest vorübergehend darin Fuß zu fassen. Und selbst solche Akteure können angesichts der Dopingvergangenheit und -gegenwart dieser Sportart nicht erwarten, dass ihnen Glaubwürdigkeit zugestanden wird – sie müssen sie erst im Lauf der Zeit durch konsequenten Kampf gegen Doping erwerben – angesichts vieler Funktionäre im Lauf der Jahrzehnte, die alles wussten, deckten und unterstützten (vgl. *Singler/Treutlein 2001*, 151) nicht verwunderlich.

Zahlreiche Ermittlungen, Prozesse, Verurteilungen, aber auch Veröffentlichungen und Interviewaussagen von ehemaligen Spitzensportlern legen den Schluss nahe, dass in dieser Sportart ein besonderes Wertesystem verinnerlicht wurde und wird, in dem Doping einfach dazugehört. Im Gegensatz zum Doping in der DDR werden die »Mauer des Schweigens« und das Vertuschen von Doping durch eine Art Selbstkontrolle gesichert, in einer extremen Form, die in diesem Umfang aus anderen Sportarten nicht bekannt ist. Besonders zu bearbeiten bleibt die Rolle der Sportmedizin (vgl. den Beitrag von Brissonneau in diesem Band), denn ohne ihr Spezialwissen wäre das schnelle Vordringen vieler Substanzen nicht möglich gewesen. Hierzu der französische Radpräsident Baal: »... denn die beste Methode, Substanzen wie EPO oder Wachstumshormone effizient einzusetzen, ist eine ärztliche Betreuung auf der Höhe der wissenschaftlichen Erkenntnisse« (*TOUR 2000*, 46). Spitzenfahrer scherzen untereinander, dass der Unterschied zwischen dem Gelben Trikot und dem 2. Platz bei der Tour von der Qualität des jeweiligen Arztes abhängt (Bourgat 1999, 10, in *Singler/Treutlein 2001*, 154). Manche Sportmediziner treten nicht nur als Verharmloser auf, nicht wenige verschreiben auch einen Medikamentenmix, der jeglicher Regel ärztlicher Kunst widerspricht (vgl. *Singler/Treutlein 2001*, 155).

Es nutzt vor diesem Hintergrund (aber auch vor dem von Präventionserfahrungen in anderen Bereichen, z. B. zum Rauchen) nichts, mit Dopingprävention ausschließlich am Individuum Spitzensportler und seiner Erlebniswelt anzusetzen oder über die Diskriminierung von positiv getesteten Sportlern so zu tun, als handle es sich nur um das Problem von einzelnen schwachen Charakteren, die der Versuchung des Dopings erliegen und deshalb ausgeschaltet werden müssen. Damit wird das Problem nur personalisiert (vgl. Bette), aber in keiner Weise ausreichend bearbeitet.

Wenn Dopingprävention im Radsport greifen soll, muss sie anders aussehen als bisher (sofern es sie überhaupt gab und gibt) und von führenden Personen im Verband und im direkten Sportlerumfeld vorgelebt werden. Besondere Verantwortung kommt hier den Trainerinnen und Trainern als prägende Personen der zukünftigen Spitzensportler zu. Aus der Geschichte des Dopings in der Bundesrepublik ist bekannt, dass Entstehung wie Vermeidung von Dopingmentalität zunächst einmal entscheidend von der Qualität des Umfelds abhängt. Wenn dieses überzeugend gegen Doping und Betrug steht, dann ist die Wahrscheinlichkeit gering, dass Nachwuchssportler dieser Versuchung erliegen. Es ist durchaus möglich, dass diese dann auch gar nicht mehr Spitzensportler werden wollen, aber mit diesem Risiko muss ein sauberkeitsorientierter Radsport leben (können).

Das Ziel neuerer Präventionsbemühungen ist es, von der Fixierung auf Krankheit (in unserem Fall Doping) weg und zu einer Dopingprävention zu kommen, die Sauberkeit, Ehrlichkeit und Gesundheit und die dazu passenden Persönlichkeitsmerkmale in den Mittelpunkt stellt sowie strukturell ermöglicht. Deshalb dürfen sich die Bemühungen nicht nur auf die Einzelperson richten; ein solcher Präventionsansatz muss durch die Einbeziehung aller relevanten Ebenen und der Lebenswelt erweitert werden. Repression (Entdecken und Bestrafen von Dopingfällen) bleibt dann zwar weiterhin wichtig, muss aber durch eine »gesundheitsorientierte« Dopingprävention ergänzt werden: Repression ohne effektive Dopingprävention bleibt eine Verschleuderung von Ressourcen und dient nur der Täuschung der Öffentlichkeit.

Dopingrepression und -prävention, die von Verbänden und Personen organisiert und kontrolliert werden, die selbst keine eindeutige Doping ablehnende Vergangenheit haben oder die immer noch im Dilemma zwischen Sauberkeitsanspruch und Leistungsproduktion gegen Geld stecken, haben von vornherein einen Geburtsfehler. Deshalb ist die erste wesentliche Grundlage die Einrichtung unabhängiger Instanzen sowohl für die Repression als auch für die Prävention. Beide müssen aus den Strukturen des organisierten Sports herausgelöst und am besten in Zusammenarbeit mit dem Staat durchgeführt werden, um sie vor möglichen Pressionen und Erwartungen eines seit vielen Jahrzehnten manipulationsbereiten Spitzensports zu schützen.

Wegen der Komplexität des Dopingproblems muss Dopingprävention mit einem Bündel von koordinierten Maßnahmen an folgenden Ebenen ansetzen:

- **Individuum:** Entwicklung persönlicher Kompetenz und Stärkung der Persönlichkeit, Weiterentwicklung des Informations- und Reflexionsniveaus sowie der Entscheidungsfähigkeit.
- **Gruppe** (unmittelbares Bezugssystem des einzelnen Sportlers): Förderung der Identifikation mit der Zielsetzung »sauberer Sport«, Demonstration dieser Zielsetzung nach innen und nach außen.

- **Verein/Verband:** Veränderung weg von folgenlosen »Sonntagsreden« zu Strukturen, die Sauberkeit ermöglichen und der Zwangsläufigkeit von Doping entgegenwirken.
- **Staat/DOSB/dsj:** Entwicklung einer Gesamtpolitik (einschließlich der gesetzlichen Grundlagen) zur Förderung der Dopingprävention, damit diese nicht im Kompetenzwirrwarr in einer Art »organisierter Verantwortungslosigkeit« ins Nichts führt.
- **Internationale Ebene:** Dies ist die komplexeste und schwierigste Ebene, wie die Vergangenheit am Beispiel von Personen wie Samaranch, Nebiolo oder Verbruggen zeigt. Auf dieser Ebene muss ebenso wie auf den anderen eine Lobby für sauberen Sport aufgebaut werden. Die Verantwortung hierfür darf nicht an Institutionen mit dem Schwerpunkt Repression wie WADA oder NADA abgeschoben werden. Die notwendige Veränderung der Strukturen und die Umsetzung von Präventionsmaßnahmen muss national wie international durch den organisierten Sport selbst geleistet werden. Institutionen wie WADA und NADA kann dabei die Aufgabe einer »Beobachtungsplattform«, eines wohlwollenden Mahners zukommen, nämlich auf entstehende Gefahren hinzuweisen und wirksame Maßnahmen einzufordern.

Gerhard Treutlein

Arndt, N./Singler, A./Treutlein, G (2006): Sport ohne Doping! Argumente und Entscheidungshilfen für junge Sportlerinnen und Sportler sowie Verantwortliche in deren Umfeld. Frankfurt, hrsg. von der Deutschen Sportjugend.
Knörzer, W./Spitzer, G./Treutlein, G. (Hrsg.) (2006): Dopingprävention in Europa. Erstes internationales Expertengespräch 2005 in Heidelberg. Aachen.
Singler, A./Treutlein, G. (2006): Doping im Spitzensport. Aachen.
Singler, A./Treutlein, G. (2001): Doping – von der Analyse zur Prävention. Aachen.

Wohin rollt der Radsport?

Wer sich konsequent gegen Doping ausspricht, für den scheint es derzeit im professionellen Radsport kaum eine Überlebenschance zu geben – dafür sprechen viele Fakten. Doch wer spricht sich konsequent gegen Doping aus? Dazu braucht es Athleten, Eltern und Trainer, die dem Doping aufgeklärt und kritisch gegenüberstehen. Aber können sie das überhaupt, wenn sie die klassische Radsport-Karriere durchlaufen haben?

Wenn Väter, Trainer und Funktionäre früher selbst aktive Radsportler waren, wird ein ganz spezielles Wertesystem an den Nachwuchs weitergegeben. In aller Regel ist darin zwar das Thema Doping enthalten, aber nicht das Thema Dopingprävention. Was nicht zugleich heißen soll, dass alle gedopt haben oder das Doping gutheißen. Aber im Radsport scheinen nur wenige Korrektivkräfte gegen die Entstehung einer Dopingmentalität zu existieren. Dopingprävention im Radsport geht bislang ausschließlich auf privates Engagement in kleinen sportlichen Einheiten zurück. Und dieses Engagement wurde bislang allenfalls milde belächelt. Jetzt scheint ein Umdenken in Gang gesetzt worden zu sein, vermutlich weniger aus weiser Einsicht, sondern durch den Überlebensinstinkt. Wichtig ist, dass nun diejenigen, die sich überzeugend gegen Doping im Radsport einsetzen, auch in entsprechend verantwortlichen Positionen auf nationaler und internationaler Ebene eingesetzt werden. Es reicht nicht, wenn Infobroschüren zum Thema innerhalb der Trainerausbildung verteilt werden. Wie Gerhard Treutlein auch in diesem Buch schreibt, muss Dopingprävention durch alle Ebenen hindurch erfolgen. Und sie muss vorgelebt werden.

Dopingprävention kann keine Rehabilitation sein. Radsportler, für die Doping in irgendeiner Form zu ihrem Sport und damit zu ihrem Broterwerb gehört, können durch Aufklärung wohl kaum bekehrt werden. Repressive Maßnahmen sind weiterhin nötig und gerechtfertigt. Allerdings muss man dann auch offen, ehrlich, transparent und effizient mit dem Thema Doping umgehen. Es gibt viel zu viele Fälle, in denen dies nicht geschieht. Jeder Radprofi hat eine Entschuldigung für seine positive Probe. Überführte Sportler werden zu Einzelfällen erklärt. Radprofis, die sich zu ihrer Dopingkarriere bekennen, werden diskreditiert. Sperren werden nicht konsequent genug ausgesprochen. Sportrechtliche Verfahren werden durch zivilrechtliche Maßnahmen ab absurdum geführt. Strafrechtliche Möglichkeiten, mit denen konsequent gegen Doping vorzugehen wäre, sind speziell in Deutschland unzureichend entwickelt. Sportpolitiker und Sportmediziner verharmlosen die Thematik. Medizinische Ausnahme-Atteste werden zur Regel. Sponsoren verdienen auch an Dopingskandalen, wie das Beispiel Festina gezeigt hat.

Doch nicht nur privatwirtschaftliche Sponsoren, auch die Steuerzahler sind involviert. Erst fördern sie mit öffentlichen Mitteln den Leistungssport. Dann müssen – wiederum mit öffentlichen Mitteln – die Probleme bekämpft werden, die durch die erste Förderung entstehen. Das ist so, als würde man einem Brandstifter 1000,– Euro geben, damit er ein Haus anzündet und anschließend dem Feuerwehrmann noch einmal 1000,– Euro, damit er das verbrannte Haus mit Wasser bespritzt. Es leuchtet ein, dass es sinnvoller wäre, die ersten 1000,– Euro gar nicht auszugeben. Aber im Sport ist vieles anders. Die Förderung des Sports wird von der gezeigten Leistung bestimmt. Wer Weltklasseleistungen erbringt, erhält die Höchstförderung. Auch der Bund Deutscher Radfahrer ist davon abhängig, wie die Leistungen seiner Nationalfahrer im internationalen Vergleich aussehen. ›Dabei sein ist alles‹ beschränkt sich schon lange auf den Bereich der Siegerpodeste, wenn nicht nur auf den höchsten Podestplatz. Das wollen auch die Zuschauer sehen. Und nur das wird durch die Medien transportiert, und nur dann ist der Sport auch für Sponsoren interessant.

Ergo sind wir alle für das Doping mitverantwortlich. Und damit wird das Problem fast unlösbar. Schon in den 1960er-Jahren sagte der Sportmediziner Professor Wildor Hollmann: »Wer einen Sport ohne Doping für realistisch hält, der hält auch eine Gesellschaft ohne Kriminalität für realistisch.« Also – lassen wir das Thema?

Nein! Sport war niemals so wichtig wie heute. Durch ihn können Themen wie Gesundheit, Fair Play, Anstand, Moral, Gewaltprävention, Integration und vieles andere mehr hervorragend transportiert und gelehrt werden. »Wenn alle zu dem, was sie über Doping wissen und am eigenen Leib erfahren haben, auch ehrlich stehen würden, wären wir einen großen Schritt weiter«, sagte mir einmal ein bekannter Radsportler. Das wäre ein Schritt in die richtige Richtung.

Sinnvoller, als sich halbherzig der Bekämpfung hinzugeben, erscheint es, Nachwuchssportler davon abzuhalten, überhaupt erst in die Dopingfalle zu geraten. Dafür ist ein aufgeklärtes und kritisches Umfeld nötig. Wenn die ersten Radsport-Talente in Deutschland sagen: »Unter diesen Umständen werde ich kein Profi!« und wenn das entsprechend durch die Medien transportiert wird, dann wird vielleicht manchem klar, dass es mit dem Radsport so wie bisher nicht weitergehen kann. Doch derzeit scheinen die Kräfte, die das bestehende System schützen und ›erhalten‹, größer zu sein, als die, die es erneuern wollen. Die systemerhaltenden Kräfte müssen angesichts der zahllosen Dopingskandale schon enorm groß sein. Zu Beginn des Jahres 2007 ist es immer noch sehr unwahrscheinlich, dass Leute, die sich nachweislich um die Dopingprävention im Radsport verdient gemacht haben oder sie unabhängig und energisch nach vorne bringen könnten, vom Bund Deutscher Radfahrer entsprechend berücksichtigt werden. Noch immer gelten sie verbandsintern als Querulanten und Nestbeschmutzer. Oder es wird die Meinung vertreten, dass mit ihrer Philosophie ein Leistungsniveau erreicht werden würde, das höchstens für den Breitensport ausreiche. – Einige von ihnen fanden in diesem Buch Gehör.

Eine grundlegende Erneuerung von Strukturen und Personen in entscheidenden Positionen aber ist unverzichtbar, wenn die über 100-jährige

Dopingtradition im Radsport Geschichte werden und man Kindern wieder unbedenklich zum Radsport raten können soll. Eine Erneuerung, die allenthalben von Radsport-Funktionären angekündigt wird.

Und die Dopingtradition könnte ohne weiteres Geschichte werden: Gerade der Radsport lebt von einer teambezogenen Dramatik und Dynamik, die nicht davon abhängt, wie schnell der einzelne Profi fährt, auch wenn Einzel- oder Mannschaftszeitfahren in den letzten Jahren an Bedeutung gewonnen haben. Die Spannung der Positionskämpfe während einer Alpenetappe der Tour de France wird nicht von der messbaren Geschwindigkeit bestimmt. Auch wenn alle Teilnehmer – ohne Doping – etwas langsamer fahren würden als in den Jahren zuvor, wären die besten bei den Zeitfahrwettbewerben nach wie vor die schnellsten Fahrer. Damit hat der Radsport einen erheblichen Vorteil gegenüber anderen Sportarten, in denen einmal erreichte Weiten, Höhen, Zeiten oder Gewichte die alles bestimmenden Kriterien sind. Er sollte ihn im Sinne der Dopingbekämpfung und Dopingprävention nutzen, solange er die Chance dazu noch hat. Sie wird ständig kleiner.

Anhang

Dopingfälle und -affären im Radsport 1940–2006

Grau = Frauen
kursiv = *Funktionsträger (auch nach der Sportlerkarriere)*
* = Personen, die mehrfach auffielen

Name		Jahr des Dopingfalls/ der -affäre	Sanktionen/ Konsequenzen	Mittel/ Sanktionsgrund
		bis 1959		
ALDESE, Fabio	ITA	1949	Tod	Amphetamine
BOBET, Louison	FRA	1948 Tour de France Geständnis des Teammanagers Achambaud – Bobet wusste nichts davon		Adrenalin
		1948 ff. Geständnis des Pflegers – Bobet wusste nichts davon		Kokain, Koffein (Kola), Chinin
BUTTAZONI	ITA	1959	Tod	Amphetamine
COPPI, Fausto	ITA	1942 Stundenweltrekord, 7.11. und folgende Jahre, Geständnis		Amphetamine
CROUILLÈRE, Paul	FRA	1952 Circuit d'Ormesson	Amateur, stirbt nach einem Sturz während eines Rennens	Amphetamine
DIELEN	FRA	1952 Carcassonne	Amateur, stirbt nach einem Sturz während eines Rennens	Amphetamine
DOTTO, Jean	FRA	1951–1963, Geständnis		Amphetamine
GAUL, Charly	LUX	1959 Tour de France, vor dem Start		Amphetaminfund durch den Zoll
GEMINIANI, Raphaël	FRA	1948–1960 (?), Geständnis		Stimulanzien
HUOT, Valentin	FRA	1954–1962, Geständnis 1999		Amphetamine
MALLEJAC, Jean	FRA	1955 Tour de France	Fiel schwer krank vom Rad	Amphetamine
PETRUCCI, Loretto	ITA	1955 ff., Geständnis		Amphetamine
POUSSE, André	FRA	1940 ff., Geständnis		Digitalis, Stimulazien

253

Name		Jahr des Dopingfalls/ der -affäre	Sanktionen/ Konsequenzen	Mittel/ Sanktionsgrund
RICHARDOT	FRA	1955 Tour de France	Ausschluss vom Rennen; Pfleger von Mallejac und Gaul	Verabreichung von Amphetaminen
RIVIERE, Roger *	FRA	1958 Stundenweltrekord		Amphetamine
1960				
ANGLADE, Henri	FRA	1960 ff., Geständnis		Amphetamine
JENSEN, Knud Enmark	DEN	1960 Olympische Spiele Rom	Fällt vom Rad und stirbt	Amphetamine
NENCINI, Gastone	ITA	1960 Tour de France		Amphetamine
RIVIERE, Roger *	FRA	1960 Tour de France, 10.7.		Palfium und Amphetamine
1961				
FANTINI, Alessandro	ITA	1961 Deutschland-Rundfahrt, 6. Etappe	Stirbt nach Schädelbruch, Operation wegen der Amphetamine unmöglich	Amphetamine
1965				
GROSSKOT, Charly *	FRA	1965 Tour de l'Avenir, Geständnis		
1966				
AIMAR, Lucien *	FRA	1966 Flèche Wallonne	Disqualifikation	Entzieht sich Kontrolle und positive Kontrolle
ALTIG, Rudi *	GER	1966 Flèche Wallonne	Disqualifikation	Entzieht sich Kontrolle
ANQUETIL, Jacques *	FRA	1966 und 1967, Geständnis		Koffein, Amphetamine, Cortison
BELLONE, Gilbert	FRA	1966 Tour de France		Amphetamine
DELOCHT, Julien	BEL	1966 Tour de France		Amphetamine
DUPONT, Jean	FRA	1966 Tour de France		Amphetamine
MILLOT, Roger	FRA	1966 Tour de France		Amphetamine
NERI, Guido	ITA	1966 Tour de France		Amphetamine
VAN SPRINGEL, Hermann	BEL	1966 Tour de France		Amphetamine
1967				
ANQUETIL, Jacques *	FRA	1967, Geständnis		Koffein, Amphetamine, Cortison
		1967 Stundenweltrekord	UCI erkennt Stundenweltrekord nicht an	Verweigerung einer Dopingkontrolle
BINGGELI, René	SUI	1967 u.a., Geständnis		Amphetamine

Name		Jahr des Dopingfalls/ der -affäre	Sanktionen/ Konsequenzen	Mittel/ Sanktionsgrund
DOLMAN, Evert	NL	1967 Niederländische Meisterschaften	Deklassierung	positive Kontrolle
GODEFROOT, Walter *	BEL	1967 Paris–Tours	Deklassierung	Kontroll- verweigerung
GROSSKOT, Charly *	FRA	1967 WM Bahn		Ephedrin
JACQUEMIN, Michel	BEL	1967 Tour de France		Amphetamine und Spuren von Injektionen
JIMENEZ Julio	ESP	1967 Tour de France		Amphetamine
LETORT, Désiré	FRA	1967 Tour de France		Amphetamine
SIMPSON Tom	GBR	1967 Tour de France	Stirbt im Rennen	Amphetamine
1968				
ABT, Peter	SUI	1968 Giro d'Italia	Disqualifikation	Amphetamine
ADORNI, Vittorio*	FRA	1968 Tour de Sardaigne	1 Monat Sperre	Amphetamine
		1968 Giro d'Italia	1 Monat suspendiert	Betrugsversuch bei einer Kontrolle
BODRERO, Franco	ITA	1968 Giro d'Italia	Disqualifikaton	Amphetamine
DELISLE, Raymond	FRA	1968 Giro d'Italia	Disqualifikaton	Amphetamine
DI TORO, Mario	ITA	1968 Giro d'Italia	Disqualifikaton	Amphetamine
DIAZ, Mariano	ESP	1968 Giro d'Italia	Disqualifikaton	Amphetamine
GALERA, Joaquin *	ESP	1968 Giro d'Italia	Disqualifikaton	Amphetamine
MOTTA, Gianni *	ITA	1968 Giro d'Italia	Disqualifikaton	Amphetamine
MOTTIN, Yves	FRA	1968	Amateur, 23 J., stirbt 24 Std. nach gewon- nenem Rennen	Amphetamine
STABLINSKI, Jean	FRA	1968 Tour de France, 18. Etappe	Ausschluss	Amphetamine
VAN SCHIL, Victor	BEL	1968 Giro d'Italia	Disqualifikaton	Amphetamine
1969				
AIMAR, Lucien *	FRA	1969 Critérium National	1 Monat Sperre	Amphetamine?
ALTIG, Rudi *	GER	1969 Tour de France	15 Minuten Zeitstrafe	Amphetamine
JANSSEN, Jan	NL	1969 Paris–Nizza, Geständnis		Nichterscheinen zu einer Kontrolle
MERCKX, Eddy *	BEL	1969 Giro d'Italia	Disqualifikation, 1 Monat Sperre – wird aufge- hoben	Amphetamine
NIJDAM, Henk	NL	1969 Tour de France	15 Strafminuten	Amphetamine
TIMMERMANN, Joseph	BEL	1969 Tour de France	15 Strafminuten	Amphetamine

Name		Jahr des Dopingfalls/ der -affäre	Sanktionen/ Konsequenzen	Mittel/ Sanktionsgrund
		1971		
CAMPANER, Francis	FRA	1971 Portugal-RF		positiv
DAUNAT, Jean-Claude	FRA	1971 Tour de France		Amphetamine
DUCREUX, Daniel *	FRA	1971 Portugal-RF		Amphetamine
DUMONT, Jean	FRA	1971 Französische Meisterschaften		positiv
FOUCHER, André *	FRA	1971 Prix de la St. Michel		Amphetamine
RAVALEU, Yves	FRA	1971 Tour de France		Amphetamine
RICCI, Walter	FRA	1971 Belgien-RF		positiv
SCHEPERS, Wim	NL	1971 Vuelta a España	Dekl. vom 2. auf 15. Platz	positive Kontrolle
		1972		
AGOSTINHO, Joachim *	POR	1972 Tour de France, 12. Etappe	10 Min. Zeitstrafe	
*GUIMARD, Cyrille **	FRA	1972 Tour de Luxembourg		
HEZARD, Yves	FRA	1972 NC Frankreich	Titelaberkennung franz. Meister	Ephedrin
HUELAMO, Jaime	ESP	1972 Olympische Spiele	Disqualifikation	Coramin (Stimulanz)
JUNKERMANN, Hans	GER	1972 Tour de France 7. Etappe	10 Minuten Zeitstrafe	Positive Probe
VAN DEN HOECH, Aad	NL	1972 Olympische Spiele	Disqualifikation	Coramin (Stimulanz)
		1973		
BLOCHER, Jean-Claude	FRA	1973 Geständnis		Pémolin (Delta-mine), Lidépran, Mératran (Stimulanzien), Amphetamine
BOULARD, Jean-Pierre	FRA	1973 Grand Prix de Puillenay		Methamphe-tamine
CREPALDI, Ottavio	ITA	1973 Lombardei-RF	Disqualifikation	Nichterscheinen zu einer Kontrolle
HOBAN, Barry	GBR	1973 Tour de France		Ephedrin
MERCKX, Eddy *	BEL	1973 Lombardeirundfahrt	Deklassierung	Ephedrin
MOURIOUX, Jacky	FRA	1973 Prix de la Souterraine		positiv
		1974		
BRUYERE, Joseph	BEL	1974 Belgien-RF	Deklassierung	Ritalin
*DANGUILLAUME, Jean-Pierre **	FRA	1974		Ritalin
DAVID, Wilfried	BEL	1974 Lüttich–Bastogne–Lüttich	Deklassierung	Ritalin

Name		Jahr des Dopingfalls/ der -affäre	Sanktionen/ Konsequenzen	Mittel/ Sanktionsgrund
DE WITTE, Ronald	BEL	1974 Lüttich–Bastogne–Lüttich	Deklassierung	Ritalin
DELISLE, Raymond	FRA	1974 Lüttich–Bastogne–Lüttich	Deklassierung	Ritalin
DUCREUX, Daniel *	FRA	1974 Tour de France		Amphetamine
GENTHON, Charles	FRA	1974		Ritalin
GODEFROOT, Walter *	BEL	1974 Flèche Wallone	Deklassierung	Pipéridin (Lidepran, Meratran, Ritalin), Kontrollverw.
		1974 Flandernrundfahrt	Deklassierung	positive Kontrolle
GUIMARD, Cyrille *	FRA	1974 Tour de France		Amphetamine
KARSTENS, Gerben	DEN	1974 Tour de France		Nichterscheinen zu einer Kontrolle
LEGEAY, Roger	FRA	1974 Paris–Nizza, 2. Etappe	1 Monat Sperre, amnestiert	Amphetamine
LEMAN, Eric	BEL	1974 Belgien-RF	Deklassierung	Ritalin
MAERTENS, Freddy *	BEL	1974 Belgien-RF		Pos. Kontrolle
MELERO, Carlos	ESP	1974 Tour de France		Piperidin
TOLLET, Claude	FRA	1974 Tour de France		Amphetamine
1975				
DELÉPINE, Régis	FRA	1975 Tour de France, 5. Etappe	10 Minuten Zeitstrafe	Positive Probe
GIMONDI, Felice	ITA	1975 Tour de France, 15. Etappe	10 Minuten Zeitstrafe	Positive Probe
KNUDSEN, Knut	NOR	1975 Belgien-RF	10 Minuten Zeitstrafe	positive Kontrolle
1976				
BÉON, Patrick *	FRA	1976 Belgien-RF		Amphetamine
DARD, Rachel	FRA	1976 Geständnis		Cortison
FERETTI, Giancarlo *		1976 Giro d'Italia		Anabolika, 1. Anabolika-Fall beim Giro
FOUCHER, André*	FRA	1976 Prix d'Ambrières		Amphetamine
LABOURDETTE, Bernard	FRA	1976 Tour de France		Betrug
OVION, Régis	FRA	1976 Tour de France, 13. Etappe	Disqualifikation	Amphetamine
SIBILLE, Guy *	FRA	1976 Tour du Limousin		positiv

Name		Jahr des Dopingfalls/ der -affäre	Sanktionen/ Konsequenzen	Mittel/ Sanktionsgrund
1977				
AGOSTINHO, Joachim *	POR	1977 Tour de France, 18. Etappe	1 Monat Sperre auf Bewährung, 1000,– SF, 10 Strafminuten	
MAERTENS, Freddy *	BEL	1977 Flèche Wallonne	Deklassierung	Pemolin
		1977 Flandern-RF	Disqualifikation	Pemolin
		1977 Belgien-RF		Pemolin
		1977 Het Volk, Geständnis		Pemolin
MENDES, Fernando	POR	1977 Tour de France	1 Monat Sperre auf Bewährung, 1000,– SF, 10 Strafminuten	Pemolin
MENENDEZ, Antonio	ESP	1977 Tour de France, 18. Etappe	1 Monat Sperre auf Bewährung, 1000,– SF, 10 Strafminuten	Pemolin
MERCKX, Eddy *	BEL	1977 Flèche Wallonne		Pemolin
OCANA, Luis	ESP	1977 Tour de France	1 Monat Sperre auf Bewährung, 1000,– SF, 10 Strafminuten	Pemolin
PLANCKAERT, Walter	BEL	1977 Flandernrundfahrt	Disqualifikation, 1 Monat Sperre auf Bewährung, 1000,– SF	Pemolin
POZO, Sebastien	ESP	1977 Tour de France		Nichterscheinen zu einer Kontrolle
TEILLINCK, Willy	BEL	1977 Flèche Wallonne	Deklassierung	Pemolin (Stimulanz)
THEVENET, Bernard	FRA	1977 Paris–Nizza		positiv, gesteht 1978, 3 Jahre lang Cortison eingenommen zu haben
1978				
ESCLASSAN, Jacques	FRA	1978 WM		Coramin (Stimulanz)
GLAUS, Gilbert	SUI	1978 WM der Amateure, Straße		Coramin (Stimulanz)
GUTIERREZ, Antoine	FRA	1978 Tour de France, 16. Etappe	Disqualifikation	Manipulation der Dopingkontrolle
POLLENTIER, Michel	BEL	1978 Tour de France, 16. Etappe	Disqualifikation, 2 Monate Sperre	Amphetamine und Versuch der Manipulation der Dopingkontrolle

Name		Jahr des Dopingfalls/ der -affäre	Sanktionen/ Konsequenzen	Mittel/ Sanktionsgrund
VANDENBROUKE, Jean-Luc *	BEL	1978 WM		Coramin (Stimulanz)
1979				
CHAUMAZ, Gilbert	FRA	1979 Tour de France		Nichterscheinen zu einer Kontrolle
ZOETEMELK, Joop *	BEL	1979 Tour de France		Nandrolon
1980				
BOYER, Philippe *	FRA	1980 ff., fast gesamte Karriere, Geständnis		Anabolika, Corticosteroide, Amphetamine, Pot belge
MADIOT, Marc	FRA	1980 (ff.?), Geständnis		
MARTINEZ, Mariano	ESP	1980 WM Radcross, 26/27.1.1980 Wetzikon (Sui)	Deklassierung	Nichterscheinen zu einer Doping- kontrolle
THURAU, Dietrich *	GER	1980 Gent Wevelgem		Amphetamine
		1980 Tour de Romandie		Amphetamine
		1980 DM		Amphetamine, Nikotin
		1980 Tour de France		Massagemittel im Urin (B-Probe negativ)
WINNEN, Peter	NL	1980–1991, Geständnis 2002		
1981				
VINCENDEAU, Claude	FRA	1981 Tour de France		Nichterscheinen zu einer Kontrolle
ARROYO, Angel	ESP	1982 Vuelta a España, 17. Etappe	Deklassierung	Ritalin
BELDA, Vincente	ESP	1982 Vuelta a España, 17. Etappe	Deklassierung	Ritalin
CHAPUIS, André	FRA	1982–1988 ?		Amphetamine – Geständnis
DIDIER, Lucien	LUX	1982 Luxemburger Meisterschaft	Deklassierung	positive Kontrolle
FERNANDEZ, Alberto	ESP	1982 Vuelta a España, 17. Et.	Deklassierung	Ritalin
GRONDIN, Hugues	FRA	1982 Vuelta a España, 8. Et.	Deklassierung	Ritalin
HINAULT, Bernard	FRA	1982 Critérium de Carnac		Nichterscheinen zu einer Kontrolle
MARTIN, Raymond	FRA	1982 Tour de l'Avenir, 5. Etappe	Deklassierung	Phacetoperan
MCKENZIE, David	NZL	1982 Meisterschaft von Zürich	Disqualifikation	positive Kontrolle

Name		Jahr des Dopingfalls/ der -affäre	Sanktionen/ Konsequenzen	Mittel/ Sanktionsgrund
MUNOS, Pedro	ESP	1982 Vuelta a España, 17. Et.	Deklassierung	Ritalin
1983				
BAZZO, Pierre	FRA	1983 Tour de France, 7. Et.		Nandrolon
BOSSIS, Jacques	FRA	1983 Tour de France		Nandrolon
CLERC, Patrick	FRA	1983 Tour de France, 8. Et.		Nandrolon
RODRIGUEZ, Jean-François	FRA	1983 Tour de France, 3. Et.		Nandrolon
SIMON, Pascal	FRA	1983 letzte Etappe EZ Dauphiné Libéré, 6.6.	Von 1. auf 4. Platz gesetzt	Micoren (enthält Cropropamid, Stimulanz)
VAN DER POEL, Adri *	NEL	1983 Henninger Turm, 1.5.		Strychnin
VANOVERSCHELDE, Didier	FRA	1983 Tour de France		Nandrolon
ZOETEMELK, Joop *	BEL	1983 Tour de France		Nandrolon
1984				
DANGUILLAUME, Jean-Pierre *	FRA	1984 Geständnis		Cortison
EMERY, Brent	USA	1984 Olympische Spiele Los Angeles, 3.8., Geständnis Dr. Th. Dickson (Teamarzt)	Verbot der Transfusionen 1986	Blutdoping (-transfusion)
HARVEY, Leonard	USA	1984 Olympische Spiele Los Angeles, 2.8., Geständnis Dr. Th. Dickson (Teamarzt)	Verbot der Transfusionen 1986	Blutdoping (-transfusion)
HEGG, Steve	USA	1984 Olympische Spiele Los Angeles, 2.8., Geständnis Dr. Th. Dickson (Teamarzt)	Verbot der Transfusionen 1986	Blutdoping (-transfusion)
KELLY, Sean *	IRE	1984 Paris–Bruxelles	1 Monat Sperre auf Bewährung, 1000,– SF (durch belg. Verband)	Pemolin
MC DONOUGH, Patrick	USA	1984 Olympische Spiele Los Angeles, 5.8., Geständnis Dr. Th. Dickson (Teamarzt)	Verbot der Transfusionen 1986	Blutdoping (-transfusion)
OLAVARRI, Cindy	USA	1984 Trainingskontrolle (vor den Olymp. Spielen)	Ausschluss aus dem US-Olympiateam	Anabole Steroide
STRITTMATTER, Gerhard	GER	1984 DM Bahn, Testkontrolle Olympische Spiele, 31.7.	Nichtberücksichtigung für Olympia	Anabolika
TINAZZI, Marcel	FRA	1984 Bordeaux–Paris		positiv

Name		Jahr des Dopingfalls/ der -affäre	Sanktionen/ Konsequenzen	Mittel/ Sanktionsgrund
TWIGG, Rebecca	USA	1984 Olympische Spiele Los Angeles, 1.8., Geständnis Dr. Th. Dickson (Teamarzt)	Verbot der Transfusionen 1986	Blutdoping (-transfusion)
VAN DER POEL, Adri *	NL	1984 Sizilianische Woche, 2. Etappe, 24.3.	3 Monate Sperre plus 15 Monate auf Bewährung, 10 125,– FF, zusätzlich 1 Monat auf Bewährung wegen Wiederholung	Ephedrin
WHITEHEAD, Mark	USA	1984 Olympische Spiele Los Angeles, 1.8., Geständnis Dr. Th. Dickson (Teamarzt)	Verbot der Transfusionen 1986	Blutdoping (-transfusion), Blut des Bruders
1985				
BOYER, Erik	FRA	1985–1995 (?), Geständnis		Corticosteroide, Amphetamine
CRIQUIELION, Claude	BEL	1985		positive Kontrolle
DUCROT, Marteen	NL	1985–1991		Geständnis 1999 und 2000
JACOBS, Gert *	NL	1985–1993		Geständnis 1999
WELLENS, Paul	BEL	1985 Belg. Meisterschaft		Betrug
1986				
CAHARD, Yavé	FRA	1986 Colorado Springs, 16.8.		Anabolika
CARITOUX, Eric	FRA	1986 Geständnis, Prozess Laon		Kauf von Amphetaminen
CHAURIN, Jean-François	FRA	1986 Geständnis, Prozess Laon		Kauf von Amphetaminen
CLAVEYROLAT, Thierry	FRA	1986 Geständnis, Prozess Laon		Kauf von Amphetaminen
CLÉMENTE, Franck	FRA	1986 Geständnis, Prozess Laon		Amphetamine
CLÈRE, Régis	FRA	1986 Geständnis, Prozess Laon		Kauf von Amphetaminen
COLAS, Fabrice	FRA	1986 Colorado Springs, 16.8.		Anabolika
HATTON, Gilbert	USA	1986 WM, 30.8. und 1.9.	Disqualifikation	Anabolika
MAERTENS, Freddy *	BEL	1986		Cortison
TACKAERT, William *	BEL	1986		positive Kontrolle
THURAU, Dietrich *	GER	1986 6 Tage von Bercy		Amphetamine

Name		Jahr des Dopingfalls/ der -affäre	Sanktionen/ Konsequenzen	Mittel/ Sanktionsgrund
VAN CALSTER, Guido	BEL	1986 Belg. Meisterschaft, Juni		positive Kontrolle
VERLINDEN, Gery	BEL	1986		positive Kontrolle
WAMPERS, Jean-Marie	BEL	1986 Brabantse Pijl, April		Amphetamine
1987				
AGGAR, Hacen	FRA	1987	6 Monate Sperre, 1000,– FF	positiv
BONTEMPI, Guido	ITA	1987 Tour de France, 7. Et.	10 Minuten Zeitstrafe	Testosteron
BRUNEAU, Jean-Yves	FRA	1987	6 Monate Sperre, 1000,– FF	positiv
CASTAING, Francis	FRA	1987 Tour der EU		Anabolika
CONTINI, Silvano	ITA	1987 Tour de France	An letzten Platz gesetzt, 12. Etappe	Testosteron
DEVOS, Hendrik	BEL	1987 Blankenberge		positive Kontrolle
DIETZEN, Raimund	GER/ ESP	1987		20 Ampullen Amphetamine bei ihm gefunden
FIGNON, Laurent *	FRA	1987 GP de Wallonie	Deklassierung	Amphetamine
KIMMAGE, Paul	IRL	1987		Geständnis 1990
LE BIGAUD, Pierre		1987 Milk Race		positive Kontrolle
LESAGE, Frédéric *	FRA	1987 Championat de Picardie		positiv
LONGO, Jeannie	FRA	1987 Stundenweltrekord Colorado Springs	Annullierung des Rekords	Ephedrin
MAERTENS, Marc	BEL	1987 Izegem, 1.9.		Amphetamine
NICOLOSO, Isabelle	FRA	1987	6 Monate Sperre, 1000,– FF	positiv
PATRITTI, Alain	FRA	1987 Geständnis, Prozess Laon		Amphetamine
SCHARMIN, Chris	BEL	1987 Milk Race		positive Kontrolle
TACKAERT, William *	BEL	1987 Milk Race		positive Kontrolle
THURAU, Dietrich *	GER	1987 Tour de France	10 Minuten Zeitstrafe	Nandrolon
VERSLUYS, Patrick	BEL	1987 Blankenberge		positive Kontrolle
WALSHAM, Mark	GB	1987 Milk Race		positive Kontrolle

Name		Jahr des Dopingfalls/ der -affäre	Sanktionen/ Konsequenzen	Mittel/ Sanktionsgrund
1988				
AIQUEPARSES, Claude	FRA	1988 Grand Prix d'Auchan		positiv
ARRAS, Wim	BEL	1988		Amphetamine
BETZ, Werner	GER	1988 WM, 25.8.	Disqualifikation	positive Kontrolle
COLAMARTINO, Vincenzo	ITA	1988 WM Steher	Disqualifikation	Testosteron
DAZZAN, Ottavio	ITA	1988 WM, 23.8.	Disqualifikation	positive Kontrolle
DE LA CRUZ, Roque	ESP	1988 Tour de France, 4. Et.		Testosteron
DE WILDE, Etienne *	BEL	1988		Nortesteron
DELGADO, Pedro	ESP	1988 Tour de France		Probenicid
GOLINELLI, Claudio	ITA	1988 WM, 24.8.	Disqualifikation	Nandrolon
HAGHEDOOREN, Paul *	BEL	1988 Tour du Limousin, 19.8.		positive Kontrolle
ILEGEMS, Roger	BEL	1988 Bordeaux–Paris		positive Kontrolle
KELLY, Sean *	IRE	1988 Baskenland-RF, 8.4.	Einstellung des Verfahrens wegen eines Verfahrensfehlers	Codein
LECROCQ, Dominique	FRA	1988 (?), Geständnis	Entlassung	positive Kontrolle
PLANCKAERT, Eddy *	BEL	1988 Flandernrundfahrt	Deklassiert (war Sieger)	positive Kontrolle
THEUNISSE, Gert-Jan *	NL	1988 Tour de France 11. Et.		Testosteron
TOURNE, Stan	BEL	1988 WM, 25.8.	Disqualifikation	Amphetamine
VAN SLYCKE, Rik	Bel	1988 Schweden-RF		positive Kontrolle
1989				
BOYER, Philippe *	FRA	1989 Zollkontrolle	Disziplinar- und Geldstrafe	Pot belge, Handel, Besitz
CHASSANG, Jean	FRA	1989 Grand Prix de Royan		positiv
FIGNON, Laurent *	FRA	1989 MZF Eindhoven, 17.9.	Suspendierung	positive Kontrolle
LE CLERC, Roland	FRA	1989 Flèche Wallonne, 12.4.		positiv
VILLEMIANE, Pierre	FRA	1989 Grand Prix de Royan		positiv
1990				
DAUWE, Johnny	BEL	1990 Luxemburg RF Prolog	3 Monate Sperre auf Bewährung	Micoren (enthält Cropropamid, Stimulanz)
DE VOOGHT, Fabien	FRA	1990 Tour de la Cote Roannaise		Anabolika

263

Name		Jahr des Dopingfalls/ der -affäre	Sanktionen/ Konsequenzen	Mittel/ Sanktionsgrund
FREULER, Urs *	SUI	1990 Sechs-Tage-Rennen München 8.–13.11.	Disqualifikation	positive Kontrolle (?)
HAGHEDOOREN, Paul *	BEL	1990 T/W-Classic, August		positive Kontrolle
THEUNISSE, Gert-Jan *	NL	1990 Wallonischer Pfeil, 4. 1990 Baskenland-RF, 6.		Testosteron
VERNET, Philippe	FRA	1990 Zollkontrolle franz.-belg. Grenze	Verurteilt zu 10 000,– FF	Drogenhandel
1991				
BROCHARD, Laurent *	FRA	1991 Circuit Franco-Belge	Freispruch	Nandrolon
COOMAN, Jerry	GB	1991 Milk Race		2 positive Kontrollen Schmerz-mittel
DOMINGUEZ, J.	ESP	1991		Amphetamine
FREULER, Urs *	SUI	1991 Preis von Sindel-fingen	6 Monate Sperre, nach Einspruch Reduktion auf 4 Monate	Amphetamine
HALL, Carey	AUS	1991 WM Stuttgart, 14.8.	Disqualifikation, 3 Monate Sperre auf Bewährung	Stanozolol (Anabolikum)
MONTOYA, Reyne	COL	1991 Tour de France		Amphetamine
PATE, Stephan	USA	1991 WM Stuttgart, 14.8.	Disqualifikation, 3 Monate Sperre auf Bewährung	Stanozolol (Anabolikum)
PLANCKAERT, Eddy *	BEL	1991, Geständnis		EPO
RAAB, Uwe	GER	1991		1996 Geständnis
RECIO, José *	ESP	1991		Kokain
SKIBBY, Jesper	DAN	1991–2000	Geständnis 11 2006	Kortison, Wachs-tumshormone, EPO usw.
1992				
ANDERSEN, Kim *	DEN	1992		Amineptine-(Survector)
CONVALLE, Fabrizio	ITA	1992		Geständnis 2002
DAVY, Thomas	FRA	1992–2000		Geständnis im Festina-Prozess 2000
DE JESUS VARGAS, Oscar	ESP	1992 Vuelta a España, 20. Etappe	Deklassierung	positive Kontrolle
DI BASCO, A.	ITA	1992		Stimulanz
ELLIOT, Malcolm	GBR	1992		Amphetamine
GONZALES, Bernardo	ESP	1992 Vuelta a España, 16 Etappe	Deklassierung	positive Kontrolle

Name		Jahr des Dopingfalls/ der -affäre	Sanktionen/ Konsequenzen	Mittel/ Sanktionsgrund
GREWAL, Alexi	USA	1992 West Virginian Mountain Classic	3 Monate Sperre, 500,– D.	Opium
MILLAR, Robert	GBR	1992 Vuelta a España, 18. Etappe	Deklassierung	Testosteron
TARANTINI, Philippe	FRA	1992 Sechstage Stuttgart 22.1.	3 Monate Sperre auf Bewährung	Amphetamine
		1992 Sechstage Grenoble 4.11.	6 Monate Sperre	Nichterscheinen zu einer Kontrolle
UREA, Jose	ESP	1992		Amphetamine
1993				
BUTTIGLI, Hervé	FRA	1993 Sechstage von Eybens, 4.9.	6 Monate Sperre, davon 3 auf Bewährung	Nandrolon
CLIGNET, Marion	FRA	1993 WM	3 Monate Sperre durch UCI, auf 7 Monate durch FFC erhöht	Koffein
ENIOUKHINA, Galina	RUS	1993 WM Hamar, 20.8.	Disqualifikation	positiv
JACOBS, Gert *	NL	1993 (?) 3 Tage von de Panne		Testosteron
LINO, Pascal *	FRA	1993 Amstel Gold Race	Sperre auf Bewährung	Ephedrin
MENTHEOUR, Erwann	FRA	1993–1997, Geständnis		Cortison, Pot belge, EPO, hgH
NELISSEN, Wilfried	BEL	1993 Scheldepreis, 4.		positive Kontrolle
VOLPI, Alberto	ITA	1993 Leeds International Classics, 15.8.	3 Monate Sperre auf Bewährung, 3000,– SF	HCG (Gonadotropin)
ZÜLLE, Alex *	SUI	1993 Baskenland-RF	Freispruch	Salbutamol
1994				
BALLERINI, Franco *	ITA	1994		Salbutamol
BUGNO, Gianni *	ITA	1994 Coppa Agostini	3 Monate Sperre	Koffein
CABELLO, Francis	ESP	1994 Mallorca-RF	3 Monate auf Bewährung (?)	Nandrolon
CHIOTTI, Jérôme	FRA	1994 ff. Geständnis (2000)	Sperre von 3 Monaten plus 3 Monate auf Bewährung, Aberkennung WM-Titel	EPO, Wachstumshormone, Testosteron, Corticoide, Pot belge
CURRIT, Jean-Christophe	FRA	1994 Paris–Brüssel		Amphetamine, Pot belge, Geständnis

Name		Jahr des Dopingfalls/ der -affäre	Sanktionen/ Konsequenzen	Mittel/ Sanktionsgrund
LE ROSCOUET, Christophe	FRA	1994–1995		Amphetamine
LEBLANC, Luc	FRA	1994 ff.		EPO, Geständnis 2000
MADUAS, Laurent	FRA	1994	1 Monat Sperre auf Bewährung	Salbutamol
OLANO, Abraham	ESP	1994 Katalonien-RF		Koffein
VELO, Marco	ITA	1994 WM 100-km-Mannschaftszeitfahren	2 Jahre Sperre	HCG (Gonadotropin)
1995				
ANDREU, Frankie	USA	1995, 1999		EPO – Geständnis 2006
BRATKOWSKI, Jan	GER	1995 Sachsen-Tour 6. Etappe	6 Monate Sperre 16.9.–15.3.	Anabolika
LIÉVIN, Gérard *	FRA	1995 Franz. Meisterschaften		Testosteron
PANTANI, Marco *	ITA	1995 Mailand–Turin	2000, 3 Monate Haft auf Bewährung, ca. 600,– Euro, Urteil aufgehoben 2003	Hämatokrit von 60,1 nach Sturz festgestellt – Prozess wegen Sportbetrugs
SANTUCCIONE, Carlo Dr. *	ITA	1995	Suspendierung durch italienischen Radsportverband 1995–2000	Dopingaffäre
SHAWN, Lynch *	SFA	1995 Leicester	12 Monate Sperre	Testosteron
1996				
AUBIER, Nicolas	FRA	1996/1997, Geständnis		EPO
BALLERINI, Franco *	ITA	1996 GP de Wallonie	20 Tage Sperre	Ephedrin
CASERO, Angel	ESP	1996 12. Mai		Nandrolon
DERIQUE, David	FRA	1996 Vendée international classic	6 Monate Sperre, 2000,– SF	Anabolikum (Nandrolon?)
DESBIENS, Laurent	FRA	1996 4 Tage von Dünkirchen		Nandrolon
		1996 Vendée international classic	6 Monate Sperre, 2000,– SF	Nandrolon
DURAND, Jacky	FRA	1996 4 Tage von Dünkirchen	8 Monate Sperre für beide Vergehen	Anabolika
		1996 Tour de la Côte Picarde		
FONTANELLI, Fabio	ITA	1996 Amstel Gold Race	6 Monate Sperre	Testosteron

Name		Jahr des Dopingfalls/ der -affäre	Sanktionen/ Konsequenzen	Mittel/ Sanktionsgrund
GAUMONT, Philippe *	FRA	1996 Côte picarde 1996 4 Tage von Dünkirchen	6 Monate Sperre, 2000,– SF	Nandrolon
KOHLHAAS, Willi	GER	1996 Coppa de Europa	6 Monate Sperre 1.8.–31.1.1997	
LANCIEN, Frédéric	FRA	1996 Trainingskontrolle		Nandrolon
LAURENT, Thierry	FRA	1996–1999	2003 Gefängnisstrafe	Amphetamine, Pot belge, EPO, Corticoide
LAVEUR-PEDOUX, Jérome	FRA	1996–1999	2003 Gefängnisstrafe	Amphetamine, Pot belge, EPO, Corticoide
PAFFRATH, Jörg	GER	1996 Deutsche Meisterschaft, Geständnis	Lebenslange Sperre	Positive Kontrolle
PONTIER, Frédéric	FRA	1996 ff., Geständnis 1998		EPO
1997				
ABDOUJAPAROV, Djamolidine	UBK	1997: Trois jours de la Panne Grand Prix Rennes Côte Picarde 4 jours de Dunkerque Dauphiné Libéré 1997 Tour de France 2. Etappe, 11.7.	6 Monate Sperre durch usbekischen Verband – Einspruch UCI beim CAS ---> 1 Jahr Sperre 12.7.1997– 11.7.1998, 4000,– SF	Bromantan (Stimulanz, Testosteronverschleierungsmittel), Clenbuterol
BROCHARD, Laurent *	FRA	1997 Vuelta und WM	Freispruch	Geständnis 2000: Lidocain, EPO, HGH
CAVALLINI, Franco	ITA	1997, Geständnis		Genadropin u.a.
FERETTI, Giancarlo *	ITA	1997 Giro d'Italia	1 Monat Sperre	Vertuschung, Verhinderung einer Aufklärung
FOIS, Valentino *	ITA	1997 Tour de Suisse 1997 Polen-RF	12 Monate Sperre für beide Vergehen	Testosteron
KAPPES, Andreas	GER	1997 Deutsche Meisterschaften	3 Monate Sperre	Amphetamine
LIGNEL, Gino	BEL	1997	3 Jahre Gefängnis	Amphetaminhandel
SARTI, Luigi	ITA	1997	9 Monate Sperre, 3000,– SF	Vergehen gegen Antidopingbestimmungen
SKELDE, Michael	DEN	1997 Dänemark-Rundfahrt	2 Jahre Sperre	Testosteron
WINDELS, David	BEL	1997 ff.	viermal verurteilt	Amphetaminhandel, Geständnis

Name		Jahr des Dopingfalls/ der -affäre	Sanktionen/ Konsequenzen	Mittel/ Sanktionsgrund
		1998		
ADDIS, Giorgio	ITA	1998 (?)	9 Monate Haft, Urteil Gericht Brescia 1.10.2004 60 Tage Sperre auf Empfehlung des Gerichts	Dopingrelevantes Vergehen im Radsport
BORTOLAMI, Gianluca *	ITA	1998, Geständnis im Prozess um Dr. Ferrari		EPO
BOUVARD, Gilles	FRA	1998 Festina-Affäre, Geständnis		EPO u.a.
BROCHARD, Laurent *	FRA	1998 Festina-Affäre, Geständnis	6 Monate Sperre	EPO, Amphetamine, Corticoide, Nandrolon (auch Tests), HGH
CASAGRANDE, Francesco	ITA	1998 Tour de Romandie und Giro del Trentino	6 Monate Sperre	Testosteron
CHABIRON, Joël	FRA	1998 Festina-Affäre	Prozess in Lille 2000: 5 Monate Gefängnis auf Bewährung	(Pressesprecher von Festina)
D'HONT, Jeff	BEL	1998 Festina-Affäre	Prozess in Lille 12.2000: 9 Monate Gefängnis auf Bewährung	Pfleger bei Festina, Verabreichung von Dopingmitteln
DALGAARD, Brian	DEN	1998–2000, Geständnis		
DALIBOT, Jean-Marie	FRA	1998 Festina-Affäre	Prozess in Lille 12.2000: 5 Monate Gefängnis auf Bewährung	Pfleger des Festina-Teams, Verabreichung von Dopingmitteln
DUBREUIL, Michel	FRA	1998 Prozess	verurteilt	Illegale Einfuhr von Amphetaminen
DUFAUX, Laurent	SUI	1998 Tour de France	6 Monate Sperre, 3000,– SF	EPO – Geständnis
GAVAZZI, Pierino	ITA	1998 (?)	6 Monate Haft, Urteil Gericht Brescia 1.10.2004, 60 Tage Sperre	Ungesetzliches Auftreten als Arzt und Apotheker, dopingrelevantes Vergehen im Radsport
GROUSSELLE, Sébastien	FRA	1998, 10.1.	Tod während eines Kriteriums	Corticosteroide
HAMBURGER, Bo *	DEN	1998 Geständnis		Ventoline, Pulmicort
HERVÉ, Pascal *	FRA	1998 und Jahre davor, Festina-Affäre, Geständnis 2000	2-monatige Sperre plus selbstauferlegte Sperre	Amphetamine, Cortison, EPO – Geständnis

268

Name		Jahr des Dopingfalls/ der -affäre	Sanktionen/ Konsequenzen	Mittel/ Sanktionsgrund
MAGNIEN, Emmanuel *	FRA	1998 Blutanalyse		PFOB (Familie der PFC), Koffein, Corticoide, Amphetamine
		1998 Tour de France	Geständnis	EPO u.a.
MASON, Oscar	ITA	1998 Settimana Bergamasca	6 Monate Sperre	Norandrosteron
MASSI, Rodolfo	ITA	1998 Tour de France	6 Monate Sperre, 2000,– SF	Verhaftung wegen des Besitzes von Cortison-Präparaten
MEIER, Armin	SUI	1998 und Jahre davor, Festina-Affäre, Geständnis	6 Monate Sperre, 3000,– SF	EPO, Wachstumshormone, Amphetamine
MOREAU, Christophe	FRA	1998 Critérium International 1998 Tour de France Geständnis und Nachweis	6 Monate Sperre	Anabolikum EPO, Amphetamine
PANIEZ, Pascal	FRA	1998 Prozess	verurteilt	Illegale Einfuhr von Amphetaminen
PARANIER, Christine	FRA	1998 Festina-Affäre	Prozess in Lille 12.2000: 30000,– FF	(Apothekerin) Lieferung von Corticosteroiden an Voet
PARANIER, Eric	FRA	1998 Festina-Affäre	Prozess in Lille 12.2000: 10000,– FF	(Apotheker) Lieferung von Corticosteroiden an Voet
ROUS, Didier	FRA	1998 und Jahre davor, Festina-Affäre, Geständnis	6 Monate Sperre	
ROUSSEL, Bruno	FRA	1998 und Jahre davor, Festina-Affäre	12.1998: FFC suspendiert Roussel für 5 Jahre. Prozess in Lille 12.2000: 1 Jahr Gefängnis auf Bewährung, Geldstrafe 50000,– FF	Sportlicher Direktor des Festinateams, gesteht langjähriges Teamdoping
RYCKAERT, Eric Dr.	BEL	1998 und Jahre davor, Festina-Affäre, Geständnis	2000 Verfahren in Gent: Ca. 15000,– Euro Strafe, zur Hälfte auf Bewährung, Tod vor Beendigung des Festina-Prozesses	Versorgung des Festina-Teams ab 1995 mit Dopingmitteln (EPO, hgH)
SIMEONI, Filippo *	ITA	1998 Geständnis		EPO
STEPHENS, Neil	AUS	1998 Festina-Affäre, Geständnis	Keine Sanktion	EPO

269

Name		Jahr des Dopingfalls/ der -affäre	Sanktionen/ Konsequenzen	Mittel/ Sanktionsgrund
TERRADOS, Nicolas Dr.	ESP	1998 Festina-Affäre	Prozess in Lille 12.2000: 10 000,– FF	ONCE-Teamarzt, Mitführen von Dopingmitteln, Grenzkontrolle
TRIEBEL, Pascal	LUX	1998 Luxemburger Meisterschaft	Deklassierung	positive Kontrolle
VAN BOSSCHE, Alain	BEL	1998, Geständnis		Verbotenes Produkt
VOET, Willy	BEL	1998 Zollkontrolle, Festina-Affäre, Geständnis	12.1998; FFC suspendiert Voet für 3 Jahre Prozess in Lille: 10 Monate Gefängnis auf Bewährung, 30 000,– FF	Festina-Pfleger, wird wegen Besitzes und Verabreichnung verurteilt
VIRENQUE, Richard	SUI	1998 und Jahre davor, Festina-Prozess, Geständnis 2000	9 Monate Sperre, 4000,– SF; CAS reduziert um zweieinhalb Monate	EPO, ACTH, Wachstumshormone, Cortison
WOLF, Carsten	GER	1998 Sechstage Grenoble, 29.10. und 3.11.	6 Monate Sperre, 2000,– SF	Nandrolon
ZÜLLE, Alex *	SUI	1998 und Jahre davor, Festina-Affaire, Geständnis	6 Monate Sperre, 3000,– SF	EPO, Amphetamine
1999				
BELTRAN, Manuel	ESP	1999 Tour de France		Corticosteroide Beltran kann wie Armstrong, Hamburger und Castelblanco eine med. Verordnung nachreichen
		1999 Tour de France	keine Sanktion möglich	EPO Nachanalyse von B-Proben der Jahre 1998 und 1999. Castelblanco, Hamburger, Beltran und Armstrong hatten EPO genommen
BUGNO, Gianni *	ITA	1999	2002 Gefängnisstrafe auf Bewährung, 6 Monate, 4957,87 Euro	Kauf und Besitz von Amphetaminen

270

Name		Jahr des Dopingfalls/ der -affäre	Sanktionen/ Konsequenzen	Mittel/ Sanktionsgrund
CASTELBLANCO, José *	COL	1999 Tour de France	Er kann wie Armstrong, Hamburger und Beltran eine medizinische Verordnung nachreichen	Corticosteroide
		1999 Tour de France	keine Sanktion möglich	EPO, Nachanalyse von B-Proben der Jahre 1998 und 1999. Castelblanco, Hamburger, Beltran und Armstrong hatten EPO genommen
DIERCKXSENS, Ludo	BEL	1999 Deutschland-Tour	6 Monate Sperre	Synacthen (ACTH)
EDWARDS, Gary	GBR	1999 WM Manchester, September	Lebenslange Sperre, Verbot jeglicher verantwortlicher Tätigkeit im Radsportmilieu	Hydroxystanozolol-3 (Stanozolol, Anabolikum) 3. positiver Test seit 1998
GAUMONT, Philippe *	FRA	1999		2 positive Tests, Amphetamine
HAMBURGER, Bo *	DEN	1999 Tour de France	Er kann wie Armstrong, Hamburger und Beltran eine medizinische Verordnung nachreichen	Corticosteroide
		1999 Tour de France	Nachanalyse von B-Proben der Jahre 1998 und 1999. Castelblanco, Hamburger, Beltran und Armstrong hatten EPO genutzt, keine Sanktion möglich	EPO
HENN, Christian	GER	1999 Trainingskontrolle	6-monatige Sperre, 2000,– FS	Testosteron
KAMIYAMA, Yuichiro	JAP	1999 Asien Championat	1 Monat Sperre	Ephedrin
LIÉVIN, Gérard	FRA	1999 Gueugnon		Amphetamine
LINO, Pascal *	FRA	1999	ab 22. März 2 Monate Fahrverbot durch sein Team BigMat Auber 93	Versuch, Cortison gegen den Willen des Teams zu bekommen

Name		Jahr des Dopingfalls/ der -affäre	Sanktionen/ Konsequenzen	Mittel/ Sanktionsgrund
LYMAN, Erik	CAN	1999	4 Jahre Sperre	Anabolika
MOELLER, Claus- Michael	DEN	1999 Murcia-Rundfahrt	2 Jahre Sperre	Testosteron
ROESSEMS, Bert	BEL	1999 WM TT	4 Monate Sperre	Nandrolon
ROOKS, Steven	NL	1999 Geständnis		Testosteron, Cortison
ZILIUTE, Diana	LIT	1999 Tour de France der Frauen	Verwarnung	Koffein

Name		Jahr des Dopingfalls/ der -affäre	Sanktionen/ Konsequenzen	Mittel/ Sanktionsgrund
2000				
BÉON, Patrick *	FRA	2000 Geständnis	6 Monate Gefängnis, 2 Jahre auf Bewährung	Dealen mit Pot néerlandais
CHAUSSE, Vincent	FRA	2000 Geständnis		EPO, Cortison, Testosteron
COLLINELLI, Andrea	ITA	2000 ital. Bahnmeisterschaften, Juli	10 Monate Sperre	Lidocain plus Phentermin (Appetitzügler) oder Anabolikum (?)
COMMESSO, Salvatore	ITA	2000	2 Monate Sperre	Besitz unerlaubter Mittel
GONZALES DE GALDEANO, Alvaro	ESP	2000 Grand Prix de Llodio	6 Monate Sperre	Nandrolon
HRUSKA, Jan	CSE	2000 Grand Prix de Llodio	6 Monate Sperre	Nandrolon
MAGNIEN, Emmanuel *	FRA	2000 Tour de France, 16. Etappe	3 Monate Sperre plus 3 Monate auf Bewährung	Kenacort 80 (Corticoid)
MARQUES, Gaëtan	FRA	2000 Coupe de France des Clubs	9 Monate Sperre, davon 6 auf Bewährung	Kenacort retard 40 (Corticosteroid)
MATTAN, Nico	FRA	2000 Trainingslager	4 Monate Sperre	Heptaminol, Grippemittel, nur auf der Liste der LCPD (FRA)
MOREL, Christophe	FRA	2000 Prozess	6 Monate Gefängnis auf Bewährung	Corticoide, Pot belge, EPO
MOUCHERAUD, Maurice	FRA	2000 Geständnis Festina-Prozess		
SUMMER, Jochen	AUT PHO	2000 Nationales Rennen, 12.	3 Monate Sperre	Phentermin
SZONN, Heiko	GER	2000 Friedensfahrt, 5. Etappe	1 Monat Sperre, 2000,– SF	Ephedrin
THOMAS, Tammy *	USA	2000	1 Jahr Sperre	Testosteron
THUEUX, Didier	FRA	2000 Abbéville, Prozess	verurteilt	Hehlerei mit verbotenen Mitteln

Name		Jahr des Dopingfalls/ der -affäre	Sanktionen/ Konsequenzen	Mittel/ Sanktionsgrund
		2001		
AXELSSON, Nicklas	SWE	2001 WM Portugal	4 Jahre Sperre	EPO
BARBERO, Sergio	ITA	2001 Tour de Romandie	6-monatige Sperre	EPO
BLACKWELDER, Brooke	USA	2001 Women's Challenge in Burley, Idaho, 17.6.	8 Monate Sperre ab 17.5.2002	19-Norandro-steron
BRIGNOLI, Ermanno	ITA	2001 Razzia Giro d'Italia, 6.6.	6 Monate Sperre 2000,– SF 24.10.2005 Urteil Strafprozess: 1 Monat und 10 Tage Haft auf Bewährung	NESP, Insulin, Wachstumshor-mone – im Mai 2002 Geständnis
DAVIDENKO, Vasilli	RUS	2001 Austin Criterium, 7.4.	2 Monate Sperre	19-Norandro-steron
DE PAOLI, Daniele *	ITA	2001 Giro d'Italia Doping-Razzia	6 Monate Sperre, 3 Monate auf Bewährung	Besitz von Wachstumshor-monen, Insulin
DEL OLMO ZENDEGI, Txema	ESP	2001 Tour de France, 1. Etappe	1 Jahr Sperre, Start ab 17.3.2003 wieder möglich	EPO
DI GRANDE, Giuseppe	ITA	2001 Giro d'Italia Doping-Razzia 6.6.	6 Monate Sperre Urteil im Strafprozess: 6 Monate Haft auf Bewährung, 12 000,– Euro plus 10 000,– Euro an das CONI	Besitz von Insu-lin, Wachstums-hormonen
DUANE, Dickey	USA	2001 Guatemala-RF, Oktober	1 Jahr Sperre	Phentermin, Boldenon, Nandrolon
ELLI, Alberto	ITA	2001 Giro d'Italia Doping-Razzia 6.6.	6 Monate Sperre 2000,– SF Urteil im Strafprozess: 6 Monate Haft auf Bewährung, 12 000,– Euro Strafe plus 10 000,– Euro an das CONI	Besitz ge-brauchter Spritzen mit Wachstumshor-monen, Insulin

274

Name		Jahr des Dopingfalls/ der -affäre	Sanktionen/ Konsequenzen	Mittel/ Sanktionsgrund
FRIGO, Dario	ITA	2001 Giro d'Italia Doping-Razzia 6.6.	6 monatige Sperre 24.10.2005: Urteil im Strafprozess: 6 Monate Haft auf Bewährung; 12 000,– Euro Strafe plus 10 000,– Euro an das CONI	Besitz verbotener Substanzen, gesteht bei einem Polizei-Verhör 12.6.2001 EPO und Androderm (Testosteron) genommen zu haben
FULST, Guido	GER	2001 6-Tage-Rennen-Stuttgart	Disqualifikation, 2000,– SF	Koffein
GOTTI, Ivan *	ITA	2001	5 Monate Gefängnis auf Bewährung	Besitz von Dopingprodukten
GUZMAN, Jose	USA	2001	3 Monate Sperre	Ephedrin
HANSON, Annette	USA	2001	1 Monat Sperre	Ephedrin
HERVÉ, Pascal *	FRA	2001 Giro d'Italia	beendet Karriere	EPO
KIRITSCHENKO, Marco	GER	2001 Int. Thüringen-Rundfahrt	6 Monate Sperre, 500,– SF	
KLAASSEN VAN ORSCHOT, David	USA	2001 National Championship Series Finals, Mount Snow, Vt., 19.8.	Verwarnung	Pseudoephedrin (18 J. alt)
LEONI, Endrio	ITA Als	2001 Giro d'Italia Doping-Razzia, 6.6.	6 Monate Sperre, 3 Monate auf Bewährung	Besitz von Wachstumshormonen, Insulin
MAGNANI, Marco	ITA	2001 Giro d'Italia Doping-Razzia, 6.6.	6 Monate Sperre	Besitz verbotener Substanzen
MEIER, Roland	SUI	2001 Flèche Wallone	8 Monate Sperre	EPO
MISSAGLIA, Gabriele	ITA	2001 Giro d'Italia Doping-Razzia, 6.6.	8 Monate Sperre	Besitz verbotener Substanzen
MONDINI, Giampaolo	ITA	2001 Giro d'Italia Doping-Razzia, 6.6.	9 Monate Sperre, 4 Monate auf Bewährung Freispruch im Strafprozess	Besitz von EPO, Wachstumshormonen
O'BEE, Kirk	USA	2001 USA-M Philadelphia	1 Jahr Sperre	Testosteron
PANTANI, Marco *	ITA	2001 Giro d'Italia Razzia	8 Monate Sperre 3000,– SF, Team 5000,– SF, Sperre reduziert auf 6 Monate	Fund einer Spritze mit Insulin
PEREZ, Jairo	COL	2001 Doble Copacabana, November	Aberkennung des Sieges	Kokain
RAVALEU, Stéphane	FRA	2001 Thuit–Signol, 15.7.	1 Jahr Sperre	Amphetamine

Name		Jahr des Dopingfalls/ der -affäre	Sanktionen/ Konsequenzen	Mittel/ Sanktionsgrund
ROMANO, Domenico	ITA	2001 Razzia Giro d'Italia, 6.6.	24.10.2005 Urteil Strafprozess: 5 Monate und 20 Tage Haft auf Bewährung	NESP, Insulin, Wachstumshormone – 5.2002 Geständnis
RÜTIMANN, Stefan *	SUI	2001 Rund um den Henninger Turm, 1.5.	6 Monate Sperre	Norandrosterone
SHERMAN, Graham	AUS	2001 Juni	2 Jahre Sperre	Testosteron
SIBONI, Marcello	ITA	2001 Giro d'Italia Doping-Razzia, 6.6.	8 Monate Sperre rückwirkend, 2000,– SF	Besitz illegaler Produkte
SIMEONI, Filippo *	ITA	2001 Giro d'Italia	3 Monate Sperre auf Bewährung, Mai 2002	Testosteron, Wachstumshormone, Insulin
STAHURSKAIA, Zinaida *	BLR	2001 Giro d'Italia femminile	4 Monate Sperre, 1000,– SF	Fintermine (Diuretikum)
WOHSLAND, Andreas	GER	2001 Vuelta Cyclista a Tenerife	6 Monate Sperre, 2000,– SF	

Name		Jahr des Dopingfalls/ der -affäre	Sanktionen/ Konsequenzen	Mittel/ Sanktionsgrund
		2002		
BICHOT, Freddy	FRA	2002 Französische Meisterschaften	6 Monate Sperre, davon zwei auf Bewährung	Corticoide
BOYER, Philippe *	FRA	2002 Prozess Reims	1 Jahr Gefängnis plus ein Jahr auf Bewährung	Pot belge, Handel, Besitz
BROUZES, Niels	FRA	2002 Tour de Normandie, März	1 Jahr Sperre, 500,– SF	Testosteron
BUXHOFER, Matthias	AUS Pho	2002 Dänemark-Rundfahrt	18 Monate Sperre, 2000,– SF	Norandrosteron
CEGARRA, Jose Cayetano Julia	ESP	2002 Tour de l'Avenir und Paris–Tours	6 Monate Sperre, 2000,– SF	Corticosteroide
CONTI, Roberto	ITA	2002 Giro d'Italia	6 Monate Sperre	Besitz von NESP, Haschisch, Koffein
CORNELISSEN, Björn	NL	2002 Start Guldensporentweed-daagse	6 Monate Sperre	Hämatokrit zu hoch, bei Gegenanalyse Nandrolon gefunden
DE PAIVA FREITAS, Cássio	BRA	2002 Volta Ciclistica de Santa Catarina, September	2 Jahre Sperre	Anabolikum
DE PAOLI, Daniele *	ITA	2002 Tour de Suisse	3 Jahre Sperre bis Ende 2005, gibt Radsport auf	Verbotene Produkte im Auto
FICEK, Krzysztof	POL	2002 Verhaftung von Editha Rumsas	12 Monate Gefängnis auf Bewährung	Arzt, Verschreibung von Dopingmedikamenten für R. Rumsas
FOIS, Valentino *	ITA	2002 Österreich-RF	3 Jahre Sperre, 8000,– SF	Nandrolon
FULLARD, Jaques	RSA	2002 Tour de Langkawi 2002 Giro del Capo	1 Jahr Sperre, 2000,– SF für beide Vergehen	Nichterscheinen zu Dopingtests
GARZELLI , Stefano	SUI	2002 Giro d'Italia, 2. Etappe	2 Jahre Sperre, 27.7.2002 – 26.7.2004, 100000,– SF Ein Teil der Sperre sowie der Buße (50000,– SF) auf Bewährung von 5 Jahren.	Probenicid (Diureticum)

277

Name		Jahr des Dopingfalls/ der -affäre	Sanktionen/ Konsequenzen	Mittel/ Sanktionsgrund
GONZALES DE GALDEANO, Igor	ESP	2002 Tour de France, mehrere Tests	6 Monate Sperre 4.3 – 10.3 für Frankreich durch CPLD	Salbutamol
KASPRET, Arno	AUT	2002	2 Jahre Sperre	Ephedrin, Methandienon
KROH, Manfred	GER	2002 Copa de Europa de Masters	3 Monate Sperre 29.1.–30.4.	Ephedrin
LAPAGE, Laurenzo	BEL	2002 Gent SixDays 22.11.	Disqualifikation	Ephedrin
MANZANO RUANO, Jesus	ESP	2002 Tour de France, Portugal-RF u.a. Geständnis 2003		Bluttransfusionen, EPO, synth. Hämoglobin, Actovegin, HGH, Cortison, Anabolika
MCCANN, David	IRL	2002 Österreichrundfahrt	6 Monate Sperre, 2000,– SF	Norandrosteron
MILLER, Joseph	USA	2002	3 Monate Sperre	Nicht zum Test erschienen
MISIAKI, Jéferson	BRA	2002 Volta do Rio, 4.		Stimulanz
		2002 Volta Ciclistica de Santa Catarina	4 Jahre Sperre	Anabolikum
MONINGER, Scott	USA	2002 Saturn Cycling Classic, 8.8.	1 Jahr Sperre, 700,– SF	19-Norandrosterone
MOREL, Hennie		2002 Ronde van Zuid-Oost-Vlaanderen, 8.	7 Monate Sperre	
NUDL, Richard	AUT	2002 Tour de Slovaquie	2 Jahre Sperre, 500,– SF	
ONGARATO, Alberto	ITA	2002 Giro d'Italia	6 Monate Sperre	Besitz von NESP, Haschisch, Koffein
PAFADNAM, Hamado	Burk. Faso	2002 Tour du Faso, 9.11.	2 Jahre Sperre	Wachstumshormone
PINLA, Juan	USA	2002 First Union Invitational in Lancaster, Pennsylvania, 4.6.	2 Jahre Sperre	19-Norandrosterone, 19-Noretiocholanolon
PORTELA, Evandro	BRA	2002 Volta Ciclistica de Santa Catarina, 9.	2 Jahre Sperre	Anabolikum
ROGELIN, Daniel	BRA	2002 Volta do Rio de Janeiro, Juli	2 Jahre Sperre	Anabolikum

Name		Jahr des Dopingfalls/ der -affäre	Sanktionen/ Konsequenzen	Mittel/ Sanktionsgrund
ROUX, Laurent	FRA	2002 Flèche Wallonne	6 Monate Sperre	Amphetamine
		2002 UCI-Trainingskontrolle, Vorabend zur Tour de Vendée, 27.4.	8.10.2002 Freispruch durch FFC, UCI erhebt im November Einspruch beim CAS 4 Jahre Sperre durch CAS, 4000,– SF	versch. Stimulanzien
RUMSAS, Raimundas *	LIT	2002 Ehefrau wird an franz. Grenze festgenommen, 28.7.	4 Monate Gefängnis auf Bewährung (auch seine Ehefrau), 26.1.2006	37 verschiedene Produkte wurden sichergestellt, darunter HGH, EPO
RÜTIMANN, Stefan *	SUI	2002 Tour de Romandie 5.5.	4 Jahre Sperre	Testosteron
SAKIROV, Faat	RUS	2002 Giro d'Italia	1 Jahr Sperre und ein Jahr auf Bewährung	Aranesp
SCHNORF, Peter	SUI	2002 Grand Prix de Lausanne, 8.9.	2 Jahre Sperre ab 28.1.2003	Anabolika
SEABRA, Renato	BRA	2002 Volta Ciclistica de Santa Catarina	2 Jahre Sperre	Anabolikum
SGAMBELLURI, Roberto	ITA	2002 Giro del Trentino	6 Monate Sperre, 6.2–12.2002 CAS : 31.7.2002– 31.10.2003 3000,– SF	NESP
THOMAS, Tammy *	USA	2002 Trainingskontrolle, 14.3.	Lebenslange Sperre, 12.2006 Eröffnung eines Verfahrens wegen Falschaussage	Norbolethone
ULLRICH, Jan	GER	2002 Trainingskontrolle, Bad Wiessee	6 Monate Sperre, 2000,– SF	Amphetamin (Ecstasy)
VAN DOOREN, Bas	NL	2002 MTB WM Kaprun	18 Monate Sperre, 2000,– SF, gibt den Beruf auf	EPO

Name		Jahr des Dopingfalls/ der -affäre	Sanktionen/ Konsequenzen	Mittel/ Sanktionsgrund
VANDENBROUKE, Frank	BEL	2002 Hausdurchsuchung, Februar	6 Monate Sperre, Sperre gilt aber nur in Flandern, 1.9.2002– 28.2.2003, plus 18 Monate auf Bewährung, CAS hebt Urteil wegen eines Verfahrensfehlers auf. Ein Gerichtsverfahren ist Ende 2006 noch anhängig	Besitz illegaler Produkte EPO (Aranesp, Neorecormon), Testosteron, Morphine, Clenbuterol, Aranesp, maskierende Substanzen, Amphetamine, Wachstumshormone
VANHULST, Edouard	BEL	2002	6 Monate Gefängnis auf Bewährung	Amphetaminhandel
VARRIALE, Antonio	ITA	2002 Mai, Geständnis		Festnahme mit diversen Dopingmitteln durch Drogenpolizei, Verdacht auf Dopinghandel
WALKER, Sandra	SUI	2002 Trainingskontrolle. 9.12.	6 Monate Sperre, davon 3 bedingt	Kokain-Metaboliten
WEGMANN, Christian	GER	2002 Hessen-Rundfahrt, 3. Etappe	Verwarnung, 2000,– SF	Koffein

Name		Jahr des Dopingfalls/ der -affäre	Sanktionen/ Konsequenzen	Mittel/ Sanktionsgrund
		2003		
ARMENGOL Bernabeu, David	POR	2003 Paris–Nizza	1 Jahr Sperre, 2300,– SF	Betametason (Kortikoid)
BERGMANN, Reto	SUI	2003 Phonak-Trainings- lager Februar	Sperre 2 Jahre ab 19.2.2003, 2000,– SF	Mitführen von Andriol
BORTOLAMI, Gianluca *	ITA	2003, 3 Tage von de Panne, 2.4.	6 monatige Sperre 30.4.– 29.10.2003, 27.6. Sperre bestätigt durch die Disziplinarkam- mer des it. Radsp.- Verbandes	Cortison durch das Asthmamit- tel Kenacort, erlaubt nur mit ärztl. Verschrei- bung
CARUSO, Giampaolo	ITA	2003 Tour Down Under	6 Monate Sperre, 2000,– SF	Nandrolon
CASSANI, Enrico	ITA	2003 Tirreno-Adriatico und Milano–San Remo (Disqualifikation für beide Rennen)	Entlassung vom Team 1 Jahr Sperre, 2000,– SF	nicht-negativ Positiv (?!) EPO?
DE CANIO, Matt	USA	2003 Mai	2 Jahre Sperre, davon 7 Monate auf Bewährung	EPO, Testosteron
DE CLERCQ, Mario	BEL	2003/2004	2 Jahre Sperre plus 2 Jahre auf Bewährung, 10000,– SF (2.3.2005)	Landuyt/Mu- seeuw/Versele- Affäre Fund von Wachs- tumshormonen, Gebrauchsan- weisungen u.a. Aranesp
DI FALCO, Vincenzo	ITA	2003 Settimana Lom- barda, 17.4.	12 Monate Sperre, 2000,– SF	NESP
DI FRANCESCO, Gabriele	ITA	2003 Tirreno-Adriatico	12 Monate Sperre, 2000,– SF	»violation of the UCI doping- rules«
FARUHN, Samuel	GER	2003 Circuito Montanes Santander el Astillero (ESP), 18.6.	400,– SF	Ein nicht auf dem Doping- kontrollformular angegebenes Medikament
FORDE, Barry	Bar- ba- dos	2003 Dis. World Track Champ. And Pan-Ameri- can Games	Verwarnung	Ephedrin
		2005 6 Tage von Greno- ble, 28.10.	2 Jahre und 2 Monate Sperre durch das CAS	Testosteron

281

Name		Jahr des Dopingfalls/ der -affäre	Sanktionen/ Konsequenzen	Mittel/ Sanktionsgrund
FRENCH, Mark	AUS	2003, Dezember	1000,– A$, lebenslange Sperre für Olympische Spiele	Dopingmit- teltransport, Dealen, falsche Anschuldigun- gen
FREY, Chesen	USA	2003 American Velodrome Challenge, Colorado Springs, Juni	2-jährige Sperre	Testosteron
HENDERICKX, Nico	BEL	2003 Elite W/C in Gavere- Asper, Juli	6 Monate Sperre, bis 14.4.2004	Positiv (?)
		2003/2004 polizeiliche Ermittlungen	22 Monate Sperre, plus 28 Monate auf Bewährung, 2500,– SF, 10.2004	Indizienbeweise
HOUSEMAN, Gary	USA	2003 Worldcup-Downhill Grouse Mountain /CAN	1 Jahr Sperre, 2000,– SF	Tetrahydrocan- nabinol (THC)
KINTANA ZARATE, Aitor	ESP	2003 Katalonien-RF	18 Monate Sperre	EPO
KOFLER, Patrick	AUT	2003 Tour of Slovenia	2 Jahre Sperre, 2000,– SF	EPO
KOOB, Markus	GER	2003 Hessen-Rundfahrt, 5. Etappe	9 Monate Sperre, 2000,– SF	Amphetamin
KRAUSE, Kathi	USA	2003 West Dover, 22.6.	1 Jahr Sperre	Cannabis (Tetra- hydrocannabinol acid [THC])
LAVARINHAS, Rui	POR	2003 Paris–Nizza, 14.3.	6 Monate Sperre, 2000,– SF	Corticoide
LODDO, Alberto	ITA	2003 Volta ao Algarve	1-monatige Sperre, 2000,– SF	Koffein
MAGNIN, Eric	FRA	2003 Geständnis	Prozess in Perpignan: 15 Monate Gefängnis, davon 14 auf Bewährung	Dealen seit 1994
MATEOS PEREZ, Rafael	ESP	2003 GP Pino Cerami, 10.4.	6 Monate Sperre, 2000,– SF	Corticosteroide
MURPHY, Conor	IRE	2003 Tour of Ulster, 5.4.	2 Monate Sperre	Pseudoephedrin
MUSEEUW, Johan	BEL	2003/2004 polizeiliche Ermitlungen	2 Jahre Sperre plus zwei Jahre Sperre auf Bewährung, 10000,– SF	Indizienbeweise
NEBEN, Amber	USA	2003 Montreal-World-Cup Rennen, 31.5.	6 Monate Sperre, 13.7., durch NorthUS-CAS bestätigt	19-Norandro- steron (nandro- lone)

Name		Jahr des Dopingfalls/ der -affäre	Sanktionen/ Konsequenzen	Mittel/ Sanktionsgrund
PEERS, Chris	BEL	2003/2004 polizeiliche Ermitlungen	2 Jahre Sperre plus zwei Jahre Sperre auf Bewährung, 10 000,– SF	Indizienbeweise
PENNEY, Oliver	BEL	2003/2004 polizeiliche Ermittlungen	15 Monate Sperre plus 33 Monate auf Bewährung, 1000,– SF	EPO, Geständnis
PEREZ Meteos, Rafael	ESP	2003 GP Pino Cerami	6 Monate Sperre	Corticosteroide
PEREZ SANCHEZ, Francisco	ESP	2003 Tour de Romandie	18 Monate Sperre, 2000,– SF	2 positive EPO-Tests
PLANCKAERT, Jo	BEL	2003/2004 polizeiliche Ermittlungen	2 Jahre Sperre plus zwei Jahre Sperre auf Bewährung, 10 000,– SF	Indizienbeweise
QUADRANTI, Antonio	ITA	2003 Rennen in Brescia	1 Jahr Sperre	EPO
RIBEIRO, Basil	POR	2003	1 Jahr Sperre, 3000,– SF durch CAS, Sperre als Teamarzt	Verschreibung und Nichtangabe von Betametason (Corticosteroid)
ROS, Andrea	SUI	2003 Schweizer M MZF in Bätterkinden, 13.7.	Sperre zweieinhalb Jahre, 500,– SF	Nandrolon
RUCKER, Stefan	AUT	2003 GP Oberösterreich U23	6 Monate Sperre, 1000,– SF	Ephedrin
RUMSAS, Raimundas *	LIT	2003 Giro d'Italia, 6. Etappe	1 Jahr Sperre, 2000,– SF	EPO
SANTUCCIONE, Carlo Dr. *	ITA	2003	Verlust der Approbation	Dopingaffäre
SASSONE, Robert *	FRA	2003 6 Tage von Noumea (Neu-Kaledonien), 2.12.	2 Jahre Sperre	Corticosteroid
SBEIH, Adham	USA	2003 USCF Elite Track Nationals Trexlertown, Pennsylvania, 26.8.	2 Jahre Sperre	EPO
SEARS, Rob	USA	2003 NORBA National Championship Series	2 Jahre Sperre, ab 18.5.2003	Verweigerung einer Kontrolle
SICKMÜLLER, Johannes	GER	2003 DM Querfeldein in Kleinmachnow	2 Monate Sperre, 300,– Euro	Nichterscheinen zu einer Doping-kontrolle
SIEVERS, Holger	GER	2003 Trainingskontrolle	7 Monate Sperre, 3000,– SF	EPO
SÖRENSEN, Karina	DEN	2003 Redlands Bicycle Classic (USA), 27.3.	1 Monat Sperre, 500,– SF	Ephedrin

Name		Jahr des Dopingfalls/ der -affäre	Sanktionen/ Konsequenzen	Mittel/ Sanktionsgrund
STEINWEG, Stefan	GER	2003 Zollkontrolle bei Einreise nach Australien, 12.2.	2 Jahre Sperre, 2000,– SF 29.5.2003– 28.5.2005, aufgehoben vom CAS 9.2003	Besitz von Wachstums- hormonen und Schlafmitteln
TESTI, Fabio	ITA	2003 Giro de Veneto, August	2 Jahre Sperre, 2000,– SF	EPO und Ami- noglutetimid (Antiöstrogen)
TOMASINA, Philippe	ITA	2003	Prozess in Rennes: 30 Monate Ge- fängnis, davon 20 auf Bewährung, wird reduziert auf 8 Monate Gefän- gnis, 22 Monate auf Bewährung	Dealen
VAZQUEZ IGLESIAS, Angel	ESP	2003 Circuito Montañes, 22.6.	2 Jahre Sperre	EPO
WILSON, Robert	AUS	2003 Trainingskontrolle	tritt vom Sport zurück – daher Verfahren ein- gestellt?	EPO, auffällige Blutwerte, dann EPO-Test

Name		Jahr des Dopingfalls/ der -affäre	Sanktionen/ Konsequenzen	Mittel/ Sanktionsgrund
		2004		
ABERG, Thomas	SWE	2004 WM Masters	2 Jahre Sperre, reduziert vom CAS, 8.2005: 5.10.2004– 5.10.2005	Nichterscheinen zu einem Test
AJCU VELASQUEZ, Lizandro	GUA	2004 Vuelta a Guatemala, 27., 31.10. und 1.11.	2 Jahre Sperre 1000,– SF	EPO und Betamethason (Corticosteroid)
BERDEN, Ben	BEL	2004 Essen (Bel), 18.12.	15 Monate Sperre 12.1.2005– 12.4.2006, UCI erhebt Einspruch beim CAS: Sperre wird verlängert bis 12.1.2007	EPO
BERGMAN, Adam	USA	2004 Trainingskotrolle	2 Jahre Sperre	EPO
BOOTES, Wade	AUS	2004 Mont Sainte Anne Mountain Bike WC	6 Monate Sperre	Stimulanz
BROCO, Hernani	POR	2004 GP Mitsubishi, April	2000,– SF	Corticosteroide
BRUYLANDTS, Dave	BEL	2004 Trainingskontrolle	18 Monate plus 30 Monate auf Bewährung, 10000,– SF	EPO
CALANCHE, David	GUA	2004 Vuelta a Guatemala	2 Monate Sperre	EPO
CAMENZIND, Oscar	SUI	2004 Trainingskontrolle, 22.7.	2 Jahre Sperre, 10000,– SF er tritt vom Rennsport zurück Dezember 2006: 500,– SF Strafe wg. Deckung der EPO-Lieferanten	EPO
CASTELBLANCO, José *	COL	2004 Kolumbien RF, TT	6 Monate Sperre	Testosteron
CLAIN, Médéric	FRA	2004 polizeiliche Ermittlungen, 1.4.	7 Monate Lizenzentzug ab Überführung durch Polizei	Kauf und Transport von Wachstumshormonen
COLOMER, Oriol	ESP	2004 Area Metropolitana, 21.8.	601,– Euro	Triamcinolon acetonid
D'ANTONI, Joseph	USA	2004 Bahn WC Quali. Cooper City, 26.2.	2 Jahre Sperre	EPO
DAJKA, Jobie	AUS	2004	6 Monate Sperre	Falsche Aussagen
DEL BOSCO, Chris	USA	2004 NC Mammoth Mountain, California, 26.9.	Verwarnung	Tetrahydrocannabinol
DEMANOV, Juri	RUS	2004 Masters Road World Championships (Aut), 25.8.	1 Jahr Sperre	hCG

Name		Jahr des Dopingfalls/ der -affäre	Sanktionen/ Konsequenzen	Mittel/ Sanktionsgrund
DREYER, Randy	USA	2004 USCF/USPRO Criterium Championships	2 Jahre Sperre	Phentermin
FERNANDEZ OLIVERA, Luis	ESP	2004 Bira-Rennen, 1.7.	601,– Euro	Triamcinolon acetonid (Corticosteroid)
FUENTES, Dave	USA	2004 Redland Classics 25.3.	2 Jahre Sperre	Oxymetholon (Anabolikum)
GARCIA ESTEVEZ, Victor	ESP	2004 Vuelta Ciclista a Leon, 5., 6. und 7.8.	601,– Euro	Triamcinolon acetonid (Corticosteroid)
GAUMONT, Philippe *	FRA	2004, Geständnis		EPO
GAVAZZI, Mattia	ITA	2004 Trofeo Papá Cervi di Gattatico, 1.5.	14 Monate Sperre plus Rehaprogr.	Kokain
GREEN, Roland	CAN	2004 MTB WC Houffalize, 5.	6 Monate Sperre	Corticosteroid (Prednisolon)
HAMILTON, Tyler	USA	2004 Olympische Spiele Athen, Zeitfahren, 19.8.	Da B-Probe nicht mehr analysierbar Einstellung des Verfahrens	Blutdoping, Fremdblut
		2004 Vuelta a España, Zeitfahren, 11.9.	2 Jahre Sperre, CAS bestätigt am 11.2.2006 das Urteil	Blutdoping, Fremdblut
HEDWIG, Frank	GER	2004 DM Downhill	6 Monate Sperre	THC-COOH (Cannabis-Metabolit)
HIRZBRUCH, Heiko	GER	2004 DM Downhill	6 Monate Sperre	THC-COOH (Cannabis-Metabolit)
JEANSON, Genèvieve *	CAN/ USA	2004 (Belgien), 21.4.	Verwarnung, 500,– SF	Nichterscheinen zu einer Kontrolle
JOCHOLÁ CANCAX, Abel	GUA	2004 Vuelta a Guatemala, 1.11.	Lebenslange Sperre	Metabolit von Chlortestosteron
KÖHLER, Patrick	GER	2004 Hessen-RF, 5.9.	6 Monate Sperre, 1.1.2005– 1.7.2005	Betamethason, fehlende TUE
LINARES, Tony	VEN	2004 Vuelta a Guadalupe	4 Jahre Sperre	Besitz von EPO und anderen Drogen
LOPEZ, Josué	COL	2004 Vuelta a Guatemala	Lebenslange Sperre	EPO, Testosteron
LOZANO MONTERO, Roberto	ESP	2004 Tour of Japan, 29./30.5.	2 Jahre Sperre 2000,– SF	hCG
MARTINEZ FERNANDEZ, Victoriano	POR	2004 Troféu Joaquim Agostinho, 10.7.	6 Monate Sperre 1.2.2005– 31.7.2005	Triamcinolon acetonid (Corticosteroid)

Name		Jahr des Dopingfalls/ der -affäre	Sanktionen/ Konsequenzen	Mittel/ Sanktionsgrund
MARTINS, João Manuel	POR	2004 EM	2 Jahre Sperre, 24.9.2004– 24.9.2006	Triamcinolon acetonid (Corticosteroid)
MEIRHAEGHE, Filip	BEL	2004 Trainingskontrolle WADA im Auftrag der UCI, 6.4. Kanada	15 Monate Sperre bis 14.1.2006 plus 33 Monate auf Bewährung, 5000,– SF	EPO
MILLAR, David	GBR	2004 Hausdurchsuchung im Rahmen der Cofidis-Affäre	2 Jahre Sperre 2000,– SF Titelaberkennung, WM 2003 TT Disqualifikation Dauphiné Libéré 2003, Vuelta España 2001	Fund leerer Epoampullen, Geständnis EPO für 2001 und 2003
MORAIS LEBOSO, Moises Alfredo	ESP	2004 Circuito Montañes, 21.6.	601,– Euro	Triamcinolon acetonid (Glucocorticosteroid)
MUNOZ FERNANDEZ, Federico	COL	2004 Vuelta a Guatemala, 27.10.	2 Jahre Sperre nach CAS-Urteil	EPO
MURILLO AGUIRRE, José Reinaldo	ESA	2004 Vuelta a Guatemala, 22.10.	2 Jahre Sperre 1000,– SF	EPO
NIELSEN, Philip-Nicolas	DEN	2004 Junior Tour de Lorraine, 29.5.	Verwarnung, 50,– SF	Prednisolon und Metaboliten
PEDEN, Anthony	NZ	2004 Trainingskontrolle, 9.8.	Ausschluss aus dem Olympiateam für Athen	Glucocorticosteroid (Triamcinolon acetonid)
PEREIRA AZEVEDO, Alice	POR	2004 EM, 25.6.	3 Monate Sperre	Ephedrin
PERKINS, Shane	AUS	2004 World Junior Track Championships (USA)	6 Monate	Metamphetamin
PFANNBERGER, Christian	AUT	2004 Österreichische Staatsmeisterschaften 27.6.	2 Jahre Sperre	Testosteron
POITSCHKE, Enrico	GER	2004 Hessen-RF, 1.9.	Verwarnung plus Zeitstrafe für Etappe plus 1 %	Betamethason (Corticosteroid), nicht rechtzeitig eingereichte TUE nach UCI-Verfahrensänderung
PUIGGROS MIRANDA, Janet	ESP	2004 Spanische Meisterschaft MTB, 17.7.	Ausschluss aus dem Olympia-Team	EPO
RAMIREZ RODRIGUEZ, Isaac	VEN	2004 Vuelta Tachira, 21.1.	6 Monate Sperre	
REDWOOD, Chelsea	USA	2004 U.S. MTB NC Mammoth Mountain, Calif.	2 Jahre Sperre	Phentermin (Appetitzügler)

Name		Jahr des Dopingfalls/ der -affäre	Sanktionen/ Konsequenzen	Mittel/ Sanktionsgrund
ROSENDO PRADO, Jesus	ESP	2004 Volta a Tarragona	601,– SF	Betamethason
RUBAN, Oleg	ESP	2004 Circuito Montañes, 18.6.	2 Jahre Sperre, 3000,– SF	Triamcinolon acetonid (Corticosteroid)
SANTIAGO, Perez	ESP	2004 gezielt angesetzte Trainingskontrolle	2 Jahre Sperre	Blutblutdoping
SASSONE, Robert *	FRA	2004 Razzia, Januar – Cofidis-Affäre	Prozess noch nicht abgeschlossen	EPO, Anabolika, Wachstumshormone, Amphetamine
SHUVAYAY, Oleksandr	ESP	2004 Volta a Lleida, 10.7.	2 Jahre Sperre, 3000,– SF	Triamcinolon acetonide
STEURS, Geert	BEL	2004 Volta ao Algarve, 22.2.	15 Monate Sperre und 9 Monate auf Bewährung, 2000,– SF	Acetazolamide (Diureticum, mask. Substanz)
TORRELLO GOMEZ, Francisco	ESP	2004 Vuelta Ciclista a Leon, 7.8.	601,– Euro	Triamcinolon acetonid (Corticosteroid)
TYMCHENKO, Leonid	ESP	2004 Circuito Montanes, 22.6.	2 Jahre Sperre, 3000,– SF	Triamcinolon acetonid
UBERUAGA NATXIONDO, Iban	ESP	2004 Bira, 2.7.	601,– Euro	Triamcinolon acetonid (Glucocorticosteroid)
VAN STADEN, Michael	SA	2004 Ermelo-Tour U16, September	1 Jahr Sperre	EPO
VÁSQUEZ, Noel	VEN	2004 Vuelta a Guatemala	4 Jahre Sperre, 1000,– SF	Nikethamide (Stimulanz)
VELÁSQUEZ, Nery	GUA	2004 Vuelta a Guatemala, 23. und 26.10.	2 Jahre Sperre, 1000,– SF	EPO
YATES, Yeremi	NZE	2004 Warsele, März	2 Jahre Sperre, 900,– DNZ durch Bel. Verb.	Testosteron
ZAJICEK, Phil	USA	2004 Tour of Qinghai Lake, Juli	Verwarnung, 666,– SF	Cathin (Norpseudoephedrin)

Name		Jahr des Dopingfalls/ der -affäre	Sanktionen/ Konsequenzen	Mittel/ Sanktionsgrund
		2005		
ALBASINI, Michael	SUI	2005	6 Wochen Sperre, 2000,– SF	Verletzung der Meldepflicht
BALLESTERO, Roberto	CRC	2005 Vuelta ciclista a Costa Rica, 23.12.	2 Jahre Sperre	Phentermin
BELLO CLAVIJO, Ferney Orlando	COL	2005 Tour de Guadeloupe, 9.8.	Lebenslange Sperre	Stanozolol
BENNATI, Daniele	ITA	2005 Gent-Wevelgem, 6.4.	Verwarnung	Betamethason
BERTHEU, Eric	FRA	2005 Sarthe-RF, 8.4.	Verwarnung	Salbutamol
CAPELLE, Ludovic	BEL	2005 Gullegem, 7.6.	18 Monate Sperre	EPO
DEL BIAGGIO, Andrea	SUI	2005 Trainingskontrolle, 17.4.	2 Jahre Sperre	EPO
DIMITROV, Krassimir	BUL	2005 Tour of Hellas, 18.4.	2 Jahre Sperre	Testosteron
ERIKSSON, Magnus	SUE	2005 UCI MTB World Cup 15, Falun, 13.8.	2 Jahre Sperre	Nichterscheinen zu einem Dopingtest
GARITO GAMBOA, Eduardo	CRC	2005 Vuelta a Costa Rica, 14.3.	2 Jahre Sperre, 1000,– SF	Phentermin
GONZALES, Aitor	ESP	2005 Trainingskontrolle, 26.8.2005 Vuelta a Espagna, 9.9.	2 Jahre Sperre ab 28.9.2005 durch CAS	Metaboliten von Methyltestosteron
GONZALES, Santos		2005 Vuelta	Freispruch	Anabolikum, verunreinigtes Nahrungsergänzungsmittel
		2005 Murcia-RF	Verwarnung und Disqualifikation	Triamcinolon acetonid
HAAS, Cédric	FRA	2005, Côte Picarde (Fra)	2 Jahre Sperre	Acetazolamid
HERAS, Roberto	ESP	2005 Vuelta a España, 20. Etappe EZF	2 Jahre Sperre	EPO
HONDO, Danilo	GER	2005 Murcia-RF	1 Jahr Sperre, 5 Jahre auf Bewährung. 100 000,– SF (davon 50 000,– SF bedingt)	Carphedon (Bromatan)
JACKSON, Andrew	GB	2005 British road race championship, 26.6.	4 Monate Sperre	Heptaminol (Stimulanz)
JEANSON, Genèvieve *	CAN USA	2005 Tour de Toona, Pennsylvania, 25.7.	1.2006 lebenslange Sperre – 11.2006 USADA reduziert die Sperre auf 2 Jahre, Kompromiss um Gang vor CAS zu vermeiden	EPO (evtl. natürliche Ursache)

Name		Jahr des Dopingfalls/ der -affäre	Sanktionen/ Konsequenzen	Mittel/ Sanktionsgrund
LIQING, Zeng	CHI	2005 Trainingskontrolle	2 Jahre Sperre	EPO
LONGHI, Alex Flavio	ITA	2005	2,5 Jahre Sperre	Stanozolol
LOTZ, Marc	NL	2005 polizeiliche Ermittlungen	2. Jahre Sperre	EPO – Geständnis
LUCATELLI, Pablo	BRA	2005 UCI Mountain Bike World Cup (Bra), 3.7.	3 Monate Sperre	Terbutalin
MORTENSON, James	USA	2005 und 2004	2 Jahre Sperre	Nichtanwesenheit bei 3 Trainingskontrollen innerhalb von 18 Monaten
MOSEN, Amy	NZL	2005 Women's World Cup	Verwarnung	Terbutalin
NAGY, Robert	SVK	2005 Österreich-RF, 9.7.	2 Jahre Sperre	Testosteron
ONOSHKO, Oleksandr	UKR	2005 Türkei-RF, 7.5.	2 Jahre Sperre	Nandrolon
OSAMK, Alexandr	KAZ	2005 Grand Prix of Sochi, 24.4.	1 Jahr Sperre	Salbutamol
PANTO, Carmelo	ITA	2005	2 Jahre Sperre	Norandrosteron
PAULETTO, Person	BRA	2005 UCI MTB World Cup, Santa Catarina	2 Jahre Sperre	Nichterscheinen zu einer Dopingkontrolle
PODHAJNY, Andrzej	POL	2005 Memorial Henryka Lasaka, 14.8.	2 Jahre Sperre	Etiocholanolon
POP, Gabriel	ROM	2005 Tour of Hellas, 22.4.	2 Jahre Sperre, CAS-Urteil	Nichterscheinen zu einer Dopingkontrolle
SHEPPARD, Chris	CAN	2005 Trainingskontrolle, 29.5.	2 Jahre Sperre	EPO
SILVA FERREIRA, Francisco Miguel	POR	2005 MTB Portugal Cup, 15.5.	1 Monat Sperre, plus Verwarnung	Salbutamol
STAHURSKAIA, Zinaida *	BLR	2005 GP Carnevale Europa (Ita), 16.7.		Stanozolol
		2005 Giro di San Marino (SMr), 31.7.		Testosterone
		2005 Sparkassen Giro Bochum (Ger), 7.8.	2 Jahre Sperre	Testosterone
SUSANTO, Tonton	INA	2005 Tour of Qinghai Lake, 16.7.	1 Monat Sperre	Ephedrin
SUTHERLAND, Rory	AUS BEL	2005 D-Tour	15 Monate Sperre plus 9 Monate auf Bewährung	Clomiphen, Hydroclomiphen
TARDAGUILA, Alvaro	USA URU	2005 Downer Avenue Bike Race, Milwaukee, Wisconsin	2 Jahre Sperre	EPO, Anabolikum

Name		Jahr des Dopingfalls/ der -affäre	Sanktionen/ Konsequenzen	Mittel/ Sanktionsgrund
VAN DIJK, Stefan	BEL	2005 Flucht vor Trainings-kontrolle, 8.7.	2 Jahre Sperre, davon ein Jahr auf Bewährung, 500,– Euro	
WYPER, Andrew	AUS	2005 November	Gericht Sydney, 11.2006: Strafe 4067,– Aus$	Einfuhr aus Indonesien nach Australien von Anabolika, EPO, Wachstumshor-monen
ZUBIAUR, David	ESP	2005 Premio Asteasu de Ciclo-Cross, 6.1.	2 Jahre Sperre	Triamcinolon acetonid

Name		Jahr des Dopingfalls/ der -affäre	Sanktionen/ Konsequenzen	Mittel/ Sanktionsgrund
		2006		
ATAPUMA, Alex	COL	2006 Vuelta de la Juventud	2 Jahre Sperre	Kokain
BRAVO, Wilmer	VEN	2006 Vuelta al Tachira	4 Monate Sperre	Corticoid
EBNER, Stefan	AUT	2006 Trainingskontrolle vor WM, 14.9.	2 Jahre Sperre ab 14.9.2006	Nichterscheinen zu einer Dopingkontrolle
GONZALEZ, Vladimir	COL	2006 Vuelta a Colombia, 3. Etappe	5 Jahre Sperre	Testosteron
GRENZ, Julian	GER	2006 DM Downhill Bad Wildbad, 8.10.	Verwarnung, Disqualifikation	Nichterscheinen zu einer Dopingkontrolle
GUZMAN, Gustavo	COL	2006 Vuelta a Boyacà	2 Jahre Sperre	Testosteron
OREGGIA, Marco	AUT	2006 Trainingskontrolle vor WM, 14.9.	2 Jahre Sperre ab 14.9.2006	EPO
PENNINGTON, Alice	USA	2006 National Mountain Bike Series (NMBS) Finals in Snowmass, Colorado, 12.8.	1 Jahr Sperre	Nichterscheinen zu einer Dopingkontrolle
REDPATH, Cale	USA	2006 NORBA National Mountain Bike Series Race, Deer Valley, Juli	1 Jahr Sperre	Nichterscheinen zu einer Dopingkontrolle
SAGER, Jason	USA	2006 NORBA National Mountain Bike Series Race, Deer Valley, Juli	1 Jahr Sperre	Nichterscheinen zu einer Dopingkontrolle
SCHLEGEL, Markus	GER	2006 DM Downhill Bad Wildbad, 8.10.	Verwarnung, Disqualifikation	Nichterscheinen zu einer Dopingkontrolle
SHAWN, Lynch *	SFA	2006		Geständnis und Widerruf von Eigengebrauch, Dealen und Anwendung bei Dritten
SOWERS, George Joseph	USA	2006 NBL Silver State Nationals	3 Monate Sperre plus Teilnahme an einem Anti-Dopingprogramm	Metaboliten von Cannabis oder THC
URWEIDER, Sascha	SUI	2006 Trainingskontrolle, 14.2.	2 Jahre Sperre	Testosteron und Gebrauch einer verbotenen Methode
VALENTIN, Tristan	FRA	2006 GP de Correios, Juni	6 Monate Sperre	Heptaminol (Stimulanz)
WERNICKE, Renzo	GER	2006 Trainingskontrolle, 19.6.	2 Jahre Sperre davon 12 Monate auf Bewährung	Clenbuterol

Die angeführten Dopingfälle sind glaubwürdig dokumentiert, dennoch kann keine Garantie für die Richtigkeit der Angaben übernommen werden. Zahlreiche weitere Fälle sind bekannt geworden, wurden hier aber nicht aufgenommen, wenn keine klaren Angaben zum Sanktionsgrund/Dopingmittel vorlagen. Informationsquellen waren Verlautbarungen der Radsport-Verbände sowie Presseveröffentlichungen.

Stand 31.12.2006

Monika Mischke

Doping-Prozesse

Die Liste der Prozesse/Affären ist nicht vollständig.
* bis Redaktionsschluss noch nicht abgeschlossen
** Ausgang nicht bekannt

1986–1990** Laon und Paris, ›6 Tage von Bercy‹
Im November 1986 stellten Rauschgiftfahnder bei einer Razzia während der Sechstage von Bercy im Vel d'Hiv, Paris, größere Mengen Amphetamine sicher. Fast zwei Jahre später, am 12. Oktober 1988, werden in Laon (Aisne) 19 Fahrer aus Nordfrankreich, darunter zwei ehemalige Radprofis (ehemalige Teamkollegen von Bernard Thévenet und Joop Zoetemelk), wegen Amphetaminhandels (Tonédron [Metamphetamin], Captagon [Fenetyllin]) angeklagt, mit dabei 40 Mediziner, Pharmazeuten und pharmazeutische Angestellte. Der Radsportler Eric Ramelet erhielt eine Strafe von 18 Monaten Gefängnis, 16 davon auf Bewährung; der am schwersten belastete Mediziner musste 150 000,– FF Strafe zahlen und verlor für sechs Monate seine Approbation.
Ende Oktober 1990 gab es in Paris eine Fortsetzung dieser Affäre. Joël Lacroix, Pierre Charron, Bernard Sainz und Dr. Toledano sowie 15 Radfahrer mussten sich wegen Drogenvergehen vor Gericht verantworten. Einvernommen wurden die Fahrer Jean-René Bernaudeau, Dietrich Thurau, Eric Caritoux, Régis Clère, Francis Castaing und Thierry Claveyrolat. Einige gaben an, abhängig zu sein, andere erklärten, die Amphetamine aufgrund der Belastung zu konsumieren.

1996–1997 Arras
Eine Zollkontrolle am 19.10.1996 beendete die rege Reisetätigkeit der Radrennfahrer Rudy Lefebvre und Alexandre Dubois zwischen Frankreich und Belgien. Sie wurden wegen Amphetaminbesitzes in Pas-de-Calais festgenommen. Die beiden Fahrer gaben zu, sich in Belgien eingedeckt zu haben, im Moment ihrer Festnahme sei es ihre fünfte entsprechende Versorgungsfahrt gewesen. Das Gericht in Arras verurteilte die beiden zu je zwei Monaten Gefängnis auf Bewährung.

1996–2003 Ferrara, Prof. Francesco Conconi
Professor Conconi galt in den 1990er-Jahren als der führende Trainingswissenschaftler Italiens. Bereits in den 1970er-Jahren experimentierte er mit Bluttransfusionen. Die Liste der prominenten Namen, die sich unter seiner Regie zu Experimenten, vor allem mit EPO, bereit erklärten, war lang: Neben der Ski-Nationalmannschaft gehörten komplette Radteams sowie viele bekannte Hochleistungssportler zu seinen Klienten. Gleichzeitig war es ihm gelungen, von IOC und CONI Gelder für die Entwicklung eines EPO-Nachweisverfahrens zu erhalten, brauchbare Ergebnisse lieferte er jedoch nie ab.
Conconi geriet öffentlich ins Zwielicht nach Ermittlungen, die durch Funde bei einer Razzia der Guardia di Finanza (Finanz- und Grenzpolizei) nach dem Prolog des Giro d'Italia 1996 ausgelöst wurden. Ohne Sandro Donatis hartnäckige Arbeit wäre jedoch das meiste im

Sande verlaufen, denn in mächtigen Verbands- und Politikerkreisen überwog das Interesse an einer Vertuschung. Die erste nach vier Jahren vorgelegte Anklageschrift wurde wegen des Rücktritts des Untersuchungsrichters, der entnervt von den Widerständen aufgab, hinfällig. Die Neuauflage, ein 70 000 Seiten umfassendes Dossier, beinhaltete Anklagepunkte wie die Bildung einer kriminellen Vereinigung, Urkundenfälschung, Verstoß gegen das Medikamentengesetz und Amtsmissbrauch. Im Prozess, der im Oktober 2002 begann und im November 2003 endete, wurden diese Punkte jedoch wegen Verjährung zurückgewiesen. Entschlüsselte Patientenakten lagen lediglich für die Jahre 1992–1995 vor. Für die folgenden Jahre gab es keine Geständnisse und Unterlagen. Claudio Chiappucci, der 1997 langjähriges EPO-Doping zugegeben hatte, widerrief sein Geständnis.

Der Rektor der Universität Ferrara Prof. Francesco Conconi und seine mitangeklagten Mitarbeiter Ilario Casoni und Giovanni Grazzi blieben unbehelligt. Richterin Franca Oliva äußerte sich jedoch eindeutig:»Conconi war schuldig.«

1997–2006 Bologna, Dr. Michele Ferrari
1997 kommen die Carabinieri in Bologna, Italien, über eine Apotheke auf die Spur des Sportmediziners Michele Ferrari. Der Apotheker beschuldigt den Arzt, Großabnehmer von im Sport verbotenen Medikamenten zu sein, Rezepte bestätigen den Verdacht. Eine Bürodurchsuchung enthüllt, dass viele bekannte Radsportgrößen zu Ferraris Patienten gehören: Ivan Gotti, Giorgio Furlan, Abraham Olano, Tony Rominger und Laurent Jalabert sind einige. Blutdaten legen EPO-Doping nahe. Ferrari, ein Schüler von Francesco Conconi, betreute in den 1990er-Jahren das Radteam Gewiss, deren überragende Fahrweise 1994 zweifelsfrei auf EPO zurückging. Bereits damals geriet Ferrari unter öffentlichen Druck, Gewiss entließ ihn, der Verband der italienischen Sportmediziner sprach eine Suspendierung aus. Seiner Beliebtheit tat dies keinen Abbruch. 1995 begab sich Lance Armstrong in Ferraris Hände und seit 1999 war er Konditionsberater des US-Postal-Service-Teams (USPS).

Ende 2001 begann in Bologna der Prozess wegen Sportbetrugs. Hauptbelastungszeuge war Sandro Donati, durch dessen Recherchen das Ausmaß des EPO- und Blutdopings im Leistungssport erst bekannt wurde. Die meisten Zeugen leugneten oder verweigerten die Aussage. Filippo Simeoni und die ehemaligen Fahrer Fabrizio Convalle und Carlo Cobalchini (Amateur) beschuldigten jedoch ihren ehemaligen Arzt. Am 12. Februar 2002 gab Simeoni zu Protokoll, Ferrari habe ihm zwischen 1996 und 1997 EPO und Testosteron sowie Emagel und Albumin zur Senkung des Hämatokrits verschrieben.

Am 1. Oktober 2004 wurde Michele Ferrari wegen Sportbetrugs zu einem Jahr Gefängnis auf Bewährung verurteilt, zusätzlich erhielt er elf Monate Berufsverbot. Die Aufhebung dieses Urteils wegen Verjährung erfolgte im Mai 2006, die Dopingvorwürfe wurden aber bestätigt.

1998–2000 Lille, Affäre Festina
Mittwoch, 8. Juli 1998: Zollfahnder finden im Auto von Willy Voet, Pfleger des Teams Festina, Anabolika, Dialysemittel, Wachstumshormone, Blutverdünner, Corticosteroide und über 400 Ampullen EPO – der bislang größte Dopingskandal nimmt seinen Lauf. Voet, Bruno Roussel, Sportdirektor, und Eric Ryckaert, Teamarzt, geben organisiertes Teamdoping unter ärztlicher Aufsicht und die Existenz schwarzer Kassen zum Kauf von Dopingsubstanzen zu und enthüllen ein gut organisiertes und kontrolliertes teaminternes Dopingsystem. Die Equipe Festina mit dem französischen Nationalhelden Richard Virenque wird von der Tour ausgeschlossen. Sieben Fahrer sind geständig, nur Pascal Hervé und Richard Virenque leugnen.

Schnell entbrennt ein Machtkampf zwischen Polizei und Tour-Teilnehmern. Nach Ansicht einiger im Peloton überschreitet die Polizei ihre Kompetenzen und damit das Maß des Erträglichen. Die Fahrer streiken auf der 12. Etappe, setzen das Rennen aber fort. Ein

Bummelstreik folgt nach der polizeilichen Überprüfung der Fahrer des Teams TVM, er verhindert aber nicht, dass weitere Mannschaften durchsucht werden. ONCE, Banesto, Riso Scotti, Kelme und Vitalico verlassen die Tour. Manuel Saiz (ONCE) tobt, er sieht Menschenrechte und Rechte der Fahrer verletzt. Der Organisator der Vuelta, Unipublic, erwägt Frankreich in der nächsten Vuelta zu meiden. Politiker, Teammanager und Funktionäre sind entsetzt, wiegeln ab und fordern gleichzeitig mehr Blutkontrollen. Die französische Regierung will das Antidopingbudget verdreifachen, auch Sponsor Telekom will zusätzliche finanzielle Mittel für den Antidopingkampf zur Verfügung stellen.

Alex Zülle, Laurent Dufaux, Armin Meier, Laurent Brochard, Didier Roux, Christophe Moreau wurden von ihren Verbänden für je sechs Monate gesperrt. Ende September 2000 musste der mittlerweile schwer erkrankte Festina-Teamarzt Eric Ryckaert in Gent (Belgien) wegen Versorgung der Festina-Mannschaft mit Dopingmitteln in den Jahren 1995–1997 eine Strafe von etwa 15 000,– Euro, die Hälfte auf Bewährung, hinnehmen. Er starb, bevor in Frankreich das Verfahren gegen ihn beendet war.

Der Hauptprozess in Lille, Frankreich, begann am 23. Oktober 2000. Jetzt gaben auch Hervé und Virenque ihr Leugnen auf, doch ein Unrechtsbewusstsein ließen sie nicht erkennen, medizinische Leistungssteigerung gehöre dazu, Doping sei, wenn man erwischt werde.

Es wurde viel gebeichtet und aufgeklärt während des Prozesses, aber auch viel verschleiert und klein geredet von Funktionären und Managern, die als Zeugen geladen waren. Die Aussagen ließen jedoch keine Zweifel daran, dass der gesamte Profiradsport ohne hochkomplexes Doping mit einer Vielzahl von Medikamenten kaum noch funktionierte.

Am 22.12.2000 erfolgte die Urteilsverkündung: Bruno Roussel erhielt ein Jahr Gefängnis auf Bewährung sowie eine Geldstrafe über 50 000,– FF, Willy Voet zehn Monate auf Bewährung plus 30 000,– Euro. Die Soigneurs Jeff d'Hont, Jean-Marie Dalibot und Pressesprecher Joël Chabiron mussten Bewährungsstrafen, das Apothekerehepaar Paranier und der Teamarzt der spanischen ONCE-Mannschaft, Nicolas Terrados, Geldstrafen hinnehmen. Die Verbände sahen sich seitens des Prozessvorsitzenden herbe Vorwürfe ausgesetzt. Vor allem der UCI wurde Untätigkeit im Kampf gegen Doping, Sprechen mit zweierlei Zungen und die Duldung eines dopingfreundlichen Klimas vorgeworfen.

Hervé bekam eine Verbandssperre von zwei Monaten, eine zuvor von ihm ›freiwillig‹ genommene wurde ihm angerechnet, Virenque sollte für neun Monate aussetzen, doch der Internationale Sportgerichtshof reduzierte diesen Zeitraum um zweieinhalb Monate.

Kam die ganze Wahrheit im Prozess ans Licht? Es gab angeblich andere Personen, die Dopingmittel für das Team Festina während der Tour de France diskret von Etappe zu Etappe transportieren sollten, zudem sei die Menge viel zu groß gewesen für ein Team allein. War Willy Voet noch für andere Mannschaften unterwegs, arbeitete er auf eigene Rechnung? Wollte man von ganz oben eine ›begrenzte‹ Affäre? Einiges deutete daraufhin.

1998–2001 Poitiers

Im Mai 1998 bekam ein junger Amateurfahrer während eines Rennens Herzrasen und hohes Fieber. Dem behandelnden Arzt gestand er, dass er einige Stunden zuvor eine intravenöse Injektion mit einem ihm unbekannten Mittel erhalten habe. Er übergab die Flasche, in der sich noch Reste befanden: Es handelte sich um den sogenannten Belgischen Cocktail, (»Pot belge«).

In Poitiers, Frankreich, begannen Ermittlungen. Das Gemisch war in Polen hergestellt und in Mineralwasserflaschen nach Frankreich exportiert worden. Die Dealer des Pelotons füllten diese Mischung dann in unverdächtige Medizinfläschchen um. Einer der Hauptangeklagten (gleichzeitig der Hauptbelastungszeuge), Christian Ossowski, drogenabhängig seit 30 Jahren, gestand, starb aber 2000 kurz vor Prozessbeginn mit 50 Jahren. Er verkaufte den »Pot belge«, um seinen eigenen Bedarf finanzieren zu können. Früher besorgte er die Bestandteile in Italien und Belgien.

Unter den 41 Angeklagten befanden sich neben vielen aktiven und ehemaligen Radrennfahrern drei Präsidenten von Radamateur-Clubs. Die meisten waren geständig. 39 der 41 Angeklagten wurden Ende Mai 2001 verurteilt, 12 zu Gefängnisstrafen zwischen 2 und 30 Monaten, meist mit Bewährung, 24 zu Geldstrafen zwischen 381,– und 1220,– Euro. Ein ehemaliger polnischer Fahrer und zwei polnische Frauen wurden in Abwesenheit zu 5 Jahren, 2 Jahren und 3 Monaten verurteilt.

Patrick Charron, der bereits 1990 in Paris verurteilt wurde, erhob Einspruch gegen seine einjährige Haftstrafe und wurde daraufhin im Juli 2002 zu vier Jahren verurteilt.

1998–2001 Reims, Affaire TVM

Vier Monate vor der Tour de France 1998 wurde in der Nähe von Reims in einem Wagen des niederländischen Teams TVM EPO gefunden, 106 Dosen. Weitere verbotene und EPO-Kuren unterstützende Mittel wurden während der Tour de France von der Polizei sichergestellt. So war es kein Wunder, dass sich die Mannschaft, nachdem sie sich während der Tour de France weiteren Kontrollen und Verhören unterziehen musste, in die Niederlande absetzte. Die Ermittlungen wurden jedoch fortgesetzt. 2001 kam es dann in Reims zu einem Indizienprozess, da die Angeklagten jegliches Verschulden leugneten. Die Beweislage reichte jedoch aus und es wurden harte Strafen wegen »organisierten Dopings anlässlich der Tour de France 1998« ausgesprochen. Ähnlichkeiten zur Praxis des Festina-Teams wurden sichtbar.

Der Sportliche Direktor des Teams Cees Priem wurde als der Hauptverantwortliche bzw. Hauptorganisator des Dopings bezeichnet. Er bekam 18 Monate Gefängnis auf Bewährung und 80 000,– FF Strafe. Teamarzt Dr. Andrei Mikhailov erhielt ein Jahr auf Bewährung und 60 000,– FF (9053,– Euro) als Strafe dafür, dass unter seiner Aufsicht EPO angewandt wurde, und Ian Moors, Masseur, musste sich mit einer Strafe von sechs Monaten auf Bewährung und 10 000,– FF abfinden. Zusätzlich mussten die drei eine gemeinsame Geldbuße über 9808,– Euro wegen eines Zollvergehens betreffend ›Einfuhr gefährlicher Substanzen‹ bezahlen.

1998–2002 Reims

Sechs Radrennfahrer und vier Dealer mussten 2002 in Reims, Frankreich, wegen des Konsums des »Pot belge« Strafen hinnehmen. Die Affäre begann 1998, als der Amateur André Cordelette bei einem Rennen mit Herzproblemen aufgrund einer Überdosis von Amphetaminen zusammenbrach und in das Krankenhaus von Reims eingeliefert wurde. Bei ihm fand man das Drogen- und Dopinggemisch »Pot belge«.

Cordelette wurde als treibende Kraft eines florierenden Drogenhandels zwischen Belgien und Frankreich zu zwei Jahren Gefängnis auf Bewährung verurteilt. Der ehemalige Bahnradfahrer, mehrfache französische Bahnradmeister der Amateure, Mitglied der französischen Olympiamannschaft in Los Angeles und 1985 Vize-Weltmeister Philippe Boyer, 46 Jahre alt, erhielt zwei Jahre Gefängnis, davon eines auf Bewährung. Ihre vier Lieferanten, die viele Amateure der Region belieferten, wurden z. T. höher bestraft, so der Belgier Delrue zu vier Jahren Gefängnis ohne Bewährung.

1998–2004 Brescia

Am 22. Januar 2003 begann in Brescia, Italien, ein Prozess, in dem sich 18 Personen wegen Verabreichens von und Dealens mit Dopingmedikamenten verantworten mussten, unter anderem die ehemaligen Radsportler Giorgio Addis, Paolino Dotti, Pierino Gavazzi sowie drei Apotheker.

Eine junge Amateurradsportlerin gab mit einem Geständnis den Startschuss für die Ermittlungen. Es folgten 1999 Razzien, bei denen Dopingmittel sichergestellt wurden. Weitere Vorwürfe, die bis ins Jahr 1996 zurückgingen, belasteten Giorgio Addis, ehemals Sportlicher Leiter des Teams ›Gaverina – Ok Baby‹, und Teammanager Mauro Stornati schwer. Mittel der Wahl sollen Wachstumshormone, EPO, Testosteron, Oxandrolon und ACTH gewesen sein.

Im Oktober 2004 wurde der Italienische Meister von 1988, Gavazzi, zu sechs Monaten Gefängnis verurteilt, da er ohne Berechtigung als Mediziner und Pharmazeut praktiziert und unerlaubt Medikamente verabreicht hatte. Dotti erhielt eine Strafe von zwei Monaten, und Addis musste für neun Monate ins Gefängnis.

1999–2002 Gianni Bugno

1999 kam es bei den »Drei Tagen von de Panne« zu einem großen Eklat, als am zweiten Tag die Polizei kurz nach dem Start das Peloton anhielt und das MAPEI-Team zu einem Verhör mitnahm. Mitarbeiter eines Paketdienstes hatten wegen eines Päckchens, das ihnen verdächtig vorkam, die Aktion ausgelöst. Es enthielt Amphetaminampullen und war von dem MAPEI-Pfleger Tiziano Morassut aufgegeben worden, adressiert war es an Gianni Bugno, der nach Beendigung seiner Karriere dem technischen Kader dieser Mannschaft angehörte.

Am 10.12.2002 wurde Gianni Bugno im flämischen Kortrijk wegen des Kaufs und Besitzes von Amphetaminen, sein Vater Giacomo Bugno, Tiziano Morassut und der belgische Ex-Profifahrer Edouard Vanhulst, Lieferant der Amphetamine, wegen Verstoßes gegen das Arzneimittel- und Antidopinggesetz zu je sechs Monaten Gefängnis auf Bewährung und zu Geldstrafen von je 4957,87 Euro verurteilt.

2000–2002 Rennes, Affäre Béon

Dealen mit den Drogencocktails »Pot belge« und »Pot néerlandais« lautete die Anklage in einem Prozess, der Anfang Dezember 2002 in Rennes, Frankreich, begann. Mit dabei noch aktive und ehemalige Profi-Radrennfahrer, Clubdirektoren und Sponsoren.

Die Affäre begann, als im Oktober 2000 an der belgisch-französischen Grenze ein Paket aus den Niederlanden mit Portionen des »Pot néerlandais« beschlagnahmt wurde. Adressiert war es an die Mutter von Patrick Béon, der in den 1970er-Jahren Profi in der Equipe Peugeot war. Da Béon gestand, konnte ein weites Netz von Drogendealern und Abhängigen aufgedeckt werden. Auch gegen Fahrer der Top-Teams AG2r, Crédit agricole und Fdjeux wurde ermittelt. Die Spuren führten überwiegend nach Belgien und Holland, allerdings beklagte die französische Justiz mangelnde juristische Unterstützung von Seiten der beiden Länder, sodass es nicht gelang, bis an die Spitze des Drogennetzwerkes vorzudringen.

Mitangeklagt waren Béons Sohn, der durch den Einfluss des Vaters zum Drogenkonsum kam, und Béons Bruder. Am 9. Januar 2003 wurden die Urteile für die 12 Angeklagten verkündet: Patrick Béon, Serge Degnati, Jean-Yves Verger (Krankenpfleger) wurden zu je drei Jahren Gefängnis verurteilt, davon je zwei auf Bewährung. Philippe Tomasina (AG2r) erhielt eine Strafe von 30 Monaten Gefängnis, davon 20 auf Bewährung. Die anderen Angeklagten bekamen zwischen vier und zehn Monaten Gefängnis auf Bewährung.

Die Hauptangeklagten gingen in Berufung und hatten Erfolg. Am 1. Juli 2003 wurden die Strafen ermäßigt: Patrick Béon musste nur noch sechs Monate ins Gefängnis, zweieinhalb Jahre sind auf Bewährung, auch für Degnati, Verger und Tomasino wurden die Bewährungsstrafen verlängert durch die Verkürzung der Gefängnisaufenthalte auf acht Monaten.

2000–2003 Perpignan

Am 29. Februar 2000 überraschten Polizisten bei einer Straßenkontrolle zwei Fahrer des Vélo-Clubs von Narbonne, als diese sich eine intravenöse Spritze mit dem »Pot belge« setzten. In das Ermittlungsnetz gerieten die ehemaligen Profis Thierry Laurent (Festina) und Jérome Laveur-Pedoux (Home market), Christophe Morel (Französischer Mountainbike-Meister 1999 und 2000) und Eric Magnin, Vizeweltmeister von 1993 und dreimaliger französischer Meister auf der Bahn. Der Prozess fand vom 13. bis zum 17. Mai 2003 statt. Es ging darin um falsche Verschreibungen, um den »Pot belge«, um EPO, Wachstumshormone und Corticosteroide und um Kuriere, die zwischen Frankreich, Belgien, den Niederlanden und der Schweiz verkehrten. 26 Personen wurden angeklagt, in der Mehrzahl aktive und ehemalige Fahrer, zwei Apotheker und mehrere Mediziner.

Zum Kronzeugen der Ermittler wurde Jérome Laveur-Pedoux, einst Profi bei RMO, Castorama, Agrigel und Festina. Er gestand, gedealt zu haben, und dass der in Radsportkreisen berühmte belgische Arzt Georges Mouton (bekannt als »Doktor Seringue«) ihm EPO und andere Substanzen verabreicht habe. Weitere Angeklagte waren ebenfalls geständig.

25 der 26 Angeklagten wurden verurteilt. Thierry Laurent, Eric Magnin, Jérome Laveur-Pedoux und Frédéric Morel erhielten je 15 Monate Gefängnis, davon 14 auf Bewährung. Laurent musste zusätzlich 4000,– Euro zahlen.

Christophe Morel bekam sechs Monate auf Bewährung, zwei Mediziner Geldbußen über 5000,– und 3000,– Euro, die anderen Ange-klagten mussten zwischen sechs und einem Monat Gefängnis auf Bewährung hinnehmen. Die Lieferanten der Drogen in Belgien und den Niederlanden konnten nicht belangt werden.

Die Gerichtspräsidentin Sylvie Truche begründete das moderate Strafmaß damit, dass keiner der Angeklagten ›seine Nase in die leistungssteigernden Mittel gesteckt‹ hätte, wären sie ohne Verbindung zum Radsport gewesen. Einige Angeklagte gaben auch zu verstehen, dass der Festinaprozess Anregungen zum Doping gegeben habe.

2001–2005 Padua, Giro d'Italia

Am 3.6.2001 wurden im Wohnmobil des Alessio-Fahrers Ivan Gotti Dopingmittel gefunden. Gotti stand bereits längere Zeit unter Beobachtung. Daraufhin erschien in der Nacht vom 6. auf den 7. Juni die Drogenpolizei beim Giro d'Italia und durchsuchte die Zimmer aller Teams (Razzia ›Vierblättriges Kleeblatt‹). Prominentes erstes Opfer war Dario Frigo, der den Fund und die Einnahme verbotener Mittel bestätigte. Er wurde umgehend von seinem Team Fassa Bortolo entlassen. Die Gerüchteküche kochte, bei über 70 Personen sollen verdächtige Medikamente, einschließlich eines noch nicht zugelassenen, gefunden worden sein. Nur zwei der angetretenen Teams wären unverdächtig, auch Mitglieder des Teams Telekom kamen ins Visier der Fahnder.

Es brach heftige Betriebsamkeit aus: Der italienische Rennstall Liquigas-Pata suspendierte fünf seiner Fahrer, der italienische Radsportverband veranlasste ab dem 18. Juli für zehn Tage die Aussetzung aller »nationalen Radrennen auf Amateur- und Profiebene« und empfahl seinen Fahrern eine Selbstsperre für Rennen im europäischen Ausland. Hein Verbruggen sah hinter diesen italienische Maßnahmen jedoch nur billigen Aktionismus und eine politische Verschwörung. Der Sponsor CSC schlug eine gemeinsame Antidopingerklärung der Sponsoren vor. Danach kehrte wieder Ruhe ein.

Am 7. Mai 2005 wurden acht italienische Fahrer aufgrund der Funde von Wachstumshormonen und Insulin sportrechtlich mit maximal sechs Monaten Sperre belegt.

Die Anklageschrift vom Februar 2003 führt 51 Personen auf, gegen die ermittelt wurde. Als der Prozess im Oktober 2004 in Padua begann, standen noch zwölf Personen vor dem Richter. Dario Frigo, Alberto Elli und Giuseppe Di Grande erhielten eine Bewährungsstrafe von sechs Monaten, zusätzlich 12000,– Euro Geldstrafe. Trainer Primo Pregnolato erhielt eine Bewährungsstrafe von acht Monaten und 6000,– Euro, Domenico Romano und Ermanno Brignoli mussten fünf Monate und 20 Tage Haft auf Bewährung hinnehmen.

2002–2003** Brescia, Affäre Antonio Varriale

2001 wurden in Padua, Italien, zwei Dopingdealer festgenommen, die große Mengen verbotener Arzneimittel an Amateure der Radclubs in der Region des Gardasees vertrieben haben sollen. Im Laufe der Ermittlungen, die auch in Verbindung mit der Razzia während des Giro d'Italia 2001 standen, wurde der Panaria-Profi Antonio Varriale im Mai 2002 mir entsprechenden Mitteln angetroffen und verhaftet. Ein Mitglied des Dealerrings war der Polizist Armando Marzano, der zugab, Dopingmittel geliefert zu haben.

Nach einer erneuten Razzia, ausgehend von der Guardia di Finanza di Salò (Brescia) Anfang Juni 2003, der »Operazione Bike«, mussten der Sportliche Leiter von Colnago-Landbouwkrediet Olivano Locatelli und William Dazzani vom Frauen-Team Aurora 2000,– RSM wegen Verdachts des Dealens Hausarrest hinnehmen. Auf 20 Wohnungen erstreckten sich die Untersuchungen. Das Ergebnis war beeindruckend, vor allem gelang es, große Mengen Schmerzmittel und Medikamente sicherzustellen, die hartes Doping verschleiern oder unterstützen können. Gegen 22 weitere Personen wurde ermittelt. Varriale gestand.

2006 Bonneville, Affäre Rumsas

Es ist der 28. Juli 2002, in Paris geht die Tour de France 2002 glanzvoll zu Ende, auf dem Podium steht ein strahlender Raimundas Rumsas (Lampre). Er ist Dritter geworden. Zur selben Zeit wird seine Ehefrau an der französisch-italienischen Grenze mit einem Koffer voller Medikamenten verhaftet und in das Frauenuntersuchungsgefängnis von Bonneville im Département Haute-Savoie überführt. Alles deutet auf Doping hin: Viele im Sport zugelassene Mittel liegen neben Wachstumshormonen, Insulin, Corticosteroiden, Testosteron und weiteren Anabolika. Gegen Edita Rumsas wurde ein Ermittlungsverfahren eröffnet wegen ›Verabreichung, Vertrieb, Transport und der Anstiftung zum Gebrauch von Dopingprodukten‹. Raimundas, der umgehend von seinem Team suspendiert worden war, bestritt jegliches Doping. Die Durchsuchung von Lampre-Teamfahrzeugen erbrachte keine Ergebnisse.

Edita Rumsas beharrte darauf, dass die Medikamente für ihre Familie, respektive ihre Schwiegermutter in Italien bestimmt waren. Die Angelegenheit verkam schnell zu einer kleinen Staatsaffäre. Am 9. August demonstrierten in Vilnius hundert Litauer, darunter Politiker und Künstler, vor der französischen Botschaft und beklagten die unbegründete Inhaftierung einer Mutter von drei kleinen Kindern, in ihren Augen eine Menschenrechtsverletzung. Der litauische Außenminister und der Staatspräsident meldeten sich in den nächsten Wochen entsprechend zu Wort.

Im September gab die UCI grünes Licht für Rumsas, da weder eine positive Probe noch ein Geständnis vorlägen. Edita kam im Oktober auf Kaution frei. Raimundas wurde im November des Jahres in Litauen mit der höchsten Sportlerauszeichnung geehrt. Rumsas fuhr 2003 wieder für Lampre, lieferte jedoch nach der 6. Etappe des Giro d'Italia eine positive EPO-Probe ab und wurde daraufhin für ein Jahr gesperrt.

Am 26. Januar 2006 fällte das Gericht in Bonneville Urteile: Edita und Raimundas Rumsas erhielten je vier Monate Gefängnis auf Bewährung plus je 3000,– Euro Geldstrafe, der für die Verschreibung der Medikamente zuständige polnische Arzt Krzysztof 12 Monate Gefängnis auf Bewährung.

2003–2007* Kortrijk, Affäre Landuyt/Museeuw

Am 4.9.2003 fanden in Belgien an 20 Orten Razzien statt. Ziel war, die mächtige Hormonmafia zu treffen, welche die Viehmastbetriebe mit verbotenen Hormonen versorgt. Sechs bekannte belgische Radrennfahrer waren ins Fadenkreuz der Ermittler geraten: Johan Museeuw, Chris Peers, Jo Planckaert, Mario de Clercq, Nico Hendrickx, Oliver Penny und Birger Donie. Sie fielen durch Telefonate und SMS mit dem Tierarzt José Landuyt auf, der im Verdacht stand, einen schwungvollen Medikamentenhandel in Pferde-, Tauben- und Radsportmilieus zu betreiben, und der daher schon längere Zeit überwacht und abgehört wurde. Unter Beobachtung stand auch Herman Versele, Pfleger und Masseur, seit etwa 15 Jahren Vertrauter von Museeuw und den anderen ebenfalls bekannt. Versele und Landuyt kamen in Untersuchungshaft und wurden erst nach über zwei Monaten nach Hinterlegung von Kautionen entlassen. Beide sollen gestanden haben, Dopingmittel vertrieben zu haben. Die Sportler wiesen bis auf Olivier Penney jegliche Dopingvergehen von sich, Penney legte ein Geständnis ab. Die Disziplinarkammer des belgischen Radsportverbandes verhängte am 8. Oktober 2004 harte Sanktionen: Johan Museeuw, Jo Planckaert und Chris Peers erhielten je zwei Jahre Sperre plus zwei Jahre auf Bewährung, zudem Geldstrafen über 10 000,– SF; Oliver Penney 15 Monate Sperre, 33 Monate auf Bewährung; Nico Hendrickx 20 Monate Sperre plus 28 Monate auf Bewährung, 2500,– SF; Birger Donie ging straffrei aus. Mario DeClercq bekam am 2.3.2005 ebenfalls zwei Jahre Sperre plus zwei Jahre auf Bewährung und 10 000,– SF Geldstrafe.

Ausführliche Begründungen für die hohen Strafen wurden von Seiten der Kommission nicht gegeben, aus Rücksicht auf die noch laufenden juristischen Verfahren, denn das Hauptziel bleibe weiterhin die Hormonmafia. Anfang Oktober 2005 wurden Gerichtsdokumente veröffentlich, die langjähriges Doping, vor allem mit EPO, aufzeigten. Ein Prozess konnte nicht wie geplant 2005 eröffnet werden, da die Fahrer Widerspruch gegen die Verfahrensweise eingelegt hatten. Sie begründeten den Widerspruch damit, dass nach einer sportrechtlichen Verurteilung kein strafrechtliches Verfahren mehr möglich sei. Diese Ansicht wurde im Januar 2007 verworfen. Die (ehemaligen) Athleten müssen sich einem Strafprozess stellen.

2003–2007 Nanterre, Cofidis-Affaire

Im Juli 2003 gab der Vater eines jung verstorbenen Amateurradsportlers den Ermittlungsbehörden in Nanterre Hinweise auf die Drogen- und Dopingszene im Velosport. Verdeckte Ermittlungen und Razzien folgten, Hausdurchsuchungen fanden statt. Die Spuren führten zum Cofidis-Team. Bogdan Madejak, Pfleger/Masseur (Soigneur) bei Cofidis, kristallisierte sich für die Fahnder als Kopf eines Beschaffungs- und Verteilungsnetzwerks heraus. Bei dem jungen 23-jährigen Polen Marek Rutkiewicz, einem ehemaligen Cofidis-Fahrer, der jetzt bei Ragt MG-Rover (ex-Jean Delatour) unter Vertrag stand, stellten die Ermittler ›Verbotene Substanzen‹ sicher. Bahnfahrer Robert Sassone, bei dem Testosteron, EPO und Amphetamine gefunden wurden, legte ein Teilgeständnis ab. Philippe Gaumont wurde zum Kronzeugen, er beschuldigte die Teamärzte und Teamverantwortlichen, zumindest von der gängigen Dopingpraxis gewusst zu haben.

Der nächste Fahrer von Cofidis geriet Anfang April 2004 unter Verdacht: Médéric Clain sollte fünf Ampullen Wachstumshormone bei Oleg Kozlitine, dem ukrainischen Trainer der GSII-Equipe Oktos Saint-Quentin, gekauft, aber nicht benutzt haben.

Cofidis sagte daraufhin alle Rennen ab, die Konzernspitze brauchte Zeit zum Nachdenken. Im April 2004 verabschiedete das Team eigene Antidopingregeln. Ende Juni wurden bei David Millar bei einer Hausdurchsuchung in einem Buchversteck leere EPO-Ampullen entdeckt. Der amtierende Zeitfahrweltmeister gesteht, bei der Vuelta a España 2001 und der Weltmeisterschaft 2003 mit EPO gedopt gewesen zu sein.

Die Affäre löste in Frankreich eine rege Diskussion aus und veranlasste die Politik dazu, einige Maßnahmen zu verschärfen. Die französischen Radteams gaben sich einen eigenen Ethik-Code und der Französische Radsport-Verband FFC will verstärkt medizinische Daten kontrollieren.

Es gab jedoch auch Ungereimtheiten während der Ermittlungen, wie eine gefälschte Unterschrift auf einem Vernehmungsprotokoll von Cédric Vasseur.

David Millar wurde sportrechtlich mit zwei Jahren Sperre sanktioniert, Médéric Clain entlastet.

Nach einem gerichtlichen Urteilsspruch vom 8. November 2005 musste Cofidis 50000,– Euro an Massimiliano Lelli als Entschädigung für dessen sofortige Entlassung durch das Team zahlen, ihm konnte bislang keine Schuld nachgewiesen werden.

Vom 6. bis 10. November 2006 standen in Nanterre zehn Personen vor dem Richter. Am 19.1.2007 erfolgten die Urteile. Millar und Lelli wurden freigesprochen, da ihre Vergehen aller Wahrscheinlichkeit nach nicht in Frankreich stattfanden. Ex-Pfleger Boguslav Madejak erhielt eine Gefängnisstrafe von einem Jahr, davon neun Monate auf Bewährung. Philippe Gaumont, Robert Sassone, Marek Rutkiewicz und Daniel Majewski mussten sechs Monate auf Bewährung, Médéric Clain und Oleg Kozlitine drei Monate auf Bewährung hinnehmen.

2004–2006 Bordeaux, Affäre ›Pot belge‹ oder ›Cahors‹

2004 packte ein junger Amateurfahrer nach einer positiven Kontrolle aus. Die Ermittlungen erstreckten sich bis nach Belgien und Deutschland. Innerhalb kurzer Zeit waren 18 Personen in Frankreich und sechs in Belgien in Untersuchungshaft. Zum ersten Mal, so wurde hervorgehoben, hatte eine französisch-belgische Polizeikooperation funktioniert. Drogen im Wert von etwa 180000,– Euro gingen ins Netz. Bestimmt waren sie für Amateure und Semi-Profis im südfranzösischen Raum. Die bekanntesten Festgenommenen waren die Brüder Fabien und Laurent Roux, Laurent Biondi, Ex-Profi (Weltmeister auf der Bahn 1990) und ehemaliger stellvertretender Sportlicher Leiter bei Ag2R, der ehemalige Cyclocross-Weltmeister Christophe Dupouey und der Belgier Freddy Sergeant, in den 1980er-Jahren ein bekannter Pfleger.

Gegen 23 Personen wurde Anklage wegen Verstößen gegen das Antidopinggesetz und das Betäubungsmittelgesetz erhoben. Ende Juni 2006 fand in Bordeaux der Prozess statt, in dessen Verlauf die Gebrüder Roux und Eddy Lembo gestanden. Laurent gab zu, jahrelang EPO, Wachstumshormone, Cortison und Testosteron genommen zu haben, vom »Pot belge« wurde er drogenabhängig. Er prangerte laut die verbreitete Doping- und Drogenmentalität im Milieu an.

Am 3. Juli 2006 fielen die Urteile: Freddy Sergeant muss vier Jahre ins Gefängnis, Laurent Roux bekam eine Strafe von 30 Monaten Gefängnis, davon 20 auf Bewährung, Fabien Roux 24 Monate Gefängnis, davon 15 Monate auf Bewährung, und Yvon Manchon 24 Monate Gefängnis. Die anderen Angeklagten erhielten Bewährungsstrafen.

2003–2007* Affäre ›Oil for Drug‹

Kaum ein Mittel, das die Fahnder der italienischen Drogenpolizei im Mai 2004 nicht fanden. Nach einer groß angelegten Razzia in 29 Provinzen Italiens, die unter dem Namen »Oil for Drug« lief, wurden 138 Ermittlungsverfahren eröffnet. Betroffen waren 15 Profiradfahrer, 77 Jugendradfahrer, sieben Leichtathleten, zwei Sportärzte, fünf Apotheker, neun Sportliche Leiter von Amateurteams und etliche Krankenschwestern bzw. Krankenpfleger. Ein gut organisiertes, kriminelles Dopingverteilersystem wurde geknackt.

Gefunden wurden Testosteron und andere Anabolika, Wachstumshormone, EPO, Aranesp, Insulin, Ausrüstungen für Bluttransfusionen, Substanzen für Pferde und mehr. Die umfangreichen Ermittlungen hatten bereits 2003 nach dem rätselhaften Tod eines 45-jährigen Amateurradfahrers begonnen. Ermittelt wurde auch während des Giro d'Italia 2004. Dabei kam es zur Durchsuchung von Zimmern einiger italienischer Fahrer, die Verbindung zu dem Sportmediziner Dr. Carlo Santuccione hatten. »Ali der Chemiker«, wie der Arzt in Radsportkreisen auch genannt wird, war bereits von 1995 bis 2000 wegen einer Dopingaffäre vom italienischen Radsport-Verband suspendiert worden. Zudem gab es im Zusammenhang mit dem Prozess gegen Prof. Francesco Conconi Ermittlungen gegen ihn. Eine Folgerazzia im

Juni 2004 erbrachte weitere Ergebnisse: Sieben Personen, darunter Dr. Santuccione und der Berater des Sportwissenschaftlichen Instituts des italienischen Olympischen Komitees und des Italienischen Radsport-Verbandes, Maurizio Camerini, wurden in Haft genommen. Der Arzt verlor seine Approbation, Camerini wurde von seinem Verband freigestellt. Auch einige Fahrer wurden von ihren Teams vorübergehend suspendiert. Die meisten Fahrer sind Ende 2006 wieder aktiv.

Monika Mischke

Die wichtigsten Quellen:
Dopage, J.-P. de Mondenard, 2000
Dictionnaire du dopage, J.-P. de Mondenard, 2004
Doping – von der Analyse zur Prävention, A. Singler/G. Treutlein, 2001
Les scandales du sport contaminé, É. Maitrot, 2003
Internet:
Cyclingnews.com
Radsport-news.com
Sportpro.it
Europäische Tagespresse

Monika Mischke, geboren 1949, Soziologin, ist beruflich nicht mit dem Radsport befasst. Sie ist seit Jan Ullrichs Toursieg Fan. Ihr Interesse erstreckte sich bald auf die Geschichte und die Hintergründe dieser Sportart. Die Internet-Radsport-Seite cycling4fans.de gab ihr die Möglichkeit, ihre Recherchen zu veröffentlichen und sich mit anderen Fans auszutauschen.

Verwendete unerlaubte pharmakologische Manipulationen im Radrennsport

1. **Analgetika und Relaxantien/Spasmolytika**
   - Céphyl (Aspirin, Etenzamide [NSAR], Coffein, Belladonna, Irisversicolor, Spigelia, Gelsenium, Nux Vomica/Boiron FRA)
   - Meaverin (Mepivacain, ein Procainderivat/Rhône Poulenc-Roer)

2. **Narkotika/Lokalanästhetika**
   - Geroaslan H3 (Procain-HCL, Sanova Pharma Wien), s.c. zum Regenerieren
   - Medivitan N i.m. (Lidocain+Vit B)
   - Xylocain (Lidocain-Spray), bei großflächigen Schürfwunden
   - Zettaviram (Procain), durchblutungsfördernd, wird nicht mehr hergestellt

3. **Dosieraerosole/Antitussiva/Expektorantia**
   - Aerodur (Terbutalindosieraerosol/Astra Pharma GER)
   - Berotec (Fenoterolhydrobromid, Sympathomimetic Bronchodilator wie Salbutamol/Boehringer Ingelheim/GER)
   - Bricanyl (Tetrabulin), schlechte Hallenluft bei Sixdays
   - Oxis (Antiasthmatikum, β2-Sympatikomimetikum Inhaler, Formoteroli fumaras dihydricus 0,0006 mg/Astra CH)
   - Rinoretard (Phenylpropanolamin/Pfizer Spanien), schlechte Hallenluft bei Sixdays
   - Serevent od. aeromax (Salmeterol, β2-Agonist)
   - Viani forte (Fluticason + Salmeterol zum Inhalieren)
   - Spiropent (Clenbuterol, auch oral Tab.), NSAR-Doping
   - Solucamphre (5 ml i.m. oder i.v. vor CLM/Synthelabo BEL)
   - Solucamphre (Codein, Morphin, Ephedrin, Piperazin, Camsylsäure, Belladona, Ipecacuanha, Senna, Aconite/Syntelabo BEL)
   - Volmax (Salbutamol/Glaxo CH)

4. **Hormonähnliche Applikationen**
   - Actraphane (Insulin)
   - Agovirin (Testosteronpropionat i.m. Eifelfango BRD)
   - Andriol (Testosteronundeconat, Testosteronpräp. mit kurzer Halbwertszeit, Ende 2000 neue Variante: Flüssigkeit aus den Pillen trinken und mit Hydrocortison einnehmen vor dem Training, so nicht mal für Trainingskontrolle ein Problem!)
   - Androbolic (Norandrostendione, DHEA, Chrysin [Antiöstrogen, Antikanzerogen], Indol-3-carbinol [Antiöstrogen, Antikanzerogen], Tribulus Terrestris, Saw Palmetta Extract [pflanzliche Sterole]/Prolab USA)
   - Andro-XS (Sportsone-Inc. USA/Androstenedione)
   - Androxon (Testosteronundeconat oral)
   - Aranesp (NESP, Amgen/USA)
   - Bentelan (Betamethason)

- Ciclofenil, Dynaflex, Bionatriun (DES Diethylstilbestrol), Antiöstrogene (blockieren Testosteron-Rezeptoren, deshalb unsinnig!)
- Celestene oral 0,5 mg o. 2 mg oral (Hydrocortison/Betamethason/Schering Plough)
- Celestone (Betamethason/Schering)
- Cortigen B6 (Suprarenal Cortex + B6/Lepetit Italia)
- Cortone (25 mg Cortisonacetat, BHWZ 30 min Merck/ITA)
- Dacortin (30 mg Prednison/Merck)
- Deca-Durabolin (Nandrolon-Undeconat 100 mg/ml Norma Hellas)
- DHEA od. Melantonin (USA-Präparate aus dem Supermarkt)
- Diprophos (Betamethason)
- Diprostene (10 mg i.m. Betamethason/Schering-Plough FRA)
- Dynabolon (Nandrolon/Fournier ITA)
- Dynepo (genaktiviertes EPO, Transkaryotic Therapies und Aventis/USA)
- Elthyrone (Thyroxin/Knoll Pharma Belgien); [DNP Dinitrophenol Entkoppler]
- Eprex (EPO; HES = Hydroxyethylstärke oder Emagel, ein Polygelantin 500 ml/60 min Behring ITA oder Haemaccel GER als Plasmaexpander)
- Flebocortid (Hydrocortison/Lepetit Ita)
- Fortecortin (8 mg Dexamethason Tabletten)
- Genotropin (HGH) 750 DM 16 000 U.I.
- G.N.R.H. (Hormone de croissance, Wachstumshormone/FRA)
- Geref 50 (GHRH, Sermorelin, Serono Pharma/ITA) HGH Releasing Factor
- Gonadorelin = LHRH
- Henning Thyroxin T3 (Henning Pharma Berlin/GER)
- Hepadrol-50 (50 mg 5-Androsten-3β,17β-diol/Icon-Labs USA 60 Stck. 40 $/QFAC Inc. 1666 Garnet Ave., #519, San Diego, CA 92109)
- Humatrope 16 000 U.I. (HGH/Lilly Pharma, Espana)
- Hydrocortison (BHWZ)
- IGF-1 (Insulin like growth factor 100 µg/kg KG)
- Inzitan (Cyanocobalamin, Dexamethason, Thiamin HCL, Lignocain/Boehringer ESP)
- Kenacort (Triamcinolon)
- Masteron (Drostanolonpropionat/Syntex BEL)
- Maxicortex 2000 (Natural Corticosteroids/Manetti Roberts Ita)
- Neocromatoncortex 200 o. 300 (Suprarenal Cortex = Corticoidprecursors, B12, Ca-Folinate/Menarini Ita)
- Nolvadex (Tamoxifen, Antiöstrogen bei Anabolikaeinsatz, Astra Zeneca/GER)
- Orimeten (Aminoglutethimid, Aromatase-Hemmer)
- Pantestone (Testosteronundeconat)
- Percutalgine (Dexamethason, Salicylate/Piette BEL)
- Perfect Sterols
- Permastril (Drostanolonpropionat/FRA)
- Primobolan (Methenolonacetat/Schering)
- Profasi HP (hCG/Serono Ita)
- RecomSUBGH (hGH orales Spray von hgh4life USA)
- Recormon (EPO)
- Rubrocortin (Vit B12, Suprarenal cortex u. Leberextrakt, Inosine, Farma Lipori/ESP)
- Saizen s.c. (Somatropin 15 I.U. mit 1 mg GH= 3 I.U. biolog. Aktivität/Serono ITA) –
- Secretagogueone (IGF 1- u. Growth Hormon Precursors/MHP USA)
- Serostim (HGH, Serono/CH)

- Samil (Octreotide = Somatostatin Derivat bei Akromegalie u. Tumoren/ITA)
- Sinsurrene Forte (Multicorticoid-Präp. bei Adrenal-Insuffizienz/Parke Davis ITA)
- Soludécadron (Dexamethason/Merck-Sharp & Dohme-Chibret FRA)
- Solu-Medrol i.m. (Methylprednisolon/Pharmacia & Upjohn)
- Stanolzolol (Tabletten oder i.m. Winstrol, Strombaject/Sanofi Winthrop, 1988 v. Markt genommen)
- Symbiotropin (ProGH/hGH Precursors aus Lacuna Bean/USA s. Internet
- Synchrodyn (Alsactide = synthetisches Corticotropin, für Suprarenal Cortex-Funktionstest und Adrenocorticotrope Insuffizienz/Hoechst)
- Syncortyl i.m. (10 mg Desoxycortone)
- Sterandryl (Testosteronpropionat)
- Synacthen (ACTH)
- Tegaderm (Testosteronpflaster, das auf den Hodensack geklebt wird und selektiv Testosteron freisetzt)
- Testogel (Testosteronsalbe/Jenapharm GER)
- Testoviron i.m. (Testosteronpropionat/Schering)
- Testoviron-Depot (Testosteronenantat u. -heptanotat/Schering)
- Trigon i.m. (Triamzenolon, Corticoid)
- Urbason (Methylprednisolon BHWZ 36 h, Hoechst/GER)
- Zomacton (4 mg Somatropin/Ferring A/S DK)

5. Stimulanzien/Antileptika/Antidepressiva (v. d. Rennen)
- Activanat oral (200 mg Coffein
- Adderal (Dexamphetamin/Richwood USA)
- Adipex retard oral (Phentermin, Appetitzügler/Gerot CH; Wirkung wie Dexamphetamin)
- Alertonic (Pipradol HCL/Austr.)
- Amantadine (z. B. AMT, Antiparkinsonmittel dopergen)
- Aminomal (Aminophyllinbihydrat 200 mg = 157,9 mg Theophyllin, Bronchodilator/ITA)
- Amphetamine
- Animine (Coffein-1-naphtylessigsäure)
- Appetitzügler Isomeride, Ponderal (Flenfluramin, Dexflenfluramin), Phentermin, Butubindide
- Astenile (Prasterone-NaSO4, Stimulantie/Recordati Ita)
- Atractil (Diethylpropion = Amphetaminderivat)
- Aurorix (auch Moclamine/Moclobemid/Roche)
- Cardiorapid Efet (Pentetrazol ESP auch Cardiazol-Paracodina ITA)
- Carphedon (russisches Stimulanzium)
- Cerebral N (DNA aus Fischsperma u. Coffein)
- Cognex (Tacrine HCL/Parke Davis FRA/Alzheimer Parasympatolytika)
- Coramine Glucose oral (Nikethamid/Zyma FRA, sehr toxisches Stimulanzium! Deutsches Präparat: Effortil)
- cortin naturelle (Laroche Navarone FRA)
- Daptazile (GER/Amiphenazol HCL, auch antitussive Wirkung)
- Edronax (Noradrenalin Selektive Releasing Inhibitoren, Antidepressiva/Pharmacia & Upjohn)
- Ephedrina Level (50 mg Ephedrin-HCL/ESP)
- Euphylong (Theophyllin)
- GNC Quick Shot (Ma Huang Herb Powder/»Negerpfeile«/USA)
- Guronsan oral (50 mg Coffein + VitC + Glucose)

- Hydergine (Ergoloid Mesylate, Antiparkinsonmittel)
- Katovit N (Prolintan)
- Kola Astier (Coffein/Urpac-Astier FRA)
- Korodin (Weißdorn u. Camphertropfen/Robugen GER)
- Maneon (Amineptine HCL/ITA oder Survector FRA)
- Mesocarb
- Mirtazapin (NAN 190, CI 988, SI 5535 z. T. gentechnische Präp., Antidepressivum)
- Naphazolinpräparate z. B. Dexa-Soizowo N (Dexamethason + Naphazolin)
- Neooptalidon (Paracetamol, Propyphenazon, Coffein/ITA)
- Optalidon (Propiphenazon, Coffein/Sandoz), antipyretisches Analgetikum u. Psychostimulanz, ähnliches Präparat Arantil
- Paxil (Paroxetin HCL, Antidepressivum/Smith Kline Beechham USA)
- Pervitin (Methylamphetamin)
- Piracetam (Nootropika zentral erregende Psychostimulanz, setzt Blutviskosität herab, gefährliche Nebenwirkungen/Nootropil FRA)
- Prozac (Fluoxetin HCL/Antidepressivum)
- Reactivan (Fencamfaminhydrochlorid/cascan), psychotropes Energetikum (Psychoanaleptikum)
- Rigatol N
- Ritalin (Methylphenidate HCL; Stimulantie/Ciba Geigy BEL)
- Serapram (Antidepressivum, MAO-Inhibitor, Citalopram/Bayer)
- Serotonin-Antagonisten wie Ketanserin gegen zentrale Ermüdung
- Serotoninabbauverzögerer (Prozac, Fluctin, Tagonis, Seroxat)
- Solosin (Theophyllin)
- Tacrine (E2020), Physiostigmine, Galanthamine, SDZ-ENA-7139, Miramaline, Besperidine, Oxotremorine (Inhibitoren d. Acetylcholinesterase, Neurologika, Geriatika z. T. bei Alzheimer)
- Tonuton N (Cortex-Yohimbine, Atropin-Methonitrate, Ephedrin HCL/Luitpold GER)
- Vencipon (Ephedrin)
- Vigil (Modafinil)
- Visadron (Boehringer/Phenylephedrin)
- Wellbutrin (Bupropion HCL/Wellcome USA)
- Xonomeline (Acetylcholinagonist)
- Zoloft (Sertralin, Antidepressivum/Pfizer USA)

6. Vasodilatoren
- Perivar N forte (Troxerutin, gingko biloba, Heptaminol; Intersan/GER)

7. Orthomolekulare Medizin (Oligoelemente, Mineralstoffe, Vitamine etc.)
- Neuroratiopharm (B1, B6, B12 Lidocain HCL)
- Probenecid (Urikosurikum z. Elimination v. Harnsäure)

Recherche: *Dieter Quarz*

Auszüge aus den Ermittlungsakten der »Operación Puerto«

(mit freundlicher Genehmigung von www.interpool.tv)

INNENMINISTERIUM	GUARDIA CIVIL
	GENERALDIREKTION
	Subgeneraldirektion für die operative Tätigkeit
	Direktion Information und Kriminalpolizei
	Zentrale Operative Einheit
	Gruppe *[unleserl.]* gegen Personen
	Abteilung Verbraucher und Umwelt

AMTLICHES SCHREIBEN

IHR ZEICHEN	CO.PP 4293/06	
UNSER ZEICHEN	EGB/	NR. 116
DATUM	27.06.2006	

BETREFF	Information über Ordnungswidrigkeiten, die im Verfahren festgestellt wurden
EMPFÄNGER	Richter am Untersuchungsgericht Nr. 31 Plaza Castilla – Madrid

Am 9. Mai dieses Jahres hat die Abteilung Verbraucher und Umwelt (SECOMA) der Guardia Civil (Zivilgarde) den Bericht 99/06 eingereicht, der Anlass zum Ermittlungsverfahren 4293/06 beim Untersuchungsgericht Nr. 31 Plaza Castilla-Madrid wegen einer mutmaßlichen Straftat gegen die öffentliche Gesundheit durch Handel mit schädlichen Substanzen und deren Verabreichung gab.

In dem Polizeibericht werden die Ärzte Eufemiano FUENTES RODRIGUEZ (42.748.448) und José Luis MERINO BATRES (02.177.604) als Beteiligte an Veruntreuung von Medikamenten und medizinischen Erzeugnissen und Handel damit ermittelt und es wurde das Anzapfen, Abhören und Aufzeichnen der Gespräche an den Telefonanschlüssen ▮▮▮▮▮ und ▮▮▮▮▮ des Herrn Eufemiano FUENTES und ▮▮▮▮▮ des Herrn MERINO BATRES beantragt.

Am 22. Mai reichte die SECOMA ein Schreiben mit der Nummer 77 ein, in dem die Informationen zusammengestellt sind, die sich aus dem Abhören der Telefonanschlüsse und der bis dahin entfalteten operativen Tätigkeit ergeben haben. Bei Ihnen wurde der Erlass der entsprechenden richterlichen Anordnungen zur Öffnung und Durchsuchung der Wohnungen, Appartements und sonstigen Einrichtungen beantragt, die mutmaßlich mit den unerlaubten Aktivitäten der Hauptverdächtigen in Verbindung stehen.

Die am 23. Mai nach Verhaftung der Verdächtigen vorgenommenen polizeilichen Wohnungsöffnungen und –durchsuchungen bezogen sich auf:
C/Caídos de la División Azul n° 20 4°A und C/Alonso Cano n° 53 5° D in Madrid, die mit Eufemiano FUENTES RODRIGUEZ in Verbindung stehen;
C/Fernández de la Hoz n°. 56 1° A und C/Zurbano n°. 92 bajo, die mit Losé Luis MERINO BATRES in Verbindung stehen und
die Wohnungen von Ignacio LABARTA BARRERA in der Avda. La Ilustración 35 – 156 in Sarragossa sowie
von Alberto LEON HERRANZ in C/Lepanto n° 9 Puerta 7 in San Lorenzo de El Escorial/Madrid.

Die Durchführung dieser richterlichen Ermittlungen führte zur Beschlagnahme einer großen Menge von Effekten, Dokumenten und Datenträgern in Verbindung mit den mutmaßlichen unerlaubten Aktivitäten dieser kriminellen Gruppe und der damit verbundenen Personen.

Mit dem vorliegenden Schreiben möchten wir Sie über die Identität und die Tatbeteiligung von Sportlern oder Personen informieren, die zum Management bestimmter Sportorganisationen gehören, soweit wir bisher Feststellungen treffen konnten. Dazu <u>FÜHRE ICH AUS</u>:

ERSTENS.

Bei der Durchsuchung des Appartements in der Straße C/Caídos de la División Azul n° 20 4°A in Madrid, die am 23. Mai in Anwesenheit des festgenommenen Eufemiano FUENTES RODRIGUEZ stattfand, fand man in erster Linie zwei Kühlschränke und ein Gefrierschrankt von ungefähr 200 l Fassungsvermögen vor, in deren Innern sich auf verschiedenen Ebenen insgesamt 96 Beutel befanden, die offenbar tief gefrorenes Erythrozytenkonzentrat enthielten, und 20 Beutel mit ebenfalls tief gefrorenem Plasma.

Diese Beutel, sowohl Blut-, als auch Plasmabeutel, waren in der Mehrzahl mit einem Datum (wahrscheinlich Entnahmedatum), einer Nummer und einem Namen gekennzeichnet, aus dem jedoch keine Identität hervorging.

Bei der am selben Tag in dem Appartement in der C/Alonso Cano n° 53 5° D vorgenommenen Durchsuchung wurden weitere gekühlte Blutproben und tief gefrorenes Plasma gefunden, insgesamt 89 Beutel vermutlich mit Vollblut und 19 Beutel mit tief gefrorenem Plasma.

Diese Proben dürften von verschiedenen Entnahmen stammen, welche die Gruppe um FUENTES bei Sportlern vornahm, mit denen sie Verträge über ihre Dienste hatte, und aus der späteren Trennung dieses Bluts, wodurch sie die Plasmaproben und die Erythrozytenkonzentrate gewannen.

Ein Vergleich der Datumsbeschriftung auf Plasma und Erythrozyten brachte nur bei zwei tief gefrorenen Plasmaproben mit der Nummer 26 und dem Datum 10.04., die in der C/Caídos de la División Azul gefunden wurden, eine unzweifelhafte Verbindung zu zwei Beuteln gefrorener Erythrozyten, die mit derselben Nummer und demselben Datum gekennzeichnet sind.

Anhand der sichergestellten Dokumente lässt sich, wie in den folgenden Punkten noch darzustellen sein wird, feststellen, dass es ein Programm für die Entnahme/Reinfusion der Blutproben in Abstimmung mit dem Medikationsplan gegeben hat. Beispielsweise handelt es sich bei dem Dokument 34 aus der C/Alonso Cano n° 53 um einen Kalender des Jahres 2006, bei dem in der Fußzeile die Bedeutung der verwendeten Symbole aufgeführt ist:
E in einem Doppelkreis bedeutet „Sibirien", womit das Appartement in der C/Caídos de la División Azul gemeint ist, da es als Vorratsraum für die tief gefrorenen Erythrozyten- und Plasmaproben diente;
E in einem einfachen Kreis wäre normal (CPD oder SAG-Manitol), was sich auf die Blutkonserven bezieht, die bis zur Retransfusion für ungefähr einen Monat gekühlt im Appartement in der C/Alonso Cano n° 53 aufbewahrt wurden und mit einem Vermerk der medizinischen Produkte versehen sind, die zur Verlängerung der Haltbarkeit über die normale Dauer hinaus verwendet werden;
R mit zwei Kreisen soll „Sibirien" heißen und bedeutet Reinfusion der tief gefrorenen Blutproben in C/Caídos de la División Azul;
R in einem einfachen Kreis bezieht sich auf die normale Reinfusion, und zwar einfach mit CPDA oder dreifach mit SAG-MANITOL, was als Transfusion von gekühltem Blut zu interpretieren ist.

Außerdem kann man durch ein Vergleich der Tage, an denen bestimmte Fahrer bei ihren Gesprächen mit Eufemiano FUENTES identifiziert wurden, mit den mutmaßlichen Entnahmeterminen auf den Beuteln mit Blut, Plasma oder Erythrozyten einige Fahrer als Empfänger einer solchen Behandlung identifizieren.

Mit dem Polizeibericht 99/06 wurden Sie informiert, dass der Fahrer Santiago BOTERO ECHEVERRI vom Team PHONAK am 4. Mai in Begleitung von FUENTES und LABARTA identifiziert wurde, als sie die Räume des Klinischen Analyselabors von Dr. MERINO BATRES im Souterrain in C/Zurbano n°. 92 betraten. Er war vermutlich nüchtern. Und am selben Tag wurde in derselben Klinik auch Constantino ZABALLA GUTIERREZ von der Mannschaft ILLES BALEARS identifiziert, als er mit FUENTES und LABARTA sprach.

Mit demselben Datum sind die Beutel mit tief gefrorenem Erythrozytenkonzentrat beschriftet, und zwar:

- Zwei (2) Beutel vermutlich mit gekühltem Blut mit dem Etikett „4 NO SIB 04/05/06", die in C/Alonso Cano n° 53 sichergestellt wurden
- Drei (3) Beutel vermutlich mit gekühltem Blut, zwei mit dem Etikett „19 04/05/056" und einer mit „19 04/05/06 ‴, die in C/Alonso Cano n° 53 sichergestellt wurden.

Im Polizeibericht 99/06 wurde Oscar SEVILLA vom Team T-Mobile identifiziert, als er zusammen mit FUENTES und LABARTA am 13. Mai in das Appartement C/Caídos de la División Azul n° 20 ging. Mit diesem Datum fanden sich 4 Beutel mit gekühltem Blut mit dem Etikett "5 NO SIB 13/05/06"

Am 14. Mai wurde Jörg Jaksche vom Team LIBERTY SEGUROS – WÜRTH identifiziert, als er sich mit FUENTES im Zimmer 605 des Hotels Puerta de Madrid unterhielt. Mit diesem Datum sind 3 Beutel mit gekühltem Blut und den Etiketten „20 BELLA 14/05/06 SIB", „20 BELLA 1/2 14/05/06" und „20 14/05/06" im Appartement in der C/Alonso Cano n° 53 und ein Beutel mit tief gefrorenen Erythrozyten im Appartement C/Caídos de la División Azul n° 20 mit dem Etikett „20 14/05/06" in Verbindung zu bringen.

Bei der Durchsuchung in der C/Caídos de la División Azul n° 20 wurden Dokumente zu den Beständen im Gefrierschrank am 04.05.04 (Dokumente 109, 114 und 115), am 26.06.04 (Dokument 116), am 29.04.06 (Dokument 117) und am 15.05.06 (Dokument 118) beschlagnahmt.

Die Dokumente 109, 114 und 115 zeigen in einer Tabelle die fünf Aufbewahrungsebenen im Gefrierschrank, wobei jeder Ebene 2 oder 3 Personen zugeordnet sind, die mit einer Nummer und einem Codenamen bezeichnet sind.

Diese Nummern gehen von 1 bis 17 und sind den Codenamen wie folgt zugeordnet:

1	JAN	10	ROSA
2	BIRILLO	11	4142
3	SANSONE	12	GUTI
4	NICOLAS	13	ALCALDE
5	SEVILLANO	14	RH
6	SANTI-P	15	CESAR
7	1ai	16	VCS
8	ATR	17	GOKU
9	URKO		

In Dokument 114 kommen noch die Nummern
18   VALV. (PITI)
20   VAINS
hinzu.

Im Dokument 117 werden die Personen nur mit ihren Nummern und ohne die Codenamen aufgeführt. Von der obigen Liste erscheinen hier die Nummern 3,6,7,8,9,10,11,15 und 18 nicht und es erscheinen zusätzlich die Nummern 19, 23, 24, 25, 26, 27, 32, 33 und 101. Sie werden mit einer Reihe von Datumsangaben aufgeführt, die sich auf die Entnahmen beziehen könnten. Das Dokument 118 hat die gleiche Struktur wie das vorherige, allerdings kommen bei der Ebene 4 die Personen mit den Nummern 6, 15, 22, XXX, URCO, GEMMA und 1 Hermano (Bruder) hinzu.

Ein Abgleich der Tage, an denen bestimmte Rennfahrer bei ihren Besuchen in den Appartements, die mit der ärztlichen Tätigkeit von FUENTES in Verbindung stehen, identifiziert wurden, mit den Datumsangaben auf den sichergestellten Beuteln zusammen mit der Erwähnung der Nummer 5 in Verbindung mit dem Alias „SEVILLANO" in der Bestandsliste des Monats April 2006 erlauben nach Ansicht des Ermittelnden, bestimmte Fahrer einer bestimmten Nummer zuzuordnen und ihnen folglich auch bestimmte Blutproben und Unterlagen zuzuordnen.

Auf diese Weise ist BOTERO als Nummer 4, SEVILLA als Nummer 5, Constantino ZABALLA als Nummer 19 und schließlich Jörg Jaksche als Nummer 20 ermittelt worden.

3

Diese Feststellungen wurden ergänzt durch die Information, die im Laufe der Ermittlungen durch Abhören der Telefonanschlüsse, die Sie als Richter genehmigt haben, gewonnen wurde.

So wurde im Schreiben Nr. 77 eine Analyse der Abhörmaßnahmen angestellt und bestimmte Gespräche zwischen FUENTES und LABARTA über Fahrer wiedergegeben, die am Giro d'Italia 2006 teilnahmen und eine direkte oder indirekte Beziehung mit Eufemiano FUENTES und seiner Umgebung unterhielten, und zwar wegen der Planung ihrer Behandlung.

Am 13. Mai um 20.02 Uhr erfolgte ein Anruf von LABARTA bei FUENTES von dem Anschluss ▆▆▆▆▆ aus, in dem sie das Klassement der Tagesetappe kommentieren:

L: Heute gab es beim Giro eine Masse von Ausfällen, nur dreißig sind durchgekommen und ich habe gesehen, dass .... der BÜFFEL (el BUFALO) den Vierten gemacht hat ...
F: BÜFFEL?
L: SAVOLDELLI, ja, und dann 16 Sekunden dahinter kam BIRILLO mit SIMONI und bei zwanzig kam ... kam ZAPATERO und bei 24 der UNO, also, sie kamen alle zusammen ... alle sind sehr gut angekommen.
F: Aber alle in dieser Gruppe.
L: Ja.
F: In dieser Gruppe von 30?
L: Ja, tatsächlich, ja, ja, nur dreißig. Also, es kam eine Steigung und ... ich will sagen, dass die, die dich was angehen, und die, mit denen du nur am Rande zu tun hast, wenigstens schon voll im Rennen sind und wie gut. So sehe ich das, später können sie sagen, was sie wollen.

In diesem Gespräch lässt LABARTA erkennen, dass FUENTES für die Vorbereitung einer unbestimmten Anzahl von Teilnehmern am Giro d'Italia 2006 verantwortlich ist, wobei er eine Reihe von Namen nennt, wobei die zu beachten sind, die im Gespräch mit ihren Aliasnamen erwähnt werden.

Die Formulierung „die, die dich was angehen, und die, mit denen du nur am Rande zu tun hast" scheint zu erklären, dass sie zwischen zwei Gruppen unterscheiden: erstens die Fahrer, für die ausschließlich FUENTES verantwortlich ist, und zweitens diejenigen, bei denen er nur in die Vorbereitung einbezogen ist.

Im Zusammenhang mit dieser Annahme wird im Bericht 99/06 der Fall CASERO mit seiner Vorbereitung auf die Spanienrundfahrt des Jahres 2001 herangezogen, über die FUENTES mehrfach Erklärungen in der Presse abgegeben und ausgesagt hat, dass er CASERO angerufen habe, um ihm eine Nachricht seines Arztes Luigi CECCHINI zukommen zu lassen, mit dem FUENTES eine freundschaftliche Beziehung unterhalte und dass CECCHINI häufig dasselbe mache bei Fahrern, die von FUENTES betreut werden, wenn diese Wettbewerbe in Italien bestreiten.

Die Ermittlungskräfte wollen damit sagen, dass FUENTES möglicherweise mit anderen Sportärzten zusammenarbeitet, die in Dopingaktivitäten verwickelt sind, die ihrerseits unabhängige kriminelle Gruppen bilden, aber untereinander Beziehungen unterhalten, um die medizinische Betreuung der Radrennfahrer zu gewährleisten und wahrscheinlich auch um bestimmte Medikamente und medizinische Produkte zu beziehen.

Der Vierte bei der 7. Etappe des Giro 2006 vom 13. Mai war José Ignacio GUTIERREZ CATALUÑA vom Team PHONAK, der in einem Artikel der Sportzeitung MARCA vom 14. Mai mit dem Alias BUFALO (BÜFFEL) bezeichnet wird, unter dem er vermutlich im Peloton der Rennfahrer bekannt ist.

16 Sekunden hinter dem Etappensieger hat man BIRILLO, der zusammen mit Simoni ankam, identifiziert. Nach dem Klassement der Etappe sind mit 16 Sekunden Rückstand neben SIMONI drei Fahrer eingetroffen: Davide REBELLINI, Ivan BASSO und Sergei GONCHAR.

4

Mit 20 Sekunden Rückstand ließen sich die Fahrer Michele SCARPONI und Damiano CUNEGO ermitteln. Einer von ihnen ist als ZAPATERO (Schuster) bekannt. Dazu sollte man sich die italienische Übersetzung des Wortes *scarpa* vergegenwärtigen, was auf Spanisch *zapato* bedeutet, so dass die Ermittlungskräfte davon ausgehen, dass die Bezeichnung ZAPATERO für den Fahrer Michele SCARPONI (LIBERTY SEGUROS – WÜRTH) verwendet wird.

Am 14. Mai um 21.46 Uhr erfolgte ein Anruf von LABARTA bei FUENTES von dem Anschluss ▮▮▮▮▮▮▮▮ aus, in dem sie erneut die Klassifizierung bestimmter Fahrer bei der Etappe des Giro d'Italia kommentieren:

L: Hast du heute den Giro gesehen, ja oder nein?
F: Den Schluss konnte ich sehen, und ich war echt beeindruckt, weil er an zweiter Stelle war, Zweiter, he, hast du das gesehen, dass er Zweiter war?
L: Ich weiß nicht, wie[1] das Klassement ist, wer gewonnen hat und das alles.
F: Aber ich habe es gesehen! Gewonnen hat einer, der komisch ist, dieser, dieser[2] ..., Basso, Ivan Basso.
L: Ein gewisser Ivan Basso.
F: Ivan Basso, der, ja der. Und dann wurde Zweiter ... im Sprint, der ist einen langen, einen total langen Sprint gefahren, im Sprint kam ein gewisser Cataluña, Gutierrez Cataluña zusammen mit Cunego, Cunego wurde Zweiter und Dritter Gutierrez Cataluña; Vierter, nein, ich erinnere mich nicht, aber eine ganze Kette von Fahrern. **PRESIDENTE (Präsident), den ich nicht gesehen habe, als er ankam, hat mich angerufen und mir gesagt, dass er zweieinhalb Minuten verloren hat, aber dass er mit einem eingefahren ist, der letztes Jahr den Giro gewonnen hat, mit Salvo...delli;** na gut, eine ganze Kette von Fahrern; Erster ist jetzt, glaube ich, dieser Basso, hat sich an die erste Stelle gesetzt, Zweiter ist ein gewisser Gutierrez Cataluña, Dritter – glaube ich – Savoldelli und dann schon ... nein, ein anderer war da noch, Gonchar oder einer von denen, die da noch waren ... aber Zweiter und Dritter waren eine Minute und ein bisschen zurück, der Zweite mit einer Minute und etwas, der Dritte mit einer Minute und ein bisschen...
L: Lass es, Mann, ich habe im Internet geguckt, um zu sehen, wie die Sache läuft, aber ich sage es dir jetzt gleich.
F: Nein, nein, ich erzähle dir jetzt keine Märchen, das war so und ich habe ein Stück gesehen, aber ich war, ich war schon so nervös mit diesen Vorbereitungen für die Reise des Künstlers, aber ich weiß, dass Basso gewonnen hat, Zweiter Cunego, Dritter Guti und Vierter, weiß nicht...
L: Ja, das habe ich gesehen, aber gut, im Gesamtklassement ...
F: Der Erste von Liberty war ein gewisser CARUSO.
L: Ja, ich sehe gerade das Gesamtklassement, Basso stimmt, Zweiter Guti 1:34, Dritter Cuengo
F: Cunego im Gesamtklassement, genau
L: Ja, Savoldelli, Gonchar, Di Luca, Simoni und ein gewisser Caruso, ja und **dann muss man Scarponi schon auf dem fünfzehnten suchen.**
F: Ja, aber auf dem fünfzehnten ... Er ist auf dem fünfzehnten, aber das ist nicht so schlecht, dafür dass es ihm so schlecht geht, heute hat er nämlich gesagt, dass es noch sehr explosiv ist, dass es ihm schlecht geht, verdammt schlecht und jemand hat ihm schon gesagt, na ja, du bis ja noch unter den ersten fünfzehn, und als ich mit ihm gesprochen habe, **hat er mir gesagt, gut, es fehlt noch ein bisschen, aber er ist schon da,** er hat zweieinhalb verloren, aber, oder, sage ich, er kam mit Savoldelli, und ich sage, gut, also das wollte ich dir sagen, du kannst noch mehr, und so. **Gut, ich bin mehr oder weniger zufrieden und ich habe es ihm gesagt, der berühmte UNO (Eins) und er sagt, nach mir ist er angekommen, mehr weiß ich nicht.**
L: **Nach ihm, immerhin ... nach ihm, ja, ist vierunddreißigster mit 9:26.**
F: Ein bisschen nach ihm.
L: Ja, nach ihm, aber er hat dir nicht gesagt, wieviel, ich habe es gerade erst gesehen, nein .. nein, nein, nein.
F: Was?
L: Ich habs gerade erst gesehen, ich wusste auch nicht genau wie ...
F: nein, nein, weil sie es mir gerade schon gesagt haben, nein, nein, ich wusste nichts, eh...
L: **Gut, mein Lieber. Erster und Zweiter sind ein gewisser Basso und ein gewisser Guti**
F: Verdammt
L: **Da hast du's ... Erster und Zweiter**

---

[1] Anm. d. Übers.: Im Original dürfte „cómo" fehlen.
[2] Anm. d. Übers.: „el sese" existiert nicht, wahrscheinlich „el ... ese"

5

In diesem Gespräch bringt LABARTA die Fahrer Ivan BASSO und José Ignacio GUTIERREZ CATALUÑA ausdrücklich mit Eufemiano FUENTES in Verbindung, scheint auch zu bestätigen, dass es sich bei CATALUÑA um BUFALO (BÜFFEL) und damit um einen Kunden von FUENTES handelt, wie es auch bei Ivan BASSO (CSC) der Fall ist.

Im vorhergehenden Gespräch war das Pseudonym BIRILLO mit einem von drei Fahrern in Beziehung zu bringen, die 16 Sekunden hinter dem Etappensieger angekommen waren, unter denen sich auch Ivan BASSO befand.

Da zwischen den übrigen Fahrern dieser Dreiergruppe keinerlei Beziehung zu der unerlaubten Tätigkeit von Eufemiano FUENTES besteht und da die Beziehung zwischen dem kanarischen Arzt und BASSO ausdrücklich bestätigt ist, ist es nach dem Urteil der Ermittler möglich, die Verwendung des Pseudonyms BIRILLO und folglich der Nummer 2 bei den Blutproben mit der Identität Ivan BASSOS in Verbindung zu bringen.

Ebenso liegt es im Fall SCARPONI, bei dem FUENTES in diesem Gespräch selbst bestätigt, dass er sein Patient ist, indem er sich auf ein angebliches Gespräch bezieht, das er über dessen körperlichen Zustand während des Wettbewerbs mit ihm geführt hat.

Im obigen Gespräch sprechen FUENTES und LABARTA erneut von UNO, nennen dabei ausdrücklich seine Position im Gesamtklassement und in der Etappe, die den Positionen von Unai OSA EIZAGUIRRE (LIBERTY SEGUROS-WÜRTH) entsprechen, ohne dass jedoch die etwaige Beziehung zwischen beiden ausdrücklich benannt wird.

Ein anderer Fahrer, der direkt mit FUENTES in Verbindung zu bringen sein dürfte, ist PRESIDENTE, der ihn angerufen haben soll und der durch seine Ankunftszeit in der Etappe zu identifizieren sein müsste, was aber nicht ausreicht, um die tatsächliche Identität des Fahrers festzustellen.

Bezüglich der Pseudonyme, die bei der Aufbewahrung der Erythrozyten-Konserven im Gefrierschrank verwendet werden, ruft FUENTES am 17. Mai um 19.39 Uhr den Teilnehmer des Anschlusses ██████████ an, bei dem es sich um Santiago BOTERO handelt, und bringt ihn dabei mit dem Aliasnamen Sanson in Verbindung:

F: *Nichts, festgeklebt gefesselt, wie wollen Sie gehen[3], wenn du anfängst, diese schönen Landschaften zu maien wie dieser Künstler Botero, wenn er diese kolumbianischen Filzschreiber[4] benutzt ...*
B: *Ja, aber den Rest hier in den Bergen kann ich mehr oder weniger schnell fahren ...*
F: *Also das ist ein Wunder, weil ich ihnen/ihm[5] dasselbe sage wie dieser Künstler, wenn er Landschaften mit Filzschreibern malt, ist das sehr schwierig, denn er muss ständig gefesselt gehen, was da passiert ist, dass ... es hat sich schon ein bisschen gelohnt... der Verlust des Haares, den Samson erlitten hat ...*
B: *Ja, ich glaube, er hat sich schon stabilisiert*
(...)
F: *und ich habe es vorgezogen so zu handeln wie ich gehandelt habe und ... schau, es war weder vorgesehen noch programmiert oder so etwas, du weißt, dass in dem Moment, eh? Dass sie Samson geschnitten haben ... und sechs mal oder .... er hat keinen Haarschnitt mehr gebraucht.*
B: *ja, ja, ja.*
F: *Aber, was soll ich dir sagen, am Schluss ist nicht eine der Perücken und auch sonst nichts kaputt gegangen ... es war nicht nötig, aber, aber, aber ich hatte Angst ... Nein, nichts, ich wollte nur wissen, wie es dir geht, wollte nur ein bisschen ratschen, sehen, was du mir erzählst, sehen, wie es dir geht, nicht?*

---

[3] Anm. d. Übers.: auch denkbar: „Wie werden Sie erst gehen/fahren, wenn ...", allerdings wäre bei dieser Bedeutung die Verbform „empiezas" fehlerhaft. Ähnliche Fehler kommen in diesen Gesprächen allerdings häufig vor.
[4] Anm. d. Übers.: zur Entschlüsselung vgl. weiter unten S. 22: Filzschreiber = EPO, Haarschnitt = Blutdoping
[5] Anm. d. Übers.: FUENTES wechselt mit Duzen und Siezen ab, so dass man nicht entscheiden kann, ob an dieser Stelle BOTERO oder ein Dritter gemeint ist.

6

In den Dokumenten zu den konservierten Proben im Gefrierschrank fällt auf, dass die Nummer 3 fehlt, die direkt mit der Nummer 3 (sic!) verbunden ist, während in diesem Punkt die Nummer 4 – Nicólas als BOTERO identifiziert worden war. Wenn man also die Möglichkeit von Wechseln bei der Nummerierung und sogar bei den Aliasnamen, die von der FUENTES-Gruppe verwendet werden, berücksichtigt, gehen die Ermittlungskräfte davon aus, dass sich BOTERO hinter dem Pseudonym SANSON und der aktuellen Nummer 4 bei den sichergestellten Blutproben verbirgt.

NEUNTENS

Unter Erstens wurden die Nummern und Codenamen dargestellt, mit denen die Bestände im Gefrierschrank zu verschiedenen Zeitpunkten in den Jahren 2004 und 2006 zugeordnet wurden. Darunter befand sich die Nummer 1 verbunden mit dem Namen Jan.

Unter Viertens wurde das Dokument 65 aus der Durchsuchung in C/Caídos de la División Azul n° 20 erwähnt, auf dessen Vorderseite der Briefkopf der von Eufemiano FUENTES geleiteten Gesellschaft BIOMEDISPORT CANARIAS S.A. und auf der Rückseite eine Liste der „Mitarbeiter und Teilnehmer am Festival im Mai", bei denen auch JAN ULLRICH genannt ist.

Weitere Bezugnahmen auf den Namen JAN im Zusammenhang mit der Nummer 1 finden sich – wie unter Viertens dargestellt – im Dokument 32 aus der Durchsuchung in C/Alonso Cano n° 53, das eine Tabelle enthält, in der die Fahrer in Form von Abkürzungen zusammen mit einer Reihe von Produkten aufgeführt sind, die von der Gruppe um FUENTES geliefert wurden. Diese Produkte werden WEIN, KIND, IGNACIO und PCH genannt. In den letzten drei Spalten steht der Preis der jeweiligen Menge und vermutlich der Tag der Zahlung.

JAN wird im Dokument 32 viermal in Verbindung mit den Produkten, die als WEIN, KIND, IGNACIO und PCH bezeichnet werden, erwähnt. Die Bedeutung dieser Codes ist nach der Prüfung der Unterlagen und dem Inhalt der aufgezeichneten Gespräche ermittelt worden als Blut/Erythrozyten, Wachstumshormon, IGF-1 und Testosteronpflaster, was 2970 Euro macht, wozu noch die Formulierung „Pulver" hinzuzurechnen ist, deren Bedeutung vorstehend in dem Punkt über die in den Appartements sichergestellten Medikamente erklärt wurde.

Überprüft man unter Berücksichtigung dieser Daten die mit erndio aufgezeichneten Telefongespräche am Anschluss ███████, den FUENTES benutzte, stößt man auf die folgenden Gespräche und SMS, die aus dem Italienischen übersetzt sind:

Am 17. Mai erhält FUENTES um 23.27 Uhr eine SMS von dem Anschluss mit belgischer Vorwahl ███████ mit dem Text: „Mein Freund, wann können wir einen Moment reden? Rudicio". Der Anschluss ist also mit einem Teilnehmer namens Rudicio in Verbindung zu bringen.

Am 18. Mai erhält er einen Anruf vom Teilnehmer des Anschlusses ███████, der gerade als Rudicio identifiziert wurde. In dem Gespräch fragt Rudicio ihn, ob er gerade beschäftigt ist. FUENTES antwortet, er sei gerade mit seiner Tochter beim Kiefernchirurgen. Er fügt hinzu, dass der andere ihm die Daten für Juni angeben müsse. Rudicio erklärt ihm, dass er wegen einer dringenden Sache mit ihm sprechen müsse. FUENTES sagt, das sei kein Problem, er könne auch versuchen, ihn am Nachmittag anzurufen. Er sei um 14.00 Uhr fertig. Rudicio sagt, das er am frühen Nachmittag „Zeit messen" habe. FUENTES bittet ihn anzurufen, wenn das zu Ende sei.

Am 18. Mai bekommt FUENTES um 20.15 Uhr einen Anruf vom Teilnehmer des Anschlusses ███████, der bereits als Rudicio identifiziert ist und „erzählt, das eine dritte Person heute gewonnen habe."

Am 18. Mai wurde beim Giro d'Italia das Einzelzeitfahren bestritten, worauf sich Rudicio mit dem Ausdruck „Zeit messen" bezogen haben könnte. Gewinner dieser Etappe (der 11.) war der deutsche Fahrer Jan ULLRICH (T-MOBILE), so dass man davon ausgeht, dass die dritte Person, von der in dem Gespräch die Rede war, Ullrich ist.

Am 20. Mai ruft FUENTES um 10.44 Uhr den Nutzer des Anschlusses ███████, der als Rudicio identifiziert ist, an und dieser erzählt FUENTES, dass er ihn von einem anderen Telefon in Belgien anrufen könne; an einer anderen Stelle des Gesprächs berichtet er, dass er mit einer dritten Person im Bus gesprochen habe und dass dieser interessiert sie, etwas zu machen, wenn es auch nur die Hälfte sei.

Geht man davon aus, dass die dritte Person Ullrich ist, erscheint nach Ansicht der Ermittlungskräfte klar, dass der im Gespräch erwähnte Bus der Mannschaftsbus des Teams T-Mobile ist und dass die Rudicio genannte Person aus der Umgebung des Teams stammen muss und möglicherweise Belgier ist.

Diese Daten ermöglichen die Vermutung, dass es sich bei dem sog. Rudicio um Rudy PEVENAGE, den gegenwärtigen belgischen Sportdirektor bei T-Mobile handelt, der den deutschen Fahrer Jan ULLRICH in den letzten Jahren bei seiner Sportkarriere begleitet hat.

Außerdem wurde in den vorstehenden Abschnitten der spanische Fahrer Oscar SEVILLA, der zu T-Mobile gehört, identifiziert, der die Wohnung in C/Caídos de la División Azul n° 20 am 13. Mai aufgesucht hatte und für den in den Beständen des Gefrierschranks für die Jahre 2004 und 2005 die Nummer 5 vorgesehen war und der in verschiedenen Medikationsplänen und Programmen zur Blutentnahme und –reinfusion mit der Abkürzung SVQ oder dem Codenamen SEVILLANO geführt wurde, wie sich aus den vorstehenden Abschnitten ergibt.

Autoren und Beitragende in alphabetischer Reihenfolge

Breidbach, Andreas, Dr. ist einer der führenden Analytiker im Bereich des Erythropoietins (EPO). Er war in den Anti-Doping-Laboren von Köln und Los Angeles tätig. Heute arbeitet er als Nahrungsmittelchemiker in einem Referenzlabor der europäischen Kommission in Belgien.

Brissonneau, Christophe, Dr. war in den 1980er-Jahren als Leichtathlet Mitglied der französischen Nationalmannschaft. Er promovierte über die Entwicklung der Sportmedizin zwischen 1960 und 2000 an der Universität Paris, wo der Sportwissenschaftler heute als Professor arbeitet.

Deller, Robert leitet als Oberstaatsanwalt die Wirtschaftsabteilung und ist Pressesprecher der Aachener Staatsanwaltschaft. Er ist aktiver Fußballer und seit 1979 in Aachen tätig. Deller wies als erster in den Medien auf die hinsichtlich des Blutdopings bestehende Lücke im Arzneimittelgesetz hin.

de Mondenard, Jean Pierre, Dr. Der Franzose arbeitet als praktischer Arzt. Er promovierte über die Dopingthematik im Radsport. In den 1970er-Jahren war er Tour-Arzt. Er ist Verfasser des mit über 1200 Seiten umfangreichsten Nachschlagewerks über Doping.

Glover, Martin, Dr. ist Arzt für Innere Medizin und Nephrologie. Er behandelt seit vielen Jahren Patienten mit fortgeschrittenen Nierenerkrankungen, inklusive der Dialyse.

Hermann, Winfried hat Sportwissenschaften studiert, war im Schuldienst und der Erwachsenenbildung tätig und hat Bücher und Unterrichtsreihen für die Schule verfasst. Er ist aktiver Läufer, Inline-Skater und trainiert im Fitness-Center. Sport und Bewegung im Alltag sind Ausdruck seiner Lebensphilosophie; dem Leistungssport tritt er skeptisch gegenüber. Er widmet sich Umwelt- und verkehrspolitischen Themen und ist seit 1998 Mitglied des Deutschen Bundestages. Für Bündnis 90/Die Grünen sitzt er als sportpolitischer Sprecher im Sportausschuss.

Hillringhaus, Gert ist als Diplom-Ingenieur an der Fachhochschule Lübeck in den Bereichen Kommunikationsnetze und Medienproduktion tätig. Daneben hat er einen Lehrauftrag für Mathematik. Er ist nie ein Radrennen gefahren, hat sich aber als Trainer intensiv mit einer Konzeption zur Dopingprävention befasst. Heute ist er als Jugendleiter des Radsportverbandes Schleswig-Holstein einer der führenden Fachleute in diesem Bereich.

Järmann, Rolf war einer der erfolgreichsten Schweizer Radprofis seiner Zeit. Er war ein Dopinggegner und überzeugt davon, dass er sehr gute Voraussetzungen als Radprofi hatte und auch besser und härter als andere trainierte. Dennoch nahm er EPO in der Meinung, damit erst eine Chance auf vordere Platzierungen zu haben und somit seinen Beruf als Radprofi ausüben zu können.

Metken, Jürgen, Dr. war als Arzt lange in der klinischen Forschung tätig. Er beobachtet die Doping-Entwicklungen des Radsports aus medizinischer Sicht sehr kritisch und war zeitweise Referent in der Trainerausbildung.

Mischke, Monika ist Soziologin und beruflich nicht mit dem Radsport befasst. Sie ist seit Jan Ullrichs Toursieg Fan. Ihr Interesse erstreckte sich bald auf die Geschichte und die Hintergründe dieser Sportart. Die Internet-Radsport-Seite cycling4fans.de gab ihr die Möglichkeit, ihre Recherchen zu veröffentlichen und sich mit anderen Fans auszutauschen.

Pagel, Horst, Prof. Dr. ist stellvertretender Direktor des Instituts für Physiologie der Universität zu Lübeck. Er ist einer der führenden Forscher zum Nierenmedikament Erythropoietin (EPO). Den Radsport hat er für sich als ideale Fitness-Sportart entdeckt, was er mit bis zu 8000 Jahreskilometern dokumentiert.

Quarz, Dieter ist Diplom-Ingenieur (FH) und Diplom-Trainer (Radsport). Seine Diplomarbeit behandelte das Steroid-Profil von Radsportlerinnen. Er engagiert sich im Bereich der Dopingprävention innerhalb des Radsportverbandes Schleswig-Holstein und hat aktuell ein innovatives radsportspezifisches Trainingsgerät entwickelt. Als Radsport-Insider ist er für Journalisten und auf Kongressen ein gefragter Gesprächspartner.

Schenk, Sylvia hat als Arbeitsrichterin und Sport- und Rechtsdezernentin der Stadt Frankfurt gearbeitet. Heute ist sie als Rechtsanwältin tätig. Neben anderen ehrenamtlichen Tätigkeiten war sie von 2000 bis 2005 Mitglied im Direktionskomitee des Internationalen Radsportverbandes (UCI) und von 2001 Präsidentin des ›Bund Deutscher Radfahrer‹ (BDR). 2004 trat sie von diesem Amt zurück.

Schmidt, Achim, Dr. ist als Sportwissenschaftler an der Deutschen Sporthochschule Köln tätig. Seit 1985 ist er im Rad- und Mountainbikesport aktiv, seit 1989 in der höchsten Amateurklasse. Er ist Autor zahlreicher Publikationen zum Thema ›Ausdauersport‹ und Mitbegründer der Anti-Doping-Initiative ›clean race‹.

Severin, Sascha, Dr. studierte die Fächer Pädagogik, Philosophie und Sportwissenschaft. Er promovierte im Bereich Pädagogik/Soziologie über die Dopingproblematik bei Kindern und Jugendlichen. Als aktive Sportarten hat er Triathlon und Radsport betrieben. Als Radsportler war er Mitglied der deutschen Nationalmannschaft. Severin besitzt die C-Trainer-Lizenz für Radsport.

Singler, Andreas studierte Diplomsport in Mainz. Als freier Autor und Journalist bearbeitet er vielfältige Themengebiete. Analog zu seiner Arbeit als Theaterkritiker versteht er sich auch als Kritiker des Hochleistungssports. Gemeinsam mit Gerhard Treutlein hat er zahlreiche Bücher über die Dopingthematik geschrieben.

Sonderhüsken, Hermann, ist freier Journalist in Bild und Text. Er begann 1976 als Trainer und späterer erfolgreicher Seniorenfahrer mit dem Radsport. Der erfolgreiche IBM-Manager war zuletzt im Bereich Presse, Öffentlichkeitsarbeit und Sponsoring tätig. Von 1990 bis 1992 war er deutscher Pressesprecher des niederländischen PDM-Radsport-Profiteams.

Treutlein, Gerhard, Prof. Dr. lehrt Sportpädagogik an der Pädagogischen Hochschule Heidelberg. Er hat zuletzt mit Kollegen das Materialpaket zur Dopingprävention für die

Deutsche Sportjugend (dsj) und den Deutschen Olympischen Sportbund (DOSB) entwickelt. Gemeinsam mit Andreas Singler hat er zahlreiche Bücher über die Dopingthematik geschrieben.

Stockhausen, Wolfgang, Dr. hat als betreuender Arzt lange im Radsport gearbeitet. Heute ist er, nach Anstellungen als Ärztlicher Leiter in anderen Kliniken, als Kardiologe wieder an der Universitätsklinik Freiburg tätig.

Woller, Hans, Jahrgang 1956, mit einer Französin verheiratet, lebt und arbeitet als freier Journalist für DLF, SRG und ORF seit 1988 in Paris. Wenn es die Aktualität zulässt, widmet er sich mit Vorliebe zeitgeschichtlichen und kulturellen Themen. Er hat sich 1993 als Zaungast am Tourmalet mit dem Tour de France-Virus angesteckt.